中国社会科学院创新工程学术出版资助项目

国家社科基金重大特别委托项目
西藏历史与现状综合研究项目

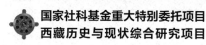中国社会科学院创新工程学术出版资助项目

国家社科基金重大特别委托项目
西藏历史与现状综合研究项目

清王朝涉藏刑事案件
处理问题研究

冯志伟　柏桦　著

社会科学文献出版社
SOCIAL SCIENCES ACADEMIC PRESS (CHINA)

西藏历史与现状综合研究项目
编 委 会

总　序

郝时远

　　中国的西藏自治区，是青藏高原的主体部分，是一个自然地理、人文社会极具特色的地区。雪域高原、藏传佛教彰显了这种特色的基本格调。西藏地区平均海拔4000米，是人类生活距离太阳最近的地方；藏传佛教集中体现了西藏地域文化的历史特点，宗教典籍中所包含的历史、语言、天文、数理、哲学、医学、建筑、绘画、工艺等知识体系之丰富，超过了任何其他宗教的知识积累，对社会生活的渗透和影响十分广泛。因此，具有国际性的藏学研究离不开西藏地区的历史和现实，中国理所当然是藏学研究的故乡。

　　藏学研究的历史通常被推溯到17世纪西方传教士对西藏地区的记载，其实这是一种误解。事实上，从公元7世纪藏文的创制，并以藏文追溯世代口传的历史、翻译佛教典籍、记载社会生活的现实，就是藏学研究的开端。同一时代汉文典籍有关吐蕃的历史、政治、经济、文化、社会生活及其与中原王朝互动关系的记录，就是中国藏学研究的本土基础。现代学术研究体系中的藏学，如同汉学、东方学、蒙古学等国际性的学问一样，曾深受西学理论和方法的影响。但是，西学对中国的研究也只能建立在中国历史资料和学术资源基础之上，因为这些历史资料、学术资源中所蕴含的不仅是史实，而且包括了古代记录者、撰著者所依据的资料、分析、解读和观念。因此，中国现代藏学研究的发展，不仅需要参考、借鉴和吸收西学的成就，而且必须立足本土的传统，光大中国藏学研究的中国特色。

作为一门学问，藏学是一个综合性的学术研究领域，"西藏历史与现状综合研究项目"即是立足藏学研究综合性特点的国家社会科学基金重大特别委托项目。自 2009 年"西藏历史与现状综合研究项目"启动以来，中国社会科学院建立了项目领导小组，组成了专家委员会，制定了《"西藏历史与现状综合研究项目"管理办法》，采取发布年度课题指南和委托的方式，面向全国进行招标申报。几年来，根据年度发布的项目指南，通过专家初审、专家委员会评审的工作机制，逐年批准了一百多项课题，约占申报量的十分之一。这些项目的成果形式主要为学术专著、档案整理、文献翻译、研究报告、学术论文等类型。

承担这些课题的主持人，既包括长期从事藏学研究的知名学者，也包括致力于从事这方面研究的后生晚辈，他们的学科背景十分多样，包括历史学、政治学、经济学、民族学、人类学、宗教学、社会学、法学、语言学、生态学、心理学、医学、教育学、农学、地理学和国际关系研究等诸多学科，分布于全国 23 个省、自治区、直辖市的各类科学研究机构、高等院校。专家委员会在坚持以选题、论证等质量入选原则的基础上，对西藏自治区、青海、四川、甘肃、云南这些藏族聚居地区的学者和研究机构，给予了一定程度的支持。这些地区的科学研究机构、高等院校大都具有藏学研究的实体、团队，是研究西藏历史与现实的重要力量。

"西藏历史与现状综合研究项目"具有时空跨度大、内容覆盖广的特点。在历史研究方面，以断代、区域、专题为主，其中包括一些历史档案的整理，突出了古代西藏与中原地区的政治、经济和文化交流关系；在宗教研究方面，以藏传佛教的政教合一制度及其影响、寺规戒律与寺庙管理、僧人行止和社会责任为重点，突出了藏传佛教与构建和谐社会的关系；在现实研究方面，则涉及政治、经济、文化、社会和生态环境等诸多领域，突出了跨越式发展和长治久安的主题。

在平均海拔 4000 米的雪域高原，实现现代化的发展，是中国改革开放以来推进经济社会发展的重大难题之一，也是没有国际经验可资借鉴的中国实践，其开创性自不待言。同时，以西藏自治区现代化为主题的经济社会发展，不仅面对地理、气候、环境、经济基础、文化特点、社会结构等特殊性，而且面对境外达赖集团和西方一些所谓"援藏"势力制造的"西藏问题"。因此，这一项目的实施也必然包括针对这方面的研究选题。

所谓"西藏问题"是近代大英帝国侵略中国、图谋将西藏地区纳入其殖民统治而制造的一个历史伪案，流毒甚广。虽然在一个世纪之后，英国官方承认以往对中国西藏的政策是"时代错误"，但是西方国家纵容十四世达赖喇嘛四处游说这种"时代错误"的国际环境并未改变。作为"时代错误"的核心内容，即英国殖民势力图谋独占西藏地区，伪造了一个具有"现代国家"特征的"香格里拉"神话，使旧西藏的"人间天堂"印象在西方社会大行其道，并且作为历史参照物来指责 1959 年西藏地区的民主改革、诋毁新西藏日新月异的现实发展。以致从 17 世纪到 20 世纪上半叶，众多西方人（包括英国人）对旧西藏黑暗、愚昧、肮脏、落后、残酷的大量实地记录，在今天的西方社会舆论中变成讳莫如深的话题，进而造成广泛的"集体失忆"现象。

这种外部环境，始终是十四世达赖喇嘛及其集团势力炒作"西藏问题"和分裂中国的动力。自 20 世纪 80 年代末以来，随着苏联国家裂变的进程，达赖集团在西方势力的支持下展开了持续不断、无孔不入的分裂活动。达赖喇嘛以其政教合一的身份，一方面在国际社会中扮演"非暴力"的"和平使者"，另一方面则挑起中国西藏等地区的社会骚乱、街头暴力等分裂活动。2008 年，达赖集团针对中国举办奥运会而组织的大规模破坏活动，在境外形成了抢夺奥运火炬、冲击中国大使馆的恶劣暴行，在境内制造了打、砸、烧、杀的严重罪行，其目的就是要使所谓"西藏问题"弄假成真。而一些西方国家对此视而不见，则大都出于"乐观其成"的"西化""分化"中国的战略意图。其根本原因在于，中国的经济社会发展蒸蒸日上，西藏自治区的现代化进程不断加快，正在彰显中国特色社会主义制度的优越性，而西方世界不能接受中国特色社会主义取得成功，达赖喇嘛不能接受西藏地区彻底铲除政教合一封建农奴制度残存的历史影响。

在美国等西方国家的政治和社会舆论中，有关中国的议题不少，其中所谓"西藏问题"是重点之一。一些西方首脑和政要时不时以会见达赖喇嘛等方式，来表达他们对"西藏问题"的关注，显示其捍卫"人权"的高尚道义。其实，当"西藏问题"成为这些国家政党竞争、舆论炒作的工具性议题后，通过会见达赖喇嘛来向中国施加压力，已经成为西方政治作茧自缚的梦魇。实践证明，只要在事实上固守"时代错误"，所谓"西藏问题"的国际化只能导致搬石砸脚的后果。对中国而言，内因是变化的依据，外因是变化的条件这一哲学原理没有改变，推进"中国特色、西藏特点"现代化建设的时间表是由中国确定的，中国具备抵御任何外部势力破坏国家统一、民族团结、社会稳定的能力。从这个意义上说，本项目的实施不仅关注了国际事务中的涉藏斗争问题，而且尤其重视西藏经济社会跨越式发展和长治久安的议题。

在"西藏历史与现状综合研究项目"的实施进程中，贯彻中央第五次西藏工作座谈会的精神，落实国家和西藏自治区"十二五"规划的发展要求，是课题立项的重要指向。"中国特色、西藏特点"的发展战略，无论在理论上还是在实践中，都是一个现在进行时的过程。如何把西藏地区建设成为中国"重要的国家安全屏障、重要的生态安全屏障、重要的战略资源储备基地、重要的高原特色农产品基地、重要的中华民族特色文化保护地、重要的世界旅游目的地"，不仅需要脚踏实地地践行发展，而且需要科学研究的智力支持。在这方面，本项目设立了一系列相关的研究课题，诸如西藏跨越式发展目标评估，西藏民生改善的目标与政策，西藏基本公共服务及其管理能力，西藏特色经济发展与发展潜力，西藏交通运输业的发展与国内外贸易，西藏小城镇建设与发展，西藏人口较少民族及其跨越式发展等研究方向，分解出诸多的专题性研究课题。

　　注重和鼓励调查研究，是实施"西藏历史与现状综合研究项目"的基本原则。对西藏等地区经济社会发展的研究，涉面甚广，特别是涉及农村、牧区、城镇社区的研究，都需要开展深入的实地调查，课题指南强调实证、课题设计要求具体，也成为这类课题立项的基本条件。在这方面，我们设计了回访性的调查研究项目，即在20世纪五六十年代开展的藏区调查基础上，进行经济社会发展变迁的回访性调查，以展现半个多世纪以来这些微观社区的变化。这些现实性的课题，广泛地关注了经济社会的各个领域，其中包括人口、妇女、教育、就业、医疗、社会保障等民生改善问题，宗教信仰、语言文字、传统技艺、风俗习惯等文化传承问题，基础设施、资源开发、农牧业、旅游业、城镇化等经济发展问题，自然保护、退耕还林、退牧还草、生态移民等生态保护问题，等等。我们期望这些陆续付梓的成果，能够从不同侧面反映西藏等地区经济社会发展的面貌，反映藏族人民生活水平不断提高的现实，体现科学研究服务于实践需求的智力支持。

　　如前所述，藏学研究是中国学术领域的重要组成部分，也是中华民族伟大复兴在学术事业方面的重要支点之一。"西藏历史与现状综合研究项目"的实施涉及的学科众多，它虽然以西藏等藏族聚居地区为主要研究对象，但是从学科视野方面进一步扩展了藏学研究的空间，也扩大了从事藏学研究的学术力量。但是，这一项目的实施及其推出的学术成果，只是当代中国藏学研究发展的一个加油站，它在一定程度上反映了中国藏学研究综合发展的态势，进一步加强了藏学研究服务于"中国特色、西藏特点"

的发展要求。但是，我们也必须看到，在全面建成小康社会和全面深化改革的进程中，西藏实现跨越式发展和长治久安，无论是理论预期还是实际过程，都面对着诸多具有长期性、复杂性、艰巨性特点的现实问题，其中包括来自国际层面和境外达赖集团的干扰。继续深化这些问题的研究，可谓任重道远。

在"西藏历史与现状综合研究项目"进入结项和出版阶段之际，我代表"西藏历史与现状综合研究项目"专家委员会，对全国哲学社会科学规划办公室、中国社会科学院及其项目领导小组几年来给予的关心、支持和指导致以崇高的敬意！对"西藏历史与现状综合研究项目"办公室在组织实施、协调联络、监督检查、鉴定验收等方面付出的努力表示衷心的感谢！同时，承担"西藏历史与现状综合研究项目"成果出版事务的社会科学文献出版社，在课题鉴定环节即介入了这项工作，为这套研究成果的出版付出了令人感佩的努力，向他们表示诚挚的谢意！

2013 年 12 月北京

前　言

　　清王朝在因循前代制度的基础上，构建了利于统治、具有多民族色彩的、多层次、立体交叉、复杂的民族管理制度体系。在法律制度上，清王朝承袭明代的法规体系，逐渐形成一个由律、条例、事例、则例、成案、章程、禁约、告示等不同法律体系，而专门针对蒙、藏、回等民族聚居和杂居地区的规定往往不同于内地，体现了"因俗而治"的传统。清代的八旗衙门、理藩院、内务府、步军统领衙门、军机处等俱系前代所无，而这些衙门均有部分司法审判权，掌理满、蒙、藏相关司法审判事务，形成清代司法审判制度的多民族色彩。

　　清王朝处理涉藏刑事案件是以政治与法律制度为基础的。在政治制度方面以官方的机构为中心，构建了"因俗而治"的管理体系；在法律方面以《大清律例》为主，各种专门事例、章程为辅，对处理涉藏刑事案件过程中出现的各种问题进行防范与惩处。清王朝在处理涉藏刑事案件过程中，曾经试图构建官民相得、民族相安的社会治安防范体系，但在具体实施过程中，官民对立，民族冲突，乃至于官民为敌，民族仇杀，不但影响了涉藏刑事案件处理的效果，而且失去了对社会控制的能力。在处理涉藏刑事案件过程中，清王朝不断完善法律，试图达到"寓刑于教"的效果，但在具体适用过程中，又有很大的随意性，曾经影响涉藏刑事案件的正常处理。目前，国内外学者关于清代制度史的论著，大多只是零星地涉及涉藏刑事案件处理的某些方面，系统研究清王朝处理涉藏刑事案件处理问题的论著尚未出现。

　　本书在处理涉藏刑事案件处理问题上，注意到清王朝对藏区的治理并不是基于权力的显示与财富的掠夺，而是有着更深的政治寓意。清王朝在管理上注重民族特点，采取了不同的管理方式，在法律适用方面也存在一定的差异。在"治内地当先宽而剂之以严，治边夷宜先威而继之以恩"的原则下，一直贯彻"恩威并济"的方针。这种方针政策虽然被贯彻到始终，但随着社会的发展变化，也曾经存在过反复，而"恩"与"威"的位置颠倒与二者不能有机地结合在一起，就会产生变数，出现许多特殊的问题，也导致方针政策不能收到预期的效果，甚至激化了民族矛盾。本书在分析涉藏刑事案件处理过程时，既关注方针政策的具体实施，也注意其实施效果，试图在政治理念与社会现实之间寻找平衡点，当二者不能平衡时，是政治理念屈服于社会现实，还是彼此水火不能相容，抑或是彼此都要相互适应，这是细致分析案件的基本原则。

清王朝在涉藏刑事案件处理问题中，适用的法律形式具有多元化的特点，即藏区的习惯法、王朝的藏区立法、内地的律法，以及皇帝针对某些案件发布的谕令，可以分别或同时为地方官员所引用，作为最终裁判的依据。"以伸国家之法，以服番众之心"，乃是处理涉藏刑事案件的基本原则，因此适用的法律是以国家大法为前提，处理上多从安抚的角度来考虑。

从司法审判的角度来看，由于每一种法律形式包含数量较多的规则、原则和概念，如果对其效力和适用案件的范围不加以辨别，将给案件的处理带来极大的困难。按照清代规定的案件处理程序：一般人到官府投诉，称之为"告""控告""首告""举告"。而重大刑事案件还需要呈报，即相关的责任人必须协同当事人，或直接到官府报案，称为"报""呈报""首报""举报"。此外还有自首与投首。之后有受理与缉捕、申报与审理、拟罪与执行等程序。从现在已经掌握的涉藏刑事案件来看，这些程序在实际处理过程中基本上得到了应用，但在"因俗而治"的前提下，还出现许多特殊程序，因此分析这些特殊程序乃是深入理解涉藏刑事案件处理的基本原则及适用法律的重要环节。

应该承认，清王朝对不同区域发生的民族冲突和纠纷的处理存在异同。对于统治者来说，国土辽阔，民族众多，从统治能力的角度来看，也只能采取"因俗而治"，因此在不同区域的管理上存在很大差异。为了维护王朝的统治秩序，在统治政策上往往限制民族间的相互交流，甚至划界分治，针对不同民族制定不同的法规，致使在不同民族之间发生的刑事案件处理问题上存在很大的差别，但自始至终体现着王朝政权的不容侵犯与质疑。

　　清王朝在涉藏刑事案件处理问题上，不能说没有成效，在某种程度上还维护了当时藏区社会的稳定。不过，我们应该看到，传统的专制主义中央集权体制在高度强化的同时，并没有跟上变化了的社会形势，这既有制度本身的失误，也有实施上的偏差，还有与其他制度共同的缺陷，更有决策者认识上的偏差。清朝统治者建起了一个疆域辽阔、文化灿烂的帝国，全盛时期几乎没有对手能够威胁其统治，因而没有顺应社会发展作出制度上的选择，反而因循守旧，姑息养奸，未使应有的政治、法律制度效能正常发挥，还加重了政治腐败，导致整个政治结构的崩溃。这固然有不可逆转的历史发展规律，然而顺应社会作出适当的制度选择，至少不会给社会带来更多的灾难，也是值得深思的问题。

　　有关清代法律制度的研究方兴未艾，尚有许多领域需要开拓，在对传统法律制度进行研究时，不可否认其中有许多不合理之处，有些还与现代国情不符，但也不可否认对传统法律制度的研究，有利于现代法律制度的完善。对传统文化进行彻底否定，这是不正常的，可以说是一种健忘的病态。对传统文化进行抄作，乃至于吹捧，这也是非正常的，属于一种狂妄自大的病态。以人身攻击的方式对思想家进行批判，便不是思想批判，这更不是正常的，属于一种疯狂可笑的病态。在现代生活中，不关心本民族文化传统，醉心于时髦理论，这不是正常的，属于一种无知而可悲的病态。对于传统政治制度，无论是批判还是倡导，都应该持平和的态度，既不可以全面否定，也不能全面肯定，客观地进行分析，批判其局限性，倡导其精华，这是分析传统法律制度应该具有的态度。

　　本研究 2011 年立项以来历时四个寒暑，我们的足迹留在研究涉及的区域，柏桦还有幸被青海省政府聘为昆仑学者，成为青海民族大学特聘教授，得以与涉藏问题研究的学者进行交流，为本研究打下了良好的基础。结项之时，本研究被评为良好。承蒙社会科学文献出版社编辑的关注，多次联系出版事宜，我们在结项专家意见的基础上进行全面修订，最终得以出版。以此就教于同仁，也作为清王朝涉藏问题研究之始，更期望来者发扬光大之。

目 录

绪　论

　　清代藏区的法律治理已经引起学界的关注，但从刑事案件处理的角度具体考察法律适用及政治理念的研究还不多见。学界对历史上藏区的各种研究涉及的范围十分广泛，而本书以涉藏刑事案件处理为研究对象，所以没有选择藏族聚居区为研究重点，而是以甘、川、青、滇藏区作为研究区域，以该区域的藏族与蒙、回、汉及其他民族之间发生的刑事案件作为重点，结合在内地发生的一些涉及藏族的刑事案件，针对清王朝处理这些案件的方针政策，分析其处理原则及法律适用问题。在研究方法上，综合运用历史分析、文献分析和语义分析法，结合历史资料，重点剖析刑事案件的处理过程。同时，本书力求在对政治理念、法律原则及制度寓意的阐释方面有所创新。由于目前在官方和地方档案、史料查询，以及调研考察方面存在一定的难度，故在史料的选取上，以官修史料为主，尽可能挖掘地方志、名臣奏议及地方档案中的信息，以展现清代涉藏刑事案件的处理过程；在解析统治者处置理念的同时，对案件处理以后在藏区及整个社会的影响进行分析。

第一节　选题缘由及意义

　　清代是中国最后一个封建专制王朝，也是由少数民族统治者建立的疆域辽阔的统一的多民族国家。其审时度势、因地制宜地制定的诸项民族及边疆政策，是其国祚绵长的主要原因之一。对这些政策给予支持的法律制度，以及因此而形成的多种途径的司法行政问题，更是研究清代法律制度应该重点关注的内容。

清代的民族政策和民族法制已经相当完备，一系列的民族法规，无论在数量上，还是在立法内容上，都达到了中国古代社会民族法制的顶峰。在所有的民族政策和民族立法中，藏区的法律治理占有重要的地位。根据不同时期、不同形势的要求，清朝统治者治理藏区的政治目标有所不同，采行的政策措施亦有所不同。但是，"因俗而治"，扶植和利用藏传佛教作为其思想统治的工具，在力求保持西藏地区的稳定与安宁，以巩固王朝统治为主要目标的前提下，将一些民族政策法制化，并且不失时机地进行政治渗透，加强行政管理，却始终是清王朝治理藏区的核心理念。

　　正是由于清王朝对藏区法律治理的重点关注，以及藏区对于清王朝稳定的特殊意义，引起了学界对涉及藏区、藏族法律问题的广泛研究和探讨，并产生了丰富的研究成果。但就目前的成果来看，研究方法多依"历史—政策—法律"的模式和方法展开，而从立法程序和过程、法律适用方面动态考察藏区法律具体运行的成果较少。在这种讨论模式和方法下，尽管对政策指引下的立法文件的内容、特点和意义作出了较为深入的分析和讨论，但由于政策的模糊性特征，导致相关研究成果，或者在前人基础上原地踏步、难以创新，或者与清王朝藏区立法和司法的实际情况相差较大。

　　要作出和清代藏区法律制定和实施相符的研究，需要站在清王朝藏区历史发展的角度，并深入研究立法程序和司法审判的实际，尽量真实地展现清王朝藏区立法的作用和实效，还原运用法律进行司法审判、处理民刑事案件的过程。对历史的研究是为了更好地认识过去，但是，对过去的认识本身并不仅仅是为了单纯地还原和重建过去，而是应该更好地去认识历史、把握现在、展望未来。除了遵循这种研究思路，并结合个人能力与研究旨趣，选择"清朝涉藏刑事案件处理问题研究"作为研究课题，还基于以下几方面考虑。

　　首先，从法律规范的角度来看，清代法律规范是一个由律、条例、事例、则例、成案、章程、禁约、告示等不同法律样式组成的一整套体系。在这些不同的法律样式中，律和各种例是最主要的法律规范，章程、禁约、告示等是补充性法律规范。其中，专门针对蒙、藏、回等民族聚居和杂居地区的规定往往不同于内地，体现了"因俗而治"的传统。同时，清代的司法审判制度具有多民族特色。清代的八旗衙门、理藩院、内务府、步军统领衙门、军机处等俱系前代所无，而这些衙门均有部分司法审判权，掌理满、蒙、藏相关司法审判事务，形成清代司法审判制度的多民族色彩。瞿同祖先生认为：“研究法律自离不开条文的分析，这是研究的根据。但仅仅研究条文是不够的，我们也应注意法律的实效问题。条文的规定是一回事，法律的实施又是一回事。某一法律不一定能执行，成为具文。社会现实与法律条文之间，往往存在着一定的差距。如果只注重条文，而不注意实施情况，只能说是条文的、形式的、表面的研究，而不是活动的、功能的研究。”① 要深入地了解清代法律规范的实效，就需要对清代法律的具体实施过程进行动态的分析和探讨。

其次，从所掌握的藏民与汉民、藏民与满民、藏民与蒙民以及藏族与其他民族发生冲突的刑事案件资料来看，这些案件有的出现在京师，也有的出现在内地，还有的出现在民族杂处而交往的贸易地区，而更多的是出现在各民族交界的地方。通过初步分析发现，这类冲突与纠纷案件出现的地域不同，清王朝对其重视程度也不同，从而使得其最终的处理方式并不一致。然而，在中央集权的政治架构中，在法律统一的大原则下，同一性质的案件发生在不同地域、不同民族间，由不同的审判衙门审理，出现的不同处理结果却最终都能够符合王朝的基本要求，其中蕴含的丰富的统治理念及原则，实在值得深思与分析。

最后，从涉藏刑事案件的处置过程可以看出，官员们为了规避责任，以种种手段欺瞒掩饰，导致许多案件并没有上报中央。地方官利用手中的权力进行处理，并千方百计规避责任，掩盖事实真相，以期大事化小，小事化了。这些地方官为了保住自己的权位，有时不惜以扩大株连来彰显功绩，以致不法之徒借机欺诈勒索，受害的人数众多，民众怨声载道，既不利于社会经济的发展，又激化了民族矛盾；有时隐瞒事实的真相，上欺朝廷，下压百姓，以致民众冤无所诉，民族矛盾得不到解决，积怨甚深。不过，从现存的史料当中，还是可以看到有些地方官在息事宁人的前提下，以情理来安抚冲突和纠纷的双方，使他们能够化干戈为玉帛，促进民族团结。对此，不但需要从法律层面和政治层面进行解析，了解案件处理背后的政治理念，而且要把握时代背景，尽可能地贴近历史，从当时的现实来

---

① 瞿同祖：《中国法律与中国社会》，中华书局，2003，导论第 2 页。

分析。当然，通过分析案件的处理过程，也能从中挖掘政治理念、法律制度层面的不足和疏漏之处，在进行重点分析的情况下，以期更全面地展现清代涉藏案件处理的整体面貌。

总之，清代法律是中华法系两千年法律传承的成果，其司法实践也植根于多民族文化，不仅与中国人的"情理法"观相契合，而且具有实用性的特点。加强对清王朝的民族案件处理过程的研究，既可以清晰地认识清朝律法在藏区和与藏族有关地区的使用，也可以为当下的民族冲突和纠纷的解决提供历史经验，以展望未来，促进民族融合。

第二节 研究对象及概念界定

政治学是以研究政治行为、政治制度以及与政治相关的领域为主的学科。其中，政治行为、政治制度以及与政治有关的现象都是政治学的研究对象。政治学研究的最重要部分应当是通过研究分析和解决问题，得出更为贴切的结论，并上升到理论性的总结。在研究过程中，特别是在以往研究并不深入的情况下，对相关概念的准确界定，既是研究的基础，也有助于问题的研究，更有利于切实地进行表述。

一 研究对象

清王朝涉藏刑事案件处理是本书研究的重点问题。在研究过程中，主要关注并试图解决以下三个序列的问题：第一，清代处理不同民族的刑事案件的法律依据是什么？这些法律体现出哪些不同于当今法律的特点？第二，清代处理民族冲突的实践过程，其基本政治理念是什么？案件处理以后的政治与社会效果如何？是激化民族矛盾，还是促进民族和谐？第三，对不同区域发生的民族冲突的处理存在哪些异同？其具体原则是什么？在研究资料的选取上，主要利用中国第一历史档案馆藏《刑科题本》《朱批奏折》《上谕档》，青海、甘肃、四川、云南等地档案馆中的案件档案，以及收集的地方志、笔记、奏疏中有关藏族与其他民族发生冲突的刑事案件。研究的目的则在于，通过分析不同类型的案件处理过程，发现清王朝处理案件的原则、依据等方面的特点，并试图通过这些案件的处理过程，把握清王朝对待西藏和藏区问题的态度，揭示蕴含在其中的政治内涵、法律理念和制度寓意。具体而言，主要以藏民与汉民、满民、蒙民、回民，以及藏族与其他民族发生冲突的刑事案件处理为研究重点，在区分刑事案件具体类别的前提下，以案件的发生区域为纲目，分析处理的过程及结果。

二　概念界定

概念是反映对象本质属性的思维方式，是将感知事物的共同本质特点抽象出来并进行概括，而概念的界定，是针对某些确切概念所下的定义，既有明确的定义，也有明确的划分。本书所涉及的主要概念，乃是涉藏及刑事案件。

（一）涉藏

涉藏刑事案件，主要是指藏民与汉民、藏民与满民、藏民与蒙民以及藏民与其他民族发生冲突的刑事案件。这里的关键是"涉藏"问题，如果不加以明确，则难以理解要研究的问题。

一般来说，"涉藏"，肯定是与藏区、藏族有关。从地理区域角度看，"涉藏"地区既包括西藏地区，也包括甘肃、四川、青海、云南等藏族聚居区，还有在多民族国家条件下藏族可以去的地方。清代中国境内的藏族分布在广袤的青藏高原上，现今藏族居住区划分为西藏自治区和青海、四川、甘肃、云南四省的十个藏族自治州和两个藏族自治县（即青海省海北藏族自治州、海南藏族自治州、黄南藏族自治州，果洛藏族自治州、玉树藏族自治州、海西蒙古族藏族自治州；四川省甘孜藏族自治州、阿坝藏族羌族自治州、木里藏族自治县；甘肃省甘南藏族自治州、天祝藏族自治县；云南省迪庆藏族自治州）。这一行政区划是在长期历史发展中形成的，有其地理、经济、政治等多方面的原因，更主要的是元代以来历代王朝对藏族地区实施统一行政管理的结果。①

如果从行政区划的角度看，"涉藏"当然是涉及这些藏族地区了。但从狭义的角度来讲，"涉"的牵涉、涉及、关联等意思，可以应用到涉藏问题上。在通行的语句，"涉外"是指在公务上涉及外国，以及与外国有关的涉外单位。如果以这层意思来谈"涉藏"，则应该是在公务上涉及藏族，以及与藏族有关的涉藏部门。具体到"涉藏刑事案件"，则应该是涉

---

① 参见陈庆英、冯智《藏族地区行政区划简说》，《西藏民族学院学报》1996 年第 1 期。

及藏族以及与案件处理有关的部门，而从"涉藏"的角度来分析清王朝涉及藏族案件的处置过程，应该能够成立。其理由如下。

从民族的角度看，藏族不仅仅居住在西藏自治区及藏族聚集区，在全国各地或多或少都有居住，而其他民族在西藏自治区及藏族聚集区也有居住。从清王朝涉及藏族的刑事案件来看，有的发生在京师，有的发生在内地，还有的发生在民族杂处交往的贸易地区，而更多的是发生在各民族交界的地方。至于发生在西藏地区腹地的一般的刑事案件，清王朝原则上不予审理，只有事涉重大，理藩院和驻藏大臣才参与。基于此，涉藏刑事案件从民族的角度来说，不牵扯藏族本民族内部的刑事案件，只有藏族涉及其他民族的刑事案件，才可以称为涉藏刑事案件。

既然涉藏刑事案件是指藏族涉及其他民族的刑事案件，涉藏刑事案件研究就应该审视发生在藏民与汉民、藏民与满民、藏民与蒙民、藏民与其他民族之间发生的刑事案件。可以说"清王朝涉藏刑事案件处理问题研究"是一个综合性的研究，既牵涉藏区的习惯法、清代的藏区立法和司法审判制度，又包括清代对涉藏刑事、反叛、宗教等案件的司法处理过程。

（二）刑事案件

刑事案件的定性及案例选择的标准，也应该予以明确。《大清律例》以名例、吏、户、礼、兵、刑、工为7律，分为30门436条，除名例律46条为总则之外，涉及的罪名有390种，均为刑事罪名。人们习惯上称为户婚、田土、钱债等细事，实际上也是刑事案件，只不过这类罪行，在州县官自理的范围内。有学者将其视为民事案件，则是极大的错误，因为引用律例裁断的案件，都是刑事案件。

就涉藏刑事案件而言，390种罪名可能都有；若是以案发率来看，除户婚、田土、钱债等细事之外，以人命、贼盗、斗殴、诈伪、犯奸等为多，其中贼盗28条，涉及谋反、大逆、谋叛、造妖书妖言、强盗、劫囚、白昼抢夺等恶性犯罪。基于涉藏刑事案件的处理特点，案例选择以人命、贼盗、斗殴以及户婚、田土、钱债等为主，同时也关注谋反、大逆、谋叛案件。同时，由于藏区政教合一制度根深蒂固，因此也会对涉及宗教的案件进行分析。

基于上述理由，本书将"涉藏刑事案件"定位为：以分析藏民与汉民、藏民与蒙民、藏民与满民、藏民与其他民族之间发生的刑事案件为重点，关注藏族与汉、满、蒙、维等民族成员之间的冲突解决，分析刑事案件审理过程。以清王朝官方处置的案件为主，从法律和政治层面解析案件处理背后的政治理念，以期为现代民族关系的和谐提供历史的启示。

第三节　研究现状综述

清王朝历代统治者为了维护自己的统治，制定了一系列的治国方针、政策，并在具体的实施过程中不断加以充实、完善。在施政问题上，政治、边疆与民族问题是不能忽略的，而对此类问题给予支持的相关律法，以及由此而形成的多种途径的司法行政问题，更是研究清代法律应该关注的。纵观清代法制建设，加强对藏区的依法治理是其法制发展的突出标志。在治理藏区的过程中，清王朝逐步总结出一系列的统治经验，制定了许多有特色的立法和司法制度，并通过在藏区的施行，实现了有效的管理和统治，对后世产生了深远影响。有关清王朝藏区立法和司法的研究已经有许多学者予以关注，但从涉藏刑事案件的具体处理方面考察清代藏区立法和司法运行的研究还不多见，因此不能说现有成果已经全面深入，许多必需的研究工作仍有待进一步开展。

"清王朝涉藏刑事案件处理问题研究"是一项综合性的研究，既牵涉藏区的习惯法、清代的藏区立法和司法审判制度，又包括清代对涉藏刑事、反叛、宗教等案件的司法处理过程。因此，在此主要从以上几个方面对既有研究成果进行梳理和评述。

一　藏区法制研究

藏区法制研究起步较晚，而民族史研究也不可能回避藏区的法制问题。从专著来看，黎宗华、李延恺的《安多藏族史略》（青海民族出版社，1992 年）编译了很多与法律制度相关的藏文资料。陈庆英主编的《藏族部落制度研究》（中国藏学出版社，1995 年）以两章的篇幅来论述藏族部落的法律制度，并且将藏族部落法律归纳为生产、民事、刑事和军事法律，然后分别对这些法律规范进行分析。星全成、马连龙《藏族社会制度研究》（青海民族出版社，2000 年）在论述各项社会制度时，特别对司法、惩罚、继承、婚姻、借贷等制度进行研究。陈光国《青海藏族史》（青海民族出版社，1997 年）在探讨清代的青海藏族时，对青海藏区的法律渊源、法律文件也略有介绍。

专门以藏区法制为主要研究对象的，如徐晓光的《清代蒙藏地区法制研究》（四川民族出版社，1996 年）认为，清王朝在藏区立法可以分为以地方立法为主的阶段、零散立法阶段、特别立法阶段，然后分析藏区立法的指导思想和原则。此后考察了藏区法制的基本内容，将藏区法制的特点总结为九个方面，并强调这些特点在民族地区的普遍性。徐晓光认为：《十三法》和《十六法》应该是清朝藏区具有主导地位的基本法，而其他民事、刑事法规则被视为具体法，此外还有广泛存在的例，属于具体法中更具灵活性和实用性的部分。徐晓光的另一部著作《藏族法制史研究》（法律出版社，2001 年）分别对吐蕃王朝的法律制度、唃厮啰到藏巴汗政权的法律制度、清朝对藏区的立法调整与藏族地方法、近代中央官府藏区立法与藏族部落法等五个政权时间段的藏区立法进行了分析，然后总结了历史上藏族地区法制的特点，勾勒出藏区法制史的全貌。孙镇平的《清代西藏法制研究》（知识产权出版社，2004 年）将清代西藏法制划分为清朝治藏前期（1642～1793）、治藏中期（1793～1840）、治藏末期（1840～1911）三个发展阶段，认为治藏前期是"从俗而治"，治藏中期是"从宜而治"，治藏后期是"固我主权"。作者在分析了清代治藏三个时期的法制状况之后，进行了综合评述，总结了清代西藏法制的发展历程、发展规律、法制特色，并指出经验、教训。

除了以上专著之外，涉及藏族法制的论文很多，大致可以分为以下几类。

首先，从制度层面谈及藏族法制问题。例如：何峰从藏族谚语入手分析藏族部落制度，认为藏族谚语是藏族部落制度的反映，藏族部落制度则是对藏族谚语的最好注解，其中也涉及法律问题；[①] 星全成认为依法治理蒙藏地区，是清王朝治理蒙藏的方略，其成败得失，耐人寻味；[②] 彭建英则认为法律化和制度化是清廷治藏的重要方略；[③] 周伟洲在论述甘青藏区

---

① 何峰：《从藏族谚语看藏族部落制度》，《青海社会科学》1991 年第 5 期，第 94～100 页。
② 星全成：《清朝治理蒙藏方略之得失》，《青海社会科学》2007 年第 4 期，第 107～111 页。
③ 彭建英：《试论清朝的治藏方略》，《西北史地》1997 年第 2 期，第 56～66 页。

行政体制改革时，将"建立法规，制定律例"作为一个改革措施来论述，认为《番例六十八条》起到维护藏区秩序稳定的作用。① 清廷对西藏的治理，驻藏大臣的设置及其职权是不容忽略的，这方面的论著较多，而在论述驻藏大臣职权时，也不可避免地谈到相关的法律。② 理藩院是清代专门处理民族事务的机构，在分析该机构的设置沿革、职掌、行政特点及其在治理边疆过程中的作用时，也必然会提到相关的法律。③

　　研究藏区的法制，就不能忽略有关藏区的各种法规，诸如《理藩院则例》《蒙古例》《番例》《钦定西藏章程》《青海善后事宜》《西藏通制》等。学者从不同角度对这些法规进行分析，认为这些民族法规既发挥了区域性法规的效用，又起到调节民族关系的作用；不但体现了清王朝治理民族地区的政治理念，而且具有很强的实践意义。④

---

① 周伟洲：《清代甘青藏区建制及社会研究》，《中国历史地理论丛》2009 年第 7 期，第 10～31 页。

② 主要论文如下。黄奋生：《清代设置驻藏大臣考》，《边政公论》1941 年第 2 期，第 4～13 页；王忠：《中央政府管理西藏地方的制度的发展》，《历史研究》1959 年第 5 期，第 1～9 页；陈鸣钟：《清朝前期中央政府对西藏地方政治制度、宗教制度的改革》，《史学月刊》1960 年第 1 期，第 6～11 页；王辅仁：《略论清朝前期对西藏的施政》，《清史研究集》第二辑，中国人民大学出版社，1982，第 56～71 页；顾效荣：《清代设置驻藏大臣简述》，《西藏研究》1983 年第 4 期，第 32～39 页；吴健礼：《略论清朝对西藏地方的主权》，《西藏研究》1983 年第 4 期，第 23～32 页；吴丰培：《清代驻藏官员的设置和职权》，《中央民族学院学报》1981 年第 1 期，第 54～56 页；张云侠：《略论清代驻藏大臣的设置、职权及有关问题》，《社会科学研究》1985 年第 3 期，第 70～75 页；申新泰：《清朝中央政权对西藏行政体制和宗教制度改革述评》，《西藏民族学院学报》1996 年第 1 期，第 33～40 页；申新泰：《清朝中央政权对西藏行政体制和宗教制度改革述评（续）》，《西藏民族学院学报》1996 年第 2 期，第 47～56 页；张羽新：《驻藏大臣政治地位和职权的历史考察》，《中国藏学》1998 年第 2 期，第 47～67 页；等等。

③ 参见吕士朋《清代理藩院——兼论清代对蒙藏回诸族的统治》，《东海大学历史学报》1977 年第 1 期，第 61～98 页，《清代的理藩院》，《中国史学论文选集》第三辑，幼狮文化事业公司，1983，第 623～700 页；王钟翰：《试论理藩院与蒙古》，中国人民大学清史研究所编《清史研究集》第三辑，四川人民出版社，1984，第 166～179 页；赵云田：《清代治理边陲的枢纽——理藩院》，新疆人民出版社，1995。

④ 参见苏钦《〈理藩院则例〉性质初探》，《民族研究》1992 年第 2 期，第 75～77 页；徐晓光、陈光国：《清朝对"蒙古例"、〈理藩院则例〉的制定与修订》，《内蒙古社会科学》1994 年第 3 期，第 52～57 页；史筠：《清王朝治理西藏的基本法律——〈西藏通制〉》，《民族研究》1992 年第 2 期，第 78～85 页；何峰：《从〈番例〉看清王朝对青海藏区的管理措施》，《青海社会科学》1996 年第 6 期，第 72～76 页，《〈番例〉清王朝对青海藏区的特殊法律》，《青海社会科学》1997 年第 3 期，第 98～103 页，《〈番例〉探析》，《中国藏学》1998 年第 2 期，第 74～83 页，《从〈番例〉看藏族千百户制度》，（转下页注）

其次，清代在藏区的立法及立法内容，是学者们关注的重点内容之一。例如对藏区法律规范中的刑法、民法、军法、诉讼法等内容进行分析，从"因俗而治"及"众建而分其势"的统治政策出发，总结清王朝关于藏区立法的特点，认为清廷通过对藏区的立法，成功地调整了中央与藏区以及各民族之间的法律关系，有效地维护了藏区社会秩序的稳定，其成败的经验教训，对现代藏区管理也有参考意义。①

清王朝有关藏区的立法内容是学者关注的对象，而这些立法所体现的思想与理念更是学者关心的问题。学者们试图从思想到实践，总结一些特点，谈一些经验，最终提出一些有益的启示。这种宏观地分析清王朝对藏区立法的原则，总结其立法特点，与那些微观及中观研究相得益彰，为整体把握清王朝民族立法提供了分析路径及方法。②

二 藏区习惯法研究

谈到藏区的法制，就不能忽略藏族习惯法，因为习惯法是清王朝针对

（接上页注④）《青海民族学院学报》1998 年第 2 期，第 8 ~ 12 页；星全成：《〈钦定藏内章程二十九条〉及其意义》，《青海师范大学民族师范学院学报》2005 年第 11 期，第 10 ~ 13 页；张云：《钦定藏内善后章程二十九条的形成与版本问题》，《民族研究》1997 年第 5 期，第 83 ~ 91 页；卓嘎：《〈铁虎清册〉产生的背景及内容》，《中国藏学》1992 年特刊，第 115 ~ 122 页；牛绿花：《略论〈钦定西藏章程〉及其历史意义》，《青海民族研究》2009 年第 1 期，第 86 ~ 90 页；隆英强：《浅谈五世达赖喇嘛时期的〈十三法典〉》，《西北民族大学学报》2005 年第 1 期，第 93 ~ 97 页；李鹏年：《西藏摄政阿旺降白楚臣被控案与裁禁商上积弊章程》，《中国藏学》1999 年第 4 期，第 71 ~ 89 页；王希隆：《年羹尧〈青海善后事宜十三条〉述论》，《西藏研究》1992 年第 4 期，第 27 ~ 37 页；等等。

① 参见陈光国《民主改革前的藏区法律规范述要》，《中国社会科学》1987 年第 6 期，第 123 ~ 136 页；王志刚：《试论清朝政府治理藏族地区的法律措施》，《西北政法学院学报》1984 年第 4 期，第 73 ~ 81 页；陈光国、徐晓光：《清朝对青海蒙藏民族的行政军事诉讼立法初探》，《青海民族学院学报》1991 年第 2 期，第 16 ~ 23 页；徐晓光、周健：《清朝政府对喇嘛教立法初探》，《内蒙古社会科学》1988 年第 1 期，第 55 ~ 59 页；刘志：《清王朝管辖西藏地方的立法制度述评》，《青海民族研究》2006 年第 2 期，第 103 ~ 105 页；那仁朝格图：《试述清朝对青海蒙藏民族地方的立法》，《内蒙古社会科学》2008 年第 1 期，第 67 ~ 71 页；焦利：《清代对西藏地方行政管理的法律成果考察》，《国家行政学院学报》2008 年第 5 期，第 89 ~ 92 页；等等。

② 参见王立艳《清代"从俗从宜"治理西藏的法律思想与实践》，《中央政法管理干部学院学报》2000 年第 4 期，第 63 ~ 64 页；田莉姝：《清朝民族立法特点之研究》，《贵州民族研究》2003 年第 4 期，第 85 ~ 89 页；张晋藩：《清朝民族立法经验浅析》，《国家行政学院学报》2011 年第 1 期，第 28 ~ 33 页；等等。

藏区立法的重要法律渊源，也是由历史原因形成并通行于藏区，以习惯为基础发展起来的具有广泛约束力的规则。

对于藏族习惯法的研究，可以说是成果斐然。张济民主编的"藏族部落习惯法研究丛书"，以《寻根理枝——藏族部落习惯法通论》《诸说求真——藏族部落习惯法专论》《渊远流近——藏族部落习惯法法规及案例集录》（青海人民出版社，2002 年）构成藏族习惯法的研究系列。《寻根理枝——藏族部落习惯法通论》不仅系统地论述了藏族习惯法与藏族道德、藏族禁忌、藏族仪式、藏传佛教等的关系，而且对藏族习惯法的行政法规范、军事法规范、民事法规范、刑事法规范以及各种纠纷的解决及程序也有分析。《诸说求真——藏族部落习惯法专论》则就区域性习惯法进行细致分析，诸如甘南藏族自治州盗抢牲畜及杀人命案的解决方式，多采用习惯法进行调解，有着藏民族的特殊性。《渊远流近——藏族部落习惯法法规及案例集录》分为青海省范围的法规资料、兄弟省区的法规资料、案例汇编、附录、词语解释等五个部分，收录一些现存的法规及案例，诸如"赔命价""婚姻""赘婿"等。

另外，洲塔《甘肃藏族部落的社会与历史研究》（甘肃人民出版社，1994 年）在论述甘肃藏区社会法律规范的来源时，对该地区传统法律规范的主要内容进行了分析，并且总结该地区的法律规范特点。陈庆英《藏族部落制度研究》（中国藏学出版社，2002 年）则设专章论述藏族部落的法律制度，从生产、民事、刑事等方面讲述藏族习惯法的内容，并总结了藏族部落法律制度的特点。

此外，星全成《藏族社会制度研究》（青海民族出版社，2000 年），杨士宏《藏族传统法律文化研究》（甘肃人民出版社，2004 年），徐晓光《藏族法制史研究》（知识产权出版社，2004 年），孙镇平、王丽艳《民国时期西藏法制研究》（知识产权出版社，2006 年）等，也都用较长的篇幅论述藏族习惯法的文化内涵、基本特征，并从婚姻和土地纠纷、人命案件等方面分析藏族习惯法在具体解决过程中发挥的作用。

最新著作当是华热·多杰《藏族古代法新论》（中国政法大学出版社，2010 年），作者积 20 余年研究之功力，完成此书。该书上、中、下 3 篇共23 章，分别对藏族古代私法、藏族古代公法、藏族传统法律观进行论述，认为藏族古代公法以吐蕃王朝以来制定的法影响最深，在藏族古代法中占有十分重要的地位，而藏族习惯法也是法律的重要渊源之一。藏族习惯法在具体纠纷处理过程中能够发挥重要的作用，主要是由藏族地区地广人稀、情况复杂和法制尚不健全这两个因素决定的。对于习惯法发挥的作用，作者从草原纠纷、边界性争议、饮水和其他方面的争议来论述纠纷产生的原因及其解决方式，对其普遍性和严重性进行解析，并提出自己的观点。

有关藏族习惯法研究的论文很多，总体来看，主要集中在藏族习惯法的内容解析、具体应用的效果分析，以及对现代的影响方面。内容解析是针对某些地区性习惯法的形成及传承问题进行研究。具体应用的效果分析，则是对婚姻、土地纠纷的解决，人命的赔偿制度等方面进行研究，分析其适用原则。对现代的影响则从历史传承的角度，讲到民族特征的形成，在民族心理素质、风俗习惯、宗教信仰没有大的变革的情况下，藏族习惯法依然有很大的市场，因此应该给予高度重视。①

---

① 参见文格《藏族习惯法在部分地区回潮的原因分析》，《青海民族研究》1999 年第 3 期，第 75~79 页；杨士宏：《藏族部落习惯法传承方式述略》，《青海民族学院学报》2004 年第 1 期，第 28~31 页；孙镇平：《西藏"赔命金"制度浅谈》，《政法论坛》2004 年第 6 期，第 158~164 页；陈光国《试论藏区部落习惯法中的刑法规范》，《西北民族学院学报》1997 年第 3 期，第 83~90 页；何峰：《论藏族部落的赔偿制度》，《青海民族学院学报》1996 年第 4 期，第 28~42 页；张济民：《浅析藏区部落习惯法的存废改立》，《青海民族研究》2003 年第 4 期，第 99~104 页，《藏区部落习惯法对现行执法活动的影响及对策建议》，《青海民族研究》1999 年第 4 期，第 60~64 页；白廷举：《土族习惯法探析》，《青海民族学院学报》2002 年第 3 期，第 44~47 页；索南才让：《藏传佛教对藏民间习惯法的影响》，《西北民族大学学报》2004 年第 2 期，第 57~61 页；陈文仓：《玉树藏族部落习惯法初论》，《青海民族研究》2004 年第 1 期，第 116~120 页；李明香：《果洛藏族部落习惯法浅议》，《西北民族大学学报》2004 年第 1 期，第 100~106 页；彭宇文：《关于藏族古代法律及法律文化的若干思考——借鉴梅因〈古代法〉进行的研究》，《法学评论》2004 年第 2 期，第 145~150 页；唐萍：《部落习惯法对青海藏区社会生活的影响及对策分析》，《青海民族学院学报》2003 年第 4 期，第 38~40 页；多杰：《玉树藏族部落法规职能初探》，《青海民族学院学报》1991 年第 4 期，第 5257 页，《浅谈藏区环保习惯法》，《青海民族研究》2003 年第 3 期，第 95~100 页，《浅谈藏族习惯法中"命价"的意义及其适用原则》，《青海民族研究》1993 年第 1 期，第 47~54 页，《关于藏区民间法文化现象的透析》，《青海民族学院学报》2004 年第 1 期，第 32~35 页；牛绿花：《对藏族部落习惯法中妇女地位及财产继承权问题的探讨》，《西北民族大学学报》2004 年第 6 期，第 46~51 页；贾烯儒：《试论藏区部落习惯法的文化成因及其改革》，《攀登》1997 年第 2 期，第 76~83 页；隆英强：《本土民族法文化的价值与内涵——以藏族赔命价习惯法对我国刑事司法的贡献为视角》，《中南民族大学学报》2011 年第 4 期，第 114~118 页，《藏族习惯法中的"赔命价"制度——兼论原生态藏族赔命价习惯法（转下页注）

三　涉藏刑事案件处理问题研究

以清王朝涉藏刑事案件处理问题为主要研究对象的论著比较少见，但研究藏族法制史，无论是论述藏区公法，还是藏族习惯法，都不可能忽略具体的案件，而在谈论清王朝有关藏区司法审判制度和纠纷解决机制时，也免不了要谈到一些民事纠纷解决的事例和一般民刑案件的处理原则，至于宗教犯罪、反叛犯罪等特殊刑事案件，更是研究者所关注的问题。

在清代藏区司法审判方面，学者们予以一定关注。牟军简述了自清朝以来西藏的地方司法行政体制，并对当时的诉讼、证据和执行等制度进行论述，虽然没有具体的案例分析，但对《法律十三条》的实际应用进行了分析。① 陈柏萍对藏族传统司法制度形成、发展的历史轨迹进行描述，谈到起诉、调解、审判和执行等司法程序。② 杨华双则在田野考察的基础上，对四川西部嘉绒藏区习惯法中现存的司法制度进行总结，认为嘉绒习惯法的司法制度主要是调处和神明裁判。调处往往由土司、守备主持，先对双方进行罚款，理由是"好人不做，却吵嘴"。神明裁判则主要适用于疑难案件的审理，有盟誓、神托、神罚等形式。③ 何峰分析了"天断"这一藏族传统法律中独具特色的审判制度，将天断形式归纳为起誓、视伤情、视征兆三大类，这些形式广泛地应用于疑难纠纷和案件的处理。④ 马青连在分析清代理藩院司法管辖权时，注意到理藩院定期或不定期派遣司员、理

（接上页注①）与中国的死刑存废问题》，《原生态民族文化学刊》2010 年第 4 期，第 48～54 页；张锐智、黄卫：《论藏传佛教精神与司法权威的结合——藏族"赔命价"处理模式改革探析》，《中国政法大学学报》2011 年第 6 期，第 104～111 页；后宏伟、刘艺工：《藏族习惯法中的神明裁判探析》，《西藏研究》2010 年第 5 期，第 94～103 页；刘艺工、刘立卫：《关于甘南藏族婚姻习惯法的实证分析》，《法制与社会发展》2009 年第 6 期，第 45～53 页；辛国祥、毛晓杰：《藏族赔命价习惯与刑事法律的冲突及立法对策》，《青海民族学院学报》2001 年第 1 期，第 33～36 页；胡秋妍：《浅析藏族婚姻习惯法》，《四川民族学院学报》2011 年第 6 期，第 7～9 页；匡爱民、黄娅琴：《藏族习惯法中的惩罚性赔偿规则研究》，《中央民族大学学报》2012 年第 1 期，第 109～113 页；等等。

① 牟军：《近代西藏地方司法制度简述》，《现代法学》1993 年第 5 期，第 79～84 页。
② 陈柏萍：《藏族传统司法制度初探》，《西北民族学院学报》1999 年第 4 期，第 1～8 页。
③ 杨华双：《嘉绒藏区习惯法中的司法制度》，《西南民族大学学报》2005 年第 4 期，第 71～74 页。
④ 何峰：《论藏族传统的天断制度》，《西北民族学院学报》1996 年第 4 期，第 43～47 页。

事官巡视的问题，有些少数民族与汉民族发生纠纷的案件，常常由这些巡视官会同地方土司及官员进行裁断。①

清代藏族纠纷解决机制是学者关注的重点问题。多杰从经济、政治、法律关系来分析藏族部落特征，而这些特征决定了纠纷解决的性质、类别和特点。其认为，能够被纳入解决的有财产纠纷、人身权纠纷、婚姻纠纷等，然后对调解模式、审判制度、特殊审判方法解决纠纷的不同之处进行比较，最后论述司法权的归属，认为审判是有法律规范的，调解则是动之以情、晓之以理的过程。② 后宏伟先论述了藏族习惯法中的调解特征，然后讲述调解纠纷解决机制的内容，也就是民间调解权威、调解评价依据、调解的强制力、调解的适用与排除、调解的维系力量等，并且分析了调解纠纷的优点与不足。③ 王玉琴等则从藏族民间调解的成文法基础、宗教渊源方面来论述藏族纠纷解决的历史渊源，然后在田野调查的基础上，提出新时期藏族民间调解对国家法的补充、转型时期藏族民间调解的困境、藏族民间调解的规范化等问题，希望能够达到民间习惯法与国家法的良性互动。④ 佴澎从清代云南藏族纠纷解决机制的多元性谈起，分析纠纷解决机制的趋同性以及纠纷解决机制变迁的原因，用一些案例及地方性的“团规”来讲述变迁的过程，认为云南藏族纠纷解决机制的变迁，是云南藏族固有纠纷解决机制的变迁，也是中央王朝的政策调整和变通，因此呈现多元化和趋同性的特点，而且这两套纠纷解决机制并存，在各自的领域内发挥解决纠纷的效用。⑤ 潘志成从藏族传统社会对纠纷的认识入手，谈到藏族社会传统纠纷调解制度，对历史上藏族的调解人，如官方或部落头人、领主，活佛及喇嘛，老人及其他调解者的调解方式进行解析，然后分析藏族社会传统调解制度在现代社会的境遇，认为调解作为历史上藏族社会处理纠纷的一种最重要的方式，无论是在稳定社会秩序，还是在协调社会成

① 马青连：《清代理藩院之司法管辖权初探》，《思想战线》2009 年第 6 期，第 137 ~ 138 页。
② 多杰：《藏族部落纠纷解决制度探析》，《青海民族学院学报》1999 年第 3 期，第 74 ~ 78 页。
③ 后宏伟：《藏族习惯法中的调解纠纷解决机制探析》，《北方民族大学学报》2011 年第 3 期，第 59 ~ 64 页。
④ 王玉琴、德吉卓嘎、袁野：《藏族民间调解的脉动》，《西藏大学学报》2011 年第 4 期，第 135 ~ 140 页。
⑤ 佴澎：《在博弈中走向和谐——清代云南藏族纠纷解决机制研究》，《云南农业大学学报》2008 年第 1 期，第 91 ~ 96 页。

员关系方面，都发挥了重要的作用，而将藏族社会传统调解制度有选择性地纳入当今的纠纷解决机制，乃是比较明智的做法。① 杨多才旦较早注意到藏区草场纠纷的成因和危害，并尝试性地提出了相应的对策。② 针对这种纠纷，李虹通过调查，以案例分析的方式，解析藏区多元化纠纷解决方式的优劣，认为增强多元化纠纷解决方式的层次性和结构性，明确各个纠纷解决方式的范围，保证民间调解协议的效力和行政调解的强制执行力，是解决草场资源纠纷的最佳选择。文章虽然没有谈到清代的案例，但对解析清代类似的案例，还是有所裨益。③ 冯海英以果洛藏族自治州牧区为调查对象，基于对安多藏族牧区常见的草场和婚姻冲突纠纷类型及其解决机制的分析，提出了治理安多藏族牧区社会冲突的可行策略。④ 熊征基于近年来有关藏牧区犯罪治理的理论争鸣，分析了藏族牧区刑事司法现状，以一些案例为支撑，提出传统刑事司法的功能失调、刑事和解之契机的问题，最后设想一种刑事和解模式。文章也没有涉及清代问题，但清代解决藏族刑事犯罪的实践，可以扩展学者的研究视角。⑤

总之，对于涉藏刑事案件处理问题的研究并不充分，几乎所有的研究都局限于藏区及藏族，而对藏族与其他民族之间发生的刑事案件缺少足够的关注。如果是藏族与其他民族发生冲突，其解决方式是使用藏族的调处形式，还是使用其他民族的调处方式？抑或是按照清王朝法律来裁断？这些问题无论是在清代，还是在现代，都是特别值得关注的问题，因此本书具有独特之处。在刑事案件方面，学者们的研究都关注到具有民族特色的法规，并认为这些法规在实际审理过程中发挥着重要作用。然而，当刑事案件涉及藏族与其他民族时，是按照民族特色法规量刑，还是依据《大清律例》量刑？是由藏族部落首领负责审理，还是由地方官员负责审理，抑

---

① 潘志成：《藏族社会传统纠纷调解制度初探》，《贵州民族学院学报》2009 年第 1 期，第 15～18 页。

② 杨多才旦：《藏区草山纠纷的成因、危害及对策》，《西藏研究》2001 年第 2 期，第 96～101 页。

③ 李虹：《藏族习惯法在藏区草山纠纷解决中的作用与困境》，《甘肃高师学报》2011 年第 4 期，第 136～139 页。

④ 冯海英：《传统与现代：论安多藏族牧区社会冲突治理——基于两类常见纠纷的思考》，《西藏研究》2010 年第 4 期，第 83～89 页。

⑤ 熊征：《藏牧区刑事和解初探——以甘南藏族自治州为例》，《西北师大学报》（社会科学版）2011 年第 6 期，第 36～41 页。

或是部落首领与地方官员共同审理？这些问题在以往的研究中都很少论及，这又给本书的研究带来了更大的挑战。

四 涉藏刑事案件处理问题研究展望

综合上述研究，可以看出学者对于清代藏区法制史的关注，无论是资料整理、田野考察，还是文献分析、历史研究，都取得了可观的成果，值得关注。然而，研究集中在藏区立法、司法及习惯法和纠纷解决，很难看出藏族与其他民族的关系，尤其是出现冲突及刑事案件时，不同民族有不同的风俗习惯，更有特别法与整体法的区别，因此研究藏族与其他民族之间发生的刑事案件，分析其解决的方式，既是藏族法制史的重要内容，也是中国法制史不可或缺的部分。

通过对藏区法制史研究的梳理，可以发现清代涉藏刑事案件处理问题研究课题的难点所在。因为所有的研究都集中在藏区和藏族，基本上没有谈到在藏区的其他民族与藏族发生刑事案件时是如何解决及审理的，也罕见藏族与其他民族之间发生冲突及刑事案件后，官府与民间是如何解决及审理的，这就使得研究缺少必要的参考。但毕竟清代涉藏刑事案件研究具有重要意义，学者在对藏区及藏族法制史研究的基础上，会把研究重点转到涉藏问题上来，借此可以对今后的研究方向进行展望。

首先，清代处理不同民族的刑事案件的法律依据是什么？这些法律体现哪些不同于当今法律的特点？以清代治理西藏政策而言，经历过“以蒙治藏”、“以藏治藏”和派遣大臣治藏三个阶段，这仅就西藏之前、后藏而言，其适用的法律是西藏地方《十三法典》《法典明镜二十一条》等，以及后来的《酌定西藏善后章程十三条》《设站定界事宜十九条》《酌议藏中各事宜十条》。对于青海、甘肃、四川、云南等藏族与其他民族杂处的地方，适用的法律则以《大清律例》为主，是在关注各民族习惯的情况下，制定一些条例，“以伸国家之法，以服番众之心”①。从清廷及地方官府插手解决的涉藏民刑案件来看，民族杂处地区发生的冲突及刑事案件多由官府负责调解与审理，因此《大清律例》优先适用；此外，由于清王朝制定了有关各民族的特别法规，在具体处置过程中也必须予以考虑。由于

---

① （清）官修《清世宗实录》卷30，雍正三年三月戊申条。

清王朝对藏族采取的是安抚政策，在涉藏案件的处置过程中，也会考虑到藏族习惯法，但毕竟是王朝，所以在处置时也会有总体考虑，尤其是牵扯到其他少数民族时，也要关注其他少数民族的习惯法。不过总的来说是以安抚为主，力求达到恩威并济的效果。

其次，清代解决民族冲突和纠纷的实践过程的基本政治理念是什么？案件处理以后的政治与社会效果如何？是激化了民族矛盾，还是促进了民族和谐？清代满、蒙、汉、回等民族之间的关系，不但是清王朝立国的基石，也是清王朝得以延续的根本。对于少数民族的管理宽松与严苛基于清王朝的实际控制能力，其主要原则是"治内地当先宽而剂之以严，治边夷宜先威而继之以恩"①，即所谓的"恩威并济"。从清廷及地方官府处理藏族与其他民族之间的纠纷来看，无一不体现这种理念。如乾隆四十四年（1779）的藏人残杀撒拉族多命之案，此事涉及藏族与撒拉族，在处理过程中，督抚仅将主犯正法。乾隆帝认为："惨杀回民②五命，且敢将被杀之尸，剥皮支解，凶恶已极，自应将现获各犯严讯明确，即于番境集众正法枭示，庶足以警凶顽而戢残暴。""至该番头人，虽于事后将凶犯绑缚献出，然其平日约束不严，致所属番人凶横不法若此，自有应得之咎。"③不但处死凶手，还将头人罚赎以安抚回众。在处理藏汉之间的刑事案件时，清王朝往往重罚汉人轻罚藏民。如乾隆五十二年（1787），青海藏民抢掠出卡牧放的牲畜，乾隆帝则要求地方官约束所属，不得任意出卡，"如有违例，一经抢掠，不但不为办理，并将被掠之人治罪"④，在保证各自生存领域的同时，尽量避免民族冲突。在藏族与汉族发生冲突时，只要是在藏区，对汉人就会按"汉奸"处置。

再次，在不同区域发生的民族冲突和纠纷处理存在哪些异同？其具体原则是什么？清王朝在藏民居住地区设有交易场所，并制定条例规定：不许汉民用强短价及兵役借端勒掯，其私人藏民居住地交易，要从重治罪。因此在交界之处发生涉藏案件，首先要查内地人是否有不法行为，然后再行处置。对于藏民进入内地，如果藏民违法，则按照内地的法律处置，如

---

① （清）官修《清世宗实录》卷43，雍正四年夏四月戊子条。
② 此处指撒拉族。——笔者注
③ （清）官修《清高宗实录》卷1078，乾隆四十四年三月丁亥条。
④ （清）官修《清高宗实录》卷1295，乾隆五十二年十二月乙卯条。

规定喇嘛容留犯罪盗贼者，与犯人一律科罪等。至于发生在藏民与其他民族之间的刑事案件，则因其争讼及犯人命窃盗等事，多系罚赃减免，因此不能按照内地律例科罪，而具体的罚赎则要看各民族的习惯。总之，不同区域发生涉及藏族的刑事案件，其处理方式存在很大差异，但自始至终体现着政权的不容侵犯与质疑，其中有许多值得总结和研究。

复次，清代对民族冲突和刑事案件处理的程序问题也值得关注。按照清代规定的案件处理程序：一般人到官府投诉，称为"告""控告""首告""举告"。而重大刑事案件还需要呈报，即相关的责任人必须协同当事人，或直接到官府报案，称为"报""呈报""首报""举报"。此外还有自首与投首。之后有受理与缉捕、申报与审理、拟罪与执行等程序。从现在已经掌握的涉藏刑事案件来看，这些程序在实际处理过程中基本上得到应用，但在"因俗而治"的前提下，还出现许多特殊程序，与《大清律例》规定的程序不尽相同，因此分析这些特殊程序，就是深入理解涉及藏族刑事案件处理的基本原则及适用法律的重要环节。瞿同祖先生认为："研究法律自离不开条文的分析，这是研究的根据。但仅仅研究条文是不够的，我们也应注意法律的实效问题。条文的规定是一回事，法律的实施又是一回事。某一法律不一定能执行，成为具文。社会现实与法律条文之间，往往存在着一定的差距。如果只注重条文，而不注意实施情况，只能说是条文的，形式的，表面的研究，而不是活动的，功能的研究。"① 对涉及藏族的刑事案件处置过程的研究，就是法律条文与社会现实的问题，条文与实施的关系，也是深入研究涉及藏族的刑事案件必须关注的问题，因为有大量的案例存在，相信这方面的研究会日益得到学界的关注。

最后，在藏族与其他民族之间发生刑事案件的案例资源日益被发现的情况下，对其有了深入研究的基础。例如，西藏研究编辑部编辑《清实录藏族史料》（西藏人民出版社，1982 年），吴丰培《清代藏事奏牍》（中国藏学出版社，1994 年），金晖《中国西藏社会历史资料》（五洲船舶出版社，1995 年），陈燮章等辑《藏族史料集》（四川民族出版社，1983 年），陈乃文、吴从众《西藏门隅地区的若干资料》（中国社会科学院民族研究所，1978 年），王玉平译《藏文历史资料译文选》（中国社会科学院民族

---

① 瞿同祖：《中国法律与中国社会》，中华书局，2003，第 2 页。

研究所民族学研究室，1984 年），西藏社会科学院西藏学汉文文献编辑室编《西藏奏疏》（中国藏学出版社，2006 年），西藏自治区档案馆《西藏历史档案荟粹》（文物出版社，1995 年），中国藏学研究中心《元以来西藏地方与中央官府关系档案史料汇编》（中国藏学出版社，1994 年），西藏社会历史调查资料丛刊编辑组编《藏族社会历史调查》（西藏人民出版社，1987 年），西南民族学院民族研究所《嘉绒藏族调查资料》（1984 年），青海省编辑组《青海省藏族蒙古族社会历史调查》（青海人民出版社，1985 年），赵云田《清代理藩院资料辑录》（全国图书馆文献缩微中心印制，1988 年），中国社会科学院中国边疆史地研究中心《蒙古律例·回疆则例》，周润年、喜饶尼玛译注《西藏古代法典选编》（中央民族大学出版社，1994 年），杨选第等校注《理藩院则例》，张荣铮点校《钦定理藩部则例》，赵云田点校《钦定大清会典事例·理藩院》（中国藏学出版社，2006 年）和《乾隆朝内务府抄本〈理藩院则例〉》，张羽新主编《清朝治藏法规全编》，格桑卓噶等编译《铁虎清册》（中国藏学出版社，2002 年），等等。

在众多资料被整理出版的情况下，特别值得指出的是藏区与藏区相邻的府、厅、州、县的档案资料。20 世纪 90 年代，中国藏学中心与甘肃、四川、青海、云南各省档案馆通力合作，编写出上述各省所存 1949 年之前的西藏和藏事档案史料目录，其中甘肃 7875 件，四川 4559 件，青海 5272 件，云南迪庆州 276 件，共计 17982 件，清代档案大约占一半以上。目录按照政治、军事、经济、司法治安、民政、宗教、文教卫生、外事等分类。笔者通检上述目录，按照目录注明事由，整理出涉藏民刑案件有关目录，然后分赴各收藏的档案馆去查阅，也得到部分档案馆的支持。有些档案馆为了方便读者查阅，正在将档案缩微复制，实行信息化管理，不久将实现网上查阅。

甘肃、四川、青海、云南等省档案馆整理的西藏和藏事档案史料目录，仅仅涉及四省 21 个省、市、县档案馆所藏档案，而据笔者考察，至少还有 9 个市县级档案馆、10 余个寺庙还有类似的档案。诚如编者所讲："由于时间、人力、经费等种种条件所限，未能一次编入，留待将来条件具备时再与考虑。"① 相信随着档案的利用、研究成果的出现，这些湮没日

---

① 甘肃省档案馆、中国藏学研究中心合编《甘肃省所存西藏和藏事档案史料目录（1412～1949 年）》，中国藏学出版社，1997，前言第 1 页。

久而鲜为人知的档案，终究会呈现在世人面前。

综观藏区与藏区相邻的府、厅、州、县的档案资料中有关司法治安部分，主要有一些地方性的规章制度及禁令，属于地方法规；另外还有许多抢劫、杀人、偷盗、债务、继承等民刑案件的呈控诉状，其中有不少是比较完整的粘连卷。粘连卷是完整的司法卷宗，从案件提起、审理过程中的原被告及人证供词，到判决、执行情况，涉及许多细节，对了解和分析整个案件处理的情况最有帮助，目前利用者还不多。有理由相信，历史文献的整理出版，档案的开发利用，可以为深入研究奠定基础。更有理由相信今后有关清代藏民与汉民、藏民与蒙民、藏民与满民、藏民与其他民族之间发生的刑事案件的处理过程，将成为学界关注的重点，期待更多研究成果的出现。

第四节　研究方法

研究方法制约着研究者的观察视野，规定着研究者的思维活动，也决定着研究者完成研究任务、达到研究目的的途径。恰当地选择研究方法可以达到事半功倍的效果。本书在选择研究方法上主要考虑研究对象的性质、研究的目的，应当是多种方法的结合和多种理论的综合运用，但囿于自身的学术研究能力，在研究过程中主要以个案研究、文献分析和历史分析为主，并尽力尝试采用以下几种分析方法。

一　语义分析法

语义研究的目的之一就是认识和解释特定语言形式的语义关系，进而理解句子语义。本书结合清朝藏区的施政理念，以及立法和司法中存在的法律术语，分析和诠释涉藏刑事案件中出现的专用词汇的内涵。例如，在对清代的涉藏反叛案件处理进行分析时，首先会遇到清代法律中"反叛"的内涵和外延问题。由于与内地的历史环境不同，"反叛"的外延具有一定的特殊性。因此，需要从语义的角度对其作出分析。清代的涉藏反叛，是指以藏族为主体或参与者，发生在藏区或者内地的，以武力对抗清王朝，危害皇权统治的犯罪活动。其中"藏族"、"武力对抗"、"朝廷"和"官府"是清王朝确定涉藏案件的反叛性质的标准。

"藏族"指的是由藏族主导发起，或者藏族是参与者；"朝廷"和"官府"指的是清代统治者建立的政权，还包括政权对地方的统治和管理行为；"武力对抗"指的是当朝廷和官府的统治行为与自身想要达到的某种目的不一致时，反抗者以武力的方式进行反抗，阻止朝廷和官府干预的行为方式。

依据上述确定标准，结合清代涉藏刑事案件的实际，可以将涉藏反叛类型分为三种：第一，勾结境外，背叛国家，破坏主权。第二，割据地方，分裂国土，直接宣布反对清廷和官府的统治的反叛。第三，危害国家，对抗军队，针对清王朝维稳行为的反抗。

二　文献分析法

文献分析法主要指收集、鉴别、整理文献，并通过对文献的研究，形成对事实的科学认识的方法。运用文献分析法来收集大量存在的历史文献资料，从中发现与涉藏刑事案件处理相关的案例、判词、法律条文等原始信息。例如，在对喇嘛教的刑法规范进行分析时，便涉及对《理藩院则例》《蒙古事例》《大清会典事例》等规范性法律文件，以及喇嘛教碑文内容的分析，对喇嘛教的刑法规范主要从服色、贼盗、犯奸、私行等方面加以阐述。

案件处理的法律适用环节，也必须运用文献分析法，在解析清王朝立法和民族法律规定内涵的同时，通过文献分析来总结相关的刑事政策、司法管辖、处理程序等内容，然后进行综合，得出正确的结论。

此外，在进行文献分析时，既要注意原始文献，又要关注一些论著中所引用的各种文献，更要关注各种理论的应用。这样，既可以扩充可选资料的范围，也可以在理论方面有所突破。因此，在收集资料时，除穷尽所有与本书有关的历史资料之外，更应关注与本书相关的各种论著。

三　历史分析方法

历史分析法是运用发展、变化的观点，分析客观事物和社会现象的方法。客观事物是发展、变化的，分析事物要把它发展的不同阶段加以联系和比较，才能弄清其实质，揭示其发展趋势。

在分析清朝涉藏刑事案件处理问题时，会遇到很多诸如法律冲突、民族冲突、古今法律理念差异等问题。面对这些问题，应当立足当时的历史背景，并追根溯源，直到弄清它的来龙去脉，进而提出符合实际的解决办法，同时也应从历史经验价值上考虑其现代启示。在本书中，历史分析法是最主要运用的研究方法。

首先，作为分析对象的历史材料，既包括清王朝官方的立法、实录，也包括清代的史书与政书，还包括大量的藏区地方史志，此外，涉及本书的文集与笔记也不能被忽略。这些材料的单独或结合运用，使具体制度、法律规定等得以系统梳理，其源流和发展也逐渐清晰。例如，对西宁府及其行政体制的发展变化的梳理便是这种方法的运用。清初，在青海东部地区，明朝的卫所制度得到了清统治者的沿用，这一地区最初主要由西宁卫统辖。随着清王朝对边疆地区统治能力的加强，原来的卫所制度也逐渐被统一的行政体制所取代。雍正初年，平定罗卜藏丹津叛乱之后，清朝对青海地区特别是西宁府行政建制进行了变革：升改西宁卫为西宁府（治今西宁），下辖西宁县（治今西宁市）和碾伯县（治今青海乐都碾伯镇，由所改置）；添置大通卫（治今青海门源），乾隆二十六年（1761）改大通卫为大通县（治今青海大通城关镇）；添置贵德所（治今贵德，原名归德所，先后隶河州卫、临洮府，乾隆三年改隶西宁府），乾隆五十七年（1792），改为贵德厅，设抚番同知；仍设西宁抚治道，并迁西宁通判常驻盐池（治今青海湖西南盐池）；乾隆九年（1744），又增设巴燕戎格厅（治今青海化隆），置通判，乾隆二十七年（1762）移河州同知于循化营，设循化厅（治今甘肃循化），隶兰州府，道光三年（1823）又改属西宁府；道光九年（1829），清王朝特设丹噶尔厅，将原西宁县派驻丹噶尔主簿，升格为抚边同知，隶属西宁府。

其次，对历史资料的分析也有助于认识和理解当时的历史环境。以"恩威并济"的政治理念来说，虽然整个清王朝对这个政策是一以贯之，但不同的时期侧重点并不相同。康雍时期是"恩威并济，偏之以恩"；乾隆时因国力强盛，则"偏之以威"；嘉道之后，国力逐渐衰弱，朝廷对藏区有失控之势，不得不继续坚持"偏之以威"的策略，但效果依然不好。这些结论的得出依赖对各朝谕旨、形势、行动方面的史料进行纵向分析。同时，对同一时期的历史资料，也可以结合不同地域、不同民族和风俗习惯进行横向的比较和分析，从而得出清王朝对待不同的民族地区有着不同态度的结论。

第一章　清代藏区的法律

历史上的藏族法律相当丰富，具有多元性的特点，主要表现在藏区习惯法、藏区成文法和王朝制定法三个层面。

第一节　藏区习惯法

早在吐蕃王朝之前，青藏高原各部落已经有稳定的习惯法规范。吐蕃王朝建立以后，统治者通过习惯法来保持与各民族部落的领属关系，也将一些习惯法吸收到王朝的法律中，使之上升为成文法，从而普遍适用于吐蕃王朝控制的区域。历经宋、元、明的局部统一或大统一，部分习惯法得以保留。清王朝继承历代王朝"因俗而治"的方针，在很大程度上承认习惯法的存在，并予以肯定，使习惯法在藏族社会发挥着重要的作用。

一　习惯法与藏区习惯法

对习惯法的概念，不同知识背景的学者有着不同的界定方式。有的认为："习惯法是经国家认可并赋予国家强制力的完全意义上的法"，虽然"来源于习惯，但并不是所有习惯都是习惯法，只有经国家机关承认其法律效力的习惯才是习惯法"。[1] 也有的将习惯法与习惯直接等同，认为："所谓的习惯法并不是法，而是习惯，或者说，就是社会中通行的具有普遍性、权威性的习惯的做法"，因此"习惯和习惯法是一种不同的称谓而已"。[2] 还有的认为："习惯法是独立于国家制定法之外的，依据某种

---

① 沈宗灵：《比较法研究》，北京大学出版社，1998，第 174 页。
② 田成有：《"习惯法"是法吗?》，《云南法学》2000 年第 3 期，第 13～14 页。

社会权威和社会组织，具有一定的强制性的行为规范的总和。"① 第一种观点更多地侧重于从法的定义角度解释习惯法的含义。由于法是由国家制定、认可的社会规范的总称，因此，习惯法就应当是国家对习惯效力的承认。第二种观点则侧重于解释习惯，认为习惯和习惯法是一回事，无须作深入区分。应当说，以上两种观点都有一定道理，但由于各有侧重，不能对习惯法的含义作整体的解释。相比而言，第三种观点将习惯法与国家制定法相对应，认为它是一种被普遍认可并得到遵守，具有一定约束力的行为规范和是非准则，既注意了习惯的普遍性，又考虑到法的拘束力，故这种界定更为合理。因此，可以将习惯法概括为：通行于某一特定地区并得到普遍认可的，以习惯为基础发展起来的、具有约束力的规则。

藏区习惯法比习惯法的概念更为具体地确定了规则的适用范围，其发生效力的地区既包括西藏地区，也包括甘肃、四川、青海、云南等藏族聚居区。藏区习惯法以部落为其组织基础，由"藏族各部落加以确认或制定，并通过部落组织所赋予的强制力保证在本部落实施"②。概而言之，藏区习惯法是藏族聚居区的藏族部落在长期的生产生活实践中逐渐形成并不断发展的，适用于部落内部的习惯法的总称。藏区部落习惯法的渊源，可以追溯到吐蕃王朝时期。吐蕃王朝先世及王朝初期，主要依靠过去的习惯法来调整各种社会关系③。吐蕃王朝崩溃后，一直到13世纪50年代，藏区本土及属部一直处于分裂和割据状态，整个藏区无统一法规，于是"各封建势力各司其政，按各自的法律规范解决民事纠纷、刑事案件"④。元代统一全国后，将整个藏区设立十三万户。这些万户在遵守元朝廷政令，缴纳贡赋，接受朝廷人事安排的前提下，根据习惯法处理各地具体诉讼事宜。元代末期，噶举教派万户长绛曲坚赞，结合藏区习惯法内容制定了十五条法律，在

① 高其才：《中国习惯法论》，湖南出版社，1995，第5页。
② 杨士宏：《要重视对藏区习惯法的研究》，《人大研究》2003年第8期，第35页。
③ 芈一之：《青海藏区部落习惯法之历史审视》，参见张济民主编《诸说求真——藏族部落习惯法专论》，青海人民出版社，2002，第37页。
④ 陈庆英主编《藏族部落制度研究》，中国藏学出版社，2002，第209页。

藏族地区适用[①]。后来明代的藏族法律十六条[②]和清代初年的法律十三条[③]都以此为蓝本，并在藏区沿用。因此，从渊源来看，藏族部落的习惯法既包括藏族原始的习俗成分，又囊括吐蕃王朝和地方政权律令的内容，还容纳历代中央王朝对少数民族地区的政策因素，其形成过程既是兼容并蓄的，也是不断完善的。

二 藏区习惯法的内容

藏区习惯法从藏族部落的习惯发展而来，而习惯的形成又受到道德、宗教、政治、经济等多方面的深刻影响，因此，藏区习惯法的内容非常丰富，调整的范围也非常广泛。从与藏区生活密切相关的角度来看，主要包括民事规范、刑事规范和程序规范三类。

（一）民事规范

1. 物权规范

按照现代的理论，物权是指权利人依法对特定的物享有直接支配和排他的权利。在藏区习惯法中，物权法规多表现为对耕地、草场、牲畜等生产资料的占有、使用、收益和处分的规则。一般来说，部落辖区的许多动产（诸如牲畜等）归领主（土司、头人）及寺院、活佛所有，部分属牧主和平民所有；至于不动产（诸如土地、草场等）虽然形式上归地方官府或部落所有，但在长期的生产实践中，却往往被首领、寺院等占有，不少地区的土地、草场等还成为部落上层首领及寺院上层僧侣的私人财产[④]。

（1）草场物权

一般来说，藏族部落的草场归整个部落所有，但大多将气候温暖、水草丰美的草场划归部落头人、寺院等优先使用。例如，果洛旧制中的部落法规就规定：部落之草场水流为公有，四季草水居地由长官召集各佐及什

---

① 即古代法律十五条，其内容为：英雄猛虎律，懦夫狐狸律，地方官吏律，听讼是非律，逮解法庭律，重罪肉刑律，警告罚锾律，使者薪给律，杀人命价律，伤人抵偿律，狡诳洗心律，盗窃追赔律，亲属离异律，奸淫罚锾律，半夜前后律。
② 在古代法律十五条基础上增加了异族边区律，并对其他条文重新解释。
③ 在藏族法律十六条基础上，删去了第一条英雄猛虎律，第二条懦夫狐狸律，第十六条异族边区律，并在内容上作了与前法律不同的解释。
④ 张济民主编《寻根理枝——藏族部落习惯法通论》，青海人民出版社，2002，第238页。

长商议，妥善划分①。阿曲乎部落也将草场的管理和安排权归千户执掌，违背其规矩者受罚②。但在一个部落内部，由于首领是最高主宰，能够决定草场的使用权分配，因而看似属于集体所有制的生产资料占有方式，本质上完全受首领意志的支配。另外，一些部落法规也直接规定了首领或头人的占有权。如玉树地区规定：草山牧场由千百户长支配，可任其买卖、出租、赠送、抵偿，并有优先使用权。搬迁四季草场，更换放牧场所，须征得部落首领同意，并由其择定良辰吉日。如迟搬、早搬或随意落帐，则要受到处罚③。千卜录部落更是直接将优良草场划归部落头人所有，不准牧民擅入放牧，否则就要受到部落处罚④。在藏区的一些部落，除了"公共"草场外，牧民还有一片供冬季割草的私人草场。如在四川阿坝、甘孜藏区牧区，部落属民有一小块供冬季割草的小草场，"占有者对其有继承、转让和买卖的权利"⑤。例如，若尔盖索格藏族部落，"草山属于部落所有（实际上属于土官所有），在冬房附近，每家均有一块割草地，可以出卖，但必须取得土官的同意"⑥。多玛部落牧民私人只有"冬房前约四平方丈的小块草地，牧民只能在自己私有的草场上割冬草"⑦。此外，部落的属寺，也常因部落头人无偿赠送而获得草场的所有权。如阿坝若尔盖部落，"喇嘛庙也占有为数不多的草场，一般都是土官赠送的，也有的是寺庙直接霸占而来的"⑧。

　　牧民逐水草而居，在不断的迁徙放牧过程中，相邻部落之间及部落内部成员之间，往往会因牲畜越界吃草发生纷争。同时，火灾是草场很大的威胁，因他人过失造成火灾，也会给占有者带来较大损失。面对各种侵犯草场权利的情况，部落多制定草场管理规则，并采用罚没牲畜和财产的方

① 张济民主编《青海藏族部落习惯法资料集》，青海人民出版社，1993，第 38 页。
② 张济民主编《青海藏族部落习惯法资料集》，青海人民出版社，1993，第 74 页。
③ 张济民主编《青海藏族部落习惯法资料集》，青海人民出版社，1993，第 47 页。
④ 张济民主编《青海藏族部落习惯法资料集》，青海人民出版社，1993，第 60 页。
⑤ 黄正林：《民主改革前安多藏族部落的草山权属与牲畜租佃关系》，《中国农史》2008 年第 2 期，第 71 页。
⑥ 中国科学院民族研究所四川少数民族社会历史调查组：《阿坝藏族自治州若尔盖、阿坝、红原调查材料》，内部印刷，1963，第 69 页。
⑦ 中国科学院民族研究所四川少数民族社会历史调查组：《阿坝藏族自治州若尔盖、阿坝、红原调查材料》，内部印刷，1963，第 9 页。
⑧ 马无忌：《甘肃夏河藏民调查记》，文通书局，1947，第 10 页。

式对违规人员进行处理。如果洛部落法规中规定，分部之间草水纠纷由长官调解，皆须服从；越界违禁之处罚，重则罚牛羊，轻则割剪马牛之尾。墨坝部落对违反草山管理的行为分别作出了不同的处罚规定：引起草山失火者，罚其全部财产的三分之一；超过草山界线放牧者，罚牛一头；在头人帐房周围能看见的地方放牛羊者，罚牛一头；放马者，割掉马尾；牛闯入头人草场者，没收牛的三分之一。① 玉树地区部落习惯法也严格限制逾界放牧，如果有他处千户错界驻牧，罚犏牛七头，百户等罚犏牛三头，平民户各罚牛一头。

（2）田地物权

民主改革前，西藏的土地主要由官家、寺院和贵族领主占有。西藏之外的其他藏区，从严格意义上说，"也是一种国有制前提下的地方封建头人占有制"②。土地形式上属于国家或地方官府所有，但其实际占有者却是部落首领、地主和寺院（活佛）等。藏区领主（头人）都有庄园领地。领主对庄园领地内的田地享有占有权。这种权利可以世袭享用，除特殊情况，一般不会被朝廷或官府收回。领主（头人）还可以经营田地并拥有其收益权。他们"可以直接经营，或由亲信等代理经营，也可以出租给他人（一般为差巴等）经营。出租土地可以任意选择地租形式，自主决定租额。出租期满后有权更换承租者，甚至在不影响对官府支差的前提下，可以将土地用以布施、馈赠、转让、抵债、陪嫁、典当等"③。此外，地处农业区的寺院（活佛）通过建立庄园和牧场，占有一定数量的田地。其目的无非是通过收取地租榨取承租人的血汗钱，以供寺院日常的宗教开支或自己享受。德格的土地占有和经营即是这种占有制度的反映。在德格土司辖区内，田地的占有形式主要有土司自营地、寺庙占有地、头人占有地和农奴份地四种。④ 土司可以将辖区内的土地赐封给属下大小头人和寺院。土司的属下在承担了对土司的一定义务的前提下，享有有限的土地占有权和使用权。果洛部落法规中也规定："农田为其主所有，买卖、交换、赠送、

① 张济民主编《青海藏族部落习惯法资料集》，青海人民出版社，1993，第19～20页。
② 星全成：《民主改革前藏区土地制度》，《青海民族研究》1996年第1期，第47页。
③ 星全成：《民主改革前藏区土地制度》，《青海民族研究》1996年第1期，第49页。
④ 张济民主编《青海藏族部落习惯法资料集》，青海人民出版社，1993，第134页。

租托可自行操办"①。

（3）牲畜物权

牲畜是藏族游牧部落基本的生产资料之一。在藏族部落中，从部落头人到属民，大多拥有一定数量的牲畜。在其他物质资料相对匮乏的广袤的青藏高原，牲畜的占有量是衡量藏民富裕与贫穷的重要标准。据考证，"民主改革前藏族部落牲畜分配也不平衡，占部落户口不足 10% 的牧主（部落头人、寺院）阶层占有部落牲畜总量的 20%～50%，有的部落高达 60% 以上；占部落户口 60% 以上的贫苦牧民只占有部落牲畜总量的 20% 左右，甚至许多贫苦牧民不占有牲畜"②。可见，藏族牧业区占据少数人口的牧主、部落首领等占有大量的牲畜，广大贫苦牧民所占有的牲畜不仅数量少，而且往往表现出不完全占有性，有些牲畜数量不足或没有牲畜的贫困牧民，只有依靠租佃或靠打工、乞讨过日子，生活悲惨。

2. 合同规范

藏区债权法规主要是合同债权。藏民为了生产和生活，会进行广泛的产品交换和买卖、租赁牲畜或土地等生产资料、人员雇佣等经济活动，于是，藏区也出现了大量的调整这些行为的习惯法。用现代民法理论来衡量，这些行为与合同法中的买卖、租赁、借贷、雇佣、交换行为相同或相似，为便于理解，在此将其以合同来称呼。

（1）交换规范

藏区的交换活动主要可以分为两类：一类是以物易物，另一类是使用货币的买卖。在地处高寒、交通不便的藏区，其与外界的联系并不方便，加之部落首领的封闭式统治，使得商品的买卖不发达，而以物易物的交换则十分盛行。交换需要双方先确立一定比价，然后运用比价，将某种或某几种物品换成其他的物品。交换的频繁，也就确定了交换时间、地点、方式以及手续等习惯法规则，并在部落和部落之间得以遵守。黄南藏族自治州的阿哇铁吾部落，藏民一般在夏秋季节，将自己的剩余产品拿到夏河、隆务等交通便利、人口相对集中的集镇和寺院附近进行交换，有些交换活

---

① 张济民主编《青海藏族部落习惯法资料集》，青海人民出版社，1993，第 38 页。
② 黄正林：《民主改革前安多藏族部落的草山权属与牲畜租佃关系》，《中国农史》2008 年第 2 期，第 74 页。

动的交易双方也比较固定。在阿哇铁吾习惯法中明确规定了以物易物的比价：一只母羊或两岁的羊的羊毛（约 2 市斤），交换青稞 12 碗（两碗约 1 市斤）；一只 4~6 岁的羯羊的羊毛（约 3 市斤），交换青稞 18 碗（约 9 市斤）；平均 1 斤羊毛换 3 斤青稞。1 只羯羊换 1 皮袋面粉（约 100 市斤）或 1~3 升青稞（约 120 市斤），1 只母羊约换青稞 72 斤，1 只两岁的羊约换 23 斤青稞。① 这种交换建立在农牧两利的原则上，以有亲朋关系者为主要交换对象，并且交换双方往往保持世代的亲朋关系。据考察，该部落与循化县哇库乡有些农户之间的往来已有 200 年的历史。哇库的农民每年 5~7 月去阿哇铁吾部落拿走所需的羊只、羊毛等，阿哇铁吾部落牧民入秋后去哇库换取青稞等所需物品。双方往来均带有土产礼品，相待如贵宾，和睦公平，因此其友情世代流传下来。

虽然买卖不及交换涉及的范围广，但对于藏区的生产生活仍然比较重要。藏区买卖活动可分为普通买卖和赊兑买卖。普通买卖在价格谈妥后，即可"一手交钱一手交货"，完成交易。赊兑买卖的双方在确定价格和质量后，要签订协议，明确规定卖方先提供货物，买方在约定的期限内付款，并要确定履行的方式，有时还需要请中人做证。通常情况下，赊兑在较为熟悉的人之间进行，且价格比普通买卖要高一些。② 在藏区如果欠债而无法偿还，可以出卖土地来还债。买卖土地时，要先写契约，并请有权势者做中证人，让其在契约上签名盖章。然后将契约对半分开，买卖双方各执一半，事后买卖双方还要送中证人银两以示酬谢。③

（2）租赁规范

藏区部落中租赁活动非常频繁，租赁的规则也较为丰富。藏区租赁活动中，租赁的对象多为牲畜和土地，其中以牲畜的租赁为最多。畜主大致有三种类型，即领主、寺庙、僧侣个人和富户。租佃的形式主要有两种：一是"协"（又称"吉约其约"）；二是"其美"。二者在牧租方式、租额等方面存在一定差异。"协"是畜主将牲畜交给承租者放牧，牧民每年根据不同牲畜的产奶量等向畜主交纳一定的畜产品及繁殖的全部幼畜。如果

① 张济民主编《青海藏族部落习惯法资料集》，青海人民出版社，1993，第 4 页。
② 张济民：《藏族习惯法通论》，青海人民出版社，2002，第 288 页。
③ 徐晓光：《藏族法制史研究》，法律出版社，2000，第 331 页。

承租期间牲畜死亡，可在一定范围和条件下予以注销，不再赔偿。果洛藏族自治州莫坝部落规定："牧租以年度计算，每年春季，牧主租出牲畜由牧民经营管理，承担牲畜病疫和责任事故，凡牛羊非正常死亡者将皮和肉交给牧主，并按牲畜原价折款另行赔偿。"① 这里描述的租赁形式就是"协"。玉树地区部落法规也直接规定，出租的牲畜，按固定租额缴租，藏语谓之"吉约其约"。"其美"是畜主将牲畜交给牧户放牧，不论牲畜数量增加或减少，租额都固定不变。阿巴部落的"甲卜协"就是负担较轻的一种公牛其美。② 当雄宗部落的牧租制度也采用了"协"和"其美"两种方式。比较二者不难发现，前者如果牲畜增加，租额也相应增多，孳息（繁殖的幼畜）一律归协主，并且在一定范围和条件下，协畜死亡后可以注销，免交牧租；后者尽管牲畜繁殖后增加，但租额固定不变，孳息全归承租者所有，即使牲畜全部死亡，也要按规定按时交纳牧租，不得欠拖。在旧西藏地区的"其美"承租中，色拉寺所属的扎仓和宗正府，以及西藏噶厦等可以租放强迫性的"其美"。不管牧户是否愿意承租，牧主、头人等往往依仗权势，将牧畜强行租给对方。③ 承租者如果拒绝，将受到罚处，甚至毒打。当雄宗部落认为"其美"租金是供色拉寺念经的④，牧户必须承租一定数量的"其美"，不然，将受到处罚或被逐出部落。

租金的形式则多为酥油、羊毛、羊绒、羊皮等产品。至于租金数额，民主改革前的藏区并无统一规定，不仅不同租佃方式及畜种的租额不等，即便是同一畜种，且租佃方式相同，不同地区的租额也不尽相同。在莫坝部落，牧租有八种形式，可分两类：一类是畜户存留30%～50%酥油、曲拉和羊皮等产品，其余尽归畜主；另一类是按出租的牲畜种类（犏母牛或牦母牛）及产犊时间（当年或隔年），以5～30斤酥油的形式缴纳租金。刚察部落，租放头人、牧主和寺院的牲畜，租金为1头犏牛，年缴20斤酥油；一群绵羊，年缴15斤酥油；幼畜及畜产品全部上缴出租者。西藏那曲宗罗马让学部落和当雄宗部落大致相近，每头当年产犊的犏母牛年租为3～4克酥油，头年产犊为2克；羊（包括绵羊和山羊）年租均为2～4克

---

① 张济民主编《青海藏族部落习惯法资料集》，青海人民出版社，1993，第17页。
② 张济民主编《青海藏族部落习惯法资料集》，青海人民出版社，1993，第113页。
③ 星全成、马连龙：《藏族社会制度研究》，青海民族出版社，2000，第162页。
④ 张济民主编《青海藏族部落习惯法资料集》，青海人民出版社，1993，第127页。

酥油，绵羊还要缴纳一定的羊毛。阿巴部落规定，当年产犊母牛年租为3~4克酥油，头年产犊为2克，头胎母牛和连年产犊均为2.25克，绵羊为0.25克，并缴纳羊毛。果洛地区先根据牲畜的体质、年龄等分成上、中、下三个等级，然后依据不同畜种及等级收取牧租。即承租当年产犊的牦牛分别交酥油30斤、25斤、20斤，而头年产犊则折半；承租公牛交50%的牛毛；承租羊以羊毛交租，比率为10∶9，即每承租10只羊，要交9只羊的羊毛，以此类推。从大量的调查资料看，民主改革前，藏区各部落不仅牧租多少不同，剥削率亦高低不等。但从客观考察，大部分地区的剥削率均为60%~70%，少数甚至高达90%以上。[①]就不同租佃形式而言，由于除牧租外还有幼畜繁殖方面的剥削，"协"的剥削率比"其美"相对高一些，遇到灾年，"其约"或许相对好一些，而"其美"则不同，许多牧户灾后没有任何牲畜，却仍须支付沉重的牧租。

土地的租赁，即农户从土地所有者或占有者那里获得土地的使用权，并按期缴纳地租的活动。土地的出租者既有领主（头人），也有一般差巴。出租者身份不同，出租原因亦不相同。如果是领主（头人）出租，可能出自亲信、亲戚的恳求；也有的由于缺乏管理人手而无力经营；还有的大领主（头人）依仗权势，强租中、小领主（头人）的土地。差巴出租土地则主要是无力支付繁重的差赋、劳役，不得不出租；或者因为贫穷，没有籽种，或由于缺乏劳动力、畜力等；还有的出于对破产差巴、堆穷的同情等。租佃土地，一般要履行一定程序，即事先要送礼请求，征得土地所有者或占有者的同意。然后双方通过协商，确定租金额、租金形式、时间等，最后订立契约。有的地区还要交纳一定的佃金，或支付一定数量的无偿劳役，否则不能得到租地。在租期内，承租者与出租者除非双方愿意，否则一般不得单方面违约。租金形式一般为实物（主要是粮食），缴纳的数额各地不一。一般而言，租额多为当地产量的30%~50%，有的甚至更高一些；也有的不固定，产多分多，产少分少，采用双方以当年产量对半分成。[②]

（3）借贷规范

藏区部落借贷制度，在漫长的社会演进中逐渐形成、完善和发展起

---

① 星全成、马连龙：《藏族社会制度研究》，青海民族出版社，2000，第163页。
② 星全成、马连龙：《藏族社会制度研究》，青海民族出版社，2000，第146页。

来，并对藏族生活和经济产生了重大的影响。从藏区部落习惯法来看，大多数部落都规定了借贷的规则。借贷的债权人多为头人、活佛和牧主，而农牧民是主要的债务人。借债的原因主要有购置生产资料和生活用品、置办聘礼嫁妆、宗教支出、缴纳贡赋罚款、借债还贷和支付差税等，而债务人借债大多出于无奈。按借贷的标的物类型，可分为"款贷"和"物贷"。"款贷"，即债务人从债权人处借出货币，借期届满后用货币还贷。"物贷"，即债权人将物品借与债务人，到期后收回一定数目的财物。民主改革前，藏区借贷以"物贷"较为普遍，借贷物品主要有粮食、酥油、盐、布、羊毛等。

借贷的利率大多在部落习惯法中明确规定，但由于地区的差异，借贷的种类不同，利率的多少也不尽相同。玉树地区规定利率为：借二还三，利率为50%；借三还四，利率为33.3%；借四还五，利率为25%；借五还六，利率为20%。刚察部落的借贷利率一般为50%，银圆贷利可协商，最高可达100%。有些部落首领或头人，利用广大农牧民急需用钱物的心理，将高利贷作为聚敛财富的途径。在长期的部落发展中，习惯法规则也将高利贷行为列入调整范围。莫坝部落高利贷以半年计息，高额利息超过一倍者，被人们称作"黑利"，不超过一倍者，称作"白利"。不论"黑利"或"白利"，均应按期还清本利，逾期者将利变本，本利一齐算息。刚察部落规则确定了黑高利贷、白高利贷、花高利贷三种放贷形式。其中黑高利贷是借本 30 元，付利 10 元，年内付清本利；白高利贷是借本 70 元，付利 10 元，年内付清本利；花高利贷是借本 50 元，付利 10 元，年内付清本利。[①] 特殊的高利贷还有"万年债"，即只准还息，不准还本。

此外，债权人除收取利息，还通过各种方式进行剥削。如各地借贷时，一般都要求债务人准备礼品；还贷时，除归还本金及利息外也须备上礼物，以表谢意。如果是个人借贷，要视借债多少，送一条哈达、几"娘嘎"酥油，或奶渣糕乃至一只羊腔等不同价值的物品。而部落的借债要由头人富户出面，送牲畜、羊腔、酥油等礼物，且数量非常可观。有不少债权人还在借期内，以各种理由和方式进行敲诈勒索，此举加重了债务人的

---

① 张济民主编《青海藏族部落习惯法资料集》，青海人民出版社，1993，第 97 页。

经济负担。在借贷程序中，双方必须写借据，并以财产相抵押，或者以家资富裕者为保人。保人在契约上盖章后，如果借债人还不了，或者破产、逃亡，保人要负责代还。毛垭地区规定，对还不起债的牧户，债主采取抢夺的手段逼债，牵走债务人的牲畜乃至抢走财产，有的则抢走欠债人家中的生产和生活工具。

（4）雇佣规范

雇佣劳动在藏区普遍存在。一般情况下，雇佣关系建立在双方意思表示一致基础上，即雇主需要雇工，而雇工愿意受雇（有的地区需要中间人见证），双方对期限、报酬等达成一致，即可建立雇佣关系。这种雇佣合同可以采用口头形式，有的地区也要求签订契约。例如，毛垭地区雇工时先确定工资、期限，并规定履行期限内不得毁约，否则不给工资；如果履行期限届满，雇工有另外选择的自由。莫坝部落将雇工分为长工、短工和杂工，并对从事的工作有详细的规定：长工，以年度计算，牧民给牧主做12个月的活为1年。牧主给长工的报酬只有旧毡衣（或破皮袄）1件，烂皮靴1双，酥油60斤。如不要酥油，可换1头被淘汰的母牛，长工干活不满1个月者，以短工计算报酬。短工，以季节或半年计算，或付计件工资，短工满6个月者，给酥油30斤，或者给1件破皮袄、1双旧皮靴。不满6个月者，以季度付工资，3个月以上的短工，给1件旧毡衣。杂工，有两种，有的是牧民之间的雇工，有的是头人帐房周围的"塔哇"。"塔哇"都是贫苦牧民，如果丈夫是头人、牧主家的长工，那么妇女就是头人、牧主家的杂工。杂工只能混点饭吃，没有任何工资。①

3. 婚姻规范

民主改革前，受生产力和生产关系等因素的制约，以及传统习惯和道德观念的影响，藏族婚姻制度较为复杂。从总体上考察，藏族婚姻的主要形式仍是一夫一妻制，也有个别的一夫多妻、一妻多夫等情况。从各地的婚姻状况调查来看，一夫一妻通常占婚姻总数的60%~80%，在纯牧区相对较少，而在农业区和多民族杂居区则相对较多，一般为95%左右，甚至更高。例如在夏河县美武、甘加仁清等部落，一夫一妻制的婚姻形式，通常能占婚姻缔结总数的90%以上。

---

① 张济民主编《青海藏族部落习惯法资料集》，青海人民出版社，1993，第17页。

藏族婚姻一般由父母包办,讲究门当户对,有些婚姻还需要头人的同意。当男女长到一定年龄,父母即准备为其操办婚姻。如果男方父母看中了某家女儿,就会请媒人代为提亲,征得同意后,便开始下聘礼,准备迎娶。这种包办并非唯一形式,男女双方也有自主的权利,从过程和结果来看,更像是现代的自由恋爱。如果个别男女情深意切,相处时间较长,父母又不同意,可以私奔方式了结。例如,千卜录部落中,如果男女相爱,父母不同意时,可偷偷将女人引去,待征得女方父母同意后,再举行结婚仪式。当然,对于个别父母将女儿私自许人的情况,如果女方不同意,也可以退婚。如果退婚,则需要退还彩礼,并反送男方红缎子一匹。

　　关于婚姻的禁止条件,不同的部落规则中的规定也不相同,但基本贯彻的是不同等级不婚、同姓不婚和近亲禁婚的原则。例如,在婚姻关系中,阿巴部落讲究骨系,保持着姓氏称谓和近亲禁婚观念。同一父系血统的人禁止通婚,也禁止两性关系,有舅表、姨表、姑表关系的人也同样禁婚。但是,各骨系又有数代以后可以通婚的观念。庙顶村藏族习惯法坚持"烂亲不烂族",严禁同族开亲,要求本姓男子娶妻,必须是旁姓。为了部落的整体利益,阿曲乎部落还禁止与本部落有纠纷的部落通婚。此外,与本部落有祖仇但无新恨的部落通婚,须经头人同"千巴"(年长者)们议决后宣布准否。

　　男女双方及家长同意联姻之后,便选择吉日,通过订婚确定姻亲关系。一般男方长辈与媒人携礼品到女方家,宴请女方族人及主要亲戚,以进一步确定亲事。在订婚宴席上,男女双方也会协商彩礼事宜。彩礼的多寡,一般并无定制,主要依据当地的习惯和男方实际情况。男方经济条件好,社会地位高,彩礼大多较为丰厚,反之,则相对少一些。如千卜录部落富户一般送羊300只,马20匹,牛10头,银圆1000块。贫户只送1头牛或4~5只绵羊和女方的穿戴(衣服、银发饰、颈珠)。汪氏代海部落与此类似,交彩礼时,男方将所有牲畜全部赶至女方帐房门前,任女方分取,一般富户需送羊300只,牛四五十头(有钱者除上述牛羊,还给50两的元宝9~10个)。穷户则送牛五六头,最少的也得给犏乳牛1头。除此以外,如女方家有父亲、兄弟的则各送马1匹,待娶亲时一并送交女方家。男女自由恋爱的,彩礼大都较少,甚至分文不取。订婚之后，双方一般不能毁约，女方家亦不能将女儿许配他人，否则，便认为不守信用，会受到舆论的谴责。①

藏区结婚年龄，女子通常为 15～16 岁，男子一般在 20 岁左右。婚礼在订婚后 1～2 年内举行。届时须请活佛或密宗僧人，通过测生辰八字，或卜卦的方式选择良辰吉日，并念经祈祷新人平安幸福。不同部落的结婚仪式也不相同。刚察部落的男女成婚时，女方的几个男子把新娘送到男方家里，新娘只住一夜，第二天就返回娘家。女方住娘家时间的长短，取决于男方家财势的大小。势大则短，势弱则长，短则一年半载，长则三四年，然后回婆家居住。富裕之家常给娘家送亲者每人一匹马或一件衣物，送给新娘父母及兄弟每人两匹马和一件衣物。同时，对于家庭贫寒、无力娶妻的，则允许抢亲，抢到的女子如藏在千户家中，女方父母便不能追回，但夫妻二人往往要终身给千户充当牧工，或者逃离本地，远走他乡。② 汪氏代海婚姻仪式中，女方至婆家后，先到帐房内的右边（即妇女住的一边）并坐在铺好的白毡上，让事先找好的儿女多、家庭好的老年妇女来倒茶劝吃，饭毕送新娘至白布帐房，到后晌时分，请俄合巴（密咒僧侣）念经，新郎新娘先叩头拜天地佛爷，次拜父母亲戚，当晚二人分居安眠。次日新娘随同娘家人仍回娘家，住三个月至半年，再回婆家长期安居。总之，藏族婚姻程序因地区差异繁简不一，且受男女双方家庭社会地位、经济条件的影响较大。牧主、头人因社会地位高，且拥有财产多，其婚礼场面隆重，程序繁杂；一般贫苦农牧民则较为简单，有时甚至仅仅经双方家长协商，通过简单的仪式（甚至不举行仪式），男女便可建立新的家庭。

当夫妻双方因缺乏感情基础，或者感情破裂使婚姻无法维系时，可以通过离婚来终结婚姻。民主改革前，离婚在藏区是一种普遍存在的社会现象，尤其是牧业区更是如此。③ 离婚大多数贯彻自愿原则，但有的部落（如千卜录、刚察等部落）需要得到头人的批准，也有的不允许离婚（如庙顶村）。④ 财产分割一般按双方对导致离婚的过错大小分配，有理的多

---

① 星全成、马连龙：《藏族社会制度研究》，青海民族出版社，2000，第 113 页。
② 张济民主编《青海藏族部落习惯法资料集》，青海人民出版社，1993，第 98 页。
③ 星全成、马连龙：《藏族社会制度研究》，青海民族出版社，2000，第 115 页。
④ 张济民主编《青海藏族部落习惯法资料集》，青海人民出版社，1993，第 161 页。

分，失理的少分，过错相等则财产各半。玉树地区部落规定：夫妻离异，如系一方行为不轨，将之驱逐出门，财产归贞洁一方。阿曲乎部落夫妻离婚，如属丈夫休妻，则财产的一半归女方，归女方的一半当中，头人取其一半为声张"毛角"（女怨）；妻子休夫时，不仅不分给财产，还要退还男方的彩礼，在所退彩礼中，头人取其一半俗称"吉祖乎"（坐中）。刚察部落离婚后财产的分配，多半依据双方家族势力的大小决定。虽然部落中有男尊女卑的习俗，但如果女方家族势力大，也可分得相当部分的财产。如果双方婚后育有子女，一般是男孩归父，女孩归母。私生子一般归女方，由男方给予一定的抚养费用。

4. 继承规范

藏族部落继承制度集中反映了藏民族的家庭（族）观念、财产观念、权力意识以及家庭（族）内部的人际关系，对整个家庭、家族乃至部落的延续都产生重大的影响，因此，其在部落民事规则中也占有一定比例。身份继承和财产继承是藏族部落继承中最主要的部分。在藏区部落，身份继承涉及职权和地位的延续，其主体主要是家长、活佛和部落头人，继承人将获得被继承人的权力和地位。家长的继承主要发生在家庭的内部。当家长年老体弱，不能继续管理家庭事务时，就需要从家庭成员中寻找继任的合适人选。在一妻多夫制和一夫一妻制家庭中，如果子女未成年，可先由妻子担任家长，等子女成年后，家长由其长子担任。在一夫多妻制家庭中，妻子负责家庭内部事务，而外部事物则交给长兄或其他有能力者。家长身份的继承没有复杂的程序，多由长辈指定，也可以由家庭成员推举。部落头人包括族长、小头人、大头人、部落群酋长四个等级。族长和小头人的继承通过族人推举或大头人指定，其职权的传承具有不确定性，无法保证其后代仍有资格继承身份和地位。大头人和部落群酋长则往往采用世袭制继承，其权力的传递具有家族或家庭的延续性。活佛的身份继承是指通过实行转世制，活佛的化身可以承袭前世活佛的法统、地位及身份，别人无权干涉。

财产继承又可分为直系继承和旁系继承两类。直系继承一般为子女继承，在藏区最为普遍。如果家庭中儿子较多，且都在家中从事农牧业生产，家庭财产便由诸子均分。但儿子与父母分居的，不再参与继承。如在四川松潘等地，如果儿子离家入赘，那么父家只为他缝一件皮袄，送一匹马，购一支枪，其余财产由其他成员继承。多数部落视女儿与儿子同等，均享有家庭财产继承权，当然，也有的部落（如庙顶村）并未赋予女儿继承权。此外，妻子具有继承权，有子女时与子女共同继承。旁系继承与直系继承相比数量较少，主要针对家中无子女的情况，一些部落规定可以过继兄弟或近亲之子，并不得歧视养子。藏族家庭财产继承人多为家庭直系成员，尽管有时范围扩大，但仍未突破宗族、姻亲的范围。

（二）刑事规范

刑事规范主要包括犯罪和刑罚方面的法律规范，在藏区部落法律中占有很大的比重。同时，由于有些民事和生产生活、军事防卫等行为也经常运用刑罚的处理方法，故刑事规范可被看作部落法律的核心。

1. 刑罚种类

藏区部落刑罚手段繁多，概括而言，主要有死刑、肉刑、体罚刑、财产刑、侮辱刑五类。

（1）死刑

死刑即剥夺人的生命的刑罚，实施的主要对象是反叛、逃亡、杀人、抗税等案件的当事人。部落刑罚对死刑的执行方式多样，而且非常残酷。例如剖腹、挖心、活埋、凌迟等。有的甚至将活人捆绑在天葬场，让老鹰啄食而死。更有甚者，在活人头上涂抹酥油并点燃，将其活活烧死，却称之为"点天灯"。部落死刑的执行方式有投河、枪毙、鞭死等。被施以极刑的多是给部落带来严重危害的人，如抢劫很多财物或抢劫头人（领主）、家奴杀害主人、偷盗屡教不改以及通奸等。但由于藏区存在"灵魂不灭"的佛教观念，死刑仅仅在极个别部落的特殊案件上适用，而更多的部落则采用肉刑、驱逐出部落和较重的财产刑来代替。

（2）肉刑

肉刑以损害犯罪人的躯体作为对其犯罪行为的惩罚。藏区部落的肉刑种类较多，有针对五官实施的挖目、劓鼻、割耳、割舌等，有针对肢体的砍去四肢、抽筋、割身、剜膝盖、断脚筋、剁手、割睾丸等。部落对于与人通奸且谋害丈夫的女人常处以劓刑，对于屡教不改的惯偷常处以断手、割耳之刑，对泄露部落秘密的常处以挖目刑，而对待逃亡和屡次违反部落法规的则处以断足、抽筋、砸踝骨等刑罚。不管实施哪一种肉刑，都极端残酷，体现着藏族部落习惯法野蛮和落后的一面。

（3）体罚刑

藏区部落的体罚刑从广义上可以包括三个方面，即体罚、劳役和监禁。体罚主要有上脚镣、戴手铐、吊捆旗杆、吊打（鞭打）等形式，一般与其他刑罚组合使用。如千卜录部落，对待偷本部落头人、牧主的财物的行为，要没收行偷者的全部家产，痛打后将其逐出部落。对不遵守头人决定的人，则将其打残罚光。劳役往往适用于无力缴纳罚金和某些轻微冒犯掌权者的人。如莫坝部落规定，如果偷盗者无财产缴纳罚金，则须以生命顶替，即给头人做一辈子苦役。黄科部落中，与头人顶嘴，先打100皮鞭，再罚做7天劳役。藏族部落法律中，对于内部打架或偷盗，或犯有其他严重罪行的人，除赔偿等处罚外，还处以适当时间的监禁；有些因人命、抢窃等案，被处以罚款而无力缴纳者，常以肉刑和监禁取代。① 当雄宗也有监禁的规定。其将杀人案件分为富者杀人和贫者杀人两种类型。富者杀人在赔过命价并向宗本重行贿赂之后，监禁2~3个月即可释放；贫者杀人，因无力赔命价，也无钱行贿，须监禁3~5年。玉树地区规定，偷寺院财物、内外抢劫、无中生有、挑拨是非、对抗上层、在长官帐房附近打架等，均可被逮捕关押。② 被监禁的罪犯要带上刑具，且仅有少量饭食供应。有的让犯人只能坐，不能睡，最终因身体功能衰竭而死。

（4）财产刑

财产刑是藏区广泛使用的刑罚。在佛教不杀生的观念影响下，在物质匮乏的广袤高原状态中，财产刑是最为切实可行的。财产刑大致可分为赔偿金和没收财产。赔偿金的表现形式便是杀死人赔命价，伤害人赔血价，偷盗加倍赔偿。没收财产常用于人命、偷盗等案件。财产一般为金钱，数量为罪犯财产的一部分或全部。如果洛地区没收财产分四个等级，"黑蛇脱皮"，即没收全部财产充官；"黑三折"或"二突凸"乃没收三分之二家产；"纵析箭杆"乃没收整之劈半；"白三折"或"一突凸"乃没收三分之一；还有没收马、枪、牛、羊之类随时随机之处罚，对通常的小过，则罚皮张、茶叶、酥油等食用之物。③

---

① 陈庆英主编、何峰副主编《藏族部落制度研究》，中国藏学出版社，2002，第247页。

② 张济民主编《青海藏族部落习惯法资料集》，青海人民出版社，1993，第50页。

③ 张济民主编《青海藏族部落习惯法资料集》，青海人民出版社，1993，第38页。

（5）侮辱刑

耻辱刑是以罪犯的人格为主要的损毁对象，对犯罪人加以侮辱、损其名誉，使其为人类所不齿，精神遭受巨大痛苦的刑罚方式。耻辱刑的表现形式主要有烙火印（印藏文"狗"字于罪犯额头上）、穿女儿装、涂黑脸、割马尾、罚刻嘛尼石、罚转嘛尼堆等。其中，穿女儿装多为战斗中的懦弱者，割马尾可能因为越界放牧。如阿曲乎部落规定，败阵逃跑者着以女装，作战英勇者论功行赏。果洛地区对轻微违禁越界放牧的行为，要割马尾以处罚。由于藏民族特别注重人格，因此，这种刑罚在藏区部落中能够很好地起到预防和打击犯罪的作用。

2. 犯罪及刑罚

犯罪行为危害藏区部落的安全和稳定，如果不予以打击，部落的生产生活秩序、成员之间的关系便会恶化。因此，藏区部落习惯法中一般都确立罪名和刑罚，以预防和打击犯罪。综观部落习惯法，不难发现各部落规定最多的罪名是杀人罪、伤害罪、抢劫罪和盗窃罪。

（1）杀人罪

致死人命事件多因争夺草场、牧场等生产资料而起，婚姻、债务和日常纠纷等原因为其次。严重的致死人命，可能会导致同态复仇，给社会造成严重损害。从历史上看，藏区对普通杀人刑事案件一般不采用死刑或自由刑。因为杀生不符合佛教教义，也不符合增加人口的自然要求。而拘禁、流放等自由刑在地广人稀的藏区难以做到，且对于游牧民族的意义并不大。因此，对普通的杀人行为主要使用以牲畜和金钱折算的财产刑——赔命价。命价的多少依据死者的身份高低有所不同。莫坝部落法规详细规定了不同等级命价的高低。① 凡属于部落内部伤害而死亡者，根据死者身份的高低贵贱确定等级命价：头等命价，指一般官僚、贵族及其嫡系亲戚；二等命价，指封建爪牙和生活富裕的牧民；三等命价，指贫民。头等命价的赔偿包括认罪款、悔罪款、绝恶款、命案结束款、伏法款及生活用品等十余项内容。二等命价仍按头等命价各项赔偿，但数量较少，一般折价 100 个元宝或 300 头牛。三等命价也按头等命价各项赔偿，数量更低，一般折价 50 个元宝或 150 头牛。看似不少，但死者家属还要给官佐各种酬

---

① 张济民主编《青海藏族部落习惯法资料集》，青海人民出版社，1993，第 19~20 页。

款，死者的家属最终得不到几头牛，凶手给头人的赔罪款为 50 个元宝，折合 40 头牛。在三个等级中，女性命价是各等男性命价的一半。玉树地区规定，打死千百户头人，命价最高为 100 锭银子，次之为 60 锭银子，最少也得赔偿 2000 块大洋。如若几个部落合伙打死一个头人，则每个部落均要交出 5 户牧民作为死者部落的属民，并要交出 5 条水流所属区域的草山。打死百长、干保、居本等小头人，赔命价分别为 70 头、45 头、38 头牛。打死一般属民，只赔五六头牛，或 1 锭银子（50 两），或 400 块大洋，并罚刻嘛尼石，念经悔罪。另外，还得向受害一方交 1 支枪、1 匹马、1 把刀。如果是部落之间出了命案，凶手没有能力赔偿命价，则本部落摊派赔偿；部落内部发生了命案，凶手无力赔偿命价，则亲属协助赔偿。在毛垭地区，杀死 1 人，赔命价 25 秤银，命价归死者亲属。另外以 9 头牲畜向头人请罪。木拉地区降白头人规定，穷人打死头人（地主）家人者，要将其全家丢河，家产全部没收。头人（地主）打死穷人，赔命价最多为藏洋 160 元。博荣家和活把家规定，穷人打死穷人者，凶手罚藏洋 900～1000 元，若凶手无钱可罚，则将其判给头人做娃子或长工；穷人打死头人家的人，必须抵命。① 可见，部落规则确定了同命不同价的合理性，等级和地位越高，用于赔命价的财产越多，而广大农牧民的性命仅能换回几头牛。同时，命价还依死者的性别而有所不同，一般男性的命价比女性的高一倍。

如果因杀人而致人死命，加害方交不起命价，部落将对其施以肉体惩罚代替。加害方或者被鞭笞，或者被上枷锁或监禁，甚至被折磨致死。需要说明的是，一些特殊的杀人案是不能用命价形式解决的。假使被杀者为盗贼或造反者，因其理应被惩处，故不准赔命价；若被杀者为喇嘛、官员及重要人员，也规定必须抵命。对于此种情况，德格部落允许有能力者，以普通命价的 10～20 倍赔偿命价，被杀一方要以命价的一部分为死人念经超度。

（2）伤害罪

藏区部落法中杀人案适用赔命价，而对伤害人的犯罪行为要赔偿血价以抵罪。发生伤害案件，一般以纠纷的发生原因、受害者的伤势轻重为主要依据，然后确定赔偿血价的额度。同时，赔偿血价的数量也受纠纷双方

① 张济民主编《青海藏族部落习惯法资料集》，青海人民出版社，1993，第 152 页。

的社会地位和家族势力的影响。在汪氏代海部落，如内部打架致伤，由部落头人或活佛出面调解，赔偿血价的数量按双方家族势力大小确定。如打斗伤害发生在部落之间，如经第三部落调解成功，赔偿血价的多少，视伤势轻重而共同议定。果洛的部落法规《红本法》也要求斗殴致伤者赔"查敦"，即血价，致人重伤者的血价为命价的一半。① 在玉树地区，部落内发生争吵、斗殴事件，由百户审理判决。除血价以外，引发伤害纠纷的当事人有时还要承受鞭刑。例如香达百户会对闹事双方予以同样数量的鞭笞。巴塘部落的处理方法具有可选性，加害方或者选择赔 50 锭银子，或者承受由干保、百长、百户实施的 200 皮鞭毒打。

（3）抢劫罪

抢劫是行为人对公私财物的所有人、保管人、看护人，或者持有人，当场使用暴力、胁迫，或者其他方法强行劫取财物的行为。由于藏区地广人稀，抢劫后不易被发现，加之藏族崇武尚勇的性格，抢劫案件在藏区部落和部落之间比较普遍。为了保证本部落和部落成员的财产安全，许多部落都确立了处置抢劫行为的规范。如理塘部落法规中规定，对实施抢劫的人都要进行罚款，严重的将处以极刑。木拉地区降白头人家罚款额度为200 藏洋；博荣头人与活把头人家一般罚藏洋 1200 元，行为恶劣的会被枪毙。当雄宗部落中，抢劫牲畜要按照牲畜的价格补偿受害人，补偿的标准按每头牛 50 两，每匹马 250 两，每只羊 10 两确定，且抓获抢劫犯之后先打 200 皮鞭，入狱前再打 100 皮鞭。对于屡教不改、抢劫三次以上的，除实行以上处罚，还可能视情节实施挖眼、割鼻、砍四肢等酷刑。对于外来之人破坏本部落秩序的，玉树的部落法规规定，外来之人在本部落地域互相抢劫、破坏草山、伤害了本部落人的，对抢劫犯要实施剁手之刑；如果外来之人在本部落定居，实施了抢劫外族的行为，或者本部落之人在别的部落抢劫本部落成员，一经拿获，便处以抽筋断脚之刑。但是，所有部落的处罚一般限于牧民，规则对于领主、头人、地主等特权阶级来说，永远是网开一面的。

（4）盗窃罪

藏区社会中，盗窃可能出于生活所迫，也可能由于个别人好吃懒做而

① 陈庆英主编《藏族部落制度研究》，中国藏学出版社，2002，第 244 页。

选择它作为来钱快的手段，但不管哪种原因，都是对他人财产权益造成侵害的行为。藏区盗窃案件在农牧区出现得较多，盗窃的对象多为牛羊等牲畜。习惯规范对盗窃行为的规制，以惩罚性赔偿为主，有的还附加其他刑罚。莫坝部落按被盗人的身份确定了两大类处罚规则：盗窃牧主头人财物的，按盗窃情节规定了逐渐加重的三级罚款数额，分别罚偷盗者财产的 1/3、2/3（无财产做 5 年劳役）和全部财产。如果没有财产，偷盗者将附属于牧主头人，做一辈子的苦工。相比而言，偷盗牧民财物的处罚要轻许多。按由轻到重分，分别为偷一赔二、偷一赔五、偷一赔十。此外，还规定了以 1 头牛羊或 0.5 ~ 1 个元宝，缴纳诸如请拜款、地方款、易地款、门风款、认罪款等名目的附加赔偿。

此外，藏区还将偷盗行为分为内偷和外偷。外偷即偷摸他部落牛马，赔偿数额以两倍为基准，视行偷之人与被偷之人的根基势力不同而加重或减轻，若二人地位相差无几，则返还被盗物，象征性地赔偿些金钱。相比而言，偷部落内部的则被视为下贱无耻，不仅处罚以数倍从重，而且最终连本须缴纳 10 倍罚款，并附加体罚。偷盗等级身份高的人处罚会更高。玉树地区一般也以被偷盗者身份地位高低来衡量赔偿额，但有些部落不仅要罚款，还要施加酷刑。如族内偷盗巴塘部落平民财物的，打 500 鞭。偷百长、喇嘛的财物的，除罚款外，还要吊打，甚至割鼻。德格土司地区，盗窃僧侣、官员财物或寺院法器的，赔偿被盗价值的 3 ~ 9 倍，并罚吊 1 ~ 9 次，罚鞭笞 100 ~ 900 下，罪刑轻重取决于赃物价值的高低。

（三）程序规范

藏区部落程序规范的作用，在于通过一定程序，解决部落内部或部落之间的纠纷，实现定纷止争。经过千年的司法实践，藏区也有了一定的程序规范，不仅出现了专门负责法律实施的机构与人员，而且形成了从起诉、调解到审判、执行的相对完整的程序和制度，起到了化解纷争、惩治犯罪、调解人际关系、维护部落稳定的作用。程序规范主要包括民事程序和刑事程序，由于部落习惯法中并未如此划分，因此，为更真实地展现藏区程序法的全貌，在此仍从整体上进行分析。藏区部落纠纷处理程序大致包括起诉、调解、审理、执行四部分内容。

1. 起诉

案件发生后，如果当事人觉得有必要，可以向头人（土司或宗本等）起诉。藏区部落法对起诉方式的规定因地而异，但起诉的目的大致相同，即需要将案件情由报审理案件的人或头人等知晓。藏北当雄宗等部落，甲本只能调解家庭纠纷，或者在宗官府授权下处理少数情节不重的偷盗纠纷，重大案件要由原告或原告所在部落写出诉状，上报宗官府有关人员。但通常情况是原告随带礼物向头人口述纠纷缘由。例如，甘南卓尼藏区，原告拿哈达一条、酒一壶，至大总承处跪告情由，请求头人主持公道。若头人接受请求，同意出面调处，起诉便告完毕。有些部落的起诉程序相对复杂，但无非是多经过几个呈报或传递的程序而已。如四川甘孜德格地区规定，诉状一般由村长代写。所付报酬无定额，但报酬高，相应的诉状写得就好，最终会对判处有利。村长向涅巴办公处呈递诉状（村长起诉，可直接口述案情）。呈递诉状时，必须向涅巴敬献两条哈达及见面礼。涅巴根据诉请，即传讯被告，开始审理，但超出涅巴权限的重大案件，则仍须上报土司审理。当然，并不是所有的案件都会提起诉讼，并通过相应的程序解决。如果起诉需耗费大量的时间、金钱和精力，很多人便会选择通过中介人，私下与对方当事人或加害者协商，用经济赔偿的方式平息事端。诚然，这种私了的行为如被头人等发现，便会被视为"犯上"行为而受到严厉惩处。因此，有些人慑于头人的惩罚而主动提出诉讼，也有的因双方无法达成协议而请求头人出面处理。

藏区部落凡是打官司，不论原告或者被告，都需要交纳一定数量的手续费。这些手续费包括诉讼费、调解费、招待费等，其数额依据纠纷的大小和解决时间的长短确定。如青海玉树部落规则中，列明了手续费由少到多的五个等级：极小案件，交纳1只羊的1/5，1包大茶的1/8，1斤酥油；较小案件交纳1只羊的1/4，1包大茶的1/4，2斤酥油，25盆青稞，5元白洋；一般案件，交纳半只绵羊，半包大茶，半斤酥油，50盒青稞，10元白洋；较大案件，交纳1只绵羊，1包大茶，1斤酥油，100盒青稞，40元白洋；巨大案件，交纳1头牦牛，4包大茶，4斤酥油，400盒青稞，80元白洋。[①] 理塘藏区的规定中，不论原告还是被告，均须交纳手续费。呷拉更登头人规定，原告和被告要事先杀牛1头，出茶甑、盐巴2批作为礼

———————————

① 张济民主编《青海藏族部落习惯法资料集》，青海人民出版社，1993，第56页。

物；降白头人规定，大官司需交银 1 秤或藏洋 100 元，中等官司需交藏洋
25 元。实际上，交纳诉讼费的原则是"富人多交些，穷人少交些"。例如，
"西藏牛溪卡属民在提起诉讼的同时，要向溪本交纳鸡蛋 15 个，藏银及
酒、茶、肉等若干，以作诉讼费；四川雅江地区则按案件及纠纷的类型分
别交纳诉讼费。一般人命、离婚（有子女）及强奸等案件，双方各交藏洋
50 元；抢劫、偷盗、土地纠纷及打架、离婚（无子女）案件，双方各交藏
洋 25 元；发生口角或割他人的草等，双方各交藏洋 10 元。阿坝地区亦视
案情轻重，分别交案钱 5 元至数十元不等。较大的纠纷和离婚案要向土司
各送羊 9 只。毛儿盖地区，凡是刑事案件，都要向土司各送 100 元银子的
诉讼费，土官才着手审理。松潘地区无论民事纠纷，还是刑事案件，双方
当事人都要向土官送糖 1 封，酒 1 瓶，哈达 1 条，等等"①。于式玉教授在
考察"麻窝衙门"时，看到黑水藏民在联盟部落酋长苏永和处打官司的情
景，并详细描述提起诉讼的过程。"头人坐在木炕上，一群打官司的人将
随身的腰刀、步枪在门外便卸下交与旁人代管。然后由管家领着，托着送
礼的盘子进来。盘内放着一个南瓜，一个大蒸馍，两斤多猪膘，另外一个
背筐，里边盛了半筐洋芋。除此之外还有三两银子的诉讼费，一两归头
人，一两归管家，一两归跑脚的人。但钱的数目同礼一样是不定规的，贫
穷人家可以比这个数目少，有钱之家更可数倍增加。给头人的钱有时放在
盘子里一并呈进，有时交到管家手里，请管家送去。因为见头人必先见过
管家，因此对管家也是必有一份礼物的。他们把礼物呈在地上，然后退到
墙根，蜷缩在那里，取下帽子，解开盘在头上的发辫拉到旁边，一面用右
手掩头，一面嗫嚅告诉，显得不胜恐慌的样子。"② 很显然，这种提起诉讼
的方式，并没有诉状，仅仅是口诉。

头人接受当事人的起诉后，在审案之前会采取一定的措施，以防止事
态的进一步扩大，或者罪犯逃匿。各个部落一般都会首先传讯原告和被
告，如果认为被告有犯罪嫌疑，则会控制其人身，以待进一步审理。在甘
南卓尼藏区，大总承会立即差人去被告处，勒令其寻找保人。在能够确定
犯罪行为是被告实施的情况下，青海藏区部落会对被告处以罚款，阿曲乎

---

① 参见陈柏萍《藏族传统司法制度初探》，《西北民族学院学报》1999 年第 4 期，第 3 页。
② 于式玉：《于式玉藏区考察文集》，中国藏学出版社，1990，第 166～167 页。

44

部落称之为挡兵款，果洛地区称之为调头费。头人会将其中的一部分送给
原告，用以安抚，以免案件恶性发展，但大多数财物都会进入头人的口
袋。这一措施将被害人或其亲属从复仇感情中调和回来，防止冤冤相报，
是有一定积极意义的。

2. 调解

调解作为司法活动的一个重要程序，在藏区的运用十分广泛。在藏区
司法程序中，无论是平息民间纠纷，还是处理犯罪案件，都可以适用调
解。当然，此处所说的调解指的是诉讼内调解（官方或半官方调解），与
纠纷"私了"案件中第三人居中调解不同。"私了"案件中的调解，虽然
也旨在方便快速地处理纠纷或案件，但由于当事方并没有介入诉讼活动当
中，且并非在官方或公权力主持下进行，其调解的最终结果，严格来说也
不具有部落法上的效力，故其属于民间调解的范畴。藏族诉讼活动中的调
解，是指起诉得到受理后，由头人或执法人员在掌握案情的基础上，在部
落法的限度内，以中立的身份对双方当事人分别进行劝说和建议，使双方
最终达成解决纠纷的一致性意见，以便为案件裁定提供依据。因此，它是
藏族传统司法活动的一个重要程序。

调解纠纷或案件，一般都要收取一定的调解费。如阿曲乎部落规定，
有过一方的违法忏悔罚款和争斗双方必须按规定缴纳"够尕"（调解费）。
至于缴纳的时间，有的部落将调解费放到诉讼费里一起收取，有的部落须
在调解开始前缴纳，还有的在调解及审判结束后，从败诉方缴纳的罚款中
扣除。调解费的额度和形式也往往因地而异。美武部落处理人命案件时，
在调解前，双方需缴纳20斤炒面、青稞、酥油以及5个银圆的茶叶钱，作
为"甘素目"（类似村长）和土官的调解吃喝费用。调解完毕，还要从凶
手家里拿走5~6头牲畜，从凶手居住的措哇畜群中带走34头牲畜作为调
解费用。案件了结后，被害人家属要从赔命价的牲畜中选取1~2头最好的
牲畜送给土官，以表达感谢之情。阿曲乎部落对偷盗案件按偷一罚二的规
定赔偿，并按情节罚一定数量的调处费，作为调解处理案件的吃喝费用和
辛苦操劳钱。头人在处理杀人案件时，能够获得赔命价的牲畜、收尸羊、
收尸钱等赔偿财产中的一半作为其调解费。调解费不是固定的，随案件大
小、调解时间和难易程度等变化。案件越大，越费时间，难度越大，要缴
纳的调解费越多。

3. 审理

藏区部落中，头人受理当时人的起诉之后，即派人传唤原告、被告进行审讯。审讯时由头人等主持，仲译进行笔录。若案情重大，一名头人难以胜任，则由多名头人共同审理。甘青地区审判地点一般在头人（土司）的家中，西藏地区审判多在溪本的家中或宗官府进行，德格土司的审判一般由部落头人或管家主持。审讯开始后，先将诉讼双方隔离，由头人或代理人分别审问。如果被告不招供的，还常采用刑讯逼供的手段。审讯完后，如果案情重大复杂，还须复审和对质。最终，根据双方的供述和对质的结果断定官司的输赢。玉树地区则让双方当事人陈述自己的理由，而后让双方依据理由进行辩论，受理人根据双方陈述的理由和辩论的胜负裁决官司的输赢。判决宣判后，双方须吃咒发誓，保证服从，不会反悔，亦不复仇。若一方或双方不服判决，则可向上一级头人上诉，重新审理。审判结束后，裁判文书交头人（土司）处存放，也有的地区将其制作成一式三份。藏区案件的审理大都属于随时审判，即案件或纠纷发生后，头人即着手进行调解、审理工作，有些地区则每年定期召开属民大会，对本辖区范围年内发生的案件或纠纷集中进行审理、判决。重大案件（如杀人、抢劫等）则采取随时审判制。①

按照一般的程序，受害人提起诉讼，对他人提出指控，如果被告对指控供认不讳，由头人或土官判定对其进行相应处罚，以及对被告所受损失的赔偿，案件即可了结。若证据缺失，被告又不承认，裁判官则采取神明裁判的特殊审判方式。藏区部落的审判形式有以下几种。

（1）滚炒面蛋。将原告、被告的名字写在纸条上，用炒面包起来放在盘中，然后请喇嘛念经或祈祷神明，捧盘摇晃，炒面团被摇出的一方为赢，在盘中者为输。

（2）持火斧。当事者手抓烧红的铁斧，向前走三步，并将铁斧抛出九步之外，然后将手包裹，盖上图印，次日解开检查，被烧伤手的人为输。

（3）摸黑白石子。将泥水或奶茶煮沸，投入缠上羊毛的黑、白石子各一块，令被告或不服调解的一方伸手摸，如果摸到白色石子，即为清白，反之则为输。

---

① 陈柏萍：《藏族传统司法制度初探》，《西北民族学院学报》1999 年第 4 期，第 5 页。

（4）炼油锅。将油煮沸，令诬为偷盗者，将手伸进油锅中，次日验视，手被烧坏，即定为罪犯。

（5）赌咒。头人召集全部落属民念咒经，逐个发誓、吃咒，不敢发誓、吃咒的，就是案犯。

（6）抓门环。部落头人与活佛商定好，由活佛点上灯、念着经，让被告从十步远的地方叩着头去抓门环。如果不敢去抓，即认定为作案者。

（7）抓阄丸。将黑、白两纸条裹在炒面球丸内，放在盘中，当事人取一粒，拿到黑纸条的，即为罪犯。

（8）羊粪判断。双方当事人站立两边并画线定位，活佛或千百户头人站在中线上抛出一定数量的羊粪蛋。统计当事人面前羊粪蛋的多少来裁决官司的输赢。羊粪蛋多则赢，少则输。如果被告面前羊粪蛋多，原告要给其一定的面子钱作为赔偿。

（9）抓烙铁。当事双方各给头人一定数目的钱，用于抓罚以后补缴罚款。在头人或活佛主持下，当事人双方用手抓烧红的烙铁，而后以布即刻裹上，盖章封结，次日解开检查，烧起1个水泡，意味着真，即判为赢者；烧起2个水泡为半真半假；烧起3个水泡，意味着假，即判为输者，并给予制裁。

（10）舔斧刀。令嫌疑人用舌头舔斧刀，谁的舌头被割破，就认作有罪。

（11）丢骰子。将嫌疑人聚集在一块丢骰子，点多者无罪，点少者有罪。

这些神明裁判虽然毫无科学根据，但是由于其符合民众追求公正的愿望和某些宗教文化观念，且具有一定的威慑性，因而被藏族社会所接受。

4. 执行

概括而言，执行指的是判决的贯彻实施，标志着案件或纠纷的真正解决。判决之后，头人等会继续关注具体执行事宜，监督最终判决的实施过程。民间纠纷案件造成的损失不大，惩罚也相对较轻，因而判决执行起来更容易一些。在继承案件执行中，首先确定被继承的财产数额，进而依判决分割，然后双方签字或设誓，声明不会反悔；借贷案件中，责成借方向被借方偿还借贷款（物）；被借人则归还借条等证据，或当众宣布借贷关系解除。若借方暂时无力偿还，则确定宽展限期，并监督偿还；解决一般口角纠纷，首先对双方施以罚款（物），然后责成失礼一方进行道歉，并保证不再重犯等。藏区部落法律对杀人、伤人者的惩罚严厉，而且往往进行多重处罚，故执行起来也相对复杂。但不管怎样，这类案件的执行，始终是在头人的监督下，"由头人的管家或其他专职执法人员予以实施；有些则是在头人等的直接参与下进行的"①。

第二节　王朝的立法

除了在藏区部落中承认惯法的效力之外，清王朝还通过立法加强对藏区的管理和控制，其立法和法制建设成就，值得我们重新审视。清代藏区的立法，经过了初创、发展与完备的阶段，也经历了由简到繁、由概括到完备的过程。例如，康熙年间的《十三法》由藏区原有的法规改编而成，雍正年间的《西宁青海番夷成例》（简称《番例》）从"蒙古例"中摘编而成，它们都是运用现有的法规而制定的适用于藏区的法律文件，属于初创但并不完整和全面。乾隆年间针对西藏制定的《酌定西藏善后章程》与《钦定藏内善后章程》（简称《钦定章程》）是藏区立法发展和完善的代表作。乾嘉以后重修律例，编纂了一部适用于藏区的比较完整的《理藩院则例》，比《番例》《钦定章程》等法规更为严密和详尽，既适用于青海地区的一些问题，又有处理西藏政教事务的根本法律规定，与其他藏区法律文件共同构成了清王朝的藏区立法体系。

法律的稳定性指的是法律一旦经过相应的程序颁布并产生效力，理应在一定时期内持续地拥有效力，也使得其对社会的规范作用能发挥到最大。如果立法者朝令夕改，对制定的法律随意地废止和更替，则法律就会丧失其稳定性，也会在一定程度上削弱其权威性。有清一代，其律文很少变动，符合了法律稳定的要求。但这些稳定的法律也必须要随着社会的变化而及时地加以调整，而不能用僵硬的律文去制约不断变化的社会。清代法律规范是由律、条例、事例、则例、成案、章程、禁约、告示等不同法

---

① 陈柏萍：《藏族传统司法制度初探》，《西北民族学院学报》1999年第4期，第6页。

律样式组成的一整套体系，其并行不悖，相互之间起着补充和完善的作用。

一 《大清律例》

顺治元年六月，清军入关不久，摄政王多尔衮即下令："自后问刑，准依明律。"①顺治三年（1646），又在"参汉酌金"的基础上修成《大清律集解附例》，有律文458条，除"蒙古色目人为婚""钞法"之外，全部因循《大明律》②。雍正三年（1725）完成了《大清律集解附例》的修订，勒定436条的规模。研究者认为，乾隆五年（1740）版的《大清律例》，"对雍正律的律文并未作任何改动"③。因此，可以将乾隆五年律作为雍正三年以后的定律。《大清律例》是清王朝的基本大法，在各种法规中具有主导性的地位，并具有普遍适用效力，是其他法规的渊源和基础。

明代自弘治（1488～1505）以后，是依"新定的例辅律而行"的④。明代弘治、嘉靖、万历、崇祯年间，皆有《问刑条例》，黄彰健汇集其各种版本之后，编纂了《明代律例汇编》一书，将有明一代的律例汇编在一起，便于研究者使用。因明代已经有律例合编的《大明律例》，故清顺治三年的《大清律集解附例》，基本上承袭了明代的内容。律例合编为基本法律的方式在清代得以认同及推广，乾隆以降又有了修例制度，因此有清一代例的增删修并最为繁杂。

律后附例，其目的是"推广律意而尽其类"，也是"变通律文而适于宜者也"⑤。因此"例以佐律，读律者不可不明例"⑥。有清一代，"律文垂

---

① （清）官修《清世祖实录》卷5，顺治元年六月甲戌条，中华书局，1985。
② 也有人认为此书颁布于顺治四年，参见郑秦《顺治三年律考》（《法学研究》1996年第1期）和苏亦工《明清律典与条例》，中国政法大学出版社，2000，第110～115页。
③ 苏亦工：《明清律典与条例》，中国政法大学出版社，2000，第125页。
④ 黄彰健：《明代律例汇编序》，台北"中央研究院"历史语言研究所专刊之七十五，1979，第1页。
⑤ （清）吴坛撰，马建石、杨育棠校注：《大清律例通考校注》，中国政法大学出版社，1992，第21页。
⑥ （清）龚炜：《巢林笔谈》卷5《执法毋为例拘》，中华书局，1981，第118页。

一定之制"很少变动,而"例则因一时权宜量加增损"①。随着时代变迁与形势发展,法律所对应的原有时宜及条件在不断改变,"朝廷功令,凡条例之应增应减者,五年小修一次,十年及数十年大修一次,历经遵办在案"②,以求通过对例的增删、合分、改订,确保律例法典在当时当代的适应性。例在很大程度上扩展了律的内涵,对律内没有明确规定的事情加以明确,同时也明确了处罚标准,正如王锺翰先生所讲:"例原以辅律,非以破律,所谓'例因案入,例实由律出'也。"③ 例离不开律,但在量刑定罪方面往往不局限于律所规定的刑罚,更增加例在具体实施过程中的效用。

二 事例

事例是朝廷处置各类政务的临时规定,包括皇帝发布的上谕及对大臣奏本的批示等,既有刑事方面的,也有行政方面的。事例是经过皇帝核准后可以通行的,虽然没有明确规定其具有法律效力,但在具体实施过程中,却起到法律的效用;因为其时效性很强,所以是官吏在司法实践中首先予以注意的。事例积累后,刑事方面的一般编制为条例,而行政方面的往往编制为则例,成为独立的单行法规。④

清代的事例基本上收入《大清会典事例》中。《大清会典》的编纂,是以《大明会典》为本。《清会典》有康熙朝 162 卷,雍正朝 250 卷,乾隆朝 100 卷,嘉庆朝 80 卷,光绪朝 100 卷;自乾隆朝增修《会典则例》180 卷,嘉庆朝编修事例 920 卷,光绪朝增事例 1220 卷,五朝会典加事例共计 2912 卷,首尾相连,记载清开国至光绪十三年的典制,包括各级行政机关的职掌、编制、事例和活动原则,"凡职方官制,郡县营戍、屯堡觐飨,贡赋钱币诸大政,于六曹庶司之掌,无所不录"(《乾隆会典御制序文》),是各种法规的总汇和集大成之作。

对于会典的性质,学界颇有争议。总的来说,大致有三种看法:一是

---

① (清)刘锦藻:《清续文献通考》卷 247《刑考六·刑制》,浙江古籍出版社,2000,第9919 页。
② (清)薛允升:《读例存疑》卷首《自序》,光绪三十一年京师刊本。
③ 王锺翰:《王锺翰清史论集》第 3 册,中华书局,2004,第 1701 页。
④ 苏亦工:《明清律典与条例》,中国政法大学出版社,2000,第 42~44 页。

行政法典①；二是法令汇编②；三是典章制度史书或会典体史书③。这些观点从不同角度来理解，行政法典之说者是以现代的眼光来看待，未免有些偏见；史书说者是以史学史角度而言，因会典是将历年事例编排起来；法令汇编说者则是以当时的法律而言。明人丘濬认为："是诰与律乃朝廷所当世守，法司所当遵行者也。事有律不载，而具于令者，据其文而援以为证用，以请之于上可也。"④ 因此，其法律层面相当于唐宋的"格"与"式"，并确立了"则例"体系，乾隆时另撰《大清会典则例》，而嘉庆时则改名为《大清会典事例》。

三　则例

"则"是法则、准则或规则之意；"例"是指先例、成例或定例。其名起于唐、五代时期，是一些中央机构及地方官府在实施某些职权过程中制定的规则，在本部门得以应用，对整个社会的影响及作用并不明显。清代的"法典一成，动辄归空文，故若失补苴罅漏之术，何以得应于时势之无穷哉？于是乎，法典以外，别有成文法，明设细目，以张纪纲，适于时世之实用"⑤。在适于时用的同时，与律例相关的各部、院、寺、

---

① 蒲坚：《中国法制史》，光明日报出版社，1987，第 190 页；曾宪义主编《中国法制史》，北京大学出版社，2000，第 203 页；林明：《中国法制史》，上海人民出版社，2003，第 222 页；朱勇主编《中国法制史》，法律出版社，1999，第 370 页；张生、李超编著《中国法制史》，法律出版社，2001，第 116 页；林咏荣：《中国法制史》，大中国图书公司，1976，第 62 页；郑杰：《行政法文献巨篇——略谈清代五朝会典》，《行政法学研究》1999 年第 1 期；陈国平：《明代行政法研究》，法律出版社，1998，第 4～7 页。

② 张晋藩、怀效锋：《中国法制通史》第 7 卷，法律出版社，1999，第 25、43 页；张晋藩：《中国法制史》，群众出版社，1992，第 365 页；叶孝信主编《中国法制史》，复旦大学出版社，2002，第 293 页；钱大群：《明清〈会典〉性质论考》，载中国法律史学会编《法律史论丛》第 4 辑，江西高校出版社，1998，第 78 页；鞠明库：《万历〈会典〉的编纂特色及其存在的问题》，《图书馆杂志》2004 年第 12 期；杨一凡：《明太祖与洪武法制》，《中国法制史考证》，中国社会科学出版社，2002。

③ 瞿林东：《中国史学史纲》，北京出版社，1999，第 598 页；金毓黻：《中国史学史》，商务印书馆，1999，第 162 页；商传：《〈明会典〉及其史料价值》，《史学史研究》1993 年第 2 期；原瑞琴：《〈大明会典〉性质考论》，《史学史研究》2009 年第 3 期。

④ （明）丘濬撰《大学衍义补》卷 103《治国平天下之要·慎刑宪·定律令之制》，台湾商务印书馆影印文渊阁四库全书本，1986，第 713 册该卷第 20 页。

⑤ 〔日〕织田万：《清国行政法》，李秀清、王沛点校，中国政法大学出版社，2003，第 47 页。

监、府的"则例",是当时的行政准则,在政务具体执行过程中起到重要的作用。

清代"大抵每一衙门,皆有则例,有五年一修、十年一修、二十年一修不等。则例所标,为一事,或一部一署,大小曲折,无不该括"①。因此堪称卷帙浩繁,仅北京国家图书馆就藏有七八百种之多,穷读则例会使个人产生望洋兴叹之感。就本书研究的问题而言,《吏部处分则例》《兵部处分则例》《八旗则例》《督捕则例》《理藩院则例》《金吾事例》《绿营处分例》等关联较为密切。《大清律例》与这些则例虽然有着不同的侧重点,但实际上彼此之间是关联融通的,也可以由此而体会到清代法规的多民族色彩,以及政治与法律制度所表现出的张弛有度、刚柔相济的特点。

以《理藩院则例》为例,举凡"青海、厄鲁特、西藏、准噶尔之地,咸入版图,其封爵、会盟、屯防、游牧诸政事,厥有专司"②。因此,有关蒙藏地区的疆理、封爵、喇嘛封号、设官、户丁、耕牧、赋税、兵制、边务、朝觐、贡献、俸禄、廪给、喇嘛廪给、优恤、仪制、禁令、刑法等,都收入其中,与《大清律例》相得益彰。如《大清律例·名例律·化外人有犯》条规定:"凡化外人(来降)犯罪者并依律拟断,隶理藩院者仍照原定蒙古例。"这是律例对理藩院法律适用方面的规定,对于化外人犯罪,原则上依《大清律例》审理,但如果化外人属于理藩院管辖的地区,则适用蒙古例处理。

清王朝藏区司法具有突出的民族特点,对于部落藏民之间民事、刑事纷争的司法审判,一般依据属人原则,在本部落内按习惯法审理。《理藩院则例》也规定:"卫藏地方,番俗相沿,遇有唐古特番民争讼及犯人命窃盗等事,多系罚赃减免,原不能按照内地律例科罪,但仍其旧例,亦必须按其罪名之轻重定罚赎之多少。"③ 对于部落不能审决的纠纷和案件则要上报官府衙门,甚至请求理藩院处理。对于其他民族内部发生的各种案

① 王锺翰:《清史补考》,辽宁大学出版社,2004,第31页。

② 中国社会科学院中国边疆史地研究中心:《清代理藩院资料辑录》,全国图书馆文献缩微中心,1988,第16页。

③ (清)会典馆编《钦定大清会典事例·理藩院》卷993,赵云田点校,中国藏学出版社,2006,第411页。

件，以及发生在藏族和其他民族之间的刑民事案件，则须先交由行政主管处理，不能审决的，则上报理藩院进行审理，或者向皇帝请旨裁断。按照规定："外藩蒙古人有讼，赴各管旗王、贝勒等处申告，若审理不结，令协同会审旗分之王、贝勒等公同审讯，仍不结，王等遣送赴院。"① 乾隆二十五年（1760）议准："归化城同知、通判，承办蒙古命盗案件及蒙古、民人交涉命盗事件，由该厅等呈报绥远城将军，就近会同土默特参领等官办理。蒙古事件，由将军咨院具奏完结。蒙古与民人交涉事件，由巡抚咨院具奏完结。"② 需要注意的是，理藩院仅对一般刑事案件独立管辖，如果发生在民族地区的重大命盗、人命等案件，则无权作出决定，必须按《大清律例》的规定，统一报刑部审理，理藩院则参加会审。如康熙元年（1662）题准"蒙古拟定死罪犯人，由札萨克审明报院，由院会三法司定拟具奏。其应监候秋后处决者，照刑部秋审例会满洲九卿议奏"③。乾隆七年（1742）议准："八旗游牧察哈尔命盗案件，如凶犯、盗犯、尸亲、失主皆系蒙古，并无内地民人者，令该总管等会同该同知、通判审明定拟。徒流以上案件，一面报部，一面将鞭责之犯现行发落。俟院会刑部等衙门奏准之后，将应决之犯，即于犯事处正法。军流以下人犯，照例折枷完结。其定拟斩、绞监候之犯，并令严行监禁，秋审时该总管造具年貌清册报部。"不过，"若所定之罪与该总管意见不同，亦著申文报部，俟刑部会本院详加改正，定拟复奏"④。

《理藩院则例》也有直接适用《大清律例》条文的，如"蒙古民人伙同抢幼从重科断"条规定"蒙古地方抢劫案件，如俱系蒙古人，专用蒙古例，俱系民人，专用刑律。如蒙古与民人伙同抢劫，核其罪名，蒙古例重于刑律者，蒙古与民人俱照蒙古例问拟，刑律重于蒙古例者，蒙古与民人

① （清）会典馆编《钦定大清会典事例·理藩院》卷997，赵云田点校，中国藏学出版社，2006，第469页。
② （清）会典馆编《钦定大清会典事例·理藩院》卷997，赵云田点校，中国藏学出版社，2006，第472页。
③ （清）会典馆编《钦定大清会典事例·理藩院》卷997，赵云田点校，中国藏学出版社，2006，第469页。
④ （清）会典馆编《钦定大清会典事例·理藩院》卷997，赵云田点校，中国藏学出版社，2006，第471页。

俱照刑律问拟。"① 这是有条件地对蒙古人适用内地律例的规定。在藏区部落内，习惯法、国家法都能够在司法实践中加以运用，而在青海、甘肃、四川、云南藏族与其他民族杂处的地方，适用的法律则主要以《大清律例》为主，同时，在关注民族习惯的情况下，王朝会制定一些条例，"以伸国家之法，以服番众之心"。

《理藩院则例》在乾隆五十四年（1789）时，汇编有 209 条，嘉庆十六年（1811），在理藩院开设"则例纂修馆"，由托津与和世泰主持，对有关蒙古例进行全面整理，结合西藏、回疆的立法内容，着手修订《理藩院则例》。嘉庆十九年（1814），主持修例的托津奏称："今臣院经奏请开馆，理合谨遵谕旨，将旧例内应更正者妥议删改，稿案内应遵照者详酌入例。"② 理藩院在纂修则例过程中，"将旧例二百九条逐一校阅，内有二十条远年例案，近事不能援引，拟删，其余一百八十九条内修改一百七十八条，修并二条。并将阖院自顺治年以来稿案妥译汉文，逐件复核。增纂五百二十六条，通共七百十三条"③。嘉庆二十二年（1817），《理藩院则例》汉文本刊刻颁行，内容共计 713 条，体例上分通判上、下和旗分等 63 门。内容上保留了《蒙古律例》的一部分，并根据情况的变化和修纂技术的发展，将其多数条款作了简化或增删。此后，《理藩院则例》共经道光、光绪年间四次修改，最终形成了 64 门 971 条律条 1605 条例文的庞大的综合性法规。

《理藩院则例》的内容非常丰富，主要包括：第一，明确了理藩院的职能是负责处理边疆少数民族地区事务；第二，规定了蒙古地区的行政区划、职官制度、婚姻继承制度、司法制度等；第三，《喇嘛事例》是对喇嘛教的管理制度的规定，包括活佛转世、呼图克图的职街、名号、喇嘛犯罪等；第四，有关西藏、青海的政治制度的内容，如驻藏大臣的设置、权限及与达赖、班禅之关系等，还有西宁办事大臣的管辖权限等方面；第五，由于理藩院兼管对俄罗斯的交涉事宜，《理藩院则例》对与俄国贸易往来、边境管理等也作了专门规定。

---

① 杨选第、金峰校注《理藩院则例》卷 36，内蒙古文化出版社，1998，第 315 页。
② 张荣铮等点校《钦定理藩部则例》（光绪朝）卷 38，天津古籍出版社，1998，第 30 页。
③ 张荣铮等点校《钦定理藩部则例》（光绪朝）卷 38，天津古籍出版社，1998，第 31 ~ 32 页。

四 其他相关法规

除上述法规之外，与本书相关的还有其他相应的法规，其与律例并存，发挥着补充和辅助的作用。

(一) 章程

章程是律例之外处理特定事务的详细规章，有的章程是由中央发布通行于全国的，有的章程是由各省发布通行于全省的，各地府、县也可以制定一些章程，使之在自己辖区内有效。

由朝廷颁布的章程，称为"通行"。比如《刑部迭次通行章程》［辑者不详，清光绪十八年 (1892) 京都善成堂刊印本］，就辑有清光绪 (1875～1908) 年间刑部通行各省章程。计有行催汇题章程、窃毁电线章程、严禁非刑章程、酌议会匪章程、变通叩阍章程、监禁章程、扒窃章程、阵亡章程、军流脱逃章程、禁止滥用非刑章程、禁止吕宋赌票章程、京控章程、蠹役正法章程、军流徒犯脱逃解役章程、禁止待质公所章程、停解军遣章程、咨题案件咨覆限期章程、私铸银钱章程、严定武官扣饷缺额章程、缉捕盗贼章程、严禁非刑章程、盗墓未得财章程、整顿刑名章程、捉人勒赎之犯拟入情实章程等 24 种。① 由各部门制定的章程，有"部行""院行"，是中央各部院所定，可以行之于本部院。

清代针对藏区的章程有《钦定西藏章程》《青海善后事宜》《酌定西藏善后章程十三条》《设站定界事宜十九条》《酌议藏中各事宜十条》《钦定藏内善后章程二十九条》等。各省也可以制定章程，称为"省例"。省颁布的章程一般要得到君主的批准，或报请中央核准，总的原则是不能与朝廷的谕旨律令相抵牾。

(二) 成案

每一个案件都有综合复杂的情况，不可能通过简单的援引律例就可以分清责任，依法惩处。"今时律之外有例则已，备上下之比，而仍不能尽入于例，则又因案以生例，而其法详焉，故断狱尤视成案。"② "成案是一

---

① 参见柏桦主编《中国政治制度史教学参考资料》，中国人民大学出版社，2007，第 1105 页。

② (清) 许梿、熊莪：《刑部比照加减成案·熊莪序》，上海古籍出版社影印本，1995。

种不成文的法律形式，是由各部或各省对某些典型案件判决的先例汇集而成的"①，因此成案是根据律例而加减比附形成的案件判决。成案的成因是源于案情判决在律例之上无法寻找到合适的专条而加以征引之时，"其最善者莫如比照加减成案，事略而尽，文简而赅，可以辅律例之未备"②。因此有些学者认为："成案是在律例没有规定之情况下适用的，目的是为了弥补成文法律的盲点。"③《刑部比照加减成案》序言讲："律例为有定之案，而成案为无定之律。例同一罪犯也，比诸重则过，比诸轻则不及，权轻重而平其衡，案也，律例也。同一轻重也，比诸彼则合，比诸此则否，汇彼此而析其义。"④ 成案的作用在于衡量轻重，也有补律例之不足的寓意，故"律之所不能尽而有例，例之所不能尽而有成案"⑤。成案既有加减刑罚的作用，又有补律例之不足的效用，但所有的成案最终定罪的都是律例规定的内容。

根据涉藏刑事案件处理问题研究的内容，对成案进行筛选，决定以《刑部比照加减成案》及《刑部比照加减成案续编》所收的成案为主，以清末刊行的《刑案汇览》《刑案汇览新编》《刑案汇览续编》《刑案汇览三编》等为辅，此外，还有一些称之为"通行"⑥ 的刑案和"说帖"⑦ 的刑案，以及来自"邸钞"⑧ 的刑案，在案件分析过程中，对其也会有一定的关注。

（三）禁约、告示

禁约、告示是地方官或钦差大臣等针对某种情况发布的禁令，在一定

---

① 苏亦工：《明清律典与条例》，中国政法大学出版社，2000，第 55 页。

② （清）许梿、熊莪：《刑部比照加减成案·熊莪序》，上海古籍出版社影印本，1995。

③ 何勤华：《清代法律渊源考》，《中国社会科学》2001 年第 2 期。

④ （清）许梿、熊莪：《刑部比照加减成案·熊莪序》，上海古籍出版社影印本，1995。

⑤ （清）许梿：《刑部比照加减成案续编·自序》，上海古籍出版社影印本，1995。

⑥ 通行经过主管部门的题奏，获得君主的批准，颁行各省，作为科断刑罚时重要的律法根据。

⑦ 说帖是刑部司馆官员在核复外省题奏咨文和审办案件拟稿呈堂之时，针对"例无专条、情节疑似"的案件而拟具说明意见的文书。

⑧ 邸抄，又名邸钞、邸报、朝报、京报。邸报滥觞于李唐，宋名曰朝报，元明因之，板印以行，谓之邸报，或曰邸抄。原为写本，清代为印行本。清代邸抄是官署文书传递时交付驿递的明发谕旨及内外臣工奏折，邸抄是民间私设报房抄录的事件，不具有官方地位和效力，所以邸抄所刊的刑案只具有参考价值，审案之时不能直接征引，不具有直接的司法效力，但可以供审判者参考。

时期与地域起到规范的作用，由于地方官与钦差大臣的授权不同，因此所颁布的禁约、告示常常有超过朝廷法律规定的处置方法。

以涉藏刑事案件处理问题而言，从督抚到地方官，都发布过禁约、告示，以专门应对各种情况。由地方官颁布的禁约、告示，多如牛毛，具体发挥多少效用，连统治者都曾怀疑。如雍正帝讲："一年以来，所降谕旨及内外条奏，颁发于六部、九卿、八旗、直隶各省者，亦已多矣。内外衙门于奉到事件，若不过行一文书，出一告示，徒托空文，竟不见诸实事。"① 经过他严厉斥责，并且监督执行，最终还是"乃闻向来谕旨颁至各省，不过省会之地一出告示，州县并未遍传。至于乡村庄堡偏僻之区，则更无从知之矣"②。即便如此，也不能够忽略禁约、告示的实际功效。如乾隆时期在甘肃任知县的鄂山，在召见当地耆黎时，告之曰："如某等，皆王法所必诛者，然某初任，应施宽法，暂弛其死。今与众约，如有再干例禁者，予官虽微，必杀之无赦，莫谓予教之不预也。"这些地方势力根本就没有把他放在眼里，他们认为："藐书生能若是强耶！"竟然公开违反他的禁令。于是，鄂山"立毙杖下者五人，遂皆畏惧"③。这样嗜杀成性的人，后来被嘉庆帝发现，称其为"奇才也"，不到四年便从知州升到陕西巡抚。

第三节　针对藏区的立法

清王朝针对藏区的立法，历经顺、康、雍、乾、嘉各朝，制定了六部治藏章程，而针对青海藏区则制定了《青海善后事宜十三条》《禁约青海十二条》《西宁青海番夷成例》三部主要法规，编纂了适用于藏区的《理藩院则例》，再辅以地方颁布的禁约、告示，构成了专门针对藏区的法规体系。

一　西藏地区的立法

清王朝最初是通过分封统治西藏的蒙古首领固始汗和黄教领袖达赖喇

---

① （清）官修《清世宗实录》卷13，雍正元年十一月丁酉条。
② （清）官修《清世宗实录》卷61，雍正五年九月丙子条。
③ （清）昭梿：《啸亭续录》卷5，何英芳点校《鄂中丞》，中华书局，1980，第534页。

嘛的方法，将西藏纳入清朝版图的，其立法则是以《十三法典》为本，随着"平准安藏"的成功，在推行"以藏治藏"政策时，相继制定了《酌定藏内善后章程》《钦定藏内善后章程》《铁虎清册》等，不但在法律上确定了驻藏大臣的特权，也加强了对藏区的统治。

（一）《十三法典》

《十三法典》全称"五世达赖喇嘛时期的颂词十三法"①，制定于五世达赖喇嘛时期。当时，达赖喇嘛集政教权力于一身，决定建立一套适用于西藏的完整法律制度，遂命令第巴索南饶登在借鉴吐蕃、元代和帕摩主巴等时期立法经验的基础上制定法典。索南饶登按五世达赖喇嘛的指示，对第悉噶玛丹迥旺布时期制定的《十六法典》的内容进行了调整，删去其中的第一、二、十六条，即英雄猛虎律、懦夫狐狸律和异族边区律，并对前言和个别条目进行了补充、修订，也对一些名词重新加以解释，最后编成了《十三法典》这部著名的法律文件。

《十三法典》与《十六法典》相比较，尽管在内容上相差并不太大，但是在条目的筛选、排列和具体解释上都有所不同。《十六法典》将属于军事管理范畴的英雄猛虎律、懦夫狐狸律和异族边区律分别放在法典的首尾，是因为噶玛丹迥旺布时期的西藏一直处于武力兼并的动荡年代，因此，军事管理是当时的政权最主要的政治需求。英雄猛虎律，是说在政权遭受外敌进攻时，制伏敌人所采用和平或武力的手段，要求战时将士要服从命令，听从指挥。如果取胜，将受到"英雄猛虎律"的褒奖。懦夫狐狸律，是说军队无法打退强敌的进攻时，采取避免失败的措施。异族边区律，专用于西藏周边的门巴族、珞巴族和蒙古族等聚居区，旨在解决周边少数民族的纷争。五世达赖时期，西藏政局较稳定，政治、经济有了进一步的发展。此时，统治者"武力征服"的需求不太强烈，从而将立法重点放在了其余十三种法律的修订、补充和解释上。因此，《十三法典》中删除了上述三条法律，并依据丰富、可靠的资料，对每个法律条目的解释更加翔实和完整。

《十三法典》是十三种法律、条例和诠释的总称，主要有以下内容。

（1）镜面国王律，是官吏应当遵守的法律。它系统规范了地方官吏及

---

① 参见恰白·次旦平措《西藏历代法规选编》，西藏人民出版社，1989。

其他公职人员执行政务的行政准则。其规定：凡任公职者，均须舍弃自私的恶习，以公务为主，尽力效忠于历代第悉。本条原属于《十六法》中的第三条"地方官吏律"，制定者在作了详细的解释后将其放在了《十三法典》的首位。

（2）听讼是非律，是两造对质、辨别是非曲直的法律。强调在法庭对证时的公正原则，不管阶级与社会地位的高低，诉讼双方应予以公正对待。如果原告的证据与法庭调查一致，则依法惩办被告，对诬告的人则加重处罚。因特殊情况不宜对证的案件，应当分别提审。各有理由、僵持不下的案件，对双方均适当地处罚或定罪量刑。如因口角告到法庭，法庭出面调解并给予适当的处罚，以达到和解的目的。

（3）拘捕法庭律，是有关逮捕人犯、依法治罪的法律。对违反法律者，首先要捆绑押解至执法机关。特别是在王宫前毫无顾忌地喊冤叫屈及持械斗殴、作贼行盗、打家劫舍、仗势欺人、向别人讨教坏主意者、顶撞上级等行为不轨者，应当立即逮捕并进行审判；罪大恶极的人应施以重刑，钉上脚镣；对伤人害命的罪犯，要进行游街示众，并张榜揭示其罪行。对于罪行较轻的，可以由他人保释或者亲属出治伤费，也可酌情处罚，适当惩治。

（4）重罪肉刑律，是对犯人施以剜眼、割断膝筋等摧残人身肢体的法律。对于杀害喇嘛、经师和领主，偷盗杀人、拦路抢劫等严重的犯罪，都要施以肉刑，即挖眼、抽筋、割舌、屠杀等。

（5）警告罚锾律，是对罪行没有达到实施肉刑的程度，警告并责罚缴纳财物赎罪的法律。犯法而不及施肉刑者，为杜绝再犯罪而警告并处以一定数量的罚款。其量刑一般以黄金和合金对半两数作为标准。如对于遭受困惑而犯有行凶、偷盗、抢劫罪行的，以黄金和合金对半的标准处罚。

（6）使者薪给律，此条是官吏应遵守的法律及办事的人应负的义务等抑制官吏专横的规范，同时亦规定平民百姓有为官家所派差役供应食宿、支付脚力的义务。规定属民等应差使是对官吏的尊敬，但官吏、使者要注意自己的行为，不要扰民。这条法律确定了官吏在处理各类案件中辛苦费的明确数额，有助于监督官吏廉洁自律，避免官吏滥用权力剥夺民众财产。

（7）杀人命价律，是致死人命要赔偿死者的身价的法律。该条依据被害人的等级、地位等确定了命价的赔偿标准。在实际操作中，实赔数额和赔偿方式往往由有关人员协商决定，目的是既要使被害人家属满意，又要让加害人赔得起，防止出现新的纠纷。

（8）伤人赔偿律，又称见血赔偿律，是责令斗殴伤人者根据被伤者伤势的轻重而赔偿损失的法律。一般在审理中需要考虑双方的身份地位、是否伤及要害、双方的过错等因素，不同情况赔偿金额也有所不同。

（9）狡诳洗心律，是责令涉嫌狡诳、诈骗的诉讼双方接受神判，以辨别是非的法律。裁判者通过对诉讼双方采用发誓赌咒、捞油锅、烧泥汤等神判方式，以明辨是非。

（10）盗窃追偿律，是对盗窃他人财物者依情节轻重，视受害人等级责令偿还赃物并加倍赔偿的法律。例如，盗窃同等地位者，罚赔 7~9 倍不等的罚金，盗窃赞普财物罚赔原物之 100 倍，偷佛、法、僧之财物罚赔 80 倍。对于能快速归还失物并赔偿的，还可在倍数上适当减轻。如在 10 日内送还赃物，1 日内履行罚款，则罚八实七；快要饿死深山，为活命而盗窃的，须调查原因而酌情处理。

（11）亲属离异律，是调解亲属纠纷的法律，主要包括夫妻离异的损害赔偿和家庭离异的财产分割。此条是顺应藏区社会民事调解需求而制定的，目的在于亲属纠纷调解和夫妻离异过程中财产分配的公平。

（12）奸污罚锾律，这是对与他人配偶私通者不同情况处以罚金的法律。例如，瞒着丈夫与他人通奸，罚金 2 两，向被奸者的丈夫偿拿"活人命价"；长时间离开妻子，到远地支差时与偶然相遇的女子发生两性关系，要缴纳 3 钱奸污费，假若纯属女方招引，则只缴 1 钱奸污费；有妇之夫被邻居女人设法勾引，邻居女人应向主妇缴纳以茶为主的 7 类赎罪费及 5 类忏悔费，之后仍按常人对待；若在很远的地方偶尔与有夫之妇发生一两次风流之事，不必缴纳奸污罚锾等。从现在的角度看，此律应属于婚姻法的范畴，旨在保障藏区婚姻家庭的稳定。

（13）半夜前后律，是关于农牧业生产的法律。解决牲畜纠纷的法律是主体。这种纠纷主要由借用的牲畜发生死亡引起。针对不同的情形，该条确定了不同的解决方案：死于借用者手中的，要照价赔偿。若交还时没有问题，过夜而亡，不能怪罪借用人，但若前半夜死亡，则由借用者赔偿。若死于鞍疮等因，则依具体情况作适当的赔偿。此外，该条还对商业活动、田间管理等方面有具体的规定。该条为发生在藏区经济活动中契约、借贷等方面的纠纷提供了法律依据。

《十三法典》经过几代第巴的修改、补充，条文不断增多、内容不断丰富，虽然从性质上看仍属于习惯法的范畴，但是对西藏的政权巩固和藏区的社会发展产生了积极的影响，并且从长远角度来看，也为清王朝治理西藏奠定了良好的法律基础。

（二）《法典明镜二十一条》

五世达赖执掌西藏政教大权之后，第五任第悉桑结嘉措根据《十六法典》制定了《十三法典》，同时又根据官府设立的公职部门和职位制定了《法典明镜二十一条》，并将其作为官府行政的根本法。

《法典明镜二十一条》是根据官府设立的 21 个公职部门而作出的官府办事规则，主要包括：关于摄政王或第悉工作的办事规则；关于公职人员工作的办事规则；关于大臣或丞相（噶伦）工作的办事规则；关于军官和达本工作的办事规则；关于法庭工作的办事规则；关于卓尼工作的办事规则；关于缮写者工作的办事规则；关于物资供应者工作的办事规则；关于孜康工作的办事规则；关于马牛官工作的办事规则；关于孜雪管家及市民监工作的办事规则；关于饮食、起居管理人员工作的办事规则；关于匠业及乌拉管理人员工作的办事规则；关于内传达或守卫人员工作的办事规则；关于香灯师工作的办事规则；关于羌地达绕卡工作的办事规则；关于去四方商人及使臣工作的办事规则；关于收粮官工作的办事规则；关于传令者工作的办事规则；关于驻守各宗官员工作的办事规则；关于驻守各溪卡官员工作的办事规则。[①]

这部法规内容翔实，规定明确，因此，除涉及驻藏大臣职权的范畴略有变化外，其他规定一直沿用到清末。

（三）《酌定西藏善后章程十三条》

雍正六年（1728），因颇罗鼐平乱有功，朝廷赏给他贝子衔，总理全藏事务。颇罗鼐经事练达，处事公正，法令严明，凡所办之事极少有延误或不妥者。在其主持藏务的十八年中，西藏政局稳定，经济很快恢复并有所发展，并且没有大规模的战争出现，广大藏民生活安定，因而一直深受

---

① 孙镇平：《清代西藏法制研究》，知识产权出版社，2004，第 126 页。

皇帝倚重。

乾隆十二年（1747），颇罗鼐不幸染病去世。按照清王朝的定制，也为了表彰颇罗鼐的功绩，朝廷特允其次子珠尔墨特那木扎勒袭"贝勒"职位。但此人上任后，为达独揽大权的目的，却加紧了分裂国家的步伐。为了制止珠尔墨特那木扎勒的叛乱、分裂行径，驻藏大臣傅清先发制人，将其诱入府中并杀死，傅清却被珠尔默特那木扎勒的部下所杀。叛乱平定后，乾隆帝总结治藏教训，认为"珠尔墨特那木扎勒凶悖肆恶，恣行无忌，本因向来威权太盛，专制一方，致酿此患。乃朕加恩过重，有以纵之，不可不追悔从前之不早为裁抑"①，并萌发了改革西藏行政体制的念头，派策楞入藏，处理善后事宜。

鉴于世俗贵族专权、相互争斗，造成西藏动乱不已的情况，清政府决定"废除郡王制，改革西藏行政体制，定章立制"。乾隆帝接连发出谕旨并认为："西藏经此番举动，正措置转关一大机会，若办理得当，则可永远宁谧。"② 至于如何处置，乾隆帝有总的原则，就是加强驻藏大臣的权力。策楞入藏以后，审时度势，确立的原则是"务期达赖喇嘛得以专主，钦差（驻藏大臣）有所操纵，而噶隆不致擅权"③。在办理西藏善后诸事宜时，策楞和驻藏大臣及达赖喇嘛遵循乾隆帝的旨意，并与噶伦公班智达会商，共同拟定了《酌定西藏善后章程十三条》（简称《酌定章程》），经乾隆皇帝亲批："著照所定行，下部知之。"④ 最终经刑部知照驻藏大臣"晓谕全藏"，得以正式颁行。

《酌定章程》主要内容可分为如下几项。

（1）废除郡王掌政制度，由七世达赖掌管西藏政教大权。从此，达赖喇嘛登上政治舞台掌管政事，与驻藏大臣共同领导西藏地方。

（2）正式建立噶厦官府。噶厦设噶伦四人，由三名俗官和一名僧官组成（喇嘛噶伦由清王朝授予札萨克大喇嘛职衔），诸噶伦地位平等，受驻藏大臣及达赖喇嘛的领导，并遵照其指示共同处理政务。噶伦、代本的任职和罢免，均由达赖喇嘛和驻藏大臣会同拣选推荐和参奏革除，最终由清

---

① （清）官修《清高宗实录》卷377，乾隆十五年十一月丁巳条，中华书局影印本，1986。
② （清）官修《清高宗实录》卷377，乾隆十五年十一月丙辰条，中华书局影印本，1986。
③ （清）官修《清高宗实录》卷383，乾隆十六年二月是月条，中华书局影印本，1986。
④ （清）官修《清高宗实录》卷385，乾隆十六年三月乙丑条，中华书局影印本，1986。

王朝颁给任命敕书和予以罢黜。

（3）限定噶伦的行政人事权。在补放第巴头目时，噶伦必须"公同禀报达赖喇嘛并驻藏大臣酌定"，不得私放，更不得添放私人亲信。各寺院的堪布或喇嘛空缺时，噶伦不得私自选派，而要由达赖喇嘛确定人选。

（4）限定噶伦的经济权。噶伦、代本等买卖、差遣，不得私出乌拉牌票苦累人民，也不得滥行赏赐或加派差税。噶伦等不得私行取用达赖喇嘛仓库物品；因公动用的，必须经由噶伦等商定，并请示达赖喇嘛遵行。

（5）限定噶伦的司法权。噶伦对官员革除治罪，"务须秉公查明，分别定拟，请示达赖喇嘛并驻藏大臣指示遵行"。如果第巴等官有犯法，"轻者应予棍鞭惩罚，对需治罪者与违法盗窃他人财物者，需处剜眼、断肢等刑时，应由噶伦等秉公处理，对喇嘛、贵族、仲科等官没收财产及处极刑者，噶伦与代本等务须秉公查明其缘由后，分别定拟，请示达赖喇嘛并驻藏大臣指示遵行"，"其喇嘛中遇有犯法者，噶伦等亦应秉公禀明达赖喇嘛，请示遵行"。

《酌定西藏善后章程十三条》是清王朝第一部系统的治藏法规，也是其长期治藏经验的总结。这一章程废除了"政教分离"的郡王制，使达赖喇嘛集西藏地方政教权力于一身，也强化了朝廷的直接治理。

（四）《钦定藏内善后章程二十九条》

简称《钦定善后章程》，是在乾隆五十八年（1793）战胜廓尔喀入侵西藏之后制定的。之前，却朱嘉错因未分得班禅的遗产，挑唆廓尔喀军队入侵西藏。由钦差大臣巴忠和成都将军鄂辉调停讲和，以每年赔偿300元宝（约合9600两白银）的代价，使廓尔喀暂时退兵。乾隆五十六年（1791），因西藏地方官府不交付议定的白银，廓尔喀再次派兵入侵，"占据了聂拉木等地，并抢掠了后藏扎什伦布寺的金银财物"[①]。乾隆帝得奏之后，命福康安为大将军反击侵略者。

乾隆五十七年（1792），福康安率军击败廓尔喀军队，迫使其国王投降。乾隆帝知悉后，针对西藏地方政治腐败、经济衰微、弊病甚多的状况，下决心"将藏中积习剪除"，遂指示福康安，"将来撤兵后，必当妥立

---

① 《西藏研究》编辑部编《清代藏事辑要》，西藏人民出版社，1983，第246页。

章程，以期永远遵循"。① 自乾隆五十七年十月至五十八年三月，福康安并孙士毅、惠龄、和琳会同达赖喇嘛掌管商上事务的济咙呼图克图、噶隆以及班禅方面的札萨克喇嘛等，共同拟定，并向朝廷具奏处理藏事的各项章程。诸如《周边国家商人在西藏贸易交往须立稽查折》《复酌定设藏兵及训练事宜六条折》《卫藏善后章程六款折》《藏内善后条款除遵旨议复者外尚有应办理章程十八条款》《廓尔喀归附后贸易事折》《拣补噶伦定例折》等。② 朝廷逐一审定并批准了这些奏折，将其汇为二十九条，称为"新订二十九条章程"。这便是著名的《钦定藏内善后章程二十九条》。章程涉及驻藏大臣的职权、官吏应遵守的制度、边界防御、外交、财政、贸易、活佛转世等规定。③

《钦定藏内善后章程二十九条》的颁行，表明清王朝的治藏政策得到了全面贯彻落实，对西藏的施政逐渐进入系统化、法制化轨道。在以后的实施中，清王朝始终注意保证其效力的稳定，认为"卫藏风俗，原与内地不同，从前所定旧章，相沿既久，自不必轻议更张"，并要求驻藏大臣申明旧例，令喇嘛番族等敬谨遵循，以便相安无事。④ 从实施的效果来看，不仅巩固了边防，保障了国家统一，而且加强了西藏地方与朝廷之间的关系；不仅保障了达赖、班禅的宗教领袖地位，安抚了西藏人民，又维护了西藏社会稳定，促进了经济的发展。当然，在肯定历史作用的同时，《钦定善后章程》也有一定的消极作用。例如，该章程只是触动了农奴主政治、经济方面的某些利益，并没有对农奴制作出根本的改变。另外，该章程中体现的民族压迫政策，势必会压抑藏族人民的积极性。

（五）《铁虎清册》

为解决"增地不增差税"带来的差赋负担不平衡的问题，提高官府财政收入，藏历铁虎年（道光十年，1830 年），西藏地方官府遵照道光帝谕旨，并与驻藏大臣商量后，抽调专人对卫、藏、塔、工等地区宗（溪卡）

---

① 《西藏研究》编辑部编《清代藏事辑要》，西藏人民出版社，1983，第 346 页。

② 星全成：《〈钦定藏内善后章程二十九条〉及其意义》，《青海师范大学民族师范学院学报》2005 年第 2 期，第 10 页。

③ 鉴于其中的 27 条后来被整合成《西藏通制》，被纳入嘉庆朝《理藩院则例》中，故在此处对其内容不再重述。

④ 《西藏研究》编辑部编《清代藏事辑要》，西藏人民出版社，1983，第 371 页。

所辖的户籍、耕地，以及封地文书、乌拉差役数额等进行彻底的查核。初步查核后，将结果发给各宗，由其核对"有无错误、遗漏、重复，有无替代旧抛荒差户者，有无个别官府贫困差民因支纳大量空冈差赋而难以承受者，有无官府差民之土地虽拨归贵族、寺庙所有，但其差赋并未如数支纳者等等进行彻底查清。情况查明后，经宗堆和乡村公会出具甘结"①，再报请噶厦审核。经噶厦最终核定，加盖印章，制定清册等程序，将清册发给各宗，作为缴纳差赋的法律文件。这本清册就是《噶丹颇章所属卫藏塔工绒等地区铁虎年普查清册》，简称《铁虎清册》。

《铁虎清册》是继《钦定藏内善后章程二十九条》之后，西藏地方官府遵照皇帝的"平均支纳差赋"的谕旨，在驻藏大臣的督促下，为保证财政收入、解决差赋不均而推出的又一重要文件。它在一定程度上对土地的占有和适用作出了调整，也通过均衡领主与农奴的负担适度缓和了阶级矛盾，稳定了社会秩序。以此观之，铁虎年的清册行动收到了较好的效果。之后，西藏地方官府依据铁虎年清册的经验，又搞过水马年等几个清册。从农奴制的角度来看，仅凭几个清册显然不可能从根本上摆脱广大差民、农奴受剥削的处境，但确实暂时缓冲了阶级矛盾激化，因此，也应予以适当肯定。

二　青海藏区的立法

清初的青海蒙藏民族各部主要依据长期形成的习惯法来解决纠纷和冲突。雍正元年（1723），在平定蒙古和硕特部罗卜藏丹津叛乱后，针对青海藏区的立法也随着清王朝对青海地区管辖的加强，不断地进行完善。

（一）《青海善后事宜十三条》和《禁约青海十二条》

雍正二年（1724），罗卜藏丹津叛乱被平定之后，针对青海地区的善后事宜，抚远大将军年羹尧向皇帝具奏《青海善后事宜十三条》和《禁约青海十二条》。雍正帝对奏折内容备极推许，认为各项措施"运筹周密，措置精详"。其在赞许之余曰："至其所奏善后诸事，皆合机宜。惟新辟地方，宜广屯种，而欲令五省有罪之人，发往开垦。恐此等之人，未必习于

———————

① 格桑卓噶编译《铁虎清册》，中国藏学出版社，1991，第86页。

耕种，又无室家，可以羁留于边塞之处，少当留意耳。"① 经王公大臣会议详议，除修正个别条款，大部分都按所奏实行。如此一来，两篇奏折中的内容便成为清王朝治理以青海为中心的广大地区（包括今青海省和甘肃、西藏、四川、云南、宁夏、内蒙古等省区的部分）最基本的最早的法律制度。

《青海善后事宜十三条》（简称《十三条》）的措施涉及许多方面，概括来说，包括对上述地区蒙、藏民族的政治、经济、宗教、军事等方面的制度和政策：政治方面的措施有按功罪赏罚和硕特诸部首领、编设旗制改革会盟制度、订立朝贡制度、将隶属青海和硕特部寺院的藏族改为行政机构管辖等；经济方面的措施有茶马贸易定期定地，向沿边藏族收取赋税，规定对达赖、班禅的恩赐及岁额，利用遣犯开垦屯种等；宗教方面的措施主要是限制喇嘛教寺院势力；军事防卫方面的措施有修筑边墙、增设镇营、归并边地镇营军士、上缴抚远大将军印等。②

《禁约青海十二条》（简称《十二条》）又称《恭呈青海禁约十二事》，主要是对《青海善后事宜十三条》的补充和进一步强调。内容分为前六事与其余六事。其前六事为：朝见进贡定有限期；不准自称盟长；番子唐古特人等不许扰累；喀尔喀、辉特、图尔古特（土尔扈特）部落，不许青海占为属下；编设佐领，不可抗违；内外贸易，定地限时。这是《十三条》已经议定的内容。其余六事：背负恩泽，必行剿灭；内地差遣官员，不论品级大小，若捧谕旨，王公等俱行跪接，其余相见俱行宾主礼；恪守分地不许强占；差员商贾往过，不许抢掠；父没不许娶继母及强娶兄弟之妇；察罕诺门汗喇嘛庙内，不可妄聚议事。③

应该说，清王朝对青海藏区的民族立法和政策，具有民族压迫、民族歧视的一面，《十三条》也不例外。但是，其中大部分措施体现了清王朝对西北边疆地区治理上的远见。实行这些措施，对于巩固清王朝在青海等地区的统治，加强这些地区和内地的政治、经济等方面的联系，防止割据政治再度出现，以至清王朝平定准噶尔割据政权、统一新疆，进一步加强

---

① （清）官修《清世宗实录》卷20，雍正二年五月壬戌条，中华书局影印本，1986。

② 参见王希隆《年羹尧〈青海善后事宜十三条〉述论》，《西藏研究》1992年第4期，第30~34页。

③ 参见（清）官修《清世宗实录》卷20，雍正二年五月戊辰条，中华书局影印本，1986。

对西藏的管辖，都产生了积极的作用和深远的影响。①

（二）《西宁青海番夷成例》

颁定《十三条》和《十二条》后的数年间，清王朝没有再对青海地区颁布相关的法律。至雍正十一年（1733），由于以上两个法规内容简单，加之颁布多年，已经不能够适应青海社会发展的需要。于是，雍正十二年（1734），清廷专门讨论青海立法的问题。考虑到青海地区的实际情况，先草拟了几项立法原则：（1）保证王朝法制统一。雍正五年修订的《大清律例·名例律》的"化外人有犯"条规定："凡化外人（来降）犯罪者并依律拟断，隶理藩院者仍照原定蒙古例"。说明在理藩院管辖的地区，如果出现法律问题，应当适用蒙古例的有关规定处理。青海地区是理藩院的管辖范围，因此，为了保证和王朝基本法的统一，应当作相应的规定，而对于蒙古例未规定的，可以依照基本法的原则，并根据地区的特殊情况制定相应条文。（2）尊重民族习惯和习惯法。立法应当立足青海地区的实际，制定符合当地习惯的法律，才能够使法律真正发挥效力。如果只是一味地照搬内地法律，将会造成国家法和习惯法在适用上的冲突，或者直接使国家立法变成具文，而在民族地区无法适用。《西宁青海番夷成例》（简称《番例》）制定出来以后，在卷首部分也对这一原则加以明确，"蒙古番子等向系罚服完结，相安已久，一旦绳之以内地法律，恐愚昧野番群滋恐惧，转非抚边夷之忌。可否抚顺夷情，仍照旧例"。（3）严厉惩处重大犯罪。清王朝对青海地区的一般违法和犯罪行为采取的是容忍的态度，即允许地方或部落内按照习惯法罚服等规定进行处理。但罚服会纵容犯罪分子，容易导致其再次犯罪，因此，对于严重破坏社会秩序的或关系边疆大局的案件，朝廷规定必须严拿首从，随时奏明皇帝请旨办理，以免给政权和社会造成更大的危害。（4）立法简明，重视法制教育。根据"析异同归，删繁就约"的原则，清廷指出对青海立法必须简明，还要对蒙藏人民进行法制教育。②《番例》的卷首部分也对这一原则进行了说明：番人等愚蒙不知法度，应请照颁发玉书（树）纳克舒番人等番子律例之例，颁发松

---

① 王希隆：《年羹尧〈青海善后事宜十三条〉述论》，《西藏研究》1992年第4期，第34页。

② 徐晓光：《藏族法制史研究》，法律出版社，2000，第193页。

藩口外住牧番人等三十六套。化导晓谕伊等，令其所知，所畏惧，同时也要求违法之事禁其仿效。但款项（蒙古律例）甚多①，若将全部翻译颁发，甚为繁冗，且有系番人之用之条，应行文副都统达鼐等令于《蒙古律例》内将关系番人紧要条款选出，移送到日交与翻译，写字颁发，告示于"通都大邑至僻壤穷乡"，务期使蒙藏人民"知畏法而重自爱"②。

根据以上既定原则，大学士鄂尔泰、西宁办事大臣达鼐依据《蒙古律例》中的有关规定，编纂成 68 条的《西宁青海番夷成例》，并于次年（1734）钦定颁发。

《番例》基本上是一部刑事法规，仅有少量的民事和军事规范。其中，刑事规范主要有以下几类：（1）打击偷盗的法规，有被窃牲畜、头目窝盗、隐匿贼盗、偷猪狗等牲畜、偷金银皮张等物、偷杀牲畜、偷窃四项牲畜、夺获盗窃牲畜、偷窃喇嘛牲畜等条。（2）打击杀人、伤人的法规，有戏误伤人、家奴戮主、打伤奴仆、番民自相殴杀、头目强劫杀人、杀死逃人头目不报、行窃殴死追起之人等条。（3）捕获逃人的法规，有部落人逃走、聚众携械同逃、追赶逃人、不拿逃人、结逃人马匹、拿获逃人、获逃解送、解送逃人、拿送逃奴等条。（4）关于诉讼方面的法规。计有告言人罪、犯罪私完、重犯不招认、挟仇出首人罪等条文。

《西宁青海番夷成例》与《青海善后事宜十三条》和《禁约青海十二条》互相配合，使清王朝对青海地方的民族立法进入了系统化和定型化的阶段，自上述三部法规颁行之后，清王朝对青海地方的民族立法没有再发生根本的变化。③ 之后，道光年间针对循化、贵德地方的蒙藏民族关系，朝廷又制定了《青海番子事宜八条》和《青海蒙古番子事宜六条》，这些规定仍以上述三部法规为基础，虽然作了一些补充和发展，但未取得实质上的突破。

---

① 青海地区移植《蒙古律例》的原因主要有三：一是和硕特蒙古在青海地方长期占统治地位，《番例》取自《蒙古例》律有利于对和硕特蒙古的统辖；二是蒙古族和藏族在宗教信仰方面存在一致性，这方便了在藏族聚居地适用与《蒙古律例》联系密切的法规；三是《蒙古律例》源远流长，已经在蒙古族中深入人心，取得了较好的社会效果。参见刘广安《清代民族立法研究》，中国政法大学出版社，1993，第 105 页。

② 徐晓光：《藏族法制史研究》，法律出版社，2000，第 193 页。

③ 刘广安：《清代民族立法研究》，中国政法大学出版社，1993，第 108 页。

（三）蒙古番子事宜

嘉庆《理藩院则例》中诸如喇嘛事例、强劫等条款也可适用于青海的蒙藏民族。此后，清王朝根据统治的需要，针对青海不断颁布了一些条例，如道光二年（1822）陕甘总督奏定《青海番子事宜八条》，道光四年（1824）陕甘总督又奏定《青海蒙古番子事宜八条》。这两部条例同嘉庆年间制定的《蒙古番子事宜旧例八条》在道光、光绪两朝修订《理藩院则例》时陆续被收入。在"职守"卷中提到了对三个文件规定内容的适用冲突解决："以上青海蒙古番子事宜，前后二十二条均系由该督大臣奏定，纂入条例之案，向由外结且多因时制宜之处，除将新旧各条均存备参考外，其一切条例内，见有互异者，总以新例为断。"① 尤以《青海蒙古番子各事宜旧例八条》更为全面，其对藏区官员的设置职权和廪饩、边界防御、刑事案件处理以及藏区寺院的管理等方面，都作了明确规定。在设官方面，规定签派西宁随印司员，拣派四川总督衙门笔帖式等官员；在官员的职权方面，规定西宁镇道隶办事大臣节制，贵德、循化二处厅营隶办事大臣兼管，西宁所属藏民隶西宁办事大臣管理；在边界防御方面，规定奎屯、希哩鄂伦布、曲码尔屯次卡伦三处，特派头目三名分驻，三卡以西地面设卡五处，其中间草地各立鄂博，不准藏民越境；在刑事案件的处理方面，规定抢劫案件责令千百户稽察管束。② "其管理一族之人，应拣选力能驭众、素所畏服者，点充头目。复于番子头目中，择其力能统辖者，立为总头目，总理三卡事务，往来稽察。"③ 对"循化、贵德野番口有穷苦无牲畜者，该千百户长相度可耕之地，劝谕番众计中分地，尽力开垦播种，俾资养赡"④。

三　《理藩院则例》有关喇嘛及西藏的规定

加强西藏的宗教管理，是清朝治藏的重要方面。在《理藩院则例》颁行之前的稿案时期，清王朝对西藏宗教管理的诸多制度还没有创制。随着治藏的深入，大量章程、敕谕被颁布，加上《理藩院则例》对喇嘛事例的

---

① 张荣铮等点校《钦定理藩部则例》（光绪朝）卷5，天津古籍出版社，1998，第75页。
② 徐晓光：《藏族法制史研究》，法律出版社，2001，第198页。
③ 张荣铮等点校《钦定理藩部则例》（光绪朝）卷5，天津古籍出版社，1998，第73页。
④ 张荣铮等点校《钦定理藩部则例》（光绪朝）卷5，天津古籍出版社，1998，第78页。

集中规定，西藏宗教管理法律制度不断丰富，形成了完整的宗教管理法规体系。《理藩院则例》第五十六卷至第六十卷是"喇嘛事例"，专门记载有关喇嘛事务。

（一）喇嘛事例

"喇嘛事例"有非常多的律条和条例，其内容也十分丰富，充分表明清王朝对喇嘛教事务的重视程度。"喇嘛事例"中分别确立了喇嘛的朝贡制度、喇嘛禁令、活佛的转世制度、喇嘛钱粮的发放制度、喇嘛的职衔、名册、敕印制度、喇嘛的定额、升用、品级制度和其他一些管理制度等。

喇嘛朝贡制度，又称年班制度，是指喇嘛教上层人物每年按编排顺序轮流进京，祈祷祝福皇帝身体康健、万寿无疆，并敬献准备的贡品，以示恭顺。皇帝则要赏赐他们相应的物品，以收买人心。由于每年如此，又是轮班来京，故称"年班"。贡期和班次、觐见礼仪和礼物等在"喇嘛事例"中都有专门的条款加以规定。通过朝贡制度，清王朝得以拉拢喇嘛教上层人物，并考察了解他们对朝廷是否忠诚。

喇嘛禁令。为了利用喇嘛教，清王朝采取了扶植和鼓励的政策，同时，为了防止其势力过大对自己的统治构成威胁，也对其发展进行严控和限制。喇嘛禁令即是统治者为维护政治和社会秩序的稳定性，以法律的形式对喇嘛教徒众行为的限制。较为典型的例子便是规定对喇嘛的反叛进行严厉的打击和惩处，以强化对其管理。清代蒙古喇嘛教各种禁令包括禁止私自成喇嘛班弟、禁止喇嘛班弟的私行、禁止不道德的行为等内容。对于一些喇嘛违法犯罪的处罚，特别是对危害皇权统治的行为，清王朝均依法严厉打击，绝不宽恕。

喇嘛衣粮银制度，是指经过理藩院注册的拥有度牒的喇嘛，可以按日从朝廷支取一定数量的衣食钱粮和牲畜草料，以供日常开销的制度。钱粮份额按领取者的职衔和职务确定，职务越高每日获得的钱粮越多，职衔地位较低者所得的钱粮则较少。但如果喇嘛犯罪，钱粮就会不发或少发，其徒众也受牵连挨罚。嘉庆二十二年（1817），规定："喇嘛因过犯议罚钱粮者，公罪，裁缴本身银米；私罪，并随缺徒弟银米均行裁缴。"[①] 例如"凡各寺庙供器什物，如被班弟等偷窃，除将该犯僧送院治罪外，若系本管之

---

① （清）官修《乾隆朝钦定大清会典则例》卷142，乾隆十二年刊本。

喇嘛等自行查处咎止，先事疏防，达喇嘛罚钱粮三个月，得木奇罚钱粮六个月。若该管之喇嘛并未查出，别经告发者，该喇嘛等革职，呼图克图罚钱粮六个月，知情隐匿者，连坐。掌印之呼图克图各罚钱粮一年"①。因此，僧人如想拿到每天的衣粮银，就不能进行违法犯罪活动。当然，由于这一制度仅实行于持有度牒并经注册的喇嘛中，这种对行为的指引作用也十分有限。从实施的效果来看，衣粮银制度笼络了蒙藏僧人和信众，达到了"抚顺""绥众"的目的。同时，这种制度剥夺了寺院对众多附户的控制权和租赋征收权，遏制了其经济命脉，有效地限制了喇嘛寺院势力的发展。然而，朝廷"在寺院失去许多经济利益后，又给其一点物质照顾，既表示国家对僧人的体恤之情，又可收取笼络人心、稳定社会的目的，寓强力控制和怀柔羁縻于一策之中，反映了满洲贵族统治方略的高明"②。

活佛转世制度。活佛转世出自佛祖灵魂不灭、生死轮回、佛以种种化身救度众生的基本理念。为了解决喇嘛教首领的继承问题，喇嘛教集团将这种理念与寺院经济利益相结合，逐渐形成了一种特殊的喇嘛教传承制度。活佛转世制度创立前，家族世袭制和师徒传承制是喇嘛教各教派的主要法位继承方式。然而这两种制度很容易受到人为的操纵，从而演变成活佛多出于蒙古汗王贝勒子弟，甚至可能均出自一个家族的现象。这种情况引起了清王朝的高度重视。乾隆皇帝降旨曰："嗣后出有呼毕勒罕，禁止吹忠降神，将所生年月相仿数人之名，传用本巴金瓶，令达赖喇嘛掣签指定，以昭公允。"③ 于是，从乾隆五十七年（1792）起，以金瓶掣签的方式来认定喇嘛教活佛转世灵童。"喇嘛事例"主要规定灵童转世的制度和程序，包括可以转世的活佛范围、转世灵童的范围、转世灵童的确认程序等内容。"活佛"意为"幻化"或"化身"，藏语中称为"朱毕古"，后蒙古人把"朱毕古"意译为"呼毕勒罕"（另作"呼必勒罕""呼弼勒罕""呼毕勒干"）。按照《蒙藏佛教史》的说法，"凡喇嘛道行至高者曰呼图克图，转世者曰呼毕勒干"④。对可转世的活佛，"喇嘛事例"规定："各处之呼图克图及旧有之大喇嘛等圆寂后，均准寻认呼弼勒罕。其无名小庙坐

① （清）官修《光绪朝钦定理藩院则例》卷62，光绪十六年刊本。
② 白文固、解占录：《清代喇嘛衣单粮制度探讨》，《中国藏学》2006年第3期，第59页。
③ （清）官修《光绪朝钦定大清会典事例》卷975，光绪二十五年刊本。
④ 妙舟法师编撰《蒙藏佛教史》，江苏广陵古籍刻印社，1993，第1页。

床，从前并未出有呼弼勒罕之寻常喇嘛已故后，均不准寻认呼弼勒罕"。即只有呼图克图和大喇嘛（未有呼图克图称呼之前）圆寂后可以转世。转世灵童的范围，为了防止上层贵族对活佛转世的人为操控，将其变成变相世袭制，"喇嘛事例"规定：转世灵童的范围必须是在蒙古"闲散台吉或属下人等，及唐古特平人之子嗣。达赖喇嘛、班禅额尔德尼之亲族及蒙古汗、王、贝勒、贝子、公、札萨克台吉等子孙内，均禁止指认呼弼勒罕"。转世灵童的确认程序，即金瓶掣签制度。根据《番僧源流考》记载，金瓶掣签的程序如下："进门先挨次入座，献清茶，次献酥油茶，毕。令满印房人将原文呈阅，合对入掣牙签上所写满洲字、蒙古字、西番字的名字年岁相符，又令官送至达赖、班禅阅看后，将该入掣各本家之人唤来跪看签上名字，年岁有无舛误，袪彼疑心。后交满印房官人规面，用黄纸包妥，供在瓶前，又侯番僧诵经念至应将签入瓶时，喇嘛回请帮办大臣，起立行至瓶前，行一跪三叩首礼毕，不起立即跪，将签双手举过额入瓶内，以手旋转二次，盖瓶盖，起立仍归旧座。其帮办大臣将签入瓶时，正办大臣在左旁侍立礼毕，同归本座，又侯念经至掣签时，喇嘛回请正办大臣，亦行一跪三叩首礼毕，跪启瓶盖，用手旋转，掣签一枝。帮办大臣在左待立、拆开黄纸、同众开看，唤掣得本家人跪听，令其观签后，又使满印房官人送至达赖、班禅前阅看，将签供设瓶前，又将未曾掣出之签拆阅与众人观看，又给各本家之人观看，以除疑义，后用纸擦去。"① 金瓶共有两个，一个放置于拉萨的大昭寺，另一个放置于北京的雍和宫。大昭寺的金瓶，用于掣定西藏所属各地方及西宁所属青海番子等处所出之呼毕勒罕的转世灵童。在掣签时，"均咨行驻藏大臣会同达赖喇嘛缮写名签，入于大昭供奉金奔巴瓶内，公同掣定"。北京雍和宫的金瓶，用于蒙古部落所出之呼毕勒罕的转世灵童掣签，也须"理藩部堂官会同掌达赖印之呼图克图缮写名签，入于雍和宫供奉金奔巴瓶内，公同掣定"。

（二）《西藏通制》

《西藏通制》是清王朝治理西藏的基本法律，也是100多年治藏经验的总结，显示出治藏政策的制度化和法律化。虽然伴随《理藩院则例》多次复审增纂，但其基本内容并未发生太大变化。《西藏通制》分上、下两

---

① 《西藏研究》编辑部：《番僧源流考》，西藏人民出版社，1982，第39页。

卷，共 26 条。嘉庆年间最早刊行的《西藏通制》，上卷为 14 条，下卷为 11 条，共 25 条，一直沿用到清末。之后，光绪三十四年（1908）的排印本只是对上卷"噶布伦以下各官给与顶戴"、"唐古忒属额设噶布伦以下各官"和"补放噶布伦以下各缺"等条文内容有所修改，并增加了"后藏扎什伦布增设业尔仓巴等官"1 条。

《西藏通制》的内容主要有如下几类。

第一，驻藏大臣及其执掌。设立驻藏大臣，是清王朝对西藏充分行使主权、巩固西南边防的一项非常重要的措施。《西藏通制》相比《酌定西藏善后章程》，其进一步以法律的形式保障了驻藏大臣的职权。其中，"西藏设驻扎大臣"条规定："西藏设驻扎大臣二员，办理前、后藏一切事务。其大臣更代，均由特简。""西藏诸处事务均隶驻藏大臣核办"条规定："驻藏大臣总办阖藏事务，与达赖喇嘛、班禅额尔德尼平行。噶布伦以下番目及管事喇嘛，分系属员，无论大小事务俱察明驻藏大臣核办。至扎什伦布诸务，亦一体察知驻藏大臣办理。不准岁捧、堪布等代办。该大臣巡边之便，稽察管束。"驻藏大臣在西藏的政治、社会地位与达赖、班禅是平等的，其"督办藏内事务"的职权也是平等的。虽然法律上如此规定，但实际上清王朝仅将达赖、班禅视为宗教领袖，而对于军政大权，"达赖喇嘛、班禅额尔德尼族属，不得搀越管事"。此外，《西藏通制》还有不少条文涉及驻藏大臣的职权：驻藏大臣统辖对外关系事务；西藏地方官府大小官员的任免，除噶布伦和戴琫须呈请皇帝任命外，其余均由驻藏大臣和达赖协商任免；藏内地方军队的各级军官除戴琫外，均由驻藏大臣和达赖选任等。这些规定奠定了驻藏大臣的最高行政长官地位，也体现了清王朝在西藏行使主权的坚决立场。

第二，军事与外交方面的法律规定。军事方面的规定包括主要军政官员的任用、各级军政官员名额及补放、藏兵定额、军器定制、兵丁号衣、应支银米等。例如，"设立番兵定额"条规定："前、后藏客设番兵一千名。此外，冲途要隘之定日、江孜地方，安设番兵各五百名，共额设番兵三千名。此项即于安设处所，就近挑外，以省调戍之烦。设立戴琫四人，以二人驻扎后藏，以一人分驻定日，一人分驻江孜，管理所设兵丁。即令各处驻防将弁督率管束，教演技艺。前藏番兵归游击统辖，后藏及江孜、定日番兵，归后藏都司统辖。所有挑补番兵，造具花名册，交该管游击、

清王朝涉藏刑事案件处理问题研究

都司及戴琫稽查外，另缮名册二本，一呈驻藏大臣衙门，一交噶厦公所。遇有事故，核实挑补，随时呈报，以资考察。"为了免除省际调戍的繁琐，清王朝规定了前、后藏地区的常备兵制度，并对军事长官、兵源、训练和管理等给予了原则上的说明。此外，虽不涉及喇嘛教事务管理的规定，但《西藏通制》通过"后藏扎什伦布增设业尔仓巴等官""拣放坐床堪布喇嘛""达赖喇嘛、班禅额尔德尼族属，不得搀越管事"等条款，确定了西藏各大寺坐床堪布及扎什伦布官员的任免条件，保证了活佛转世、官员更替期间的宗教秩序等。

外交规则主要是关于管束西藏与"外番"廓尔喀、布鲁克、哲孟雄等的往来的规定，有"稽查外番差人来藏"条："西藏地方遇有廓尔喀察请之事，均由驻藏大臣总理。其呈送达赖喇嘛、班禅额尔德尼土物，应给谢礼回谕，亦由驻藏大臣代为酌定给发。如有关系地方事件及通向、布施，均报明驻藏大臣，听候办理。"至于"呈达赖喇嘛等禀启，俱应呈送驻藏大臣译出查验，由驻藏大臣与达赖喇嘛将谕帖酌定给发，查点人数，再行遣回。其噶布伦虽系达赖喇嘛管事之人，不准与各部落私行通信。即各部落有寄信噶布伦者，亦令呈送驻藏大臣与达赖喇嘛商同给谕，仍不准噶布伦等私行发给。倘有私行来往，暗通信息之事，驻藏大臣即将噶布伦等革退"。该条法律明确规定了只有驻藏大臣才是朝廷外交权的代表，地方官府的其他人不能擅自进行外交活动。这种规定有力地保障了王朝主权，对防止西藏贵族勾结外来势力起到了遏制作用，维护了王朝的稳定。

第三，司法方面的法律制度。在《西藏通制》中还有关于"藏民争讼"的司法适用的规定。"番民争讼分别罚赎不得私议抄没"条规定："卫藏唐古式番民争讼，分别罚赎，将多寡数目造册呈驻藏大臣存案，如有应议罪名，总须禀明驻藏大臣核拟办理。其查抄家产之例，除娄索赃数过多，应禀明驻藏大臣酌办外，其余公私罪犯，凭公处治，严禁私议查抄。"首先，在处理藏民争讼案件时，适当认可藏区习惯法的效力，即可以用罚牛羊牲畜或金钱的方式赎罪。其次，确立了公私罪凭公处治的原则，严禁噶布伦滥用权势，假公济私，中饱私囊。

第二章　清代藏区司法管辖权

司法管辖权，是国家主权的重要组成部分。从清王朝对藏区涉藏案件的处理来看，司法管辖权是必须首先加以明确的事项。清王朝对西藏和甘川青滇藏区的施政方针不同，也导致在西藏和其他藏区，案件处理的司法管辖权所表现的形式有所区别。西藏藏区的司法管辖权，更多地体现了地方自治的特点，而在这种自治之上，由清王朝设立驻藏大臣，赋予其西藏终审权，代表王朝处理地方重大司法案件。甘川青滇的司法管辖权与内地的更加相似，是分别由不同级别的行政机构行使的。但是，对甘青的广大牧区，以及川滇的土司统治的范围，也适当地实行"因俗而治"，因而在历史发展过程中，其司法管辖权又体现各自的某些特点。

第一节　清王朝审判机构

对清王朝涉藏刑事案件处理问题的考察，必须放到清代司法审判制度的大背景下，在总体的认知基础上，才能看到涉藏刑事案件处理问题的实质。"清代司法审判制度具有多民族色彩。八旗衙门、理藩院、内务府、步军统领衙门、军机处等衙门俱系明代所无，而这些衙门均有部分司法审判权，掌理满蒙藏司法审判事务，形成清代司法审判制度的多民族色彩。"① "审级"是近代才出现的术语，从严格意义上说，清代的审级并不具有现代意义的"法律规定的审判机关在组织体系上设置的等级，当事人可以上诉或检察机关可以抗诉几次，一个案件经过多少级法院审判后，判决、裁定即发生法律效力的一种诉讼法律制度"之性质。② 清代"凡审级，

---

① 那思陆：《清代中央司法审判制度》，台湾文史哲出版社，1992，第12页。
② 陈光中、徐静村主编《刑事诉讼法（修订版）》，中国政法大学出版社，2001，第388页。

直省以州县正印官为初审。不服，控府、控道、控司、控院，越诉者笞。其有冤亦赴都察院、通政司或步军统领衙门呈诉者，名曰京控"。这是针对各行省的司法审判制度而言的，而出现的州县、府、道、司、院五级制，存在着"审级"的分歧。① 既然清代所谓的审级与现代的审级并非同一概念，也就没有必要一定用审级来讲清代的审判制度。

一 地方审判机构

清代的疆域全盛时，"东极三姓所属库页岛，西极新疆疏勒至于葱岭，北极外兴安岭，南极广东琼州之崖山"②。在这片国土上，清王朝根据不同的情况，采取了不同的管理方式。直接控制的地区称为"直省"，计有 18 个直省（同治时台湾、新疆改为省；光绪时东北改为奉天、吉林、黑龙江三省），东北和新疆、外蒙古地区设立将军、都统、参赞大臣、办事大臣等，西藏地区设立驻藏大臣。直省之下有府（直隶州、厅）、县（散州、厅），西南少数民族地区则实行土官制。"乾隆以后，原为省直属的分守、分巡两道有了固定的辖区和驻地，也就成为一级行政区，变为四级制的地方行政体系。"③ 在行政包揽一切的当时，不同的地方行政等级都有司法审判职能。

（一）县、州、厅、卫所

清代乾隆年间有 1345 县，至清末有 1369 县，长官为知县，"掌一县治

---

① 一般研究都认为清代地方审级应分为五级：州县、府、道、司、院。但是，"严格说来，道不是一个正式审级单位，而是一个过渡性的审级单位"（郭松义等：《清朝典制》，吉林文史出版社，1993，第 424 页）。郑秦则认为：清代地方政权分为四级，如果从审判程序而言，可以划分为第一审级——县、州、厅；第二审级——府；第三审级——按察使；第四审级——总督、巡抚；"道一般不作单独审级，府之二审案不必经道审转"（见郑秦《清代法律制度研究》，《清代地方司法管辖制度考析》，中国政法大学出版社，2000，第 90~101 页）。将道排除在审级之外，是因为清末刑部尚书薛允升讲："州县一切案犯，由府审转解司，直隶州一切案犯，由道审转解司，此定章也，而刑律并无明文。"然而，在针对湖南省凤凰、乾州、永绥三厅，贵州直隶普安州勒定条例，"一应命盗重案，径行招解臬司，毋庸解道审转"。这是"故特立径解臬司专条，其余均由道审转矣。多年遵行之事，而例文不载，殊嫌阙略"（《读例存疑》卷 49《有司决囚等第》）。由此可见，道至少是审转机构，可以算"过渡性的审级"，当然也是审级。不过，这种所谓的审级与现代的审级完全是不同的概念，因此本书只是用审判机构来描述清代的审判制度。

② 赵尔巽等：《清史稿》卷 54《地理志序》，中华书局，1977，第 1891 页。

③ 柏桦：《中国政治制度史》（第 3 版），中国人民大学出版社，2011，第 273 页。

理，决讼断辟，劝农赈贫，讨猾除奸，兴养立教。凡贡士、读法、养老、祀神，靡所不综"①。司法审判是其主要职责之一。

清代有 74 个直隶州、145 个属州。直隶州直隶于布政使，按照行政区划，与府同级。属州隶属府，虽然有些属州也辖县，但在行政区划上与县同级，故而合称州县。长官为知州，"掌一州治理。属州视县，直隶州视府"②。因此其职责与知县相同，也负责司法审判事务。

截至清末，共计 34 个直隶厅、78 个散厅③。直隶厅与直隶州一样，散厅与属州一样，其长官为同知、通判、州判。厅长官有称"抚民"者，有称"理事"者，还有称"抚彝""抚边""理民捕盗""民番粮捕""刑钱捕盗"等名衔者，也有任以土厅官之土厅。长官总掌刑名、钱谷及缉捕等事，其责任也与府县相同。

卫所，清入关统一全国后，接收并恢复明末卫所，有卫四百多个、所三百多个。④ 卫所军丁后来改为屯丁，专事屯务，漕运省份，职司运漕。其所设职官虽为武职，而属文官管理系统，掌民事兼掌某些武职之事。卫所之主要职掌为屯田或漕运。有管辖地者，为实土卫所，兼管民事。卫所守备、千总，分管屯田屯丁，有钱谷、刑名之责，因此也有司法审判职

---

① 赵尔巽等：《清史稿》卷 116《职官志三》，中华书局，1977，第 3357 页。
② 赵尔巽等：《清史稿》卷 116《职官志三》，中华书局，1977，第 3357 页。
③ 厅，作为独立行政机构之设置，一般认为始于清康熙朝，见吴吉心《清代厅制研究》。真水康树进一步论证，作为清代地方行政制度的"直隶厅"与"散厅"，是乾隆中期才成为定制，即行政机构化的，见真水康树《清代"直隶厅"及"散厅"的定制化及其明代起源》，《北京大学学报》1996 年第 3 期。但该文并未论证此前所设之厅虽是移驻之厅官，但该厅就肯定不是独立行政机构之厅，因无论乾隆中期之前，还是之后，都有不少独立行政机构之厅的长官，是由别处移驻的，且把原缺取消，这是为了减少冗官，并非或不一定仍是移驻的佐贰官。从不少厅志所记来看，乾隆中期之前所设之厅，已有独立衙署及独立行政制度，而且这些厅在乾隆中期之后的会典中，都是把它们作为独立行政机构之厅来记载的。
④ 据嘉庆《大清会典事例》卷 439《兵部·官制·卫所》统计，671/650～668。据载，直隶省无沈阳中屯卫，而记述其沿革时，又记"顺治元年，裁直隶沈阳中屯卫，并河间、大同二卫"，乃裁沈阳中屯卫，并非与河间、大同共裁三卫，因大同、河间二卫乃顺治十一年、康熙二十七年先后裁去（见康熙《大清会典》卷 83、雍正《大清会典》卷 116）。可见嘉庆《大清会典事例》卷 439 开始所列各省卫所，乃接收并恢复明末之卫所及其数额。又，所列诸省，有个别省份如广西省缺漏，其他处虽记有该省卫所，恐不全面，故总数只得其概数：卫四百多个、所三百多个。

责。清廷不断裁撤卫所，至雍正五年（1727），仅有卫78个、所39个①，至清末则全部被裁撤。

无论是县、属州、散厅、卫所，在主官负责制的当时，所有事务都集于主官一身（为了行文方便，一般仅用州县官来描述），司法乃是其责任之一，故可以称之为基层司法审判机构。《大清律例·刑律·诉讼·越诉》条例规定："凡军民人等遇有冤抑之事，应先赴州县衙门具控。"属于州县自理的户婚田土案件，可以直接审结，但要填注于循环簿内，说明已结、未结缘由，应延期或复审之案件亦须于簿内注明，月底送该管知府、直隶州知州查核，循环注销。如有拖延或遗漏，则说报督抚，照例议处。对于笞杖罪以下之轻微刑事案件，州县官亦得自行审理。《清史稿》卷143《刑法志二》讲："户婚、田土及笞杖轻罪由州县完结，例称自理词法。"此类案件，亦须造册登记。《大清律例·刑律·诉讼·告状不受理》条例规定："各省州、县及有刑名之厅、卫等官，将每月自理案件，作何审断，与准理拘提完结之月日，逐件登记，按月造册，申送该府、道、司、抚、督查考。"如有隐瞒遗漏，则按其所犯轻重，轻则记过，重则题参。

对于人命、强盗、邪教、逃人等严重犯罪及其他应处徒刑以上案件，如强奸、拐骗、私盐等，州县无权作出判决，只能提出初步处理意见，听从上司的裁断。所谓"罪至徒者，则达于上司以听核。若命案，得报即通详"②。州县须对此种案件进行侦缉，包括勘验现场、检验尸伤、追查赃物、缉捕案犯等。州县对捕获疑犯进行审理，称为初审，然后根据《大清律例》提出判决意见，称之为"拟判"。初审完毕，州县应按期将案犯连同案卷、拟判一起解送上司复审，也可以先羁押在州县的监狱里，等待上司复审。

（二）府、直隶厅、直隶州

清代全盛时有188府，其京府则为奉天和顺天府，"迨光绪、宣统年间，奉天、吉林、黑龙江、新疆建省，四川、云南改土归流，则全国除台湾未记外设府已增至二百十五个"③。正官为知府，"掌总领属县，宣布条

---

① 据雍正《大清会典》卷116～117《兵部·武选司·都司卫所上、下》统计。

② （清）官修光绪《大清会典》卷55《刑部·尚书侍郎职掌》，台湾新文丰出版公司据清光绪二十五年原刻本影印，第579页。

③ 刘子扬：《清代地方官制考》，北京紫禁城出版社，1984，第97页。

教，兴利除害，决讼检奸。三岁察属吏贤否，职事修废，刺举上达，地方要政白督、抚，允乃行"①。司法审判是其重要职责，雍正帝认为："刑名事件，知府尤为上下关键，务期明允公当，地方始无冤民。不可听属员恳求，亦不可畏上司驳诘，而草率苟且，以致讼狱颠倒，下结民怨，上干天和。"② 按照知府的司法权限，杖一百以下的刑罚，属于知府自理案件，可以直接判决，但要设立循环簿，按月或按季送上司查核。杖一百以上的刑罚则要申详两司督抚，也要拟判。

清代有74个直隶州、34个直隶厅。直隶州长官为知州，"凡刑名、钱谷及争讼、盗贼各案，无不亲理"③。直隶厅的长官一般都为同知，也有通判，虽然官为佐贰之名，实际上是正官，总掌刑名、钱谷及缉捕等事，其权限与知府相同。

府、直隶州、直隶厅，都有辖县或散州、厅，因此有复核州县自理案件的职责，本身也有处理案件的权力（杖一百以下的案件）。府、直隶州、直隶厅的正官，在对州县解来的犯人进行审理时，要查验人证、物证，审查州县拟罪意见，提出如何拟判，其判词开头为"覆审得"；如果是自理案件则用"审得"；要上司决断的则用"看得""审看得"；如果是州县拟判不妥，则用"府批"，即批示处理意见，在州县眼里则成为"府宪"的宪件。上报给各上司的拟判，如果得到"道批""臬批""抚批""督批"，没有什么异议者，则可以付诸实施，一旦有异议，则要驳回重审。因为府、直隶州、直隶厅都有所属州县，因此州县需要复审的案件，往往由省直接委派它们"过堂"。

（三）守巡道及诸道

明清在省与府之间设置道为监察区：属于布政使系统的，驻守在一定地方的，称为"分守道"，简称"守道"；属于按察使系统的，分巡某一带的，称为"分巡道"，简称"巡道"；此外还有一些专职道，如盐法道、粮储道、督粮道等。"明初的道一级官为差遣之职，没有固定的级别和属员书吏，但从明中叶以后，道基本确定有固定的辖区，向地方行政区转化的

---

① 赵尔巽等：《清史稿》116《职官志三》，中华书局，1977，第3355页。
② （清）官修《清世宗实录》卷94，雍正八年五月壬辰条，中华书局影印本，1986。
③ 刘子扬：《清代地方官制考》，北京紫禁城出版社，1984，第105页。

趋势已经形成。清乾隆时，改道的主官为实任官，有固定的住所、衙署和属员书吏，这时的道则成为省以下、府州以上的固定行政区，通常辖三四个府州"①。清代有守道 20 个、巡道 72 个。守道、巡道虽然一般不作单独审级，府之二审案不必经道审转，但对直隶厅、州而言，道则是必经之审级。《大清律例·刑律·断狱·有司决囚等第》条例规定："直隶州所属，向例由道审转。"由此可见，道已经是一个审级，只不过与府之间尚存在双轨制。

关于守道、巡道职责，明人吕坤认为："守、巡两道，非为陪巡设，亦非止为理词讼设也。一省之内，凡户婚、田土、赋役、农桑，悉总之布政司；凡劫窃、斗杀、贪酷、奸暴，悉总之按察司。两司堂上官，势难出巡，力难兼得，故每省四面计近远分守、巡，令之督察料理，所分者总司之事，所专者一路之责。凡一路之官吏不职，士民不法，冤枉不申，奸蠹不除，废坠不举，地粮不均，差役遍累，衣食不足，寇盗不息，邪教不衰，土地不辟，树蓄不蕃，武备志不修，城池不饬，积储不丰，讼狱不息，教化不行，风俗不美，游民不业，鳏寡孤独、疲癃残疾之人不得其所，凡接于目者皆得举行，听于耳者皆得便宜。"② 因此明朝末年已经有"道、府、州、县，实实亲民之官"③ 之说。既然如此，其司法审判职责就不能被忽略。

清代省级衙门还设有一些管理专门事务的道员，如督粮、督册、屯田、驿传、盐法、钱法、海关、实业、教育、河道，以及清末出现的巡警、劝业等道，都是辅佐督抚藩臬办理地方专门业务的，不属于地方行政单位，但有处理所辖事务出现纠纷的职责。清代的道员多兼兵备衔，有节制境内都司以下武官的权力。道员衙门一般不设职能机构（有些道设库、仓大使），只有典吏若干人协助办理政务，因此才有是否为行政区划及有审判权力的歧义。

---

① 柏桦：《中国政治制度史》（第 3 版），中国人民大学出版社，2011，第 281 页。

② （明）吕坤：《实政录》卷上《明职·守巡道之职》，《官箴书集成》第 1 册，黄山书社，1995，第 427 页。吕坤（1536～1618），字叔简，一字心吾、新吾，自号抱独居士，河南宁陵人。其主要作品有《实政录》《呻吟语》《去伪斋集》等十余种，被收入《吕坤全集》（中华书局，2009 年），其《实政录》对清代有很大影响，许多官箴书都摘录其内容，如陈宏谋《从政遗规》便摘录上述内容，可见清人的看法依然没有改变。

③ （明）张缙彦：《绿居封事·确核官员疏》，中州古籍出版社，1987。

（四）藩臬两司及学政

清代布政使为从二品官，仅次于巡抚，"掌宣化承流，帅府、州、县官，廉其录职能否，上下其考，报督、抚上达吏部。三年宾兴，提调考试事，升贤能，上达礼部。十年会户版，均税役，登民数、田数，上达户部。凡诸政务，会督、抚议行"[①]。因此具体职责大致可划分为五项：承宣政令；管理属官；掌全省财赋；提调科举考试；参议阖省政务。[②]

按察使为正三品官，地位仅次于布政使，与之号称"藩臬两司"，"掌振扬风纪，澄清吏治。所至录囚徒，勘辞状，大者会藩司议，以听于部、院。兼领阖省驿传。三年大比充监试官，大计充考察官，秋审充主稿官"[③]。因此具体职责可以分为四项：办理阖省刑名案件；充当乡试监试官；考察全省外官；管理本省驿传事务。[④]

各省设有学政，全称为提督学政，以侍郎、京堂、翰、詹、科、道、部属等官进士出身人员内简用，任期为三年，"掌学校政令，岁、科两试。巡历所至，察师儒优劣，生员勤惰，升其贤者能者，斥其不帅教者。凡有兴革，会督、抚行之"[⑤]。由于参与本省议决事务，因此对本省事务有发言权，也有单独上奏的权力，凡是涉及举（举人）贡（贡生）生（生员）监（监生）的案件，都要知照学政，因此也具有一定的司法审判之责。

《大清会典事例》卷122《吏部·处分例·外省承审案件》目共有63例，涉及督抚藩臬及学政审理各种案件的责任，其中按察使为"刑名之总汇，事务繁多"。而布政使总领钱粮财赋，尤为重要。学政主管岁、科两考，事务较少，但事涉学校的诉讼及案件均要参与。因此都有司法审判之责，更重要的是，大案、要案，督、抚、藩、臬、学要共同会议。

（五）督抚钦差

清代总督，正二品，加兵部尚书衔者从一品。巡抚，从二品，加兵部侍郎衔，为正二品。此为品级、身份性兼衔。总督"掌厘治军民，综制文

---

① 赵尔巽等：《清史稿》卷116《职官志三》，中华书局，1977，第3346页。

② 参见刘子扬《清代地方官制考》，北京紫禁城出版社，1984，第81~82页。

③ 赵尔巽等：《清史稿》卷116《职官志三》，中华书局，1977，第3348页。

④ 参见刘子扬《清代地方官制考》，北京紫禁城出版社，1984，第87页。

⑤ 赵尔巽等：《清史稿》卷116《职官志三》，中华书局，1977，第3345页。

武，察举官吏，修饬封疆"。巡抚"掌宣布德意，抚安齐民，修明政刑，兴革利弊，考核群吏，会总督以诏废置"①。清代督抚成诸省最高长官，去明朝三司事权不一之弊。清中期之前，中央强化集权，清帝乾纲独揽，以奏折、廷寄控驭、指挥疆臣，协以部臣制约，于地方诸省控制颇严。道光末至清季，督抚职权不断扩增。一般来说，不设巡抚之省份，以总督履行巡抚之职；无总督设置之山东、山西、河南三省，其巡抚职责类同总督。②两者职掌虽然略有区别③，但总领一省及数省的地位是明确的，以至于阖省下属都有一种"呼天不如呼我宪台"的感受④。

按照《大清律例》规定的程序，无论是刑名钱谷，还是学校风俗，只要进入诉讼，凡是下属不能够自理的案件，都要督抚批结报部，或者是咨部核复。重大案件要具题请旨，或者是专折具奏，因此督抚为地方最高司法审判者。

"钦差"是古代官制中一种非正式、非常任的职务。因为处理某种事务，由皇帝临时派遣人去处理的制度，在明代以前便时有出现，但不以"钦差"为名，直至明代才出现"钦差"之名。

清沿明制，若遇到紧急军务、赈济灾荒、河道决口等事务，以及"情罪重大，以及事涉各省大吏，抑经言官、督抚弹劾，往往钦命大臣莅审"⑤的案件，就要由皇帝钦派官员前往办理，是领有钦命的"钦差"，而不是以"钦差"为官名。乾隆九年（1774），委派协办大学士、太子太保、吏部尚书讷亲去河南、江南巡视营伍，并"给讷亲钦差大臣关防"。讷亲不辱使命，上奏该地"营伍废弛"。乾隆皇帝览奏而感叹云："可见外省大吏

① 赵尔巽等：《清史稿》卷 116《职官志三》，中华书局，1977，第 3336 页。
② 参见杜家骥《清代督、抚职掌之区别问题考察》，《史学集刊》2009 年第 6 期。
③ 如顺治上谕："总督、巡抚，责任不同：巡抚专制一省，凡刑名钱谷、民生吏治，皆其职掌；至于总督，乃酌量地方特设，总理军务，节制抚、镇文武诸臣，一切战守机宜、调遣兵马重大事务，当悉心筹画。"［（清）官修《清世祖实录》卷 111，顺治十四年九月己巳条］雍正上谕曰："巡抚统率全省文员，提督统率通省武弁，至于总督，则兼文武而统辖之者。"［（清）官修《清世宗实录》卷 98，雍正八年九月戊辰条，中华书局影印本，1986，第 8 册第 305 页］乾隆帝认为："总督系专司戎政，向来各省遇有参革文员，及地方事件，皆系巡抚专衔，会同总督具奏。"［（清）官修《清高宗实录》卷 1139，乾隆四十六年八月戊子条］
④ 参见柏桦《中国古代刑罚政治观》，人民出版社，2008，第 373 页。
⑤ 赵尔巽等：《清史稿》卷 144《刑法志三》，中华书局，1977，第 4212 页。

无一不欺朕者，不可不惩一儆百。"① 自乾隆十一年（1746）九月发布上谕后，"钦差"逐渐制度化了。②

钦差大臣有关防，为铜质，样式类似督抚的关防。③ 虽然质地不如督抚的银质，但其效力有时却可以高于督抚，因为他们的权力除《巡视条例》所规定的之外，还有皇帝临时授予的各种权力，如果是有节制督抚权力的钦差，则地位俨然在督抚之上。从乾隆朝开始，派遣钦差大臣的事例比较多，从派遣的钦差大臣所承担的责任来看，钦差大臣从巡视营伍到事无不辖有特殊的发展过程，而钦差大臣的专擅刑罚既是"就地正法"之制的源头，也是在"就地正法"之制普遍实行之前，就已经作为"定例"来实行的一种死刑裁判制度。

从清初派遣钦差，到雍正时期颁发钦差大臣关防，"钦差"基本形成制度，而乾隆初年制定钦差大臣《巡视条例》以后，钦差大臣行使权力就有了法律依据。乾隆中叶以后，国内社会不稳定，外事纠纷也逐渐增多，为了适应当时的情况，钦差大臣的任命逐渐增多，权力不断扩大，以至承担起军政及外交的责任，并拥有不同程度的司法权。如承担军务的钦差大臣有军事责任，有军法从事权，对于非军事的刑罚处置也有一定的裁断权力；承担政务的钦差大臣，无论军民都有裁断权力。根据授权，钦差大臣裁断的轻重顺序是：请旨即行正法、一面请旨一面正法、请王命正法、先

---

① 赵尔巽等：《清史稿》卷10《高宗纪一》，中华书局，1977，第379~380页。
② 上谕云："国家设立营制，所以严拱卫而固苞桑，务在选精锐以储干城，勤训练以资捍御。所谓兵可百年不用，不可一日不备也。从前各标营日渐废弛，朕命讷亲前往山东、河南、江南等省先行查看，并降旨申饬。复于督抚提镇奏折中，时加批谕，令其实力整顿。今各省操演之法，大抵旗蠹戈甲，期以饰观；步伐阵图，以为练习。其实在技勇精强，弓马娴熟者甚少。在水师营汛，亦不过演就水阵，聊以塞责而已。即军政荐举，未能尽属公当，徒为具文。以是整饬戎行，岂能使壁垒一新，士气日奋？即如西北称劲旅，而江浙多柔脆，不知既已为兵，自应鼓其锐气，使弱者日进于强，岂可任其委靡，不加振作！盖营伍之中，兵马钱粮，甲胄器械，俱宜事事留心。向来虚冒浮粮，私扣朋马，夤缘拔补，挪借军装等弊，犹未尽除，而教训演习，惟事粉饰，因循怠忽，尚沿旧习，殊非设兵卫民之意。是必立定年限，专差大员查看，庶将弁知有责成，不敢怠废，而各兵亦有考验，时时儆惕，技艺不致生疏，于戎政自有裨益。朕前旨与以三年之限，著兵部请旨，并未定有分省查看之年限，令讷亲查阅之省，已过二年，其余则并未派人前往查阅也。其如何分年分省，差派大臣查看之处，著该部定议。"（清）官修《清高宗实录》卷274，乾隆十一年九月辛丑条，中华书局影印本，1986，第12册，第548~549页。
③ 赵尔巽等：《清史稿》卷104《舆服志三·文武官印信关防条记》，中华书局，1977，第3077页。

行正法、立毙于杖，而拥有一面请旨一面正法以上权力者，均可以实施就地正法，这也是有法律为依据的。

（六）特别行政区与特别事务衙门

从行政区的角度来看，清代除了各直省之外，八旗驻防、蒙藏青新地区，以及云、贵、川、桂等土官，都应该被归入特别行政区，而从司法审判角度，这些地区的官员除了拥有与各直省地方官相同的权力之外，还有一点特殊权力。

八旗为清朝特有组织，集行政管理、军事等职能（清入关前尚有生产管理职能）为一体。八旗属于地方的是八旗驻防衙门，级别高的为将军衙门（盛京、吉林、黑龙江、绥远城、江宁、福州、杭州、荆州、西安、宁夏、伊犁、成都、广州）；其次为都统衙门（察哈尔、热河），副都统衙门（密云、山海关、青州、凉州），城守尉衙门（有归将军、都统、副都统衙门管辖者，则为属官；有独当一面者，则为独立衙门，计有保定、沧州、太原、开封4处），防守尉衙门（有归将军、都统、副都统衙门管辖者，则为属官；有独当一面者，则为独立衙门，计有宝坻、东安、采育、固安、雄县、良乡、霸州7处）①。

八旗驻防将军、都统、专城副都统职责为"掌镇守险要，绥和军民，均齐政刑，修举武备志"②。举凡驻防旗人口婚丧嫁娶、民刑诉讼、养赡救济、教育抚养，以及与当地民人的纠纷，都在其管辖范围之内。具有独立地位的城守尉衙门、防守尉衙门，职责相同，因此具有特别行政区的地位，其司法审判的权力也与督抚等同。其于司法审判上的职责有：（1）审理旗人户婚田土案件；（2）审理旗人笞杖徒流罪案件；审理旗人人命盗案件。③在其管辖的区域内，事涉旗人与民人之间的争讼案件，要会同督抚共同审理。

清代在内外蒙古、青海、新疆、西藏地区设有专门的管理机构，以将军、都统、副都统、参赞大臣、办事大臣、帮办大臣等为首，驻扎该管地区，在蒙藏青新的札萨克（旗长）、唐古特官、达赖、班禅、土官、伯克，

---

① 参见刘子扬《清代地方官制考》，北京紫禁城出版社，1984，第236~242页。
② 赵尔巽等：《清史稿》卷117《职官志三》，中华书局，1977，第3383页。
③ 参见那思陆《清代中央司法审判制度》，台湾文史哲出版社，1992，第155~156页。

都要服从他们的管辖。在所辖地区，设有的兵、民、财赋、刑名事务及所属各官、各民族僧俗首领的一切政务均归其办理。在司法审判方面，各民族僧俗首领判决的案件要呈送其核定，各民族僧俗首领的纠纷归其审理，题咨到理藩院。事涉所辖文武及一般民人的案件，与督抚一样，题咨到部。

云、贵、川、桂等省的宣慰司、宣抚司、安抚司、招讨司、长官司、蛮夷长官司等武职土官，以及土知府、土同知、土通判、土经历、土知事、土知州、土州同、土推官、土吏目、土知县、土县丞、土主簿、土典史、土巡检、土驿丞等文职土官，在司法审判方面，凡是涉及土官所辖内部的纠纷，都由土官裁断，只要是涉及不同土官、民族之间的纠纷，则要由督、抚、藩、臬、道来审理，题咨到部，与理藩院无涉。①

清代地方有许多主管特别事务的衙门，诸如漕运、河道、盐务、税关、海防、河防等。漕运主要负责大运河转运粮食，设有"漕运总督"，衙门设在淮安，管辖山东、河南、江苏、安徽、江西、浙江、湖北、湖南八省漕政，有检选运弁、漕船修造、查验回空、督催漕欠等责任，可以说从漕粮收缴、起运，到漕船抵达通州，都必须由其稽核督察。下设官巡漕御史、督粮道、管粮同知等，还有专用的粮库及管理库官等。

河道掌管黄河、大运河、永定河等堤防疏浚事务，设有"河道总督"，属官有河库道、河道、管河同知、通判等，有直辖的"河标"。

盐务的长官为"盐政"，一般由总督、巡抚兼任。掌督督征课，调剂盐价，纠察属官。所属有都转盐运司运使、盐法道、盐务分司、运副、监掣同知、盐课司大使、批验所大使、盐场巡检等。

税关属于户部者为"户关"，属于工部者为"工关"，长官为"监督"或"海关道"，是收税的衙门。

海防、河防事务由各省将军、督抚责成所在海关道、守道、巡道督理，设有海防或河防同知、通判，分别管理海防或河防工程。

上述衙门因所管理的事务不同，又各自有直接统辖的下属，因此当出现事涉其管理的事务及管辖人等的民刑案件，这些衙门也有权办理诉讼，审理案件。虽然清代皇帝总强调这些衙门不要干涉地方事务，但地方出现

---

① 以上内容参见刘子扬《清代地方官制考》，北京紫禁城出版社，1984，第347～396页。

问题，这些衙门的官员也难逃其责。如乾隆三十六年（1771），淮关衙门被强盗执械夜入抢劫养廉银2800两，乾隆帝就曾经讲道："关差公署，关系钱粮重地，防范更宜周密，乃竟有匪盗成群，公然入署劫取财物之事，非寻常失盗可比。该监督署后，虽湖滨荒僻，但平日署库，自当设有弁兵，且漕运总河衙门，地在毗近，亦何至漫无见闻，及时防护。"要求两江总督萨载、漕运总督崔应阶、江苏巡抚吴嗣爵等，"迅即饬令州县营汛文武各员，设法购线踉缉"①，则可见一旦出现事情，这些主管特别事务的衙门都逃不了干系。

二 中央审判机构

清代除了刑部、大理寺、都察院为"三法司"之外，从司法审判角度来看，几乎所有的部、院、寺、监、府都有这种职能，只是其职责有一定区别，审理也有分工，这是研究中央司法审判制度值得关注的问题。

（一）三法司

清代的刑部、都察院、大理寺号称"三法司"，属于专门的司法行政机构，拥有一定的司法权，但司法权是有限的，它们不但仰赖君主的决定，还受制于辅政部门或权臣。

刑部是皇帝掌握下的全国最高司法审判机关，号称"刑名总汇"。刑部设刑部尚书一人，为刑部长官，刑部侍郎二人，为刑部副长官，尚书与侍郎共同为本部堂官。除本部堂官以外，清朝还常设亲王、大学士等亲贵重臣"管理部务，称为管理部务大臣，其地位、权力在本部堂官之上"。下设司官，分为郎中、员外郎、主事三级。

刑部是清代中央国家机关中最大的一个，官吏法定编制为407人，其中包括书吏98人，但实际上大大超过了法定人数，清末光绪时期，刑部各级官员已达653人，书吏为444人。②

刑部初设江南、浙江、福建、四川、湖广、陕西（兼管甘肃和新疆）、河南、江西、山东、山西、广东、广西、云南、贵州等十四个清吏司。后

① （清）官修《清高宗实录》卷897，乾隆三十六年十一月壬戌条，中华书局影印本，1986。

② 参见张德泽《清代中央国家机关考略》，中国人民大学出版社，1981，第388页。

增直隶、奉天清吏司，又分江南为江苏、安徽二司，共十七个清吏司，在尚书、侍郎领导下，分管各省的司法审判事务。此外刑部还设有督捕司、秋审处、律例馆、提牢厅等十几个部门，各有分工，但职责互有交错。

刑部在司法审判方面的职责主要有四：（1）复核各省徒罪以上案件；（2）审理京师徒罪以上案件；（3）会同复核各省秋审案件；（4）会同复核京师朝审案件。①

都察院主要是职司监察，除左都御史、左副都御史等堂上官号称"总宪"之外，其下辖的六科和十五道，分别由给事中和御史负责。六科即吏、户、礼、兵、刑、工六科，十五道即河南、江南、浙江、山东、山西、陕西、湖广、江西、福建、四川、广东、广西、云南、贵州、京畿，分掌相关省份的刑名。

都察院号称"风宪衙门"，是皇帝掌握下的法纪监察机关。《大清会典》规定：都察院"掌司风纪，察中外百司之职，辨其治之得失与其人之邪正。率科道官而各失其言责，以饬官常，以兼国宪"。在司法审判方面，"凡重辟，则会刑部、大理寺以定谳，与秋审、朝审"②。可见，都察院的主要职责是监察、考核、检举、弹劾官员，还向皇帝建言，提出谏议，有关司法事务仅是其职责的一个方面。

都察院十五道司法审判职责主要有：（1）会同复核各省死罪案件；（2）会同审理京师死罪案件；（3）会同复核各省秋审案件；（4）会同复核京师朝审案件；（5）会谳死刑案件，即与刑部、大理寺共同复核、拟议全国的死刑案件。六科司法审判职责主要有：（1）会同复核各省秋审案件；（2）会同复核京师朝审案件。③

大理寺长官为卿、少卿，定制为正三品衙门。"掌分核内外之刑名"，在司法方面，"各定谳以质成于卿、少卿，而参合与部谳。凡重辟，必三法司之议，协于一而后成。不协，许两议，候上裁决焉"④。因此大理寺在

① 参见那思陆《清代中央司法审判制度》，台湾文史哲出版社，1992，第83～85页。
② （清）官修光绪《大清会典》卷69《都察院·卿、少卿职掌》，台湾新文丰出版公司据清光绪二十五年原刻本影印本，第721页。
③ 参见那思陆《清代中央司法审判制度》，台湾文史哲出版社，1992，第92～97页。
④ （清）官修光绪《大清会典》卷69《大理寺·左都御史职掌》，台湾新文丰出版公司据清光绪二十五年原刻本影印本，第713页。

司法审判方面的职责有：（1）会同复核各省死罪案件；（2）会同审理京师死罪案件；（3）会同复核各省秋审案件；（4）会同复核京师朝审案件。①

刑部在三法司中地位最高，尤其是"外省刑案，统由刑部核覆。不会法者，院寺无由过问，应会法者，亦由刑部主稿。在京讼狱，无论奏咨，俱由刑部审理，而部权特重"②。这也就使"大理寺衙门所管事务无多，不过三法司会议时少有事耳"③。从《清史稿》中可以发现，三法司会审，各机构都可以提出自己的意见，这些意见如果不一致，三法司应将不同意见分别具奏，交由皇帝亲自决断。实际上，这种情形是很少出现的，三法司一般均以刑部意见为准，三法司会审往往流于形式。但是三法司会审体制毕竟确立了一定的制约机制。在某些情况下，都察院、大理寺的参与，也会对刑部审判权的正确行使起到某种保证作用。

（二）部院寺监府

部是吏、户、礼、兵、刑、工六部，院（都察、翰林、理藩、太医等），寺（太常、光禄、鸿胪等），监（国子、钦天等），府（詹事、宗人、内务等），司（通政使、行人等）等部门，除都察院、宗人府、内务府、通政使司等少数的部门相对独立之外，其他部门在政务上大都要接受六部的指导和安排。

中国古代设官分职，看上去职权非常明确，但在具体运作过程中，并非如典章制度所讲的职有常守、官有常职，而是职无常守、官无常职，这就要取决于君主信任的程度。因此在叙述典章制度规定的中央机构各项职责的同时，也应该关注超出其职责范围的一些活动。

1. 吏部

吏部为六部之首，雍正之后定为从一品衙门，"是管理全国文职官的任免政令，制定京内外各衙门文职官名额，或由吏部铨选，或由地方官报部任用"④。虽然吏部可以被定位为人事部门，但其也有司法审判职责：（1）奉旨审判重大案件；（2）参与秋审及朝审。⑤严格地说，凡是涉及职

① 参见那思陆《清代中央司法审判制度》，台湾文史哲出版社，1992，第100～101页。
② 赵尔巽等：《清史稿》卷144《刑法志三》，中华书局，1977，第4206页。
③ （清）官修《清世祖实录》卷102，顺治十三年六月癸巳条，中华书局影印本，1986。
④ 张德泽：《清代中央国家机关考略》，中国人民大学出版社，1981，第39页。
⑤ 参见那思陆《清代中央司法审判制度》，台湾文史哲出版社，1992，第137～138页。

官犯罪，吏部都要参与，而作为堂上官的尚书、侍郎，其对下属还有处罚权。

2. 户部

户部掌管全国户籍，统领财政经济，其事最多，其权也重，因此设立十四个清吏司。"尚书掌军国支计，以足邦用。侍郎贰之。右侍郎兼掌宝泉局鼓铸。十四司，各掌其分省民赋，及八旗诸司廪禄，军士饷糈，各仓，盐课，钞关，杂税。"还有现审处，"平八旗户口田房诤讼"①。户部被定位为财政部门，但其也有司法审判职责：（1）奉旨审判重大案件；（2）参与秋审及朝审。②

3. 礼部

礼部为掌管典礼、学校、科举、外交的机构，下辖仪制、祠祭、主客、精膳四司。"尚书掌五礼秩叙，典领学校贡举，以布邦教。"③ 就司法审判而言，礼部主管学校、科举、外交，凡是考试舞弊及涉外案件的审理，都要有礼部参与，但要看案情轻重，如果是大案、要案，则要由皇帝亲自委派人来审理。此外，其司法审判职责有：（1）奉旨审判重大案件；（2）参与秋审及朝审。④

4. 兵部

兵部是掌管全国军事及武职官任免之事的部门，下辖武选、职方、车驾、武库四司。"尚书掌厘治戎政，简核军实，以整邦枢。"⑤ 就司法审判而言，兵部的权责不亚于三法司。其司法审判职责有：（1）办理武职官题参案件；（2）审理军人犯罪案件；（3）奉旨审判重大案件；（4）参与秋审及朝审。⑥

5. 工部

工部掌管土木、水利、器物制作等工程，下辖营缮、虞衡、都水、屯田四司。"尚书掌工虞器用、辨物庀材，以饬邦事"⑦。清前期在工部下设

---

① 赵尔巽等：《清史稿》卷114《职官志一》，中华书局，1977，第3275页。
② 参见那思陆《清代中央司法审判制度》，台湾文史哲出版社，1992，第140～141页。
③ 赵尔巽等：《清史稿》卷114《职官志一》，中华书局，1977，第3280页。
④ 参见那思陆《清代中央司法审判制度》，台湾文史哲出版社，1992，第142～143页。
⑤ 赵尔巽等：《清史稿》卷114《职官志一》，中华书局，1977，第3286页。
⑥ 参见那思陆《清代中央司法审判制度》，台湾文史哲出版社，1992，第144～146页。
⑦ 赵尔巽等：《清史稿》卷114《职官志一》，中华书局，1977，第3292页。

有赃罚处，专门办理官员赎罪事宜。乾隆二十三年（1758），赃罚处移归刑部，工部失去此项职能，但特旨罚修城池及罚助河工等，要由工部料估所办理，因此工部司法审判职责有：（1）奉旨审判重大案件；（2）参与秋审及朝审。① 此外，工部还应该有协理赃罚事宜的责任，而此项责任在《工部则例》有载，不仅管赃罚，而且有监管做工人犯之责。

6. 理藩院

理藩院是清代颇具特色的机构，管理蒙古、回部及西藏事务，还负责处理对俄罗斯的外交事务。设管理院务大臣、尚书、侍郎等官，所属有旗籍、王会、柔远、典属、理刑、徕远等六个清吏司。"尚书掌内外藩蒙古、回部及诸番部，制爵禄，定朝会，正刑罚，控驭抚绥，以固邦翰。"② 具体职责主要是：管理蒙古、新疆南部及其他少数民族王公、土司等官员的封袭、年班、进贡、随围、宴赏、给俸等事，并派遣该院司员、笔帖式等到民族聚居地区管事，并定期更换；办理满蒙联姻事务；管理喇嘛事务，保护藏传佛教格鲁派；管理蒙古各旗会盟、划界、驿道及商业贸易事务；修订关于少数民族的法律，参加审理刑名案件；掌管部分外交、通商事务。其外交事务的职权在总理各国事务衙门成立之后则不复存在。就司法审判职责而言有：（1）审理蒙古案件；（2）会同复核蒙古秋审案件。③《理藩院则例·刑法·审断》目下有48条例，对案件审断有明确的细则及相关责任人处分规定。

7. 通政使司

通政使司为明代所设，"掌受内外章疏敷奏封驳之事"。职权较多，举凡出纳帝命、通达下情、关防诸司出入公文、奏报四方臣民建言、申诉冤滞或告不法等事，汇进题本、奏本，"午朝则引奏臣民之言事者，有机密则不时入奏。有违误则籍而汇请。凡抄发、照驳诸司公移及勘合、讼牒、勾提件数、给繇人员，月终类奏，岁终通奏。凡议大政、大狱及会推文武大臣，必参预"④。清因之，职权有所变化，"通政使掌受各省题本，校阅送阁，稽核程限，违式劾之。洪疑大狱，偕部、院豫议"。其监管登闻鼓

---

① 参见那思陆《清代中央司法审判制度》，台湾文史哲出版社，1992，第147~148页。

② 赵尔巽等：《清史稿》卷115《职官志二》，中华书局，1977，第3298页。

③ 参见那思陆《清代中央司法审判制度》，台湾文史哲出版社，1992，第149~150页。

④ （清）张廷玉等：《明史》卷73《职官志二》，中华书局，1974，第1780页。

厅，"掌叙雪冤滞，诬控越诉者论如法"①。登闻鼓厅原本归都察院兼管，后归通政司兼管。通政司的司法审判职责有：（1）奉旨会议重大案件；（2）参与秋审及朝审。②

8. 宗人府

清代宗人府位居内阁、六部之上，"掌皇族之政令"。既然是管理宗室，事涉皇族的案件其均有参与权。在乾隆以前，宗室觉罗案件都由宗人府自理，奏明皇帝裁决。乾隆以后，则要会同刑部、户部审理，奏明办理，但受审皇族不关禁在刑部狱。"乾隆以后，宗人府审理宗室觉罗案件之情形有四种：（1）审理宗室户婚田土案件：由宗人府会户部审理（宗人府主稿）。（2）审理宗室人命斗讼案件：由宗人府会刑部审理（宗人府主稿）。（3）审理觉罗户婚田土案件：由户部会宗人府审理（户部主稿）。（4）审理觉罗人命斗讼案件：由刑部会宗人府审理（刑部主稿）"③。

9. 内务府

内务府为清代特有的管理宫廷事务的机构，所设广储、都虞、掌仪、会计、营造、慎刑、庆丰七司，上驷、武备志、奉宸三院及诸多处等共计50多个机构，掌宫廷、皇室诸事务及上三旗包衣之管理，其吏户礼兵刑工之事皆司之，自成系统，异于外朝。其中慎刑司掌内务府旗人及诸人役之刑罚，笞杖者以下自结，徒罪以上送刑部定案，需要检验则咨刑部派委仵作、稳婆会同检验，奉旨交讯及罪应死者会三法司定拟，太监犯罪则比照刑律而科以细则惩治之。该府对文武官员的处分，俱依吏、兵二部则例。此外还有监禁人犯、发遣人犯、追还之入官赃物赃银、密审犯罪官员等责任④，管理番役处，掌缉捕之事。内务府司法审判职责有：（1）审理上三旗包衣笞杖罪案件；（2）审讯上三旗包衣徒罪以上案件；（3）审理旗民交涉案件；（4）奉旨审判重大案件；（5）审理太监案件。⑤

---

① 赵尔巽等：《清史稿》卷115《职官志二》，中华书局，1977，第3307页。
② 参见那思陆《清代中央司法审判制度》，台湾文史哲出版社，1992，第152~153页。
③ 那思陆：《清代中央司法审判制度》，台湾文史哲出版社，1992，第164页。
④ 如（清）官修《清高宗实录》卷180，乾隆七年十二月丙申条载左副都御史仲永檀将密奏留中之折泄密一案，乾隆帝令将仲永檀、军机处行走鄂容安俱革职，拿交慎刑司。中华书局影印本，1986。
⑤ 参见那思陆《清代中央司法审判制度》，台湾文史哲出版社，1992，第166~167页。

10. 其他中央机构

除上述主要中央机构之外，在《大清会典》中还记有一些直属机构，如乐部、翰林院、詹事府、太常寺、太仆寺、光禄寺、顺天府、奉天府①、鸿胪寺、国子监、钦天监、太医院、侍卫处、奏事处、銮仪卫、八旗都统、前锋营、护军营、步军营、神机营、火器营、健锐营、总理行营、总理各国事务衙门等机构，还有分属其他机构的五城御史、五城兵马司等，从司法审判的角度来看，这些部门都有一定的司法审判权力，也就是说，在自己的管辖范围内，凡是笞杖以下者，可以自结。在这些机构中，与本书研究关系密切的，当属步军统领（步军营）、总理行营、五城御史、五城兵马司。

步军统领衙门，全称"提督九门步军巡捕五营统领"，俗称"九门提督"，主管京师卫戍部队，肩负京城守卫、稽查、门禁、巡夜、禁令、保甲、缉捕、审理案件、监禁人犯、发信号炮等要职，在司法审判方面：（1）审理京师笞杖罪案件；（2）审讯京师徒罪以上案件；（3）审理京师旗人犯奸案件；（4）接收京控案件呈词。②《步军统领则例·职制·断狱》目内有9条例，对步军统领审理案件有明确的规定。

总理行营大臣是皇帝出巡时所特任的官员，一般由宗室、蒙古王大臣兼任，有向导处、尚虞备用处等机构。因为清代皇帝经常出巡，其驻跸的行宫（也称为行在），以及常常驻跸的避暑山庄、圆明园、颐和园，是叩阍者经常要去的地方，一旦出现叩阍案件，总理行营大臣要领衔办理。

五城御史和五城兵马司虽然分属都察院，称为"五城察院"，但却是相对独立的机构。按照职权规定，五城察院负责京城的巡查与治安，在京之东、西、南、北、中城内的诉讼都由其审理，因此其在司法审判方面：（1）审理京师笞杖罪案件；（2）审讯京师徒罪以上案件。③ 其实，京城因为五方杂处，又是中外观瞻之地，所发生的案件往往不限于五城内的军民，因其职权所在，皇帝会将一些案件交与五城问讯。清代五城内的管理非常复杂，除了五城察院之外，步军统领、刑部、工部街道厅，以及顺天

---

① 按理说二府应该为地方机构，但其直属皇帝，因此典章都将之列入中央衙署。
② 参见那思陆《清代中央司法审判制度》，台湾文史哲出版社，1992，第159~160页。
③ 参见那思陆《清代中央司法审判制度》，台湾文史哲出版社，1992，第163页。

府，大兴、宛平二县都有责任。① 因此不能统而论之，必须要针对不同的案件进行具体分析。

总之，清代中央机构很多，在典章制度中对各自的职掌都有明确规定，这些规定实际上是总其大纲，并不罗列细则。因为清代现存有大量的则例，上述中央机构也多有单独的则例，从这些则例可以看出，在它们权限范围内都有处罚权，也就是说在笞杖以下的罪，有些可以不必移交刑事部门审理，由堂上官审理以后，便可以直接处罚。这些不在本书研究范围之列，也就不再进行考证。

（三）辅政机构

清代实行多轨辅政制，议政王大臣会议参议重大政务，内阁主持日常事务，南书房和军机处则主管机密事务。乾隆五十七年（1792）撤销了议政王大臣会议，之后改由军机处负责办理机密重务，而内阁只进行一般性日常公务的办理，这两者之间是既有分工又有配合的。

"议政王大臣"正式出现于崇德元年（1636）之后，是由宗室贵族及八旗中的五大臣、固山额真等组成的议政制度。议政王大臣会议的成员增加，贵族中除亲王、郡王、贝勒参加议政外，贝子、公也有参加议政的，在内廷还专设"议政处"，凡军国重务，不由内阁票拟者，皆交议政王大臣会议。当军机处设立后，议政王大臣会议的权力被刻意剥夺，所议之事，仅限于军务、皇帝出巡、旗务、少数民族事务及重大刑审案件等。

清沿明制，亦设内阁，有大学士、协办大学士等职，号称"掌议天下之政，宣布丝纶，厘治宪典，总钧衡之任，以赞上理庶务。凡大典礼，则率百僚以将事"②。并设立满本房、汉本房、蒙古房、票签处、诰敕房等办事机构，使之成为拥有288人正规编制的、规模庞大的辅政机关。但早期军政大权决定于议政王大臣会议，雍正之后则在军机处之手，由于内阁承担大量的具体事务，与议政王大臣会议或军机处共同承担辅政之责，与本书研究主题的关系尤为密切。内阁在司法审判方面的权力有：（1）参与司法审判最终裁决时之咨询；（2）奉旨审判重大案件；（3）参与秋审及

---

① 参见尹钧科等《古代北京城市管理》，同心出版社，2002，第62页。
② （清）官修《大清会典》卷2《内阁大学士》，台北新文丰出版公司据光绪二十五年原刻本影印，第37页。

朝审。

（四）特定会议与皇帝终审

清代的特定会议有多种形式。白新良将顺治朝的会议形式概括为十种：（1）一部院自行会议；（2）相关部院会议；（3）九卿詹事科道会议；（4）大学士与相关部院会议；（5）议政王大臣会议；（6）议政王大臣、大学士会议；（7）议政王大臣与相关部院会议、科道会议；（8）议政王大臣与满洲九卿会议；（9）内大臣会议；（10）议政王大臣、内大臣、大学士、九卿詹事科道会议。① 康熙之后，还有总理事务王大臣九卿公同会议、三法司会议、总理事务王大臣九卿翰詹科道等官会议、总理事务王大臣议政大臣会议、内阁九卿会议、内大臣大学士议政大臣九卿会议、八旗大臣会议、扈从大臣会议等，可以说清代的会议是多种多样的，至于举行何等规模的会议，则要取决于皇帝的谕旨。

有关司法审判问题的会议，上述会议都曾经参与过提议与决策，但比较经常使用的是一部院自行会议及相关部院会议，重大案件则要由皇帝指定大臣领衔。会议只能提出处理意见，最终决定权还是在皇帝。

无论是地方审理机构，还是中央审理机构，实际上都是替皇帝办事，都是皇帝赋予的权力。天下是皇帝拥有的，无论官员还是民众都是皇帝的子民，子民的生杀祸福都由皇帝决定。正如乾隆帝所讲："本朝家法相承，纪纲整肃，太阿从不下移，本无大臣擅权之事"②。皇帝是国家的最高统治者，掌握一切权力，司法审判权是其重要的权力之一。

皇帝的司法审判权主要体现在以下三方面。

第一，皇帝对各种案件的裁决权力。综合大约有五：（1）依法司定拟判决之裁决（即依议之裁决）；（2）依督抚所拟完结之裁决；（3）法司再行复核之裁决；（4）九卿会议之裁决；（5）另行处置之裁决。③

第二，监督司法事务。皇帝主要以汇题汇奏的形式对全国的司法活动进行监督。

（1）死刑案件的年终汇题。虽然每一案件已"专案"具题，但年终各

---

① 白新良：《清代中枢决策研究》，辽宁人民出版社，2002，第77页。

② （清）官修《清高宗实录》卷1248，乾隆五十一年二月壬午条，中华书局影印本，1986。

③ 参见那思陆《清代中央司法审判制度》，台湾文史哲出版社，1992，第239～246页。

省仍须向皇帝汇题。其由刑部办理，分省造册，即《黄册》，称之为各省《题结命盗斩绞等案清册》。

（2）徒流军遣案件的年终汇题。"凡各省年例咨报之件，则察而汇题"。清代刑罚，比死刑轻的是徒刑和流刑，以及由流刑派生出来的充军和发遣。这些案件分别由省咨送军机处、刑部，属于刑部的则由刑部汇题，检查是否按照律例裁断，是否可以批准，还是驳回重审，如果有"应议叙、议处等件，咨送吏、兵二部办理"①。这些都要请旨办理，因此皇帝既可以实施监督，又可以依汇题裁决。

（3）京师案件的汇题。京师在皇帝的辇毂下，皇帝当然特别关注它的治安情况。因此京师的案件，包括笞杖类的"细事"也要定期汇题。"京师笞、杖及无关罪名词讼，内城由步军统领，外城由五城巡城御史完结，徒以上送部，重则奏交"②。可以说凡是有关司法审判事务，事无巨细都要向皇帝报告。皇帝个人虽不可能亲自逐件审阅，但是按照清朝的制度，这些题本、黄册必须恭呈御览不误。因为刑部及三法司不过是皇帝授权分管一部分事务的机关，并不能单独以中央的名义行事，只有皇帝才能代表国家权力，接受各种政务报告，以朝廷的名义批准执行。

第三，行使赦免权。赦免是对罪犯的宽恕，免去或减轻其刑罚。赦免权通常是由国家元首掌握的。清王朝号称"我朝刑法协中，毋枉毋弛，列圣以来，恭遇庆覃大典，或逢水旱偏灾，则必有德音下逮，以施法外之仁"。这种赦宥是有一定原则的，"若十恶、杀人、盗系官财物，及强盗、窃盗、放火、发冢、守枉法不枉法赃、诈伪、犯奸、略人略卖人、和诱人口，若奸党及谗言、左使杀人、故出入人罪，若知情故纵、听行藏匿、引送、说事过钱之类，一应实犯，虽会赦，并不原宥"③。大赦要视具体情况而定，并不是统治者可以随意决定的，须有特别的原因，如前面所讲的庆典、自然灾害，还有战争、疫病等情况。

总之，清王朝是专制主义中央集权制度达到顶峰的时期，以皇帝为中心的皇帝制度也相当完善，再加上清代皇帝基本上都能够掌握和控制权

① （清）官修《大清会典》卷57《刑部·山西清吏司》，台北新文丰出版公司据光绪二十五年原刻本影印，第600页。

② 赵尔巽等：《清史稿》卷144《刑法志三》，中华书局，1977，第4212页。

③ （清）官修《清朝通志》卷80《刑法略·赦宥》，浙江古籍出版社，2000，第7227页。

力，因此他们"始终牢固地把国家最高司法权掌握在自己手中，保证亲自行使，但又大体上能使其权力的行使'符合'法定的程序"①。正因为如此，在研究清王朝涉藏刑事案件处理问题时，绝不能忽略皇帝所发挥的作用。

第二节　西藏的司法管辖

西藏的司法管辖建立在其相对独立的司法行政体制之上。这种相对独立并非指脱离清王朝的管辖，而是与其他藏区相比，其自治的程度更高。在案件的司法审判中，对于藏族之间的一般刑事案件，地方官府可以自行处理，而对于重大刑事案件，以及藏族与其他民族之间发生的涉藏案件，则一律收归驻藏大臣管辖。

一　司法行政体制

清王朝与其他王朝一样，实行行政与司法合一的政权体制。因此，考察西藏地方的审级，首先要明确清代地方行政机构的设置，因为凡存在一级行政机关，原则上即存在一级司法审判。因此，考察西藏的地方审级，首先需要分析西藏政权的行政体制架构。

清代前期，西藏地方的政治体制，经历了依据不同政治形势的变化而变化的过程。起初是在蒙古汗王的统治和管理之下。蒙古汗王受清廷委派，通过下设的第巴管理政治事务。康熙六十年（1721），清王朝改革官制，废除了汗王及第巴制度，设立了噶伦联合掌政制。朝廷对有功的康济鼐、阿尔布巴和隆布鼐，先是授予贝子、辅国公等爵位，后又委任为直接受清廷领导的噶伦，令其三人（后又增设两名噶伦）共同处理西藏政务。雍正六年（1728），因颇罗鼐平乱有功，清王朝赐予贝子衔，命其总理全藏事务。珠尔默特那木扎勒叛乱之后，乾隆十六年（1751），清王朝废除了郡王掌政制，建立噶厦这一地方政权机构，下设"一僧三俗"四噶伦，令其在七世达赖与驻藏大臣共同统领下处理西藏行政事务。乾隆五十八年（1793），清王朝借平息廓尔喀武装侵略之机整顿藏政，通过立法确立了驻

---

① 郑秦：《清代法律制度研究》，中国政法大学出版社，2000，第73页。

藏大臣为西藏最高行政长官的地位和对司法案件的终审权。至此，从西藏地区行政机构的角度来看，噶厦作为地方官府最高行政机构，负责管理一切行政事务，驻藏大臣为官府首脑，噶伦等为主要官员。在噶厦之下，西藏地方设有许多类似内地专区的行政机构，藏语称"基巧"①。基巧之下的行政组织机构是"宗"，宗办事处，也称为宗官府。由宗直接管辖的就是庄园或部落了。考察每一级行政机构职能时，会发现司法审判都是它们重要的权能之一，因此，按这种顺序，可将西藏地方的审级划分为领主（头人）、宗本和噶厦三等。

（一）领主（头人）

藏区领主（头人）是庄园或部落的首领（或酋长），是辖区土地的占有者和使用者。他们占有最主要的生产资料，用各种形式无偿侵夺农奴的劳动果实。除特殊情况，这种占有权可以世袭，而不会被国家或官府收回，最终使得"大小各部分之酋长，大多富裕一方。局面愈宽者，酋长之势力愈大，愈能管辖附近之小部"②。清王朝对西藏设治后，农区的庄园领主和牧区的部落头人都成了土官，统辖其部众，负责征收赋税并上缴朝廷，且拥有一定范围的行政权和司法权。需要注意的是，领主所辖的庄园并不一定从属于一个宗，在很多情况下，一个大领主的领地可能要覆盖几个宗的范围。例如，有些大贵族、大活佛、大寺庙的庄园就是如此。他们占有的大小庄园能够达到几十个甚至一两百个，在对庄园的管理中形成了一套复杂的机构，其处理领地事务时呈现出类似政权机构的性质。例如贵族拉加里赤钦便拥有二十个庄园，共三千平方公里领地。其府邸中有由大管家、涅巴、秘书和礼宾官等组成的管事房，还有从事其他事务的人员六十多名。管事房既是该贵族的总管机构，也是其成立的"私人自管"官府。大管家兼任宗本（县长）。府邸大门外悬挂"法棍"，内设监牢，大管家可按其主子的意志，处理当地一切行政、司法事宜。

（二）宗本

元王朝统一西藏之后，开始在西藏设立行政建制，当时统治西藏的降

---

① 由于"基巧"为清末民国初年开始设立，故在探讨清代西藏地方政权时，未将其视为一级行政机构。

② 多杰才旦主编《西藏封建农奴制社会形态》，中国藏学出版社，1996，第146页。

曲坚赞被元王朝封为"大司徒",他推广"宗"和"庄园"制,在前、后藏成立十三个行政组织,称为"宗"。"宗"在藏语中意为"寨落、城堡、碉堡",一般属于部落酋长的驻所。为了安全和利于防卫,酋长往往将"宗"建于藏民聚居地的险要之处。"庄园"在藏语中称为"溪卡",在行政上类似区,大多以一座比较高的庄房作为标志。宗、溪卡作为基层行政单位自元王朝始设立,并为后代所沿用。宗的行政长官称"宗本"。明王朝任命的宗本最后得到了清王朝的承认,并封为都指挥使司佥事。"至清代五世达赖喇嘛时,西藏地方亦沿袭明代宗级地方行政组织,并有所发展"①。因此可以说:"宗溪既是西藏继部落组织之后出现较早的行政机构,也是西藏地方政权持续时间最长、职能最多的基层政权组织。"② 宗也称为宗溪,相当于县级行政机构。宗设宗本,溪设溪堆。二者相比,溪的辖区较小,故溪堆品级较宗本品级低。西藏地方官府把宗、溪分成三等,不同等级的宗本、溪堆的品级有所不同:一等宗由五品官任宗本或溪堆,由僧俗官各一名组成;二等宗、溪由六品官任宗本或溪堆,僧俗官各一或者只设一名官员,由僧俗官轮流担任;三等宗、溪由七品官担任宗本或溪堆,一般只设一人,僧俗官担任均可。宗本由基巧报请噶厦后任免,任期无限。宗溪属于基层司法机关,执掌本辖区内的行政和司法事务。

（三）噶厦

噶厦为西藏地方官府,也是西藏地方最高司法机关。内设有噶伦四人,即一僧三俗,由驻藏大臣会同达赖喇嘛定选奏请皇帝批准。四噶伦中,多以僧人噶伦为首席,以方便处理达赖喇嘛及各寺的宗教事务。噶伦除被免职外,实行终身制,无任期限制。噶伦内部包括"译仓"和"仔康"两大机构。"译仓"是秘书处,由四名四品僧官秘书长和若干僧官组成,管理寺庙教务和僧官的任命、培训,辅助和监督噶厦办理公务。其受达赖喇嘛直接领导,噶厦的一切公事及命令均须通过译仓向达赖喇嘛呈报。"仔康",由四名俗官"孜本"和若干俗官办事员组成,担负核算实物地租、劳役地租等财政收支的审计工作,以及发布政令和俗官的任用、委派、调遣。此外,噶厦下辖近二十个被称为"勒空"的直属机

① 李凤珍:《清代西藏宗本（营官）与官吏品级》,《西藏研究》2000 年第 3 期,第 71 页。

② 何峰:《论西藏基层官吏的法律地位》,《西藏研究》1993 年第 3 期,第 109 页。

构，由它们分管各项事务。涉及司法的有协尔邦勒空和雪勒空。其中的协尔邦勒空，是管理一般刑事案件的机构，雪勒空是主管拉萨郊区的司法机构。噶伦总理西藏地方事务，同时行使司法权，处理西藏地区的各类刑民案件。①

（四）驻藏大臣

驻藏大臣包括办事大臣和帮办大臣共两名②，分列正、副职，定制为三年一换。驻藏大臣是清廷派驻西藏的最高行政长官代表，代表清廷行使国家主权。他既与达赖喇嘛、班禅额尔德尼地位相等，又有监督、指导西藏地方事务的权力。此外，由于其代表清王朝，其权力和责任又为达赖、班禅等地方僧俗官员所不及。驻藏大臣拥有外交权、宗教管理权、行政权、军权、税收徭役管理权、司法权和督造西藏货币、监发粮饷、寺院管理等一系列权力，保证了其在西藏的重要地位和清王朝对西藏的主权行使。司法权是驻藏大臣权限的重要组成部分，保证了驻藏大臣对西藏刑事案件的管辖和审判。

二 司法管辖权

行政和司法合一的体制下，司法管辖权一般按照司法行政级别分别设立。由于西藏的司法行政体制分为领主、宗本、噶厦三级，对司法管辖权的分析也应以此进行。由于驻藏大臣总领藏政，故在此将其放在最高行政体制的位置，并对管辖权问题加以阐述。

（一）领主（头人）的管辖权

领主（或头人）在自己管辖的庄园以及部落中拥有司法权，管辖一般的民刑事纠纷。有的庄园或部落设立执准者（藏语称"斯巴"或"斯哇"）等专门的司法人员，负责处理本辖区内的各类案件。这些人可以由首领下属的大小官员担任，也可以委任部落中主事公道、领会官民意向、善于审查的人担任，还有的请部落中有较高威望的老人担任。部落中类似打架斗殴、邻里纠纷以及婚姻家庭等民事纠纷，一般均由这些权威人

---

① 《钦定藏内善后章程二十九条》颁布后，驻藏大臣在西藏地方政府中获得了重大案件的最终审核权，自此以后，噶伦审理刑民案件时需要受到驻藏大臣的监督和批准。
② 清末曾将帮办大臣裁撤，设左右帮办各一人。

士进行调解，双方按照当地的习俗私下解决，因此，较少有提交领主或头人进行诉讼裁判的事例。在调解或起诉的每一个程序开始前，双方都要缴纳一笔不小的费用作为调解费或裁判费，也使得纠纷双方更乐于通过调解一次性解决争议。对于调解不能解决的刑事案件，则交由领主或头人审理裁决。部落头人司法松弛、没有法定权柄，一般只能调解家庭纠纷，或者在宗官府授权下处理少数情节不重的偷盗纠纷，但是还得由宗官府最后决定。而宗官府有比较完整的成文法律，有一套封建的等级习规，有法庭、有监狱、有刑具，据此将正式的司法权完全掌握在手中。对于上文中提到的下辖数十个庄园的大领主，一般通过设立宗本管辖各类民刑案件。

（二）宗本的管辖权

五世达赖时期制定的《十三法典》是主要适用于西藏基层地方政权的法律文件，通过分析《十三法典》的内容，不难看出宗本一级的司法机关管辖案件的范围。《十三法典》共十三章律文，规定了调整藏族社会关系的行为准则和约束规范。其中警告罚锾律、杀人命价律、伤人赔偿律、盗窃追偿律、重罪肉刑律、拘捕法庭律主要规定犯罪和刑罚。亲属离异律、奸污罚锾律和半夜前后律主要调整财产和人身等社会关系，属于民法的范畴。听诉是非律和狡诳洗心律则主要规定审判程序。此外，还有使者薪给律、镜面国王律等行政法律规范。在西藏地方基层官府中，没有专门负责司法的官吏，其职能由地方最高行政长官宗本行使。宗本拥有受理和审判案件的司法权，需要严格按照《十三法典》的规定受理和审判案件。从这个角度来看，宗本主要处理辖区内的杀人、伤害、盗窃等刑事案件以及亲属分家、夫妻离异、男女通奸、牲畜纠纷等民事案件。

此外，对于刑事案件，宗官府要以积极的姿态主动进行管辖和处理，而非消极地坐堂等案。例如，对于偷盗、抢掠、杀人等发案率较高的案件，宗本要亲自或指定基层组织进行调查，收集证据并查明案情，追究其刑事责任。如西藏那曲宗罗马让学部落规定："对于抢劫、杀人案拌，一律要由宗本处理。如部落发现杀人案，一般由'达儒'报告'甲本'，'甲本'再报告宗本，宗本派一代表到部落验尸（死尸在未验明前不能处理），同时派人逮捕凶犯，没收凶器，查封犯人财产，犯人逮捕时要挨50

皮鞭，然后带到宗官府报监。"较大的或下级司法机关难以完全处理的，当事人可上诉到噶厦或由下级机关移送噶厦处理。"部落之间发生草山纠纷，或牧民有请愿事件，也可以上诉到嘎厦官府处理。"①

（三）噶厦的管辖权

西藏地方司法机构由上述领主（头人）、宗和噶厦组成，各自管辖的范围根据案件性质、影响大小等来划分，分工较为明确。从司法实践看，各类案件强调基层解决的原则，基层机关处理不了，再逐级移送上级机关。综观西藏地方的刑民案件，多由宗一级处理，而由噶厦官府直接处理的案件较少。根据西藏地方司法传统，噶伦直接审理的案件主要有两种：一是西藏地区内侵犯达赖喇嘛根本利益、破坏噶厦政权和违反禁忌等重大刑事案件，以及大的牧区、草场权属纠纷等民事纠纷。对于打架、命案及偷盗等案件之处理，可以缘依旧规，但须分清罪行之大小轻重，秉公处理。二是下级司法机关不能审决，或多年悬而未决，抑或影响很大，以及不宜由下级司法机关处理的案件，由达赖喇嘛或驻藏大臣指定噶厦进行审理。

（四）驻藏大臣的管辖权

《钦定藏内善后章程二十九条》（简称《钦定善后章程》）规定了驻藏大臣的司法管辖权。《钦定善后章程》颁布前，司法实践中经常出现噶伦及昂仔、辖米本等处理案件不公并额外罚款，且将罚款纳入私囊的现象。有些噶伦还利用权势，对地位低下之人随便加以罪名。为了解决这些问题，《钦定善后章程》规定了驻藏大臣的终审权："今后规定对犯人所罚款项，必须登记，呈缴驻藏大臣衙门。对犯罪者的处罚，都须经过驻藏大臣审批。没收财产者，亦应呈报驻藏大臣，经过批准始能处理。今后无论公私人员，如有诉讼事务，均须依法公平处理，噶伦中如有依仗权势，无端侵占人民财产者，一经查出，除将噶伦职务革除及没收其财产外，并将所侵占的财产，全部退还本人，以儆效尤。"② 这样便通过地方立法的形式，确定了驻藏大臣对噶伦司法事务的管理和对案件的司法管辖。

---

① 以上引文见张济民主编《青海藏族部落习惯法资料集》，青海人民出版社，1993，第133 页。

② 以上引文见《钦定藏内善后章程二十九条》第 25 条，载张羽新主编《清朝治藏法规全编》，学苑出版社，2003。

第三节　清甘青川滇藏区司法管辖

甘、青、川、滇藏区不仅地域广阔，而且地处边疆，具有重要的战略地位，因而清王朝始终没有放弃对这一地区的统治和管理。从历史的角度来看，这种统治是由间接到直接，并逐渐增强的，即随着清王朝政权的稳定和国力的增强，对藏区的控制力也不断得到加强。对于地方司法审判来说，由于清代司法权始终处于行政权之下，因此，研究清代涉藏案件的司法审判制度，首先必须对清王朝在藏区的行政管理体制进行了解。清王朝在甘肃、青海、四川、云南地区的行政体制，从总体上看具有某些相似性，但由于生产力发展及历史传统、地理环境等因素，又呈现出各自的一些特点。

一　司法行政体制

甘青川滇藏区的司法行政体制是需要重点分析的部分，但由于清代的司法行政体制是一个整体，地方必然会受到中央的影响和制约。

在长期的发展中，藏族一直相对集中地生活在包括西藏全境和甘、青、川、滇部分地区在内的广大区域中。历史上曾将这块辽阔的地域分为"卫""藏""康"三个部分。西藏地区由卫、藏组成，其中"卫"指的是以拉萨为中心的前藏地区，"藏"指的是后藏地区。"康"区是在吐蕃王朝中期以前对卫藏以东的地区的统称，后来被划分为"康巴"和"安多"两部分。按现在的地理区划来讲，"康巴"包括西藏的昌都地区、四川的甘孜藏族自治州、云南的迪庆藏族自治州和青海的玉树藏族自治州；"安多"包括青海省除玉树以外的青海藏区、甘肃省的甘南藏区和四川省西北部的阿坝藏族羌族自治州。由于这种藏区的划分方法与当今各行省的管辖范围不相一致，为了清晰、准确地分析和表述，在考察清代甘、川、青、滇藏区的行政建制时，不妨以现代行省所辖地区的地理概念进行梳理，同时，考虑到青海相较于其他三省的特殊性，故以青海藏区和甘川滇藏区分别予以论述。

（一）青海藏区

13 世纪以来，元、明王朝在安多藏区均推行"因俗而治"的地方行政体制，也就是"土司制"。后来，明代根据"土流参设，以流统土，以土治番"的原则，在藏、蒙、撒拉等族居住地区，采取了具有军事性质的卫所制，即在派驻流官（武职）的同时，又任命当地少数民族头人、部落首领为土官。万历四十八年（1620）后，西蒙古厄鲁特和硕特部首领固始汗率部移牧青海地区。崇祯十五年（1642）固始汗消灭西藏藏巴汗后，整个青藏高原地区几乎全被纳入和硕特蒙古的统治范围，朝廷原有的行政建制已名存实亡。由于青海地处中西交通要道，且地广宜牧，固始汗自建立地方政权开始，就一直将其作为和硕特部的天然牧场和根基之地，还将游牧在天山以北的和硕特属部大批迁居到此，安排"其子十人领之"①。实际上，《西宁府新志》中"十子"的说法不够准确，因为固始汗的长子和四子长期坐镇西藏。据《清史稿》记载："余八人皆居青海，故其裔称和硕特八台吉"②。由此可知，统治青海的应当是其他八子。也就是说，固始汗八子各自世袭，组成了青海的领主会议。

清王朝于顺治初年恢复陕甘及青海东部地区的行政建置，设陕西行省；康熙六年（1667），又分陕西行省为陕西、甘肃行省③。甘肃省辖西宁卫在内的部分藏区，沿袭明代卫所制度，各土司仍其旧，原职世袭，实行"土流参治"④。但此时西宁以西、以南及甘南的广大藏区，仍在和硕特蒙古的统治之下，当地藏民"止知有蒙古，而不知有厅卫，不知有镇营"，"西海（蒙古）之牛羊驴马取之番，麦豆青稞取之于番，力役征调取之于番"。⑤ 康熙三十六年（1697），以固始汗幼子扎什巴图尔为首的青海和硕特众台吉到北京朝觐，康熙皇帝"怀之以德，震之以威"。次年正月，清廷将扎什巴图尔等人分别敕封为和硕亲王、贝勒、贝子等职衔。自此，青

---

① （清）杨应琚：《西宁府新志》卷 20《武备志》，青海人民出版社，1987。
② 赵尔巽等：《清史稿》卷 522《藩部五》，中华书局，1977，第 14451 页。
③ 周伟洲：《清代甘青藏区建制及社会研究》，《中国历史地理论丛》2009 年第 3 期，第 11 页。
④ 参见（清）官修《清世祖实录》卷 15，顺治二年夏四月丁卯条。颁恩诏于陕西等处曰："一、西番都指挥、宣慰、诏讨等司万户、千户等官，旧例应于洮、河、西宁等处各茶马司通贸易者，准照旧贸易。原有官职者，许至京朝见授职。一切政治悉因其旧。"中华书局影印本，1986。
⑤ 参见《年羹尧奏陈平定罗卜藏丹津善后事宜十三条条折》，雍正二年五月十一日，载中国藏学研究中心、中国第一历史档案馆等编《元以来西藏地方与中央政府关系档案史料汇编》（2），中国藏学出版社，1994，第 350 页。

海蒙古诸台吉正式接受了清王朝的封爵，青海蒙古也成为清王朝的近藩。《圣武记》中说："本朝开国初，首抚固始汗，以通西藏，兼捍甘、凉、湟、洮诸边。故虽以准夷之猖獗，终不敢越西陲而犯青海。"① 青海蒙古由外藩到近藩的转变，与之前相比，只是在与清王朝的关系上发生了改变，即由羁縻变为臣属，而对青海内部事务的管理，却仍然在各贵族的完全掌控之下。可以说从清王朝入主中原到康熙末年，清王朝对青海的统治形式，基本上依赖青海八台吉的间接统治。就青海地区本身来看，在各台吉统治过程中，建立起各自的世袭领地，并逐渐形成了一套自成体系的社会组织和制度，并依此维持对封地的管理②，其在领地上的统治，更接近"自治"。

经过多年的发展，清王朝对蒙藏地区的统治不断加强，并一直谋求对藏区直接、全面和有效的施政。雍正初年，平定罗卜藏丹津叛乱之后，清王朝迎来了在青海地区推行改革的契机，准备实现对青海的全面建政施治。年羹尧针对青海地区的善后事宜拟定了《青海善后事宜十三条》及《禁约青海十二条》奏折，得到清廷核准以后，成为治理以青海为中心的广大地区的最基本的法律制度。这两部法律文件中涉及蒙、藏民族的政治、经济、宗教、军事等多个方面的制度和政策，其批准生效拉开了清王朝在青海全面施政的序幕。青海地区的行政体制改革主要体现在"农牧分治，二制并行"上，即根据农牧区的不同情况分别设立以"西宁办事大臣"和"西宁府"为主的管理机构。清王朝对青海乃至甘肃、四川部分地区的统治和管理均依托这一体制，因此需对其进行重点分析。

1. 西宁办事大臣及其体制

青海地区存在广大的牧区且人烟稀少，其地的蒙藏民族多为逐水草而居，其经济社会发展明显落后于内地。考虑到该实际情况，清王朝在施政时，并未将其范围内的纯牧业区纳入内地的行省体制当中，而是将其视为

---

① （清）魏源撰，韩锡铎、孙文良点校《圣武记》卷3，中华书局，1984。

② 从当时的青海和硕特蒙古社会经济组织看，鄂托克是领主贵族之下的组织单位（类似千户），受其役使和保护，并承担赋役。和硕特汗和大诸颜台吉等世袭贵族的封地一般由若干个鄂托克组成的大的部落集团进行管理。鄂托克由若干爱玛克组成，而爱玛克又由以血缘关系维系的若干阿寅勒组成。阿寅勒是小家庭组成的放牧圈子，其管理组织虽非氏族制度，但保留着氏族制度的遗留，其首领由年长者担任。这套自上而下的组织和管理制度保障了领主贵族对领地的政治、经济、军事等进行全面的统治。

特殊行政区域，专门设立西宁办事大臣进行特别管理。西宁办事大臣，全称为"钦差总理青海蒙古番子事务大臣"，最初是清廷为了完成平叛后的善后工作而设立的专门人员。雍正二年（1724），清廷委派鄂赖赴西宁，办理蒙古事务。① 雍正三年（1725），正式任命副都统达鼐为"钦差总理青海蒙古番子事务大臣"，总理青海蒙古、番子事宜，这一职官遂成为定制（乾隆元年后也称为"青海办事大臣"或"西宁办事大臣"）。② 该官职由一人担任，任期三年，期满更换，人选大多在理藩院散秩大臣、八旗护军统领、副都统以及各部院侍郎内，择"其谙练蒙古事务者，开列简用"③。

最初，西宁办事大臣的辖区主要是青海蒙古三十旗和玉树四十族的游牧之地。乾隆五十六年（1791），循化及贵德两厅所属的 76 个"熟户"部落和 77 个"生番"部落也归由西宁办事大臣调遣。④ 嘉庆十一年（1806），西宁镇、道以下官员也归入西宁办事大臣兼辖节制。⑤ 上述蒙藏部落辖区的一切政教事务均由西宁办事大臣总管。具体而言，主要包括蒙古王公及札萨克的封爵承袭，藏族千百户头人的任免，各大寺院活佛转世事宜；管理、控制蒙藏各旗、部的茶粮贸易；稽查各旗、部落的田亩、牲畜、户口；会同驻藏办事大臣、四川督抚及陕甘总督协调处置有关青藏、青川和甘青之间的有关事宜；管理蒙藏两族之间的各种纠纷和命盗案件；统率军队，定期督察和主持会盟等。

为了加强对蒙古的统治，达到"众建以分其势"的目的，清王朝以满族原有的八旗组织为形式，依托"鄂托克""爱玛克"等蒙古社会组织，通过封爵、封地等手段，在蒙古地区推行具有经济和政治等多种属性的盟旗制度。札萨克旗是清代盟旗制度中旗分的一种表现形式，旗长称为札萨克，由清廷在有功蒙古王公中任命，总揽旗内的军民司法诸权。札萨克以下设管旗章京一人，承札萨克之命，统管一旗之事。雍正三年（1725），清廷在青海适用盟旗制度，将青海蒙古五部编为 29 旗。其中，察罕诺门特

① （清）官修《清世宗实录》卷 17，雍正二年三月丁亥条，中华书局影印本，1986。

② 乾隆二十五年（1760）曾短暂撤销，于二十七年复设，此后，一直沿用到清末。

③ （清）会典馆编，赵云田点校《大清会典事例·理藩院》卷 976《设官》，中国藏学出版社，2006。

④ （清）文孚著，魏明章标注《青海事宜节略》，青海人民出版社，1993，第 14 页。

⑤ （清）文孚著，魏明章标注《青海事宜节略》，青海人民出版社，1993，第 21 页。

别旗（喇嘛旗）与和硕特部21旗，牧地在大通河上游、布隆吉尔河、布哈河、柴集河两岸及河曲地区；土尔扈特部共4旗，牧地在河曲地区黄河东西两岸；绰罗斯（即准噶尔）部2旗，牧地在青海湖东南；喀尔喀部1旗，牧地在青海湖南岸；辉特部1旗，牧地在柴集河东。总之，这些札萨克"或远或近，皆在青海之四面联络住牧"①。

在青海蒙古的各旗内部，清廷依据"分别游牧居住的方针"，采纳了年羹尧的建议，对各旗"依内札萨克，编为佐领，以申约束"。《青海善后事宜十三条》给出了每个旗的具体组织方式，即"每百户编一佐领，其不满百户者为半佐领。将该管台吉俱授为札萨克，于伊等弟兄内拣选，授为协理台吉。每札萨克俱设协领、副协领、参领各一员，每佐领俱设佐领、骁骑校各一员，领催四名。其一旗有十佐领以上者，添设副协领一员。佐领两员，酌添参领一员"②。在实际的编旗过程中，"以百五十户为一佐领，共佐领一百一十四个半"③。

在各旗之上设盟，平时不设盟长。每年农历七月十五日，由西宁办事大臣负责召集各旗在察罕托罗海（今青海省共和县倒淌河乡境内）会盟一次（乾隆十六年后改为两年一次）。会盟在西宁办事大臣的主持和监督下进行，一般是举行祭祀青海湖神的仪式，也集中处理一年内蒙古族内部的重大事务。道光三年（1823）之后，规定环海藏族也参加祭海会盟。

通过编制札萨克旗，清王朝将青海蒙古纳入国家主权的有效统治之下，不仅确立了朝廷的权威，也密切了与蒙古地区的关系，更有效地化解了该地区的冲突，缓和了游牧民族与农耕民族之间的矛盾，加强了民族交流，并最终促进了青海蒙藏地区的稳定与发展。

在稳定和控制青海蒙古时，清王朝采用了盟旗制度，以"众建而分其势"。在对青海牧区藏族的管理体制上，则采用了千百户制度这一延续几百年的特殊的地方政权形式。千百户制度的实质与土司制度类似，主要是以千户、百户等官吏为主体的一种藏族基层管理制度。平定罗卜藏丹津叛乱之后，清王朝为进一步加强对青海藏族的管理，结合青海藏区的历史传统和

① （清）杨应琚：《西宁府新志》卷20《武备志》，青海人民出版社，1987。
② 《青海善后事宜十三条》，载张羽新编著《清朝治藏典章研究》，中国藏学出版社，2002，第6页。
③ （清）杨应琚：《西宁府新志》卷20《武备志》，青海人民出版社，1987。

社会发展情况，将牧区藏族社会存在了数百年的千百户制度予以借鉴并进一步完善，最终形成了一种在青海牧区藏族社会行之有效的行政管理体制。

雍正二年（1726），年羹尧即在《青海善后事宜十三条》中奏曰："西番人等宜属内地管辖也。……将番人心服之头目给予土司、千百户、土司巡检等职衔分管。"① 雍正三年（1725），就如何"设立条目，酌定额赋，安集番民等事"这一问题，川陕总督岳钟琪细加筹划，将方案上奏朝廷，主要内容是添设千百户，清查户口及额定赋税。岳钟琪认为："凡切近河、洮、岷州内地番人与百姓杂处者，向通汉语，自归诚后已令改换内地服色，无庸设立土千百户，但就其原管番目委充乡约里长，令催收赋科，久则化番为汉，悉作边地良民。其去州县卫所较远之部落，现在有地耕种者，令按亩纳粮，其黑帐房种类游走无定畜牧为生者，择可耕之地教令垦种，十年起科，仍令修造庐舍，使有恒产，不致游走。其不产五谷，无可耕种者，令酌量贡马，此种部落与切近内地者不同，自应就其原有番目给予土千百户职衔，颁发号纸，令其管束。至于纳粮贡马，近州县卫所者归州县卫所，近营汛者归营汛。"② 这一建议得到了皇帝的采纳，并在总结经验的基础上逐渐形成了"生番""熟番""野番"的概念及不同的管理方法。一般情况下，熟番以农业生产为主，清廷对其管理方式与汉、回族接近，要求缴纳贡粮，但田赋量较轻；生番主要从事畜牧业，清廷设置千百户对其进行管理，主要缴纳贡马银；野番由于游牧无固定地域，清廷对其管理程度不高。雍正四年（1726），西宁办事大臣达鼐、西宁总兵周开捷等遵循谕旨，在藏族地区清查户口，划定地界，"因俗设官"③，即承认和封授土司，确立千百户制度并赐予千户、百户头衔。同时，将"历贵德、河、洮等处番人住牧之地，招来安插"，"委以千、百户、乡约，并饬地方营汛会查户口、田地，定其赋额；仍行地方官照依部式，制造仓斗、仓升，饬发各番承赋输科，归地方官管辖"。④ 雍正十年（1732），达鼐派员

---

① 《青海善后事宜十三条》，载张羽新编著《清朝治藏典章研究》，中国藏学出版社，2002，第7页。

② （清）龚景瀚等撰，李本源校《循化志》卷1《建置沿革》，青海人民出版社，1981。

③ （清）嵇璜、刘墉等奉敕撰《清朝通典》卷26《理藩院》，浙江古籍出版社，2000，第275页。

④ （清）龚景瀚等撰，李本源校《循化志》卷1《建置沿革》，青海人民出版社，1981。

划定青藏行政区界时，也对各族游牧地界作了类似的规定，按"族内人户，千户以上，设千户一员，百户以上，设百户一员，不及百户者，设百长一员，俱由兵部颁给号纸，准其世袭。千百户之下，设散百长数名，由西宁夷情衙门发给委牌。每一百户，贡马一匹，折银八两，每年每户摊银八分"①。对于千百户土官的品级和选任，乾隆十年（1745），礼部作出了具体规定："番族千户准戴五品顶戴，百户六品顶戴，百长九品顶戴，准其世袭。如出缺，该大臣（西宁办事大臣）报部，转奏换给执照。"② 道光年间，为加强对藏族部落的统治，清王朝在循化、贵德强化千百户制度。据那彦成奏称："遵照《奏定章程》将察汉诺们罕旗下蒙、番查造门牌，分立千户、百户、百总、什总，责令该旗图萨拉克齐等官递相管束。至循、贵各族野番共总立千户十名、百户四十名、百总八十六名、什总四百名。并据该镇将循、贵野番千户、百户、百总、什总等带至西宁谒见。臣等宣扬皇上德威，谕令管束各番。"③ 此外，为了安抚河南贵德、循化等地的藏族部落，彻底解决其与河北蒙古各旗因土地和水草而起的冲突，清王朝于咸丰八年（1858）将河南八族部落移牧到青海湖四周（此即后所称之"环海八族"），划分八族的游牧区域，并设总管、千户、百户等官员进行管理。通过设立千百户等土官，清王朝对居地离城镇、营汛较远，以游牧为生的藏族部落的管理和控制得到了显著加强。

2. 西宁府及其体制

对于青海东部广大的以农业和半农半牧生产为主的地区，清王朝采取的是与内地一样的行政管理体系，即这些地方的行政事务，分别交给府、州、县（厅）等各级官府管理。清初在青海东部地区"画土分疆，多沿明制"④，因此，明朝的卫所制度得到了沿用，在以上地区最初主要由西宁卫统辖。清王朝在定鼎中原之初于此地继续实行卫所制度，主要出于稳定边疆，提供兵员，确保王朝疆域等军事方面的考虑。随着清王朝对边疆地区统治能力的加强，原来的卫所制度也逐渐被统一的行政体制所取代。罗卜藏丹津叛乱为清王朝在青海的施政提供了有利时机。

---

① （清）不著撰人：《卫藏通志》卷15《部落》，西藏人民出版社，1982。

② （清）文孚著，魏明章标注《青海事宜节略》，青海人民出版社，1993，第4页。

③ （清）那彦成：《那彦成青海奏议》，宋挺生校注，青海人民出版社，1997，第225页。

④ 赵尔巽等：《清史稿》卷54《地理志一》，中华书局，1977，第1891页。

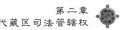

雍正初年，平定罗卜藏丹津叛乱之后，以年羹尧所奏的《青海善后事宜十三条》和《禁约青海十二条》为基础，出台了一系列对青海地区的治理措施，拉开了对青海全面建政施治的序幕。在这些举措中，地区行政建制是王朝地区施政的依托。因此，清王朝结合内地行政体制，对青海地区特别是东部农区和半农半牧区的行政建制进行了变革。雍正三年（1725），清王朝对青海和甘肃的行政机构进行了较大调整：升改西宁卫为西宁府（治今西宁），下辖西宁县（治今西宁市）和碾伯县（治今青海乐都碾伯镇，由所改置）；添置大通卫（治今青海门源），乾隆二十六年（1761）改大通卫为大通县（治今青海大通城关镇）；添置贵德所（治今贵德，原名归德所，先后隶河州卫、临洮府，乾隆三年改隶西宁府），乾隆五十七年（1761），改为贵德厅，设抚番同知；仍设西宁抚治道，并迁西宁通判常驻盐池（治今青海湖西南盐池）；乾隆九年（1744），又增设巴燕戎格厅（治今青海化隆），置通判，乾隆二十七年（1762），移河州同知于循化营，设循化厅（治今甘肃循化），隶兰州府，道光三年（1823）又改属西宁府；道光九年（1829），特设丹噶尔厅，将原西宁县派驻丹噶尔主簿，升格为抚边同知，隶属西宁府。至此，西宁府辖三县四厅，其辖境包括东部农业区和黄南藏族自治州的大部分藏区。经过行政建制的调整完善，西宁府最终辖三县四厅，辖境包括东部农业区和黄南藏族自治州的大部分藏区（见图2－1）。

（二）甘、川、滇藏区

1. 府州县的增改

清王朝对甘肃、四川和云南等少数民族的管理主要沿袭明代的土官制度。这些地区的土官制度大致可以分为两个系统：一是由军事部门管辖的，如宣抚使司、宣慰使司、安抚使司、招讨使司、长官使司等。"这些使司的长官又称为'土司'，其下设同知、副使、佥事等官，均由该民族的各级头人世袭其职，其任免袭替由兵部武选司负责，政务归各省军事部门统率。这类使司多设在边远地区或被军事征服不久的地区，土司们拥有一定数额的土司兵，协助省军事部门维护该地区的社会秩序"。二是由行政部门管辖的，即所谓的土府、土州、土县等，其主要长官也称土知府、土知州、土知县。这一类的土府州多设在内地各省的民族地区。"这些土官衙门的编组略如内地府州，但比较简略。其长官和佐贰官均由该民族的

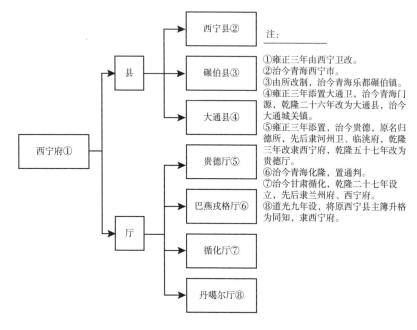

注:

①雍正三年由西宁卫改。
②治今青海西宁市。
③由所改制,治今青海乐都碾伯镇。
④雍正三年添置大通卫,治今青海门源,乾隆二十六年改为大通县,治今大通城关镇。
⑤雍正三年添置,治今贵德,原名归德所,先后隶河州卫、临洮府,乾隆三年改隶西宁府,乾隆五十七年改为贵德厅。
⑥治今青海化隆,置通判。
⑦治今甘肃循化,乾隆二十七年设立,先后隶兰州府、西宁府。
⑧道光九年设,将原西宁县主簿升格为同知,隶西宁府。

图 2 - 1　西宁府及其所辖县厅

大小头人世袭,任免世袭事务由吏部验封司负责,政务由各省布政使司负责"①。从甘川滇藏区的行政建制来看,其类型最初更像是第一种类型,但随着清代对藏区统治的加强,这些地区行政建制也发生了一些变化,使其与内地的行政管理体制越来越相像。

在甘肃地区行政建制方面,除对甘肃西宁府行政区划进行调整之外,雍正二年(1724)裁撤行都司及卫所,改增甘州、凉州、宁夏三府,又改岷州卫为州,并洮州卫俱隶巩昌府,并在甘、凉、西宁等军事要地添设营汛,增加官兵。其中与甘肃藏族有关的为凉州府,下辖武威、永昌、镇番、古浪、平番(改庄浪所置)五县。

四川西北部的阿坝藏区的行政建制,也随着清王朝管理政策的变化而发生了一系列的改变。清初为保障阿坝藏区的秩序稳定,清王朝对该地原有土司予以认可并加封,维持其统治区域。18 世纪初,松潘、若尔盖和茂汶等地近百个大小部落头人归顺清王朝,也皆被授予土千、百户等职或承

① 以上引文见柏桦《中国政治制度史》,中国人民大学出版社,2011,第229页。

袭原职。18 世纪中叶，清王朝在马尔康等地分设宣慰司、长官司，并于乾隆十七年（1752）设置杂谷直隶厅，以守备、千总、把总、外委等职官代替土司统治地方。在川西藏区，经过改土归流，平定大小金川之乱后，于18 世纪 70 年代设置美诺、阿尔古两厅，后改为懋功直隶厅，下辖五屯，设土司两名，并以臣服的藏族头人充任守备、千总、把总等职。通过设立官府机构，控制土司和委任土官等举措，增强了清王朝对阿坝藏区的统治。在四川西部甘孜藏区，"顺治初年沿用明制，将甘孜藏区划归雅州府（为直隶州）管辖。康熙初年，原明代长河西鱼通宁远宣慰使归附，被清王朝授以明正宣慰使职，辖安抚司六、千户一、百户四十八。雍正七年（1729），清王朝先后授理塘正副土司、巴塘正副宣抚使，德格、邓柯、甘孜、色达等地头人为安抚司、长官司等职，并改长河西鱼通宁远宣慰使司为打箭炉厅，管理境内大小土司一百零二余员，1904 年升为直隶厅，1908年升为康定府"①。

在云南迪庆藏区，清初亦沿袭明制，由西藏地方官府加以控制，主要由拉萨宗教首领派出宗本和神翁进行管理。康熙五十七年（1718），蒙古和硕特部以达赖和固始汗的名义，从拉萨三大寺中选出一名喇嘛派驻中甸，对迪庆僧民进行统治和管理。康熙五十八年（1719），清军驱逐准噶尔军队时，迪庆也是入藏要冲和补给重地。康熙五十九年（1720），藏事平息后，迪庆归云南管理。雍正元年（1723），清廷命云南提督安抚迪庆地方。云贵总督高其倬遵旨，"令提臣郝玉麟，率兵至中甸，扬威驻扎，宣布德意"②。雍正二年（1724），设中甸厅，派鹤庆府所属剑川州州判驻此。雍正五年（1727），设立维西厅，设置通判进行治理，归鹤庆府管辖。雍正六年（1728），在维西建立营制，设参将、守备各一、千总三、把总四、外委六，统战马步兵一千名，驻守分防各汛。雍正七年（1729），命云南、四川两省派员会勘疆界，将金沙江外中甸，江内其宗、腊普、阿墩子（德钦）等地俱划归云南统辖。乾隆二十一年（1756），中甸、维西划归丽江府管辖。清末改土归流后，迪庆曾受川滇边务大臣衙门节制。③

---

① 参见赵尔巽等《清史稿》卷 69《地理十六》，中华书局，1977，第 2228 页。
② （清）官修《清世宗实录》卷 16，雍正二年二月丙寅条，中华书局影印本，1986。
③ 参见赵尔巽等《清史稿》卷 74《地理二十一》，中华书局，1977，第 2327～2328 页。

此外，为便于行政管理，清王朝又多次委派大臣勘定青海、甘肃、四川、云南与西藏各省之边界，以明确各省的行政管理范围。雍正二年（1724）初，罗卜藏丹津之乱被平定，结束了青海和硕特蒙古统治西藏、四川西部及青海等藏区的统治，于是上述各地藏区的行政区界的划定就提到日程上来了。① 经过派遣大臣勘定川藏边界，于雍正三年（1725）决定将原属四川的巴塘、里塘（现为理塘）、德格等地划归四川，将中甸等地划入云南；雍正九年（1731）又命西藏与青海、四川各派员会勘疆界，决定以唐古拉山为界，将山北玉树等四十族划归西宁办事大臣统辖，将山以南那曲、昌都一带的三十九族和整个西藏划归驻藏办事大臣统辖，将昌都划归四川，且将原隶属四川的果洛藏区仍划归四川统辖。此后，又采取了分封僧俗领主、勘察川藏边界、收伏波密土王等许多安定昌都的措施，其中较有影响的是册封康区四大呼图克图（帕巴拉活佛、察雅切仓罗登西绕活佛、类乌齐帕曲活佛、八宿达察济咙活佛），确立了昌都"政教合一"的政治制度。行政边界的明确划定，为之后清王朝藏区的司法行政奠定了良好的基础。经过了行政建制的改革及边界划分之后，甘、川、滇也基本形成了上有总督、巡抚，中有知府、知州，下有通判、土官的类似内地的行政管理系统，为清王朝的藏区统治提供了极大便利。

2. "政教合一"体制

内地行政体制在甘、川、滇得到完善的同时，清王朝在控制力较弱的藏区贯彻政治和宗教相结合的管理原则，于是，以大寺院为中心的"政教合一"地方体制和以土司为中心的"政教合一"地方体制得到了显著发展。这两种不同的地方体制具有某些相同的特点：从统治地方角度看，其首领总揽对属民的统治权，并将政权和教权合二为一，具有高度的"自治性"和强烈的宗教色彩；从地方与中央的关系来看，地方首领往往是通过册封得到清王朝的承认，并将核心权力通过家族世袭予以传递，而清王朝对其采用从俗从宜的政策，利用其实现间接统治。同时，由于执掌政权和教权的主体不同，也使得这两种体制有一些不同的特点。

以寺院为中心的"政教合一"体制，在元、明王朝的支持下，藏传佛

---

① 周伟洲：《清代甘青藏区建制及社会研究》，《中国历史地理论丛》2009 年第 3 期，第12 页。

教在甘青川滇藏区得到了广泛传播，各地也建立了数量繁多的寺院。在众多寺院中，有一些寺院不仅拥有宗教权力，而且通过自身影响和贵族的支持，逐渐拥有了对周围地区和百姓的行政管辖权力。这种寺院建立起政教合一的组织机构，对辖区行使着政治和宗教权力。在甘肃和四川都存在这种以大寺院为中心的"政教合一"体制，甘肃大夏河的拉卜楞寺和四川甘孜的理塘寺便是这种形式的典型代表。

拉卜楞寺由嘉木样活佛一世（1648～1721）于康熙四十九年（1710）在今夏河县境内创建。乾隆二十七年（1762），清王朝将河州同知移驻循化营，改置循化厅，这使得地方政权对拉卜楞寺的管理较先前大大削弱，加上河南蒙古亲王的大力扶持，拉卜楞寺迅速发展起来。经过一世至五世嘉木样活佛的不断扩建，最终，拉卜楞寺发展成为占地千余亩，拥有六大扎仓、四十八座经堂、五百余间僧舍的庞大寺院。其寺院喇嘛人数和附属的藏族庄寨、部落日益增多；分寺遍布各地，甚至包括青海地区。[1] 在拉卜楞寺的极盛时期，它管辖的寺院有一百多座，教区扩展到青、川、新疆、蒙古和东北地区；它直接控制的教民、神民和政民，除夏河地区外，还有碌曲、玛曲及甘南其他各地，甚至还包括青海东部和四川北部的个别地方。[2] 从管辖部落方面看，乾隆以后，拉卜楞寺在发展中逐渐形成了直属的"十三庄"及依附的众多藏族部落。"十三庄"由分布于拉卜楞寺周围的唐乃亥、撒禾尔、他哇、德琼等四个大的部落组成，共辖二十个村庄。[3] 这些部落和村庄均为"拉德"，受寺院的管理。依附拉卜楞寺的藏族部落众多，主要有桑科部落（在今甘肃夏河桑科乡）、科才部落（在今夏河科才乡）、勒秀部落（在寺东北）、阿木曲乎部落（在今甘肃碌曲）、欧拉部落（在今甘肃玛曲）、作革尼玛部落（在玛曲）等，而且各部落又分辖一些小部落。[4]

拉卜楞寺的政务权最初主要体现在对察汗丹津贡献的土地和香火户

---

[1] 周伟洲：《清代甘青藏区建制及社会研究》，《中国历史地理论丛》2009 年第 3 期，第 17 页。

[2] 王献军：《试论甘川青滇藏区政教合一制的特点》，《西藏民族学院学报》2004 年第 2 期，第 21 页。

[3] 其中，唐乃亥部落辖 5 村，撒禾尔部落辖 5 村，他哇部落辖 4 村，德琼部落辖 6 村。参见周伟洲《清代甘青藏区建制及社会研究》，《中国历史地理论丛》2009 年第 3 期，第 26 页。

[4] 周伟洲：《清代甘青藏区建制及社会研究》，《中国历史地理论丛》2009 年第 3 期，第 26 页。

"拉德"（神民）的统治和管理上。在清王朝和地方势力的支持下，拉卜楞寺管辖的部落和地区逐渐扩大，所辖部落均由嘉木样活佛派去的"郭哇"（头人）或"更察布"进行管理。这些头人在所管地区拥有召集部落头人开会，贯彻拉卜楞寺的各种规定，处理部落内的纠纷，逮捕、监禁、惩罚属民，为拉卜楞寺收取布施粮款等政治、经济和宗教方面的各类权限。在洮河流域，与之类似的还有垂巴寺僧纲及其所管辖的三小寺、十族；着洛寺僧纲及其所辖堡族二十三族；麻尔寺僧纲及其所辖二十一族；圆成寺僧正侯氏及其所辖四族。①

四川甘孜理塘寺的"政教合一"制与拉卜楞寺类同。明万历初年，云南丽江土知府木氏相继占领今巴塘、理塘、稻城、九龙等地，万历八年（1580），邀请三世达赖喇嘛索南嘉措前往传法，并资助其创建长青春科尔寺（"长青"意为米勒，"春科尔"意为法轮），人们习惯称之为理塘寺。②从建寺到清末改土归流的三百多年间，在七十余任堪布的苦心经营下，理塘寺逐步发展成拥有108座属寺，僧侣近4000人的大寺院。在之后的发展中，其所辖地区更是逐渐扩大，最终"成为支配西康南部理塘、方城、稻城、义敦、雅江等县的宗教、政治、军事、经济、文化的社会力量和政教合一的寺院实力集团"③。"理塘寺拥有法庭、监狱、享有司法之权，它通过寺庙'孔村'管理地方政务。理塘雄坝乡的头人在理塘寺的控制下行事，理塘毛垭牧区，最高活佛可参与土司的一切大事，本牧区的昌托活佛可授意土司任意处置百姓"④，甚至"喇嘛有左右人民之潜力"⑤。除拉卜楞寺和理塘寺外，与之类似的，集政权和教权于一体，对辖区和属民进行管理和统治的还有互助的郭隆寺（佑宁寺）、湟中的塔尔寺以及甘孜的大金寺等。

从寺院管辖的部落的组织来看，部落内部仍以千百户制度为基础，而对于部落的统治和管理以及对部落之间关系的处理，则由于王朝行政统治

---

① （清）张彦笃主修《洮州厅志》卷16《番族》，成文出版社，1970。
② 冉光荣：《中国藏传佛教寺院》，中国藏学出版社，1994，第106页。
③ 王献军：《试论甘川青滇藏区政教合一制的特点》，《西藏民族学院学报》2004年第2期，第21页。
④ 杜永彬：《论德格土司的特点》，《西藏研究》1991年第3期，第72页。
⑤ 柯象峰编《西康社会之鸟瞰》，正中书局，1940，第64页。

的相对薄弱，逐渐掌握在了大寺院的手中，形成了寺院统揽政治和宗教大权的"政教合一"体制。

以土司为中心的"政教合一"体制，在元、明王朝对甘青川滇等偏远藏区实施羁縻统治政策，设置数量众多的土司，命其管理各自的族群和部落时，就已经得以确立。土司既是部落和地区的首领，又是受朝廷委任的土官。这些土司拥有土兵和武器，一方面为了保障部落安全，另一方面也起到了维护地方秩序的作用。众土司多次出兵协助清军作战，屡立战功，也使其权力得以保持并有所发展。随着清王朝的管理力度减弱，土司"自治"权力也不断扩大。土司一般设立土司衙门，统管辖区内的兵、刑、钱、谷等事务。各土司之间不互相隶属，对各自辖区内的事项具有至高无上的决定权和处理权。藏传佛教的广泛影响，使土司意识到宗教势力对于维护辖区稳定和巩固自身统治的重要性。因此，土司和宗教势力或多或少都有着某种程度的联系。但这并不是说，所有的土司都是政教合一制的政权。综观甘青川滇藏区的土司，有的与宗教势力的关系不太密切，宗教势力对政治的影响有限，其政体还远远谈不上是政教合一的；有的土司政权虽与宗教势力有着密切的关系，但双方的关系尚未密切到"合一"的程度，只能说是互相利用，因此这类土司也不能说是政教合一的；但有的土司与宗教势力的关系极为密切，几乎到了密不可分的程度，土司家族成员分别控制了本辖区内的政教两权，把二者牢牢地集中到了本家族的手中，这类土司实行的就是政教合一制。① 此时，土司一方面是宗教领袖，另一方面其土司衙门享有行政管理和司法审判等统治权力。在甘肃、四川、云南藏区，这种政教两权集中于土司家族的"政教合一"制体现得十分明显，尤以甘肃的卓尼杨土司和四川的德格土司最为典型。

甘肃地区的卓尼杨土司，传说是吐蕃聂尺赞普的后裔，在吐蕃赞普热巴巾（815～838 年在位）时期，其先祖被派至安多征收赋税，之后遂留居该地，繁衍子孙。② 明永乐年间，其祖失加谛（又作"些的"），以功授官，后在正德年间，被朝廷赐姓杨氏。清初，杨氏世代世袭，多有战功，

---

① 王献军：《试论甘川青滇藏区政教合一制的特点》，《西藏民族学院学报》2004 年第 2 期，第 20 页。
② （清）智观巴·贡却乎丹巴绕吉：《安多政教史》，吴均等译，甘肃民族出版社，1999，第622～623 页。

其控制范围也不断扩大。在不断发展中，逐渐形成了土司承袭的规则：家族的长子例袭土司，管理政务；次子例袭法台，主持宗教；遇独子时，土司可以身兼法台，政教兼管；若直系缺嗣，可在杨氏家族中按序承袭。清嘉庆十九年（1814），土司杨宗基承袭，兼摄禅定寺世袭僧纲宗，之后土司僧纲合一、政教合一的体制便沿袭下来。光绪二十八年（1902），第十九代土司杨积庆嗣位时，这一土司政权已世袭五百余年，其统治区域东接武都、大水，南临四川松潘，西界青海黄南，北抵夏河、临夏、临洮，"面积三万多平方公里，下辖四十八旗；属民共五百一十二族，一万一千五百九十九户；土兵共有两千名，五百为马兵，一千五为步兵；主寺禅定寺所辖寺院共三十六所"①，成为雄踞一方的大土司之一。

四川的德格土司，其家族最早受封赐于元代，在传到第三十五世子孙时，才成为统治一方的第一代土司。自第二代土司开始，德格家族确立了长子出家为僧，既当寺主又做土司；次子娶妻繁衍后代，并充当家主的承袭规则。后来，第七代土司向巴彭措被清王朝敕封为"僧王"（宗教领袖）。此后，土司兼僧王的政治地位，使德格土司集政教大权于一身，既成为政治首领，又具有管辖境内各教派僧人和宗教事务的至高无上的权力。与之类似的还有木里土司、绰斯甲土司以及炉霍土司等，他们均在各自领地实行这种政教合一制。

为方便对土司的管理，清王朝多对其授予武官中的指挥职衔，并分别在土司下设立一定数量的守备、千总、把总、外委等土官。除了这套架构，土司建立自己的土司衙门，以处理政教事务。

德格土司的政权机构由"涅空"、"相子"、"宗本"和村组成。"涅空"的组成人员为"涅巴"，由四大"涅巴"组成涅巴会议，处理土司辖区内外的一切事务，其中，首席涅巴（一般为军事涅巴）权力最大，其地位仅次于土司；"涅巴"下面有"相子"，分正副职，正相子主管土司辖区的全部财政收入，副相子"相子渣"管理土司内部的耗用；"相子"之下设"宗本"四人，代理土司在各"宗"行使职权；"宗"下面为村，分大村、小村和自然村。大村及自然村的村长由大头人担任，小村村长由小头

---

① 以上引文见（清）张彦笃主修《洮州厅志》卷16《番族》，成文出版社，1970。

人担任，隶属该地区的"席涅"①。总之，通过建立自上而下的统治机制，土司实现了利用手中的政教大权对辖境进行层层控制，成为辖区内名副其实的"土皇帝"。

此外，寺院或土司依托土生土长的本土实力，获得对辖区的司法管辖权，在"从俗从宜"政策之下，清王朝也会通过册封的方式，对其进行授权。在寺院管辖的地方，司法管辖权一般授予上层喇嘛或活佛，而在土司管理的地方则交由僧纲（僧官）进行管理。例如，雍正八年（1730）十二月十五日，木里大喇嘛六藏涂都接受朝廷御赐的金印。赐印圣旨讲明："这方金印肯定了六藏涂都享有世袭领主之权。赐喇嘛降央桑布活佛为佛教之主，凡境内外四邻发生匪盗叛逆等情，喇嘛家有权处理，上有清廷做主庇护。受赐顶戴，日月增辉。"② 朝廷的这种授权，无疑是获得临近地方的刑事案件管辖权的捷径。

二 司法管辖权

甘青川滇藏区的司法管辖权不仅涉及四省，而且涉及农牧分治等具体制度，如果按照司法行政体制处理，将各省份或地区依次梳理，则难免重复，因此，经过对司法管辖权特点的概括，仍将其分为地方和中央两层，而在地方层面，则按照清王朝对"生番""熟番"的不同管辖理念进行分析。

清王朝在对甘、川、青、滇藏区进行行政管理的过程中，针对四个区域的行政建制改革和职官设置充分体现了"从俗而治，从宜而治"的政治理念。其间，清代统治者从历史的经验教训中深刻地认识到，治理藏区只有在尊重藏族地区原有的行政制度、风俗习惯、宗教信仰与社会组织形式的情况下，因地制宜地采取统治措施，建立统治机构，才能实现中央政权的一统天下。在其对甘、川、青、滇藏区的行政建制和改革，以及职官的设立和选任上，这一点也体现得较为明显。清王朝将藏族分为"番子""番众"③，又根据藏族的汉化程度以及与官府之间关系，又将其分为"生

---

① 杜永彬：《论德格土司的特点》，《西藏研究》1991年第3期，第68页。
② 木里藏族自治编委会编《木里藏族自治县志》，四川人民出版社，1995，第11页。
③ "番"是历代统治者对少数民族歧视性的泛称，在清代并不特指藏族或蒙古族，但纵观蒙藏史料，清王朝将藏区的藏族一般称为"番子"，蒙古族一般称为"蒙番"。

番""熟番"。这种划分最早见于康熙五十五年（1716）闽浙总督觉罗满保的奏折《题报生番归化疏》，但他并没有把区分"生熟番"的标准讲清楚。次年，周钟瑄在其编修的《诸罗县志》中才首次把"生熟番"划分的标准界定为"内附输饷者曰熟番，未服教化者曰生番或曰野番"①。乾隆五十六年（1791），乾隆帝谕令西宁办事大臣兼管贵德、循化番族②，进一步明确了"生番"和"熟番"的划分标准："附城稍近、时来城市者，作为熟番；距城窎远、从不入城者，作为生番。"③ 这种划分有助于对藏族聚居区的藏族进行管理，但"生番""熟番"的概念，还需要结合藏区社会组织和结构，作更进一步的诠释。清代所说的"熟番"，确切地说，应当是聚居于城镇、营汛或附近，主要从事农业或半农半牧生产的藏族；"生番"，则是指聚居区远离城镇、营汛，主要以游牧为生的藏族部落。由于"生番""熟番"在社会组织和结构方面的不同，清王朝对其采取的行政管理方式也不同，使得司法管辖权的行使部门、行使方式等产生了地域上的差异。因此，结合甘、川、青、滇的行政建制，按照掌握司法管辖方式和权限的不同，将四个区域的司法管辖类型划分为两种：对"熟番"的司法管辖、对"生番"的司法管辖。

（一）对"熟番"的司法管辖权

"熟番"是聚居于城镇、营汛或附近，主要从事农业或半农半牧生产的藏族。在清代，朝廷直接将他们纳入地方政权的统治和管理范围。他们能够接受清朝地方政权的统一管理，其原因主要有以下几点：第一，这些地区的藏族群体主要从事农业或半农半牧生产，并与蒙、汉、撒拉、回等民族杂居，其原有部落的血缘关系逐渐为地缘关系所取代。许多族（部落）、堡寨不仅名称被地名所取代，其原有的部落结构以及部落具有的生产、军事、行政三位一体的职能也遭到破坏。经过血缘到地缘的转变，这些藏族部落逐渐与其他民族相融合，并成为地方政权下的"编户"，同其他民族一样向官府纳税，并接受官府的行政管理。第二，这些藏族部落虽然保留了"土流参治"的行政体制，设有土司、土千等各级土官，但清朝

---

① （清）周钟瑄等：《诸罗县志》卷8，台湾文献丛刊第141种。
② 参见中国第一历史档案馆藏《军机处上谕档》，乾隆五十六年九月十一日，第四条。
③ （清）龚景瀚等撰，李本源校《循化志》卷4《族寨工屯》，青海人民出版社，1981。

地方流官、营汛力量的增强削弱了土官的职权，使之难以像之前一样拥有对部落事项的绝对权力，于是，他们也逐渐融入地方官中，统一听从朝廷的调遣。第三，在与汉族和其他民族杂居的社会生活中，这些藏族群体的意识形态、文化也多受汉族的影响。虽然他们仍然保持本民族的宗教信仰和生活习俗，但有逐渐融入汉族的趋势。① 综合考虑以上经济、政治和文化方面的多种因素后，清王朝将其纳入地方政权的管辖范围。

从整个甘、川、青、滇的行政建制来看，实施地方政权管辖的主要有甘肃的西宁府及其所辖三县四厅，凉州府及其所辖庄浪县（后改为平番），阶州（直隶州）及其所辖文县，鹤庆府及其所辖中甸厅等地。这些地方政权对案件的处理与内地一致，即均依据《大清律例》和有关法律进行管辖和审判。例如，清王朝平定大小金川之乱时，对川省的治理无暇顾及，以致民事冗积，总督策楞的奏折从侧面反映了这种管辖："命盗重案，有已解司而未解院者，积至四十余起；汉番交涉未结事件，有一百余案之多。"② 显然对这些藏族的司法管辖也适用内地法律的司法管辖的规定，即县、府、司、院分别具有一定的管辖权。

甘肃、云南的藏族聚居区，大多受朝廷地方政权的管辖，因此，对于该区域内发生的民事纠纷和刑事案件，均按照清代法律规定的管辖权进行诉讼和审判。

（二）对"生番"的司法管辖权

"生番"大多为居于离城镇、营汛较远，以游牧为生的藏族部落，相当于清代所称之"生番"或"野番"，大致包括河南贵德、循化之"生、野番"部落及后期形成的"环海八族"，青海玉树四十族，洮河流域卓尼杨土司、昝土司，四川的德格土司管辖范围的藏族部落，以及以大夏河的拉卜楞寺和甘孜的理塘寺为中心形成的"政教合一"的藏族部落。这些地区的藏族社会主要以游牧为生，其社会组织基本上沿袭了吐蕃部落的特征：组成一个大的部落的每一个基层部落或组织，多按血缘关系，由同一氏族、族姓的群体组成。部落兼有生产、行政和军事的职能。由于这些部

---

① 周伟洲：《清代甘青藏区建制及社会研究》，《中国历史地理论丛》2009 年第 3 期，第 29 页。

② （清）官修《清高宗实录》卷 341，乾隆十四年五月是月条，中华书局影印本，1986。

落远离地方政权所在地，且游徙无常，难以控制，强制性地推行内地的统治方式，只会造成清王朝对边疆的控制力越来越弱。因此，朝廷对这些地区采取了"从俗从宜，各安其习"①的治理策略。为了加强管理，清王朝也采取了明代"土流参设""以流统土"的措施，诸如在青海设立西宁办事大臣；在藏族部落中增设千百户等土官，加强流官对土官的控制；在甘肃、四川、云南等藏区添设卫所、营汛，并配置流官；添设县、府、司等行政机关，完善地方政权的组织结构；划定地界，清查户口，纳粮贡马；制定相关律例；整顿、改革寺院制度等。多种措施的实行，为清王朝在藏区更好地行使主权铺平了道路。

清王朝对这些藏区刑民事案件的司法管辖权的划分，同样体现了"从俗从宜"的思想。清王朝按照涉案双方的民族及案件性质，将案件分成了藏族之间的案件、藏族与其他民族之间的案件两种，并有针对性地确立了对这两类案件不同的司法管辖权。

1. 对藏族与藏族之间发生的案件的司法管辖权

发生在藏族和藏族之间的刑民事案件，由于涉案双方可能同属一个小部落或者分属不同的小部落，案件一般按照藏区部落管辖的规定处理。由于在行政管理体制上，清王朝采取了"农牧分治"的办法，农业区和半农半牧区与牧业区也分别适用不同的管理模式，即农业区和半农半牧区适用土司制度管理，牧业区适用千百户制度。西宁办事大臣管辖的河南贵德、循化之"生、野番"部落、青海"环海八族"、玉树四十族等由于处于牧业区，其原始部落制度保留完整，因此，雍正四年（1726）后，清王朝在这些地区实行千百户制度，"其族内人户，千户以上，设千户一员，百户以上，设百户一员，不及百户者，设百长一员，俱由兵部颁给号纸，准其世袭。千百户之下，设散百长数名，由西宁夷情衙门发给委牌"②。清代牧区千户管辖户数少者三百户，多者两千户，其部落组织一般分为三级：环海地区为千户、百户、百长；果洛地区为红保（千户）——隆保（百户）——措红；玉树地区为红保（千户）——千保（百户）——居本（什长）。③在

---

① （清）官修《清世宗实录》卷80，雍正七年夏四月辛巳条，中华书局影印本，1986。

② 《西藏志·卫藏通志》，西藏人民出版社，1982，第506页。

③ 《中国少数民族社会历史调查资料丛刊》修订编辑委员会编《青海省藏族蒙古族社会历史调查》，民族出版社，2009，第7页。

藏区部落中，千户、百户和管束部落的百长有权受理本部落内的民刑案件。如果藏族与藏族之间的案件发生在同一部落里，由于每一级土官只能调处其辖区内的纠纷，就按照土官的权限分别进行管辖。这种案件如果发生在同一部落之中，则由百长或百户管辖；如果是发生在平行部落之间的案件，则由他们的共同上一级首领或行政官员进行处理。例如，西宁办事大臣管辖的地域中，百户部落间的诉讼由千户出面调处，而千户部落间的纠纷则由西宁办事大臣调解。在部落法律中，严禁不经头人处理的私人和解。个人或部落之间的纠纷，如果不经过上一级部落头人或行政官员处理，而是通过双方私了解决，其责任人将受到非常严厉的处罚。在这些藏族部落中，西宁办事大臣衙门总管各千百户，对他们的违法犯罪行为要进行处罚，对境内发生的藏族之间的重大刑事案件要及时进行管辖和审判①，而一般的刑事案件的处理则由各部落中的千百户负责。

洮河流域卓尼杨土司、昝土司以及四川的德格土司的管辖范围或者处于农业区，或者处于半农半牧区，为方便对这些地区的管理，清王朝多授予该地土司以武官中的指挥职衔，并分别在土司下设立一定数量的守备、千总、把总、外委等土官。土司也有自己的一套衙门组织，不妨以卓尼土司为例（见图2-2）。卓尼"土司之下设头目2人，掌握军政大权。总管3人，大总管掌握总务，二总管、三总管辅助大总管，其中，二总管管理钱粮和祠堂家谱，有记账1人。传号4人，轮流在传达室值班。传号下有班头2人，班役10人，管理监狱。土司有私人秘书1人，又叫毛笔师爷，由外地聘请文化较高的汉人担任。房科类似土司办公室，内设9人，其中掌案1人，经书、帖书各2人，负责起草、抄写文稿"②。卓尼土司衙门的基层组织由16掌尕、48旗组成。掌尕相当于自然村，每个掌尕有一名小头人，由传号头目推荐，土司指定。旗是军政合一的单位，相当于乡。旗长叫长宪（黑番4旗叫副爷），由总管推荐，土司任命，负责征收钱粮，处理一般纠纷，遇有战事，领兵出征，有能力者可逐级提升为总管、

---

① 《西宁青海番夷成例》"获逃解送"条作了例外规定，该条为："凡无论何处逃人，不拘何处头目捉获者，将首之逃人限二日内速行解送西宁。如违二日之限者，千户等罚犏牛七条，百户等罚犏牛五条，管束部落之百长等罚犏牛三条。"因此，对于拿获逃人的情况，部落都要将为首的逃人解送至西宁办事大臣处裁决。

② 高士荣：《西北土司制度研究》，民族出版社，1999，第152页。

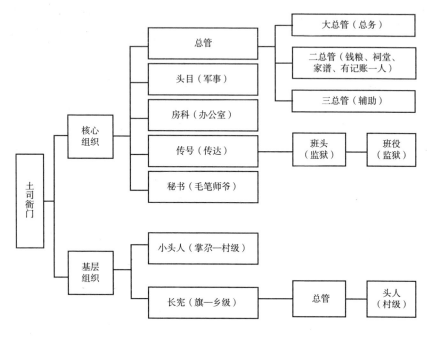

图 2-2　卓尼土司衙门

头目。① 旗下设总管 1~3 人，每个总管管理几个甚至十几个村庄，每一村庄设一名头人。② 在这种相对健全的层级管理体制下，藏民之间的民事纠纷或刑事案件，一般向各旗或掌尕头人起诉，由头人进行调解或审判。凡是土司辖境内发生的重大案件，或者头人无法解决的纠纷，则由土司衙门管辖，由其进行审判，这就与牧区的管辖类似。由于清王朝实行"土流并治"，随着向土司辖境派驻流官的数量增多和流官权力的扩大，土司的司法审判权也受到了一定的制约，但藏族案件由部落内部解决的原则一直没有被破坏。

在以大寺院为中心的"政教合一"地区，行政和司法体制与以上两种类型相似，但也略有不同。在这种体制中，活佛既是宗教领袖，同时也因寺院对地方经济命脉的控制，而使其成为该地区具有实际控制地位的行政

---

① 塞外策仁（杨生华）：《卓尼土司制度》，《甘南文史资料选辑》1983 年第 2 期，第 134~136 页。

② 谷苞：《卓尼番区的土司制度》，《西北论坛》1947 年第 3 期。

首领。这种"政教合一"建立在一定的地方行政区域内，是"一种与地方基层政治组织并存的具有自治性质的区域性政治组织"①。在这些地区，朝廷的基层行政体制在实际运转中发挥的作用较为有限，且往往无力行使职权，有的甚至无权过问当地的内部事务。而寺院集团的上层僧俗等势力则是真正发挥统治作用的主体，其利用政权和神权对属民实施双重统治。这种模式虽然并非整个藏区的常态，但作为一种区域性的统治方式，在康巴和安多藏区各地均有存在。具体而言，在安多藏区以拉卜楞模式和隆务模式最为典型，而在康巴藏区，则以云南迪庆和青海玉树地区颇具典型性。

这些政教合一体制，大多具有相同或类似的组织形式。寺院内部组织以活佛为中心，成立教务会议，由总法台、总僧官、财务长、总经头、管理长、管家及秘书组成僧职系统，其下设管理僧人的六大札仓，并设立监狱、法庭等机构。寺院通过这套组织体系对寺院及其属民部落的宗教、行政事务进行管理。对于所属之庄户和藏族部落，寺院未设流官、土官，而是由活佛派出其全权代表进行管理；对于寺院所属之分寺，则由寺院派出活佛的代表，并通过分寺的各级僧官处理寺院事务。寺院负责对内部僧侣的纠纷及违法犯罪进行处理，在其附属的庄户和藏族部落中，则由郭哇进行管理。藏族部落的刑民事案件，先向部落的头人请求调解，部落头人调解不成的，则上交郭哇处理。如果案件重大复杂，或郭哇无法决断，则上交寺院议事处进行审理。在存在大寺院的青海、甘肃和云南地区，一般都采用这种模式进行司法管辖。

2. 对藏族与其他民族之间的刑事案件的司法管辖权

藏族与其他民族之间的刑事案件可能发生在藏族区域中，也可能发生在藏族区域外，但不管发生在哪里，均适用《大清律例》《理藩院则例》及其他相关法律中的处理原则，即在民族杂处地区发生的藏族与其他民族之间的刑事案件，多由官府管辖，并负责调解和处理。各种地方志史料对此多有记载。例如，《循化志》中说："查乾隆四十三年理藩院议准……嗣后遇番民抢窃蒙古及番蒙伙同抢窃之案，事主随时具报各札萨克转报青海衙门查实，即令西宁镇伤营员前往查办，追赃给领，随时完结。"②《西宁

---

① 星全成、马连龙：《藏族社会制度研究》，青海民族出版社，2000，第14页。
② （清）龚景瀚等撰，李本源校《循化志》卷8《回变》，青海人民出版社，1981。

府续志》也说："窃查甘肃循化，贵德两厅，均系理番同知，向归青海大臣管辖……凡有蒙、番事件，贵德同知即由该管之西宁府核转青海大臣衙门办理，甚为便捷。"① 乾隆五十六年，皇帝在上谕中也曾说，此后"番子与汉民交涉命盗案件亦归地方官办理外，遇有番子抢掠蒙古之案"②，均由西宁办事大臣衙门照例办理。此外，"甘肃边民与青海蒙古交涉者，各州县报西宁大臣派员会审，由西宁大臣，陕甘总督复核"③。可见藏族与汉、蒙、回等民族之间的纠纷和刑事案件，均由官府按《大清律例》等法律进行处理，有时为方便查明案情，或者考虑到民族习惯法等特殊因素，也会由分管涉案双方的行政长官会同审理。对于藏区发生的藏民反叛的案件，清王朝首先责令地方官员派兵弹压，必要时动用中央军队进行平叛，而在叛乱平息后的善后事宜中，重要的一项便是要求地方官员迅速拘捕缉拿相关人犯，并对其进行审判。

① （清）邓承伟：《西宁府续志》卷9《艺文志》，青海人民出版社，1982。
② 中国第一历史档案馆藏《军机处上谕档》，乾隆五十六年九月十一日，第四条。
③ 中国社会科学院中国边疆史地研究中心：《嘉庆朝〈大清会典〉中的理藩院资料》，《清代理藩院资料辑录》，全国图书馆文献缩微复制中心，1988，第119页。

第三章　清代藏与满汉族间刑事案件处理

清代对藏族的生活区域进行严格限定，法律严禁藏族私自进入内地，也禁止内地人进入藏区。满汉民族居住在内地，与藏区藏族的交往并不多。为了防止内地"汉奸"进藏区挑唆生事，危害地方稳定，清王朝严格控制满汉及其他民族与蒙藏族之间的茶马贸易，并对私入藏区的满汉及其他民族的人予以惩治。随着藏区与内地互通有无需求的提高，满汉及其他民族与蒙藏族的经济往来逐渐增多，内地行旅、客商在藏区和内地的往来也更加频繁。蒙藏与满汉民族历史上的这一特点，决定了他们为争夺自然资源的冲突并不多见，而蒙藏民族为获得内地资源，在通藏大道上劫夺运输物资的案件则时有发生。此外，清王朝对藏区控制的逐渐加强，也出现了藏族民众抗拒官吏、抢掠官方物资等重大案件。

第一节　藏汉间刑事案件处理

藏汉间的刑事案件，主要发生于藏区藏族与汉族的商旅、货商之间，发生的地点则主要是甘、川、青交界的民族杂处地区，以及通往藏区的各条大道附近，行为也多以抢劫、抢夺、杀人和伤害为主，且时常有"汉奸"的协助。这种危害内地与藏区交往的行为，清王朝自然不会姑息，坚持首恶必惩原则，并适时制定善后事宜。

一　邀劫道路

清王朝对于邀劫道路，尤其是执有兵器而实施抢劫的行为，是严惩不贷的。《大清律例·刑律·贼盗·强盗》条例规定："凡响马强盗，执有弓矢军器，白日邀劫道路，赃证明白者，俱不分人数多寡，曾否伤人，依律处决，于行劫处枭首示众。〔如伤人不得财，依白昼抢夺伤人斩。〕其江洋行劫大盗，俱照此例，立斩枭示。""响马强盗"在明代已经成为律例规定的语言，而"江洋行劫大盗"则是康熙五十年（1711）时补入条例之中的。"响马，谓有响箭为号也。乘马持械，白日公行，其罪重于强盗，故枭示以别之。"① 这类行为，类似抢夺，更是强盗行为，因此不分人数多寡都立斩枭示。清代律例规定强盗行为可以斩枭的，前后有 18 项，即：（1）强盗杀人；（2）放火烧人房屋；（3）奸污人妻女；（4）打劫牢狱仓库；（5）干系城池衙门；（6）积至百人以上；（7）响马强盗；（8）江洋大盗；（9）入爬越入城行劫；（10）纠伙行劫官帑；（11）行劫漕船；（12）粮船水手行劫杀人；（13）山东省结捻结幅强劫得赃；（14）川省差役扫通案内掳掠人口；（15）兵役起意为盗；（16）广东广西二省行劫后复将事主人等捉回勒索；（17）京城盗犯；（18）粤东行劫伙众四十人以上。其中大多数是以行为界定，也有按地区进行界定的，虽然没有专门针对藏区设定条例，但对藏区内发生的邀劫道路案件，却有特殊的处理原则。

松潘边外"生番"，是指下羊峒、钟天山、南坪坝等三十一个藏族部落。从康熙年间的地图上可以看出，这些部落聚居之地位于松潘之北，东临甘肃阶州的文县，南面是龙安府的小河营，西边与章腊营接界，北面被大山阻断，是甘川交界之地，且处于阶州、文县商人运送米、粮、梨、枣至四川的大路之上（见图 3 - 1）。当时，清王朝仍然对游牧的生野番采取羁縻政策，只要他们不威胁内地稳定和营汛安全，朝廷一般不会插手其部落内部事项。为了保证地区的稳定，均会定期不定期由负责防卫的军官进行巡查，以及时排除安全隐患。下面的一例案件便是副将周瑛巡查边界时，因民人举报而使官府得知的。

康熙六十一年（1722）二月，经四川总督、巡抚、提督及总兵官共同商议，差遣副将周瑛巡查边界，并对藏族民众实施"教化"。当时，甘肃文县的秀才、民人王洪等三十余人向官府呈文，报告其各年被松潘边外藏民抢劫偷窃的情况，请求官府做主，为其追回失去的财物。同时，漳腊的秀才、民人范士英等，也将受其侵害情况讼于周瑛，于是官府掌

---

① （清）沈之奇撰，怀效锋、李俊点校《大清律辑注》，法律出版社，1999，第 581 页。

图 3 – 1　边外生番所在区域

握了边外"生番"为非作歹的确切证据。从历史资料来看，应当说地方
官府对"生番"抢掠的情况早有耳闻，但认为当时的情况并不严重，基
层官吏和民众完全可以化解，无须大动干戈，直到对此案中民人的举报
进行核实时，才发现事情并非如之前想象的那么简单。经过实际查访，
官府发现，松潘边外的"生番"自明代宣德时起便不遵朝廷教化，沿途
抢劫，清初更是成为化外"生番"，并未统辖彼等之人，也非达赖喇嘛、
班禅、拉藏汗或者青海任何一方所属，在这种情况下，该地藏族于部落
之内各自私立头目，凭借地方的高险，肆行抢掠。其长期的抢掠活动不
仅使甘肃到四川的大路受阻，使往来行走之兵民深受其害，而且边界附
近的内地民众也多受其掠害之苦。甘肃文县因距离该藏族部落较近，本
地之百姓不得不每年向藏族部落贡纳牛、布以求安稳。即便如此，藏族
部落仍不罢休，仍聚集众人绑架人质，强行收取赎身之价值。漳腊营所
属三寨的汉族与藏族也是如此。倘若受害民人告官，该藏族部落便乘人
不备，突然聚众出来劫杀，而且越发凶狠，民人避之犹恐不及。正是这
些因素导致边外藏族部落更加肆无忌惮，而内地汉族与藏族民众、行旅
客商等均敢怒而不敢言。

认识到事态的严重性后，总督等地方官员当即批交周瑛查察此案，催缴有关赃物。周瑛在行动之前，对整个案件和处理的方式作出了基本的判断，并认为，虽然藏族部落不遵教化，但抢掠行为不可能是三十一寨藏族部落的集体行为，在其实施具体行为的人员中，一定有首有从，也不排除有导引滋事的内地汉族与藏族。在解决方案上，他打算主要采取安抚劝导的方法，亲自靠近藏族村寨依次查察，鼓励藏族部落诚信归顺并擒贼献赃。同时，为保证任务顺利完成，仍将带兵征剿作为最后的备用方案。考虑到具体情况，督抚等拟准许其带官兵一百，酌调金川、倭日之藏族土兵四百，并向兵部报批。

在周瑛带兵巡查教谕时，边外藏族部落起初并不归顺，不仅毁桥断路，而且聚集各寨人等放枪射箭，伤害探路的藏族土兵。"周瑛等审时度势，架桥渡河，并派遣先锋番兵，由其寨后悄然进入，抓获所设哨卡番目勃力等五人。于是众番子方才恐惧，诚心归顺。"① 首次偷袭告捷，周瑛借此宣谕圣上如天之大恩，收敛藏族民众。偷袭之时，登路山藏族头目楚塔子，率十几人逃至文县哈南寨，但受附近居民夹击，被迫跳河，最终全部阵亡。经过对被擒获者的审讯，查明康熙六十年（1721），该藏族部落等曾掠夺唐沟堡土司，而甘川大路上的行旅以及周围的汉族与藏族民众被其抢掠、盗窃的更是难以计数。考虑到此地藏族部落已经多年未受朝廷管辖，其更不知遵守法律之规定，而且朝廷也未曾派兵驻扎以备弹压，对于此案，除将阻挡官兵的勃力等藏族头目按律处决，以及藏族部众抢掠土司一事请示部议之外，仍以返还被掠财物、教化粗俗愚昧的藏族民众为主，对其余大小各案，不再深加追究。

督抚等地方大员等经过商议，制定出善后处理措施，将边外藏族部落之地纳入朝廷管理的范畴，防止藏族民众再度滋事。首先，勘察藏族部落，描绘出具体地形，划定具体地域，并严防藏族民众越境。其次，将各寨户口登记造册，并确立藏族头目人等，以约束藏族部众并防止窝藏贼犯和私通"汉奸"等行为。最后，在甘川大路上设营驻军，维护道路畅通和地方治安，并对藏族部落的不轨举动及时进行节制。这些措施虽看起来较为简单，但对维护松潘地区及甘川大路的安全和稳定的作用不可低估。在

---

① 季永海等翻译点校《年羹尧满汉奏折译编》，天津古籍出版社，1995，第3页。

此案中，考虑到藏族部落的生存环境、风俗习惯以及文化程度等，处理时并未对过往的抢掠行为加以追究，只是令其返还劫掠的物资，这样做使与世隔绝的藏族部落更容易接受，避免了因疑惧而产生的抗拒行动。对于不遵从朝廷谕令的藏族头目，官兵也进行了严厉的打击。最为重要的一点是，此案处理完后，这块自明代以来均未受到朝廷有效统治的地域，逐渐被纳入清王朝的管理范围。可以说此案的处理方式，为此后清王朝处理其他类似藏族部落的案件提供了范本，从这个角度看，此案的意义非同一般。

二 抢劫商旅

乾隆七年（1742）十一月，郭罗克藏族部落在松潘重镇屡次抢劫商旅、客商，以至于远近视松潘为畏途，也影响了军用物资的输送，故四川巡抚硕色、提督郑文焕即刻将此情形奏报乾隆帝，请示如何处理，其奏称："郭罗克番民恃居险远，屡于口外抢夺夷商，自多方化诲以来，各番住牧较前颇似安静，但现在复有劫案，或系该番阳奉阴违，怙恶不悛，亦未可定。"[1] 奏报讲到自乾隆初年开始，郭罗克藏族部落就已经有许多小的抢掠行为，如果被地方官府发现了，也是多加惩创，但官兵人少，难以控制广大地区，而这次抢夺案的发生，应该是"贼番屡次劫夺，肆无忌惮"的结果。奏报采取模棱两可、若有或无的态度，实际上是想让乾隆帝确定大方针。

当时，乾隆帝刚刚年满 30 岁，虽然即位有年，但"要建立自己崇高的统治权威，要巩固自己的地位，必须做到两点，即：一、妥善地保留和完善世宗一系列整顿吏治的积极成果，真正继志绍述，是世宗当之无愧的继承人；二、认真坚决地而又有步骤地纠正雍正年代产生和存在的一些突出偏失，着意缓解矛盾，调整某些政策，及时推出切合当时局势的新政新猷"[2]。陈登原先生则认为："高宗之好大喜功，实为耗前人之积余，而留予后人以一困疲之局面。《清史稿》但论其晚节之荒淫，颇为未尽其皇家败子之责。"① 乾隆帝声称:"我大清朝乾纲坐揽,朕临御至今十有四年,事无大小,何一不出自朕衷独断。即月选一县令,未有不详加甄别者。"② 大权独揽的乾隆帝,并没有将郭罗克藏族部落的抢掠行为当作小事,其认为:"此事似难过为姑息。"③ 于是,谕令四川提督郑文焕前往松潘,与川陕总督马尔泰、前甘肃巡抚黄廷桂等共同商办,虽然要求郑文焕"毋偾事,毋畏事"④,但是还要以宣示国威以安行旅为目标。

清代的郭罗克大致相当于现在的果洛藏族自治州。从现在的行政区划来看,其地位于青海省的东南部,属青藏高原腹地、黄河之源头,东临甘肃省甘南藏族自治州,南接四川省阿坝藏族羌族自治州和甘孜藏族自治州,西与玉树藏族自治州毗连,北和海西、海南、黄南藏族自治州相依。简单地说,其地处青海、甘肃、四川交界,并与四周的自治州连成了一个广大的藏族聚居区。明末清初时,郭罗克存在四十多个藏族部落,其在名义上被和硕特蒙古固始汗子孙役属,实际上各部落各自为政。其藏族民众主要以原始落后的部落为依托,从事简单的逐水草而居的游牧生活,而且部落中多保留长期形成的部落习惯法,很少与外界来往。由于没有较为强大的势力进行控制,各个部落的行为多难以约束,以致经常侵扰清王朝的兵站、营汛等军事重地,对清王朝的边疆安全造成了一定威胁。康熙六十年(1721),川陕总督年羹尧派四川提督岳钟琪率兵克复郭罗克四十一部落,解除了对索罗木(今鄂陵湖以北)兵站的骚扰,继而推行"以夷制夷"的千百户统治制度,将郭罗克隶属四川的成绵龙茂道、松潘镇漳腊营进行管理。雍正九年(1731),王朝对青海地区的建制进行调整时,仍将其划归四川统辖,管理的形式仍然是依赖千百户"因俗而治"的间接控制,只是逐渐增派流官,用军事力量对土官进行节制。随着清王朝权力逐渐深入藏族聚居的地区,因原始部落习惯与内地风俗不同而造成的冲突也逐渐增多。通过对这些冲突酿成的刑事案件进行分析可以发现,大多数案件都因藏族部落中"惯放夹坝"

① 陈登原:《国史旧闻》第 3 册,中华书局,2000,第 480 页。
② (清)官修《清高宗实录》卷 354,乾隆十四年十二月戊子条,中华书局影印本,1986。
③ (清)官修《清高宗实录》卷 181,乾隆七年十二月是月条,中华书局影印本,1986。
④ (清)官修《清高宗实录》卷 179,乾隆七年十一月是月条,中华书局影印本,1986。

的风俗而起，且另一方当事人多为内地不同民族的行旅、客商、官兵等。

夹坝，按现代的意义应当译为抢劫，但从藏族的风俗习惯来看，由于夹坝最初是发生在以牲畜为主要生产资料的藏族部落之中，而且实施夹坝的目的也主要是抢夺他人的牲畜，一般不会伤害或杀死事主。"夹坝"是藏族部落中很常见的一种行为，并非只有郭罗克藏族才会实施。概括而言，其形成受以下历史和社会因素的影响：第一，地处偏远地区的藏族部落，生活在气候寒冷的青藏高原，且生活方式局限于原始游牧，藏民的文化素质普遍不高，因而逐渐形成了彪悍的民族特征。第二，行抢之人比较容易逃脱。据《玉树县志稿》载，"行抢者多系旷野游牧之人"，"出人不意抢牛羊马匹而去"，被抢的放牧之人如果人少则不敢去追，如果多人追之，抢掠之人便"拔帐驱畜远去"①。基于此，该地藏区的抢劫事件多发。第三，清初及之前的王朝都没有将其地纳入统一的法律调整范围之中，而多承认习惯法的法律地位，对其部落内部的刑事案件不予管辖，而由其自行解决。这使得王朝的统一立法，除涉及反叛等重大刑事犯罪外，在此地并不生效。第四，清王朝通过立法，在民族地区严厉限制私自出入藏族部落的行为，使得内地民众除行旅、客商、官兵等人之外，很难进入藏区。正是这几个因素的共同作用，使边远藏族部落民众仅能认识到"夹坝"是一种违反部落习惯法的行为，即使最终被抓获，按照规定顶多是返还牲畜等财产，出具不再抢夺甘结，有时还要加倍罚赎而已，并没有意识到这种行为乃是内地的严重犯罪。

有清一代，郭罗克藏族部落的抢掠活动几乎没有中断，给地方稳定带来了较大威胁。《清实录》中对此多有记载：康熙六十年（1721），"有郭罗克部落唐古特等肆行劫掠往来行人"②；雍正元年（1723），"南称族番民谷禄汪素克等来纳贡马，被郭罗克贼番劫夺"③；乾隆三年（1728），"松潘所辖口外上中下郭罗克番，频年集众行劫"④；乾隆五年

① 不著撰人：《玉树县志稿》卷9，手抄油印本，1959。
② （清）官修《清圣祖实录》卷294，康熙六十年九月丁巳条，中华书局影印本，1986。
③ （清）官修《清世宗实录》卷158，雍正元年十月己未条，中华书局影印本，1986。
④ （清）官修《清高宗实录》卷73，乾隆三年七月是月条，中华书局影印本，1986。

（1740），"郭罗克丹增所管番子甲噶等，在西宁各地方抢夺蒙古帐房、马匹"①；乾隆十六年（1751），"郭罗克贼人，抢劫班禅额尔德尼使人"②；嘉庆十九年（1814），"果罗克等处贼番沿途劫掠"③；道光八年（1828），"有四川所属果洛克贼番二百余人，前来抢劫南柴达木地方住牧之扎萨克台吉布彦达赖旗下羊二百余只、牛七十余只"④；咸丰七年（1857），"时有山内果洛克贼番，出伺行劫"⑤；光绪五年（1879），"四川所属果洛克。暨西藏番匪叠次抢杀行旅"⑥。通过对《清实录》中与郭罗克抢劫相关的文献资料进行分析⑦，不难发现，在顺康雍三朝，以及咸同光三朝，此类案件发生量很少，史料中对其记载总计仅有八处。在乾嘉道三朝中，此类案件的发生相对频繁，其中乾隆朝总共有五十三处记载，远高于嘉庆朝和道光朝。《清实录》多记载重要的案件，其所统计的数字，并不能说明案发多少，只能表明统治者重视的程度不同，因为大量案件都在地方官的权力范围内予以处理，抑或是地方官畏惧处分，根本没有向上奏报。不过，从统治者重视的角度来分析乾隆朝实录对此类案件的记载，就会发现自乾隆七年十一月到九年五月，对郭罗克"奎苏共架寨副土目林噶架等抢夺案"的处理，不仅在时间和内容上均具有连续性，还较为完整地体现了清王朝运用政治和法律进行处理的过程，故以此案件为分析样本。

四川提督郑文焕奉乾隆帝之命，前往松潘办理郭罗克藏族聚众劫夺一案。到达之后，他即对处理此案进行部署。首先，在军事上严密布置。考虑到郭罗克藏族通达各处隘口，他知会管理青海夷情副都统莽古赉，要求加强威茂、泰宁、两协等地的防范事宜，以防止抢劫的藏众脱逃。此外，

---

① （清）官修《清高宗实录》卷113，乾隆五年六月是月条，中华书局影印本，1986。

② （清）官修《清高宗实录》卷395，乾隆十六年七月甲申条，中华书局影印本，1986。

③ （清）官修《清仁宗实录》卷294，嘉庆十九年八月辛酉条，中华书局影印本，1986。

④ （清）官修《清宣宗实录》卷140，道光八年八月壬申条，中华书局影印本，1987。

⑤ （清）官修《清文宗实录》卷225，咸丰七年五月癸亥条，中华书局影印本，1987。

⑥ （清）官修《清德宗实录》卷96，光绪五年六月庚戌条，中华书局影印本，1987。

⑦ 见《郭罗克抢夺事件统计表（顺治至光绪朝）》。此表以清代自顺治到光绪的各朝实录为数据来源，分别以"郭罗克"（顺治、康熙、雍正、乾隆朝）、"果罗克"（嘉庆朝）、"果洛克"（道光、咸丰、同治、光绪朝）作为一级检索词，以"夹坝""劫夺""强劫""抢掠""劫抢""肆劫""抢夺""抢掳""劫窃""抢""掠""劫"为二级检索词进行筛选，最终得出各朝与郭罗克夹坝有关的数据。

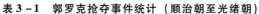

表 3－1　郭罗克抢夺事件统计（顺治朝至光绪朝）

皇帝年号	清实录	所在卷	所在条	数量
顺治	《清世祖实录》	无	无	0
康熙	《清圣祖实录》	294	康熙六十年九月丁巳	1
雍正	《清世宗实录》	158	雍正十三年七月己未	1
乾隆	《清高宗实录》	67	乾隆三年四月癸卯	53
		73	乾隆三年七月是月	
		91	乾隆四年四月乙巳	
		95	乾隆四年六月甲辰	
		113	乾隆五年三月是月	
		125	乾隆五年八月庚午	
		127	乾隆五年九月丁酉	
		133	乾隆五年十二月丙寅	
		155	乾隆六年十一月辛卯	
		177	乾隆七年十月乙卯	
		179	乾隆七年十一月是月	
		181	乾隆七年十二月是月	
		185	乾隆八年二月辛丑	
			乾隆八年二月是月	
			乾隆八年二月丁未	
		191	乾隆八年闰四月是月	
		197	乾隆八年七月庚戌	
		207	乾隆八年十二月甲戌	
		209	乾隆九年正月是月	
		213	乾隆九年三月是月	
		239	乾隆十年四月乙丑	
		395	乾隆十六年七月甲申	
		409	乾隆十七年二月己酉	
		412	乾隆十七年四月己亥	
		429	乾隆十七年九月戊辰	
		431	乾隆十七年十二月丙辰	
			乾隆十八年正月丙子	

续表

皇帝年号	清实录	所在卷	所在条	数量
乾隆	《清高宗实录》	575	乾隆二十三年十一月庚子	53
		697	乾隆二十八年十月甲辰	
		717	乾隆二十九年八月己酉	
		722	乾隆二十九年十一月乙卯	
		744	乾隆三十年九月乙亥	
		765	乾隆三十一年七月乙酉	
		769	乾隆三十一年九月己丑	
		770	乾隆三十一年十月戊申	
		821	乾隆三十三年十月癸酉	
		835	乾隆三十四年五月戊戌	
		852	乾隆三十五年二月壬戌	
		959	乾隆三十九年五月壬午	
		965	乾隆三十九年八月戊申	
		969	乾隆三十九年十月己酉	
		978	乾隆四十年三月辛亥	
		1018	乾隆四十一年十月丙午	
		1079	乾隆四十四年三月壬寅	
		1238	乾隆五十年九月癸丑	
		1295	乾隆五十二年十二月乙卯	
		1297	乾隆五十三年正月癸巳	
		1300	乾隆五十三年八月戊申	
		1311	乾隆五十三年八月甲寅	
		1338	乾隆五十四年九月戊子	
		1372	乾隆五十六年二月庚戌	
		1373	乾隆五十六年三月癸未	
		1389	乾隆五十六年十月己未	
嘉庆	《清仁宗实录》	200	嘉庆十三年八月壬子	4
		202	嘉庆十三年十月甲寅	
		294	嘉庆十九年八月辛酉	
		334	嘉庆二十二年九月癸卯	

皇帝年号	清实录	所在卷	所在条	数量
道光	《清宣宗实录》	18	道光元年五月戊午	21
		23	道光元年九月甲寅	
		24	道光元年十月己卯	
		30	道光二年二月丙申	
		34	道光二年七月甲申	
		140	道光八年八月壬申	
		146	道光八年十一月丁酉	
			道光八年十一月戊子	
		149	道光八年十二月丁亥	
		166	道光十年三月戊戌	
		250	道光十四年三月丙戌	
		251	道光十四年四月壬戌	
		261	道光十四年十二月丙午	
		263	道光十五年二月壬子	
		295	道光十七年三月戊子	
		306	道光十八年二月辛酉	
		353	道光二十一年七月丁丑	
		409	道光二十四年九月壬午	
		427	道光二十六年三月戊辰	
			道光二十六年三月戊寅	
		474	道光二十九年十一月己酉	
咸丰	《清文宗实录》	210	咸丰六年六月丁酉	2
		225	咸丰七年五月癸亥	
同治	《清穆宗实录》	无	无	0
光绪	《清德宗实录》	23	光绪元年十二月壬申	3
		37	光绪二年七月戊寅	
		96	光绪五年六月庚戌	

他还将"应派出口驻营示威官兵八百名，土兵一千余名，驼马炮位，一并
檄调"，则可以起到威慑作用，必要时也能发兵进剿。其次，因郭罗克地
形复杂，且藏民多筑高碉进行防御，因而出兵前去缉拿并非良策，而由土
目擒献参与抢劫的藏众则是便捷高效的方法。于是，郑文焕"檄调郭罗克
正副各土目，（要求其）齐集黄胜关外"，以便宣谕查问，如果"俯首知
罪，当取具永远遵守番结，并郭罗克邻近土目互结，请旨分别究治。否则

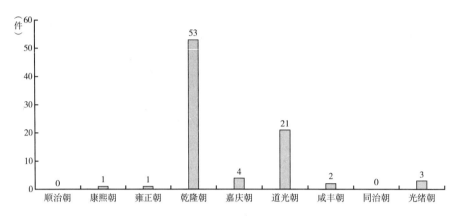

图 3-2　郭罗克聚众抢夺事件数量

即斟酌临巢剿捕"。①

　　提督郑文焕的部署和处理相对和缓，在无其他更好的办法时，也可以暂时解决一些问题。清王朝在郭罗克地区的统治是借助于部落头人的间接控制来实现的，也就是通过任命其头领世代承袭，世守土地、人户，以归于朝廷控制之外，还命其对所属部落进行管理，即所谓"修其教不易其俗，齐其政不易其宜"。这样做不会破坏部落原有的统治基础，而清王朝则可以通过控制土官间接地控制了整个部落。这种制度具有浓厚的割据性，特别是当部落习惯与内地传统相冲突时，朝廷的政令就很难保证得到贯彻实施。于是，清王朝在"因俗而治"之外又采取了"恩威并济"的政策。此案的处理也体现了这一特点。

　　四川提督郑文焕起初调兵的最主要目的便是示威，进而震慑土目及所管藏族民众，迫使其集结并听候宣谕，缉献抢劫人犯。在朝廷的威慑下，多数土目俱"俯首知罪，矢口输心，请以子侄为质，愿图自效"②。后据四川巡抚纪山奏报："郭罗克顽番不法，已委汉土弁目，持檄前赴各寨，明切晓谕，令其擒贼献赃。嗣据各酋目等，环跪稽颡，恳请缴令回营，愿将赃物赔缴，又追出鸟枪牛马等项。"③郑文焕等再次对各土目明切晓谕，示以朝恩，在确信土目输诚服罪之后，只令其认赔抢劫物件，永远遵守约

---

① （清）官修《清高宗实录》卷 185，乾隆八年二月是月条，中华书局影印本，1986。
② （清）官修《清高宗实录》卷 191，乾隆八年闰四月是月条，中华书局影印本，1986。
③ （清）官修《清高宗实录》卷 205，乾隆八年十一月是月条，中华书局影印本，1986。

束，并未对其疏于管理，甚至放纵其抢夺行为不予追究。对于这种做法，乾隆帝也曾表示担忧，"看此光景似易办，但不可易视之，仍应慎重妥算为是，而尤以令其革面革心，永保无事为要也"①。对于提督郑文焕等官员的措置，其并未提出更多的具体处理意见，而是认为"此时只得酌量完结"②。这等于是肯定了提督郑文焕等官员的处置方法，但与乾隆帝的初衷相违。实际上乾隆帝当时面临两难选择，既怕发兵进剿而使民族矛盾激化，而发兵进剿也没有必胜的把握，又担心藏族民众根本不明白朝廷的意图，采取阳奉阴违的办法而继续为恶。在无良策之时，不得不勉强接受这样一个结果，而将希望更多地寄托在善后上，因而提出："彼既悔罪，岂可穷兵，亦不能必其终不为恶。其何以令其终不致为恶，则在我之措置得宜。"③乾隆帝对此事的处理不甚满意，但又不得不接受，可想而知其内心一定是比较郁闷不快的，但接下来事情的发展却使这种不快一扫而光。

原来在恩威并施下，并不是所有土目均会畏惧服罪的。郭罗克奎苏共架寨之副土目林噶架父子，就对朝廷的加恩毫不理解，甚至"怙恶如故"。对于这种情况，四川巡抚纪山建议"剿办"，乃是杀鸡给猴看，试图杀一儆百。有可能是乾隆帝还没有考虑成熟，只御批"知道了"，采取的是模棱两可的态度。不过，随后地方官员的处理结果，却让乾隆帝"欣悦览之"。

据川陕总督庆复奏报，林噶架父子等藏族部众，"总以畏罪为辞，不肯亲自投出"④。在几番催促不来的情况下，提督派游击买国良带兵前往锁拿，先捕获林噶架父子等八名头目，后又陆续捕获参与抢劫的人犯四十余名，均另委大员审讯，准情酌理，分别定罪。出师告捷，未伤一兵一卒，乾隆帝在喜悦之余，不忘嘉奖游击买国良，并令地方官员"送部引见"，准备将其升迁。负责善后的庆复即开始对各案犯的审理，并结合案情作出了不同的处理结果：因首恶噶架、酸架，已在军前正法，首恶谭蚌借先经拒捕被杀，首恶忙彻革藏、蚌甲素二名于获禁后病故，故不在议处。其余所有曾经实施聚众抢夺、杀人的蒙借等七名首犯，"委员当郭罗克各土目

① （清）官修《清高宗实录》卷191，乾隆八年闰四月是月条，中华书局影印本，1986。
② （清）官修《清高宗实录》卷207，乾隆八年十二月甲戌条，中华书局影印本，1986。
③ （清）官修《清高宗实录》卷209，乾隆九年正月是月条，中华书局影印本，1986。
④ 以上引文见（清）官修《清高宗实录》卷213，乾隆九年三月是月条，中华书局影印本，1986。

面正法，并传首各寨。从犯二十五名，各杖责，同家口解赴成都，分发川东、川南、笃远土司安插"。为了宣布朝廷恩典，庆复又传集三郭罗克土酋丹增等目番共二十六人，明切开导，宣扬三次宥过不杀之恩，并分别赏给银牌、缎匹、烟布等物。这是明显的示之以威，济之以恩，因此乾隆帝非常满意，下旨褒奖道："不动声色，而处此难处之事，足见卿干济有方，嘉悦之外，无可批谕。"①

除了审判和定罪量刑之外，处理善后事宜乃是庆复的重务。经过与各员共同商议，庆复于乾隆五年（1740）五月将具体方案奏报。乾隆帝览奏之后，批示"均应如所请"，也就是批准了这个善后措施。庆复的处理善后事宜共计八条。

第一，申明赏罚。郭罗克的各寨有荒地可垦，而水草可以孳生羊马，可以责成土酋，分别勤惰，定其赏罚。

第二，安抚穷困。郭罗克的各寨穷人共计三百一十九户，其中有牛籽无资者，酌量借给，以使他们安居乐业，可以消除因穷困而抢劫之患。

第三，限期打牲。打牲即是打猎，猎人外出则难以管理，因此限定每年五六月打牲一次，可以出外，而九月至十二月，只允许在本境近地打牲。其打牲之人，按寨分班，每起多者不得过十名，于驻汛官处，挂号给票，定限回巢。

第四，设卡稽查。在撤军之后，设立关卡塘站，以便实施稽查。每年遴选老成千把总带兵二十名，轮驻郭罗克，并派兵十五名，于小阿树、中阿坝、郎惰、鹊个、甲凹五处安设塘递，以通声息。再于阜和营派千把一员，带兵二十名，于上革赍、写达及霍耳、甘孜分防巡驻。

第五，明定边界。这次越境抢夺案，是按照盗一赔二进行处置的，已经立结在案。但黄河沿游牧蒙古，亦与之毗连，并咨明青海副都统，饬弁至黄河北面，传集阿里克各部头目，令郭罗克土目前往会议，定界立誓，不许偷窃。再西宁属之蒙古城，永豹沙及邻境与郭罗克有婚姻往来者，均令于防弁请票稽查。

第六，有案速办。凡是藏族民众"争竞之事，随时剖晰，而开垦畜牧，以及有无远出打牲，责成松潘镇，岁加查察。如果土目管束有方，加以奖赏。"

---

① （清）官修《清高宗实录》卷215，乾隆九年四月是月条，中华书局影印本，1986。

第七，以藏治藏。"上中下三郭罗克事务，请将输诚悔过、擒贼自效之土目丹增、甲喀蚌、革亚、主持办理。又邻寨之阿弥坝土千户墨丹住，老成向上，亦令互相稽察，均给与土职部颁号纸，子孙世守。至各寨外委土目，均有管束之责，亦请给予顶带，俾知向化之荣。"

第八，明确罚责。凡是土目宗族子侄，若有为匪犯法，而土目知情故纵，一体坐罪。①

这八条善后事宜，简明扼要，基本上是根据郭罗克藏区实际情况而采取的切实可行的措施，既便于实际推行，官府又没有太大的投入，也无怪乎得到乾隆帝的肯定和赞许。但也应该看到，善后事宜的方针是以藏治藏，很少有官府权力介入，所针对的也是眼前的情况，并没有长期的打算。例如，给予319户藏族穷困户以种子耕牛，仅仅是借贷，并没有考虑将来如何还贷与脱离贫困；偌大的一个果洛地区，仅有千把总带领的55名兵丁，既不能够实施稽查，也没有威慑力，而所申明的赏罚原则，又没有专人监督实行，也就难免大军一撤，抢劫依旧。事实上，自乾隆九年（1744）至清朝灭亡，郭罗克藏族部落四处抢夺案件，仍然是大案、要案频发。究其原因，固然不能排除郭罗克藏族部落的风俗习惯因素，但清王朝放弃对该地区的统治权，才是最根本的原因。

如果说"因俗而治"的政务管理体制，是在适应不同地区经济文化发展水平的实际情况下，对各民族区别对待，在不改变原有生产方式和生活习惯的前提下，允许各从其俗，这在客观上维持了被征服地区社会生产力的发展，同时也有利于社会稳定，加强了本民族的统治，在一定程度上还起到缓和民族矛盾、促进民族融合的作用，是比较成功的统治政策的话，那也是基于控制能力而言。此案在处置过程中，朝廷派出了军队，对不服管理者进行了制裁，至少在表面上已经取得了慑服的效果，若是借此加强管理，从根本上消除藏族部众对官府的逆反心理，实施有效的救助，在解决生存根本问题的情况下，实行安抚与约束，其效果会更好一些。而实际上，在取得初步效果之后，清王朝将藏区的统治权交还原有部落头人，认为控制了这些头人，就可以控制整个地区。这一策略在王朝建立初期，在中央权力尚未要求实现对藏区的控制之时，不失为一种高明之举。当国家权力更多地渗透到藏区，

---

① （清）官修《清高宗实录》卷217，乾隆九年五月丙午条，中华书局影印本，1986。

要求实现更全面更直接的统治之时，在内地与藏区的联系和交往越来越多的情况下，这种"以藏治藏"不仅限制了藏族与其他民族的交往，也给王朝的施政带来强大阻力。当然，在当时历史情境下的清统治者很难看清这一点，但随着社会情况的不断变化，以及经验的不断积累，在光绪末年，伴随着藏区的"改土归流"，对其实行直接统治才有了逐步实现的可能。

三 杀伤汉民

铁布地区位于今若尔盖县东北角，与甘肃省迭部县接壤，藏族占当地民众的90%以上。由于此地处于甘、青、川的交界处和青藏高原边缘，因而也成了清王朝管理上的一大难题。《清史稿》说："生番铁布者，居西倾山中，众十余万，乘教匪猖獗，时出盗内地。"① 据《岷州志》记载："杨土司所辖之生番，名曰铁布。铁布以西之番，名曰卓挂。以番语译之，卓挂者，其真种也；铁布者，非真种也。盖汉人有入番赘婚者，又有兵燹时规避差役及犯罪遁入者，故彼族以为非真种也。"也就是说，铁布藏族是由羌族、汉族及藏族混合的族群，而以藏族因素居多，主要居住于现代的天祝藏族自治县、甘南藏族自治州、陇南市等地，所使用的是安多藏语方言。

清代的铁布地区藏族靠近内地，因而侵扰内地其他民族的事情时有发生。例如，康熙五十八年（1719），铁布藏族叛乱，四川总督年羹尧"令守备周瑛领兵出口，于巡查边界之便，招抚铁布生番"。由于铁布藏族头领"不遵劝谕，且复抗拒，射伤差去之人"②，朝廷确定了围剿与安抚并行的原则。雍正二年（1724），从抚远大将军年羹尧折奏："河州口外铁布等寨番人，皆系青海所属，劫掳道路，恣意妄行"③，一直到光绪二十九年（1903），"铁布番匪四出抢掠恃险抗拒"④。可以说在处置铁布藏族外出抢掠及负隅顽抗等问题上，清廷存在许多失误。仅以嘉庆六年（1801），"铁布番子在岷洮边界抢劫，伤毙民人"案的发生与处理过程来进行分析。

地方官在铁布藏族于岷洮边界抢劫以后，火速上报陕甘总督长麟，并立即要求管界土司杨宗业派兵严缉抢劫罪犯。土司对于地方官的要求，并

---

① 赵尔巽等：《清史稿》卷362《朱尔汉传》，中华书局，1977，第11397页。
② （清）官修《清圣祖实录》卷285，康熙五十八年秋七月己亥条，中华书局影印本，1986。
③ （清）官修《清世宗实录》卷18，雍正二年夏四月丁卯条，中华书局影印本，1986。
④ （清）官修《清德宗实录》卷518，光绪二十九年六月庚申条，中华书局影印本，1986。

没有积极响应，地方官猜度是土司有意包庇，或是土司之兵软弱无能，因而一直未能捕获抢劫罪犯。经过官府查访得知，赛智寺有喇嘛素为上下铁布族众所崇信，于是官府发给该喇嘛谕帖，责令其对抢劫各匪犯严密查拿，并全数献出。对于官府的施压，赛智寺喇嘛愿意配合，遵旨拿人缚送，并议令由头人工卜拉旦等十九人先来请罪。经长麟等询查，访出六革哇布等有名正犯二十二人，但尚未拿获，遂将案情先行奏报嘉庆帝。

清廷有"铁布未叛乱，且地险，一构兵非数年不能平"[1]的担忧，但也不能容忍铁布藏族危害地方统治，尤其是在清王朝统治已经稳固的地区，更不能使当地住民心生恐惧，影响正常的生产和生活，更重要的是不能容忍他们挑战王朝的权威。基于多种因素，嘉庆帝得知大概以后，当即传谕长麟，"务当饬令该头人等，迅速查拿，全数献出。其未经访出各犯，亦查明务获，不可使一名漏网"。并要求在头人将贼首缚献到时，即"讯明情节，一面即行正法，并传集该头人等眼同监视。俾伊等触目警心，共知畏慑，并责令该头人等，出具切实甘结，以后永远不敢滋生事端"。抢劫案与反叛案件有本质上的区别，不到万不得已，是不能派兵声讨的，出兵仅仅是威慑之道，若是该头人等既知畏慑，"已将贼番全数缚献，形迹恭顺，则所调官兵宜即行撤回，以释其疑"。"如铁布贼番不遵约束，胆敢抢劫伤人，法所必诛，不可稍为宽贷"。[2]

经长麟对所获之人的审讯，逐渐查清了此案发生的原委。先是内地民人王一血保等三人私赴藏族地区，被藏族驱逐出境，这些汉民就与藏民结下了仇恨，于是殴打了藏族人，并将其所养鹞子卖钱分用。藏民认为是汉民滋事，侵犯了他们的利益，于是纠众报复，以泄愤为目的，抢劫汉民的牛只财物，并殴伤汉民，致其死亡。长麟认为："在番众固属不法，而推其致衅之由，实属汉民滋事。若只将该番严办，转似内地袒护汉民，无以折服番众之心。"[3] 在折服藏族民众之心的总前提之下，是不能让藏族民众看到官府有袒护汉民的迹象的。于是，一面迅速捉拿犯奸汉民王一血保等三人归案听审，一面对前来请罪的藏族头领进行安抚，而处理也采取各打

① 赵尔巽等：《清史稿》卷362《朱尔汉传》，中华书局，1977，第11397页。
② 以上引文见中国第一历史档案馆藏《军机处上谕档》，嘉庆六年九月十四日，第八条。
③ （清）官修《清高宗仁宗实录》卷89，嘉庆六年十月辛酉条，中华书局影印本，1986。

五十大板的策略。先将滋事汉民王一血保等三人拟发遣吉林，以警戒内地汉民；后对实施抢劫的藏民主犯察克，拟发遣广东，而从犯木兹力虽听纠抢夺，嗣因患病并未同行，且能将案内各犯拿获过半，尚知畏惧，故拟宽免治罪。长麟将拟罪结果上交刑部核议并予以奏报。嘉庆帝认为此案办理"两无偏向，所拟尚为允协"。然后再以皇恩加之，因木兹力犯罪情节较轻又有立功表现，故谕令免罪，并着长麟量加奖赏。至于未获各犯，仅仅谕令继续查拿，其从宽之意明显。

单纯从司法审判的角度来看，此案的处理似乎并不公正。汉民确实滋事在先，但不管殴打藏民，还是擅卖其所养鹞子的行为，都不是严重的犯罪。按照《大清律例·刑律·斗殴·斗殴》条规定："凡斗殴〔与人相争，〕以手足殴人，不成伤者，笞二十。〔但殴即坐。〕成伤，及以他物殴人不成伤者，笞三十。〔他物殴人〕成伤者，笞四十。〔所殴之皮肤〕青、赤〔而〕肿者为伤。非手足者，其余〔所执〕皆为他物，即〔持〕兵不用刃，〔持其背柄以殴人，〕亦是。〔他物〕拔发方寸以上，笞五十。若〔殴人〕血从耳目中出，及内损〔其脏腑而〕吐血者，杖八十。〔若止皮破、血流及鼻孔出血者，仍以成伤论。〕以秽物污人头面者，〔情固有重于伤，所以〕罪亦如之。〔杖八十。〕"此案仅仅是讲殴打藏民，没有讲用棍棒金刃等器械，只能算是手足殴，何况并没有指出是否成伤，应该属于轻罪。虽然条例内有凶徒因事忿争而实施严惩的规定，但前提是持有凶器，聚众多人，有围绕房屋、抢检家财、弃毁器物、奸淫妇女等各种伤害行为，显然此案都不符合，其中汉民仅仅是三人，并未构成聚众犯罪，因为聚众应该是三人以上。其加重处罚的处理，主要是为了安抚藏族民众，根本没有考虑法律的权威。

涉案的藏民，虽然最初是因为报复，可以算是事出有因，但聚众抢劫、杀伤人命，已经不是简单的报复。按照《大清律例》对聚众的定义，聚众十人以上已经是重罪，而聚众四五十人，无论出于什么原因，即便是没有伤人，也要不分首从，拟遣充军，如果伤人，处罚更重。此案前来认罪的藏民有 19 人，后又查访有名正犯 22 人，显然是重大聚众案件，甚至还伤毙了汉民，其性质则成为强盗聚众，伙盗不论伤人与否，都不分首从予以治罪，而且是"但得〔事主〕财者，不分首从，皆斩"[1]，更何况此

---

① 田涛、郑秦点校《大清律例》，法律出版社，1999，第 377 页。

案还伤毙了人。此案的判决，身为首犯的是免死发遣，而从犯不再追问，其安抚的意义大于法律的精神，这也是有清一代只有圣明皇帝，而没有神圣法律的原因之一。

如果说安抚是清王朝治理边疆地区少数民族的政治策略，而法律也必须以这种策略为转移的话，在一定时期内则是不得已而为之，对此还不能有过分的指摘。不过，在实施这种策略时，以民族隔绝的方式，或者是出于"保证各自生存领域，尽量避免民族冲突"的目的，但所造成的后果，非但不能使不同的民族积极进行文化方面的交流，而且会因为失去交流而相互产生偏见，也会因为偏见而产生仇恨。如果在具体实施过程中再带有民族偏见，甚至偏袒一方，所造成的影响则更坏，以致转变为民族仇杀。

在此案件的处理上，体现了清王朝的民族隔绝理念及其对汉民族的偏见，而对"汉奸"的认识，更使纠纷处理中的藏族与汉族成了敌对双方，毕竟是汉族越界进入藏区，因此在藏区出现藏族与汉族之间的案件，就先期设定了汉族是违法在先，至少其已经是"汉奸"而非大清王朝的顺民。

"汉奸"一词出现在明末①，在雍正之后逐渐传播和流行开来，并编订于律例之中，这也就使"汉奸"成为清王朝重点打击的对象。

清初的"汉奸"并非鸦片战争以后的民族败类的意思，乃是统治者对不归顺清王朝的汉人实施镇压时的称谓，对于汉人来说，这非但没有贬义，而且还有褒义，因为他们不忘大明王朝，这是在改朝换代的时候常见的现象。在明亡时，有不少明遗民，以自己的方式来反抗清王朝，而进入民国，则很少见到清遗民，这应该是清王朝的国家与民族观念没有深入人心所致。

雍正年间，西南地区实施"改土归流"，不服从"改土归流"的苗族，被称为"苗顽"，而帮助少数民族的汉人则被称为"汉奸"。此时的清王朝已经统治80余年，其合法化已经完全确立，此时的"汉奸"便是对汉族中的坏人、败类、奸细等的界定，所损害的当然是满族统治者的利益。

在涉藏刑事案件的"汉奸"中，行为及行为人的范围都更加具体，且具有相对的特殊性。在涉藏"汉奸"案中，行为人以甘青川滇藏区定居

---

① 出现在明末治理和经营西南土司地区的过程之中。参见吴密《"汉奸"考辨》，《清史研究》2010年第4期，第108页。

的汉民为主，而内地汉民则犯案较少。可以定为"汉奸"的具体行为主要包括三种：第一种是私贩茶叶、火药、口粮等潜入藏族居住地区进行贸易。表面看这种行为并没有多大威胁，但时间长了，汉民便熟悉了藏族居住的地形及各部落牲畜财产的多少，于是他们便聚集多人持枪械，共同出口，名为防贼，实际上是窥测机会实施抢掠。第二种便是私开歇家。歇家即是可以提供住宿歇息，又可以卸货代销的中间商。为限制汉民族与蒙藏民族的交往，歇家的开设需要事先得到官府的批准，而官府对汉民族有诸多限制。一些汉民为获得利润，就在山僻处所私开小店，官府认为这些私歇家，白天销售口粮等物资，到了深夜则多帮助野番销变赃物，并私卖军器火药，是犯罪的渊薮。第三种比较容易理解，或者是汉民熟悉地形等情况后，勾结藏族人而为之向导，或者干脆穿上藏族人的衣冠冒名肆掠。从清王朝在甘青川滇藏区所确定的三种"汉奸"行为来看，官府最痛恨"汉奸"与藏族人相勾结，定罪也綦严，其隔绝汉藏民族交往的意图明显，而打压汉族更是既定方针。

清王朝针对"汉奸"而颁布律例，其最初虽然限制在西南地区，后来则扩大到两广地区，而西北与北方也逐渐被纳入，使"汉奸"罪名有了比较广泛的应用，成为"违法滋事，在外作乱的汉人"的代名词。道光三年（1823），"西宁地方私开歇店交通野番"案，就将活跃在蒙、藏与内地之间的盗贼，以及违禁从事"歇家牙行"经营的汉人称为"汉奸"，而回民则被称为"回奸"，那彦成在青海办理"番案"期间就处置了大量此类"汉奸"与"回奸"。

此案的处理便体现了对"汉奸"的严惩。内地民人王一血保等三人，因为私赴藏族居住地，属于滋事在先，已经违反律例的规定，是有罪之人，受到藏民驱逐之后，竟然敢于因结仇而实施殴打，则属于再犯，按照二罪俱发从重论的原则，是可以从重论罪的，但也不至于加至发遣刑，这显然是出于安抚藏族民众的目的。基于这种目的，原本是无可厚非的，但从国家权力及公平正义的角度来看，这样的裁断实际上弊大于利，既违背了王朝"恩威并济"处理民族问题的总原则，也不能使双方当事人，乃至于汉族与藏族民众心服口服，反而容易造成更大的怨恨，而铁布藏族罪犯在没有受到惩处的情况下，也会更加肆无忌惮，以致此后四出抢掠不断，还敢恃险抗拒，未尝不是清王朝纵容使然，这是值得深思的。

第二节　藏满间刑事案件处理

藏族对满族的犯罪，主要是指藏族在藏区或内地实施的，对王朝财产和官吏实施侵害的行为。侵害的客体是王朝的财产权，以及执行政令官吏的人身权和财产权。这种犯罪行为往往超过王朝的忍受度，性质也容易转换，故此惩处相对严厉，有时则要使用"大刑"，而"大刑用甲兵"乃是历代王朝在不能依法处置的情况下，迫不得已而采用的极端手段。

一　殴打钦差

中国古代有一个难以改变的观念，凡是祖宗定下来的制度，子孙总是表示要"恪守成宪"，不敢轻易改变。然而，社会在不断发展，政治、经济、军事情况也在不断发生变化，祖宗的制度常常不能适应现实的需要。在这种情况下，统治者往往采用一些变通的方式，在不明显变更祖制的情况下，采取一些临时措施，以弥补官制的不足，其最具代表性的措置就是派遣具有专责的特使，处理钦命政务，可以称之为诸使差遣负责制，或者钦差制。

有清一代，钦差可以说是越来越多。从清初派遣钦差，到雍正时期颁发钦差大臣关防，"钦差"基本形成制度，而乾隆初制定钦差大臣巡视条例以后，钦差大臣行使权力有了法律依据。乾隆中叶以后，国内社会不稳定，外事纠纷也逐渐增多，为了适应当时的情况，钦差大臣的任命逐渐增多，权力不断扩大，并承担起地方军政及外交的责任，拥有不同程度的司法权。如承担方面军务的钦差大臣有军事责任，有军法从事权，对于非军事的刑罚处置也有一定的裁断权力；承担方面政务的钦差大臣，无论军民都有裁断权力。根据授权，钦差大臣的裁断的轻重顺序是：请旨即行正法、一面请旨一面正法、恭请王命正法、先行正法、立毙于杖，而拥有一面请旨一面正法以上权力者，均可以实施就地正法，这也是有法律依据的。既然钦差有如此的权力将之殴打，就不能按照"斗殴"律的规定进行量刑定罪了。

乾隆三十二年（1767）初，时任驻藏大臣的玛瑞奏报，钦差侍卫台布至四川扎雅克噶噶地方①，因乌拉马匹羸瘦，故询问当地藏族头目。藏族头目不仅答复没有肥马，而且动作不逊，台布令其摘去佩刀。"其属下人等掷石击打，台布顶际中伤，在扎雅克住宿三日起程"②。玛瑺于是饬交扎雅克喀萨顶之呼图克图尚卓特巴等，将肆行掷石人等查报。

从表面看，案情比较简单，就是藏族民众共同投掷石块，将钦差台布击伤，因受伤较轻，仅构成伤害案件。由于实施侵害的人与受害人的身份不同，适用的法律与一般的伤害案不同。《大清律例·刑律·斗殴·殴制使及本管长官》条规定："凡〔朝臣〕奉制命出使，而〔所在〕官吏殴之，及部民殴本属知府、知州、知县，军士殴本管官，若吏卒殴本部五品以上长官，杖一百、徒三年。伤者，杖一百、流三千里。折伤者，绞〔监候。不言笃疾者，亦止于绞〕。"根据案情，殴打钦差，属于殴打奉制命出使的朝臣，只要是有伤，至少要杖一百、流三千里，而按照分首从治罪的原则，还要追究何人为首。问题是此案件涉及民族关系，更有政治意义，因此引起乾隆帝的高度重视。

清代的昌都是康区的政治、军事中心，既是由川入藏的门户，又是连接内地的重要中转站，地理位置非常重要。自康熙五十八年（1719），清军入藏驱准噶尔军，一直到清末，昌都乃是川藏大道的重要补给线，各种粮务所、游击所、千总及外委防汛，均云集此地。清军入藏多于此买口粮草料、雇用骑驮乌拉。雍正四年（或三年），雍正帝派遣钦差会同副将周瑛往勘川、藏界址，以宁静山顶立界石。宁静山以东为巴塘、理塘、瞻对、霍尔德格诸土司地，划归四川省雅州府管理，"山以西为察木多（昌都）、乍丫（察雅）、类乌齐呼图克图辖区和已赏达赖的麻康（芒康）、贡觉等地，皆划归西藏管理"③。后来达赖于所赏之地江卡芒康、贡觉、洛隆宗、硕板多（今洛隆县硕督乡）、达隆宗、工布江达、桑昂曲宗等地设营官管理。"实际上宁静山乃江卡与巴塘之分界，即西藏所属的江卡地方东境与四川之分界处，而察木多、乍丫、类乌齐呼图克图辖地是康熙时清军

① 根据《清实录》《清史稿》等文献的记载推断，"扎雅克"又名"乍丫""扎雅"，应当为现今西藏昌都地区的察雅县。而"噶噶"这一地点在清代地图上并没有显示，文献中也没有记载，故根据音译推断察雅境内的"岗卡"或者为"卡贡"。
② （清）官修《清高宗实录》卷777，乾隆三十二年正月丁亥条，中华书局影印本，1986。
③ 任乃强：《西康图经·境域篇》，新亚细亚学会社，1933，第239页。

146

进藏被招抚归顺清朝的地方，虽划归西藏地方，但不归达赖管理"①。

自石板沟（今西藏芒康）以西至巴贡（今西藏察雅）是察雅（乍丫）地方，《大清会典》名扎雅庙，因明代有黄教喇嘛于烟袋塘（今察雅县之香堆镇）建卡撒寺（今察雅宗内最大的扎西曲宗寺），于此讲经，人民归之，是为乍丫有史之始。②康熙五十八年（1719），清军进藏，因该地僧俗百姓归顺，遂颁给呼图克图印信，其印文为"阐讲黄教额尔德尼诺门罕"，受内地节制，听取调遣，不为西藏统辖。乾隆十一年（1746），此处逐渐设置有总兵、游击、守备、千总、把总、外委及粮员等，统兵戍守和管理驻藏兵粮饷的转运，其官吏兵丁皆由四川派遣，而且江卡至察木多大道沿线的驿站交通事务也属川省管辖。在地方事务上，唯有呼图克图转世有纠纷时，达赖会同驻藏大臣监视金瓶掣签。除宗教上与达赖有联系外，"殆完全独立"，即有重大事件，亦直接请清王朝判理，实非藏属。③由于察雅处于川藏大道上，且在两省交界的地方，而此案钦差台布遭殴也是在赴藏路途中发生，因此驻藏大臣有义务先行作出处理，并由其领衔奏报。至于具体案件的处理，令新任驻藏大臣擒拿凶犯并解赴成都，交由四川总督阿尔泰审理定拟。

此案因台布赴藏途中雇用骑驮乌拉而起。《辞海》记载："乌拉，蒙古语，满语和藏语都意为差役，源于突厥语。"而"在藏族地区，指旧时对农奴向农奴主支差的各种差役，包括人役和畜役，是农奴的一项繁重负担。民主改革后，已彻底废除"。具体而言，"乌拉"包括劳役、捐税和地租等，且均不支付给价。在此案中，乌拉则具体指"无偿供应人力、畜力运送持有官府乌拉牌令的一切人员和物资；接待来往官吏，为因公外出的办事人员和过路藏军，无偿提供住宿等"④。受伤的钦差名为台布，史料中对于此人的记载较为零散。《枢垣记略》记载满洲军机大臣题名录："台布，字（缺），蒙古正蓝旗人，官至西宁办事大臣"⑤。具体出身不清，曾经为侍卫，在擒

① 张其勤：《清代藏事辑要》，西藏人民出版社，1983，第185页。
② 李凤珍：《清朝对西藏与四川、青海、云南行政分界的勘定》，《西藏研究》2001年第1期。
③ 李凤珍：《清朝对西藏与四川、青海、云南行政分界的勘定》，《西藏研究》2001年第1期。
④ 宋赞良：《从乌拉差役看西藏农奴制下的"人权"》，《中国藏学》1988年第4期。
⑤ （清）梁章钜、朱智撰，何英芳点校《枢垣记略》，中华书局，1984，第160页。

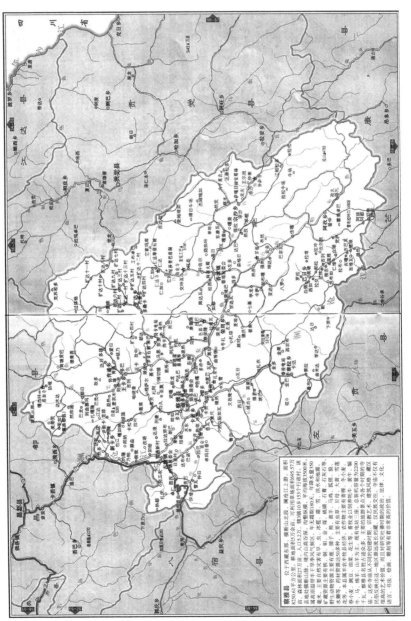

图 3-3　察雅县地图（清代）

获罗卜藏丹津之后，曾经派他前往，将其解送来京，后来为英吉沙尔办事大臣，再调回京，为钦差入藏，而发生了此案，虽然受到牵连，却在乾隆六十年（1795）九月，以内阁学士在军机处学习行走，以后为工部、户部侍郎，升都察院左都御史，之后接连署理江西、广西巡抚，实授广西巡抚，改陕西巡抚，嘉庆四年（1799）为西宁办事大臣，被嘉庆帝称为"系素能体国爱民者"①。不过，《清史稿》没有其传记，而此案发生在乾隆三十二年（1767）初，其已经任过英吉沙尔办事大臣，以侍卫再任赴藏钦差。

既然打伤的是朝廷钦差，此案便与破坏部落秩序的藏族民众自相伤害不同，与危害民族杂居地区的不同民族也不相同。《大清律例·刑律·斗殴·殴制使及本管长官》条规定这类罪行要从重处罚，但此案不仅是殴打朝廷的"制使"钦差，而且是藏族民众不服从朝廷管束的大问题，如果上升到谋反大逆，按照《大清律例·刑律·贼盗·谋反大逆》条规定，"凡谋反及大逆，但共谋者，不分首从，皆凌迟处死。祖父、父、子、孙、兄弟，及同居之人，不分异姓，及伯叔父、兄弟之子，不限籍之同异，年十六以上，不论笃疾、废疾，皆斩。其十五以下，及母、女、妻妾、姊妹，若子之妻妾，给付功臣之家为奴。财产入官"，就不仅仅是殴打钦差之人要被凌迟处死，整个亲族都要受到株连。是否从斗殴转换为谋反大逆，全在君主个人判断。

果不其然，乾隆帝接到奏报后，非常生气，认为："然竟敢将钦差侍卫击伤，实属目无法纪。"② 其态度非常明朗，此案不能按照斗殴来处理。乾隆帝谕令驻藏大臣玛瑞等带领兵二三百名，从西藏前往查办。又传谕四川总督阿尔泰，从成都满兵内派拨二三百名，以便策应。考虑到带兵经过藏区，如不告知行动的理由，一旦藏族部落"妄行扰动"，反而不利于事情的解决等因素，乾隆帝传谕玛瑞等，要求其留心处置，"凡带兵经过地方及附近番众，俱宜豫为晓示，以尔等击伤大皇帝钦差侍卫，殊属目无法纪，今只将掷石为首之人，擒拿治罪，盖因侍卫受伤不重，实系汝等之幸。并令将击打台布之人，自行执献，解往成都候旨"。这一做法体现了统治者对涉藏刑事案件处理的审慎态度。藏族民众殴伤钦差，其行为有些过激，但敢于殴打钦差的，毕竟是少数人，不能牵连整个藏族民众，毕竟

---

① （清）官修《清高宗仁宗实录》卷53，嘉庆四年冬十月戊戌条，中华书局影印本，1986。
② （清）官修《清高宗实录》卷777，乾隆三十二年正月丁亥条，中华书局影印本，1986。

示之以威，济之以恩，乃是乾隆帝承办此案的基本原则。

乾隆帝很明白，若因此事大动干戈，必然是两败俱伤，因此他寄希望于藏族部落首领能够"自行执献，解往成都候旨，庶可完事"。当然，藏族部落首领"若支吾不给，断不可稍为姑容，即当毅然以兵力从事"①，所实行的是先礼后兵，也希望最好不用兵。

察雅是由朝廷册封的尚卓特巴呼图克图等管辖，其应该明白官府的意图，所以经尚卓特巴呼图克图等缉查，共擒获掷石藏民两名，并将其执献到四川总督阿尔泰处。很显然，尚卓特巴呼图克图有袒护本族人的意图，因为掷石击打台布的藏族民众很多，如果仅仅是两个人，钦差左右的侍从总不能眼见钦差遭殴而全然不顾吧！乾隆帝可谓洞若观火，指出尚卓特巴呼图克图敷衍了事，认为掷石击打台布的藏族民众绝不可能是两个人，并且谕令新任驻藏大臣托云，令其"严讯动手之人"，"务期全获"。在官府的压力下，尚卓特巴呼图克图只好执献案犯十一名，四川总督阿尔泰则请旨讯明以后即行正法。乾隆帝认为："今经献出十一人，恐其中尚有隐匿。"更何况驻藏大臣托云已经带兵前往，务必查个水落石出，才能师出有名，于是乾隆帝传谕阿尔泰"俟十一人解到（成都）时，暂缓正法，讯明此事因何起衅，伊等是否动手正犯，此外或另有倡率之人，勿使漏网"②。随后驻藏大臣托云奏称："余犯若加深究，恐信口攀及无辜。"③ 很显然，托云并不想扩大事态，他想见好就收。乾隆帝虽然很不满意，但还是经传旨申饬托云后，勉强同意不再深究。经审讯，阿尔泰等确定动手正犯为扎什衮、固木布楚克，而索诺木扎什等九人为从犯。

如何进行拟罪呢？若是依照《大清律例》规定，显然是不能将案犯定为死刑的，但乾隆帝已经将此案定性为"目无法纪"，只能遵守其意为之。《大清律例·刑律·斗殴·殴制使及本管长官》条例规定："部民军士吏卒犯罪在官，如有不服拘拿，不遵审断，或怀挟私仇，及假地方公事挺身闹堂，逞凶杀害本官者，拿获之日，无论本官品级及有无谋故，已杀者，不分首从，皆斩立决。已伤者，为首照光棍例斩决。为从下手者，绞候。"

<hr />

① （清）官修《清高宗实录》卷780，乾隆三十二年三月庚午条，中华书局影印本，1986。
② （清）官修《清高宗实录》卷782，乾隆三十二年夏四月甲辰条，中华书局影印本，1986。
③ （清）官修《清高宗实录》卷782，乾隆三十二年夏四月丙午条，中华书局影印本，1986。

阿尔泰等就依据该条例，予以拟罪，将掷石击打台布为首之藏民扎什衮、固木布楚克，拟为斩决。为从之索诺木扎什等九人，拟为绞决。刑部复议之后上奏，乾隆帝认为扎雅克喀萨顶呼图克图等也不能不予以惩儆，要求阿尔泰将他们传集到成都，"谕以番子掷石击打台布，伊等不即将动手之人拿送总督处治罪，必俟大臣等带兵前往，始行献出，甚属非是，本应一并治罪。始念伊等系庸愚喇嘛，加恩宽免。伊等嗣后务将属下番子，严加约束，倘复有滋事之处，必将伊等一并治罪"。之后再示之以恩，"将为首者立斩枭示，为从者免死，发极边烟瘴安置"①。

杀一儆百，武力威逼，严词警告，严惩首犯，留下从犯的性命，自然可以体现恩威并济，但从安抚的角度，也不能不追究钦差台布的责任。"台布因牲只疲瘦，问及番子头目，即应将喂养之法严行教导，令其畏惧。纵伊等敢向台布动手，亦当示以镇静，何遽令其摘去佩刀，自形怯懦。番子等因怀疑惧，掷石击打，俱缘急迫所致。"② 身为钦差，没有大臣风度，不能慑服藏族头目，却"自形怯懦"，台布因之摘去顶戴花翎送京，交部严加议处，也算是对藏族部落首领及民众们的交代，而此后台布受到重用，也可见乾隆帝不过是从权而已。

二 误抢官马

《大清律例·刑律·贼盗·盗马牛畜产》条例规定："驻扎外边官兵及跟役等，有偷盗蒙古马匹者，审实，即在本处正法。""民人蒙古番子偷窃四项牲畜，以蒙古内地界址为断。如在内地犯窃，即照刑律计赃，分别首从办理。若民人及打牲索伦、呼伦贝尔旗分另户，在蒙古地方，并青海、鄂尔多斯、阿拉善毗连之番地，以及青海等处蒙古番子互相偷窃者，俱照蒙古例分别定拟，仍各按窃盗本例刺字。"马匹在当时属于军用物资，故要从重量刑。盗窃尚且如此，若是抢夺官马，其罪责也就可想而知了。

嘉庆十七年（1812），河州镇马厂官马被藏族抢劫了，河州镇总兵富明阿遂向陕甘总督那彦成禀报："（十二月）二十日晚，马匹放牧，夜半时突有番贼十余人扑入马群，抢掠马匹。经外委陕有贵率同牧马兵丁，施放

---

① （清）官修《清高宗实录》卷784，乾隆三十二年五月丙子条，中华书局影印本，1986。
② （清）官修《清高宗实录》卷777，乾隆三十二年正月丁亥条，中华书局影印本，1986。

枪箭逐贼，不意贼番开枪拒斗，致将外委陕有贵枪伤沉重，武举海腾蛟亦被矛伤，兵丁杜花、曹有杰等亦各带刀箭伤，马匹多被惊跑四散。官兵枪毙番贼一人、马一匹，并夺获毛褡连、皮袋约二十余件。当时打伤之贼，该番均即驮拽逃遁。"

经雍正、乾隆时期对西北的经营，陕、甘、青、川等藏区的社会秩序相对稳定，已经很久没有出现抢掠官府物资，并以武力对抗的重大案件了。而此案出现的匪徒等于是明火执仗，而且伤了官兵数名。官兵虽然击毙了一名藏族匪徒，却没有捕获一名匪徒，这势必给破案带来困难。陕甘总督那彦成接到禀报，也感觉事态严重，当即派游击杨印花、参将曾受，从保安、河州各营抽调兵丁二三百名，先至隆务寺屯扎，然后飞饬河州镇及贵德、循化两厅营各官，带领该处的通事及寺僧昂锁人等，分入藏族地去查拿。唯恐势力单薄，不足有震慑，那彦成再札饬西宁镇总兵特依顺保、西宁道龙万育，令其就近驰赴该处，由北路两面督拿。在调兵之时，那彦成要求各部不可张皇及迁就涉案藏族，速将正贼设法拿获惩办，并令其晓谕附近藏族"擒献有赏，窝藏同罪"①。陕甘总督的亲自督办，使各文武员弁不敢懈怠，遂迅速对涉案嫌犯展开搜捕。不久，据各文武员弁禀报，已拿获藏族嫌犯卡加什加洛、纳南木、楞奔、于东扎实、贵德完的、循化完的、完的他力七名，正陆续批解来省。那彦成遂饬藩司何铣、臬司德克精阿、兰州道严烺、督率委员兰州府知府黄方，以及皋兰知县李醇和等，对嫌犯先行进行研审，大概弄清案情之后，再知会西宁办事大臣福克精阿前来，会同审理此案。

经过各官会审，可以确定此案乃是刚咱族藏民卡加什加洛起意，纠抢循化等地藏族马匹而起。藏民卡加什加洛是贵德所属刚咱族，于嘉庆十六年（1811）十二月十五日，与法什特克族藏民尚云爱相遇。交谈过程中，二人互道贫难。卡加什加洛遂提议纠抢循化等处藏民马匹，尚云爱对此表示赞同，约好共同行事。卡加什加洛遂邀隆本、且但加，转邀纳南木、冲奔、且楞奔等共二十五人，约定十八日夜间，乘马持械，起身向东行走，寻觅有牲畜处寻机抢劫。十九日，众人抵达甘家川地方，二十日早晨，派循化完的、南布甲、加日拉等人分三路探听有马之处。循化完的打探到河

① 以上引文见（清）那彦成《那彦成青海奏议》，宋挺生校注，青海人民出版社，1997，第104页。

州镇属马厂时，看见成群马匹正在放牧，但未知是官马，即回向各嫌犯告知。卡加什加洛得知消息后，遂与众人约定晚上去抢马。其中，已获之犯于东扎实、楞奔和未获之完的什加卜在山看守食物、驼子，完的他力因病未去，其余人一起行动。当晚二更时，众嫌犯抵达马场地方，除留下两人放哨瞭望，其余人等均扑入马群，赶夺马匹。负责看守马匹的外委陕有贵发觉此举，遂率领兵丁曹有杰等放箭逐贼。该犯等亦用火枪、刀矛等予以反抗。最后，藏族嫌犯抢走马二十八匹，在反抗中，一人被官军打死，而陕有贵、曹有杰、海腾蛟等官兵均受伤，其中陕有贵伤重致死。次日，官军找回马十九匹，尚丢失九匹。至此，此案的主体、客体、客观方面均已查清，只是主观方面还需要弄清楚各嫌犯的意图，意在抢劫官马和抢劫藏民马匹的定罪量刑，是有很大区别的，因而有必要进一步查清。

在对擒获之人进行审讯时，他们均对抢劫行为供认不讳，但对抢劫意图却辩称："抢马之时，并不知系官马。迨至天明瞥见马身均有烙印，始知所抢系属官马，方知打伤即是官人。各犯恐有官兵追捕，畏惧之极，即将抢获之马十三匹中途丢弃，分路逃逸，并未敢将马匹表分。"[1] 那彦成等复加究诘："因何肆行无忌，敢于抢马，伤及弁兵？"该犯等坚供："实因黑夜误抢，天明始知是官马，十分畏惧，中途丢弃马匹，各自逃避，均未表分马匹。此外亦无另有抢劫别案。"虽经刑讯，该犯等矢口不移。据此，那彦成等对抢劫意图了解清楚，众嫌犯只意抢夺藏民马匹，而实非抢夺朝廷官马，并以武力抗官之意图。

陕甘总督那彦成与西宁办事大臣福克精阿，对已经拿获之七犯再次审理，将整个案件的主、客观方面，各处细节另加详讯，遂据此适用《大清律例》，作出判决。因涉及持械抢劫马匹，且造成官兵伤亡，比附《大清律例·刑律·贼盗·强盗》条例规定："响马强盗，执有弓矢军器，邀劫道路，赃证明白者，不分人数多寡，曾否伤人，依律处决，于行劫处枭首示众。"[2] 经审理，认定卡加什加洛起意纠众，劫夺马匹，复敢放枪伤毙营弁。同伙纳南木随同放箭，伤及兵丁，实在与响马强盗无异，故那彦成等

---

① 以上引文见（清）那彦成《那彦成青海奏议》，宋挺生校注，青海人民出版社，1997，第105页。

② 田涛、郑秦点校《大清律例》，法律出版社，1999，第378页。

对该二犯请按例拟"斩立决，于行劫处所枭首示众"。另案犯贵德完的同抢拘捕，循化完的探察引路，虽听从行劫，但法所难宥，亦从重拟斩枭，以示威惩。其他三名已捕获罪犯中，楞奔、于东扎实在取供后病故，不再议处。完的他力一犯，因病并未参与抢劫，故那彦成考虑对其宽宥处理。拟罪之后，那彦成于四月十六日，将此案审理情况奏明刑部核准，由嘉庆帝降旨："依议"。那彦成即饬臬司德克精阿等，将卡加什加洛等四犯押赴市曹，斩讫枭示。饬令文武各员，勒限严缉尚云爱、且但加、隆本三名主犯，以及其余十四名伙犯。

时隔不久，镇道、营员等陆续擒获主犯隆本，以及伙犯什凝加等七名。陕甘总督那彦成遂亲自研鞫。经审讯，隆本系主犯，什凝加也是实际参与的伙犯，犯罪情形与此前首、伙之犯并无二致，遂亦正法枭示。其他六名嫌犯，格勿、班的纳利、阿贡令沁三人，虽听从主犯且且加纠窃，但当日并未到马厂实施抢劫，如今自行投首，那彦成以"自投免罪之例"，对其免于定罪处罚。"又那安他策令一名，因其兄安他且令亦系案内伙犯，今逃避无踪，该番情愿投出，代兄领罪。"楞沙木一名实系善良藏民，因其子系案内伙犯，情愿代子领罪。所缉拿的另外一人，名为格洛，是循化厅善良藏民，因案贼什格洛在逃，其族头人即令其顶什格洛之名，"强为缚献"。针对这种情况，那彦成认为在藏区断案，言语不通是极大的不便，再加上藏族头人贿买顶凶，或通丁人等挟诈哄骗，地方官员稍不留心，即会草菅人命，酿成冤案。"此次各犯本系一时误抢，迨后知系官马，不敢分赃，即时丢弃逃匿，已属情有可原。而且闻拿即行投首，及代子代兄，甘心领罪等情，其恭顺畏惧之情，实属可悯。"① 对以上六人，陕甘总督那彦成令其观看隆本、什凝加行刑之后，即交昂锁解回原居藏族部落，并晓以恩信，令其畏威而怀德。针对未获之犯，那彦成仍责令文武缉拿，并传谕各藏族部落，命其谨守法度，不可再行抢窃，自蹈诛戮。

从处理过程来看，陕甘总督那彦成能够按照"依状以鞫情，据供以定案，如法以决罚"的原则，并结合藏区藏族风俗习惯，对相应的法律在适用过程中作出了适当的变通。最终判决，不仅维护了王朝法律的尊严，而

① 以上引文见（清）那彦成《那彦成青海奏议》，宋挺生校注，青海人民出版社，1997，第109页。

且顺应了少数民族地区的司法实际,较好地体现了处理藏族和其他民族之间刑事案件的特点。

第一,审理过程中适用《大清律例》,而没有适用《番例》。此案实施犯罪的主体虽然均为聚居于藏区的藏族,但犯罪行为所侵害的并非藏区藏族的利益,而是清王朝对地方的管理秩序,以及财产所有权。假设此案罪犯所抢劫的是其他部落藏族的马匹,在处理过程中,仍可以考虑适用清王朝在藏区的民族立法——《西宁青海番夷成例》中的规定,对罪犯予以罚赎或者赔命价的方式处理。既然犯罪行为所侵犯的是清王朝的整体利益,并非同一民族之间,或者存有共同风俗习惯的民族之间发生的刑事案件可比,因此,地方性的民族立法便不能得到适用。此外,清王朝在民族杂居的青海、甘肃、四川、云南藏区,对藏族与其他民族之间发生的刑事案件,也原则上适用《大清律例》进行处理。此案中,实施犯罪行为的罪犯多来自青海的藏族部落,但抢劫行为实施的地点是在河州镇的管辖范围,此地并非藏区,而是属于内地。因此,毫无疑问应当按照内地司法适用的原则,适用《大清律例》处理。

第二,据供定案,注意对犯罪构成从主客观要件方面进行考察。在清代的司法实践中,同样是实施抢劫行为,持有枪械与徒手不同,杀伤事主与未伤不同,抢劫官府军队与抢劫民人也不同。在此案的审理过程中,那彦成等注意从供词中寻找对认定犯罪和判处刑罚有决定意义的主客观情节。例如,反复询问首从各犯,确定其是否存在"抢劫官府马厂"的故意。这种故意的主观恶性要远远大于抢夺民人牲畜马匹的主观恶性,会对最后的量刑,甚至定罪都有非常大的影响。此外,对于同意了首犯的纠约,但实际并未成行的三个人,以及"替子顶罪""替兄顶罪""受强迫顶罪"的人,由于其本身并未实际实施犯罪行为,故而并未采用株连,而是认定他们没有犯罪,不需要进行刑事处罚。

第三,决罚如法,量刑准确。《大清律例·刑律·贼盗·强盗》条例是此案中最终得到适用的法律条文。按照该条例的规定,对待抢劫的严重刑事犯罪,多为"不分首从"均严厉惩处。但那彦成等在审理具体案件时,仍然注意对不同从犯的行为,从危害程度上进行区分,最终概括出"已参加团伙,而未实施犯罪"这一相对具体实行的从犯较为轻的情形,遂按照"法所难宥及情有可原"例,对相关罪犯判处发遣刑罚。

此外，在具体的司法审判中，那彦成等仍坚持不忘安抚藏族民众。例如，对拟无罪释放的数人，本该等待嘉庆帝御批发回，才可将他们释放，而那彦成等考虑到"番子向多不服水土，罪易生病。若稽迟时日，致令病毙，转令各番仍多疑惧，亦非示信外夷之道"，故"令其看视隆本、什凝加行刑后，即交昂锁解回番地，晓以恩信，使知天朝法令有罪必诛，倘情有可原，亦不枉杀一人，令其畏威而兼怀德"①，借以安定边氓。再者，此案中藏族的抢掠行为，对官府军用物资及兵弁都造成了较大的损失，故那彦成在实际处理中，运用了军队、刑罚等威慑手段，也体现了清王朝恩威并济的方针。如果不威之以军队，各藏族头领不肯献出犯罪的藏众，在没有捉获一名犯罪嫌疑人的情况下，查获会有更大的阻力。此外，那彦成在具体处理过程中，嘉庆帝几乎没有干涉，也是此案顺利审理的原因之一。

三　劫夺官物

《大清律例·刑律·贼盗·盗印信》条规定："凡盗各衙门印信者，〔不分首从〕皆斩。"仅仅是偷盗衙门印信就要不分首从皆斩，如果是抢夺衙门印信，便是法无可贷，需要斩首枭示了。《大清律例·刑律·贼盗·强盗》条例规定："凡行劫漕船盗犯，审系法无可贷者，斩决，枭示。"还规定："盗犯明知官帑，纠伙行劫，但经得财，将起意为首，及随同上盗者，拟斩立决，枭示。其在外瞭望、接赃，并未上盗之犯，俱拟斩监候，秋审入于情实。若不知系属官帑，仍以寻常盗案论。"由此可见，只要是行劫，涉及官员、官物、印信，涉及官府等，就不是寻常盗案了。

乾隆五十八年（1793）十月，峨眉县知县王赞武，受朝廷委派解送饷银至西藏察木多（昌都），完成任务旋即回四川省，随行携带的有峨眉县的县印和行李。当行至阿足石板沟两界地方时，队伍突遇藏族匪徒行劫，将印信、盘费、衣服及骡头行李等一并抢去。饷银因已押送到察木多而未受损，藏族匪徒劫获的仅是随身盘缠。如果仅仅失去了行李盘缠，事情还不算太严重，问题是印信丢失了。按照《大清律例·吏律·公式·弃毁制书印信》条规定，"若遗失制书、圣旨、印信者，杖九十、徒二年半"，知县王赞武是要被定罪的，因此他即刻向礼部尚书兼四川总督孙士毅禀报了

---

① （清）那彦成：《那彦成青海奏议》，宋挺生校注，青海人民出版社，1997，第109页。

实情，而继任的四川总督和琳也很快知道了此事。

经简单访查，孙士毅等得知此案发生于阿足山和石板沟的交界地带，其附近有夹坝沟一处，通三暗巴①，"向为夹坝出没处所"②。从情节来看，这是一件普通的藏族部落聚众抢夺的案件，并不需要动用大量官兵围捕，只需按照处理此种事件的惯例，勒令部落头人擒献罪犯，出具永不抢夺甘结即可。但从整个案件的实质来看，事情远非这么简单。首先，藏族民众抢夺的是奉命解送官帑的朝廷命官，因而抢夺的性质便不仅仅是夺取财物，而是具有妨碍政令而谋夺官帑的嫌疑了。其次，抢夺虽未伤人，也未采用严重的暴力，但由于所抢之物中有县官的印信，也使得番民有劫夺印信之嫌，而劫夺印信，按照《大清律例》规定，要不分首从皆斩，还要枭示，如果追不回印信，知县王赞武也要定罪。最后，乾隆帝对此案颇为关注，多次发布谕旨，一面督促地方妥善办理，一面确定办理的原则。

此案的发生地点在内地至西藏的川藏大道附近，乾隆帝深刻认识到如果放任这种抢夺行为，将会给清王朝统治西藏及川边地域带来极大的不便。因为"该处系出口通衢，官民行走络绎，似此贼番，乘机窃发，殊有关系，必须严行搜捕，俾知敛戢"③。再者，夹坝藏族部落经常抢劫，乾隆四十四年（1779），就曾因抢劫案，钦派官员及营兵对犯罪藏民实施过严惩，藏族部落头人也具结过永不再犯的甘结，而如今"阿足山地方何复有贼番等，将出口官员所带印信行李等物一并劫去，实属肆横无忌。可见该处夹坝，尚未查拿净尽"。因此命令孙士毅等派委镇道，"督率附近汛弁兵丁，实力缉拿，务将此案贼番，按名弋获。其已经拿获，即在该处正法示儆，仍将未获逸犯，上紧查拿务获，毋任一名漏网"④。这样便确定了从严处置的原则，也使地方官吏不敢轻易草率结案。

接任的四川总督和琳，先将查访情况上奏，说接到谕旨，"当即飞饬兼管之察木多游击乌勒公阿，驰赴该处，督同弁兵，实力迅速查拿"。根据和琳提供的"乍公在察木多迤东，土俗称为恶八站，其附近之夹坝沟一处，通三暗巴，向为夹坝出没处所"的情况，乾隆帝认为："是该处地方，

---

① 即上文中所称的三岩藏族。
② （清）官修《清高宗实录》卷1448，乾隆五十九年三月辛卯条，中华书局影印本，1986。
③ （清）官修《清高宗实录》卷1448，乾隆五十九年三月辛卯条，中华书局影印本，1986。
④ （清）官修《清高宗实录》卷1446，乾隆五十九年二月乙丑条，中华书局影印本，1986。

番民刁悍，实为奸数，必须随时督饬查拿，方可使贼番敛迹。"对于和琳的处置，乾隆帝也表示担心，认为："今止有游击兼管，恐不足以资弹压，应另派职分较大之员专管，督率搜捕，较为得力。"他还怕地方文武官弁在圣旨严办的情况下，有过激的行为，提出："此案该县印信被贼窃劫，固由该县疏虞，贼番等未必知系差员，故行窃劫印信。"不过他最终认为："该员系奉公差往，人从较多，尚被抢窃，则往来行旅自必更易受其扰害。该处系出口通衢，官民行走络绎，似此贼番乘机窃发，殊有关系"，因此确定了严行搜捕的方针。乾隆帝一方面准备让反击廓尔喀军大获全胜的大将军福康安再回藏区，"令其到任后，务须督饬员弁，实力搜捕，净尽根株，共期肃清边徼外"。另一方面责令孙士毅"派出之镇道等，迅速购线追踪，务将此案贼犯按名拿获，即行正法示儆"。乾隆帝认为曾任成都将军、提督，现任驻藏大臣的成德，"该处地方是其管辖，现因更换进京，经过该处，见有此等夹坝肆窃，自当留驻督率搜捕，乃奏称现有游击在彼，自可了事，未便徒事张皇，致骇物听等语，竟若置身事外，未免存诿避之见，著传旨严行申饬"。然后令成德"即当留驻，督同严缉务获，毋得再有推卸，致干咎戾"①。至此，乾隆帝将兵力部署停当，以数名大员共同办理此案。

兵发多路，严密查访，地方官员查得阿足山地方所失峨眉县印信，乃是招拉哇所抢。于是令"军功刘文广带同番子，前往该番寨，搜获印信等物，尚未将贼犯拿获"。孙士毅认为自己派遣的镇道官弁已经到达，再会合和琳派去的兵丁，应该不难将罪犯抓获。乾隆帝认为："口外地方，夹坝出没无常，虽不能尽绝根株，若果随时查缉，严办示惩，番民等自当咸知儆畏。"如今大兵齐集，应该"晓谕该寨番人自行拿送，即不能悉数就擒，亦可将抢夺正犯迅速严拿，一面办理，一面奏闻，使番民知所惩创，庶口外地方，夹坝敛戢，不敢肆行劫掠，方为妥善"②。由此不难看出，乾隆帝试图以恩威并济的方式来维持藏区社会的长期稳定，而威是保障。

从措施的采取上看，也主动从"毕其功于一役"的彻查，逐渐转变为"随时查缉"的常态。如果借此一案以大兵压境而立威，虽然可以立见成

---

① 以上引文见（清）官修《清高宗实录》卷1448，乾隆五十九年三月辛卯条，中华书局影印本，1986。

② 以上引文见（清）官修《清高宗实录》卷1449，乾隆五十九年三月戊申条，中华书局影印本，1986。

效，但不利于长治久安，此时采用从长计议的惩罚和教育相结合，以及常态巡查，就显得十分必要了。正视民族习惯，但不姑息养奸，对恶习惯予以惩罚，是王朝推行移风易俗的重要手段，也是长治久安之道。这应该是乾隆帝对此案的处置方针，既是多年治理藏区的经验积累，也是恩威并济政策的体现，其历史作用是显而易见的，此后，昌都地区再也没有发生重大劫夺案件，即便有一些劫夺案件，其解决方式也没有以兵戎相见。

乾隆帝深知"从俗从宜""恩威并济"的效用，但调集兵力却不是为了用兵，其目的是以武力为保障，最终将犯罪嫌疑人缉捕归案。乾隆帝曾经讲过："驾驭外藩若一味姑息，伊等必致骄肆，自当恩威并用，俾先知所惧，则其感益深，足以豫弭滋事之端。"① 大兵压境是表明朝廷绝不姑息的态度，而以武力为后盾，派人晓谕该寨藏族民众及头人，让他们自行拿送犯罪嫌疑人，也会收到同样的效果。果不其然，该寨的头人及喇嘛，"颇形畏惧，即交出贼犯活口四名，割取首级一名，并出具日后不敢再纵夹坝滋事甘结"。兵丁缉拿也进展顺利，先后"拿获五犯，审明正法"。在这种情况下，乾隆帝认为："该处喇嘛番民，尚知畏法，且此案抢劫正犯，既经拿获五犯正法，已足示惩。"也就是说，已经达到他所要收到的效果，可以见好就收了，因此传谕赶赴到那里的大将军福康安，"毋庸再行根究，辗转株连，致使番民疑惧也"②。此案历时将近半年，终于结案。

从案发情节来看，藏族抢劫罪犯所贪图的是钱财货物，其目标也是驮只行李，并不知道行李之中有职官的印信，而抢夺过程中也无戕伤人命，是可以按照抢夺罪量刑的。《大清律例·刑律·贼盗·白昼抢夺》条规定："凡白昼抢夺人财物者，（不计赃）杖一百，徒三年。计赃（并赃论）重者，加窃盗罪二等（罪止杖一百、流三千里）。"③ 也就是说，只要是在抢夺过程中没有杀伤人，最重的罪也就是杖一百、流三千里。不过，此案最初的定性是劫夺官员，印信只是误抢，可以不深究，但劫官问题绝不能轻饶，更何况是在通往西藏的交通要道上。一个负责押运帑银的知县，虽然不能说其身边侍从如云，但至少有一小队人马，而且是身穿官服，藏族抢

---

① （清）官修《清高宗实录》卷683，乾隆二十八年三月癸酉条，中华书局影印本，1986。
② （清）官修《清高宗实录》卷1452，乾隆五十九年五月癸巳条，中华书局影印本，1986。
③ 田涛、郑秦点校《大清律例》，法律出版社，1999，第386页。

劫罪犯纵然贪财心切，也应该有所顾虑，居然不顾是官府的人，还敢于实施抢劫，其性质也就变了。

乾隆帝对此案的重视是有整体上考虑的。昌都为入藏必经之地，驻藏大臣所率军队的给养都要从此地运入西藏，而刚刚将廓尔喀军赶回老巢，清廷大军尚未撤回，可以说此时朝廷在藏区的军事力量是空前强大的。在这种情况下，藏族抢劫罪犯还敢公然抢劫官员，如果大军撤回，该地兵单力薄，藏族抢劫罪犯肯定会横行无忌。因此，趁大军尚在，尽快处理此案，以此达到杀一儆百的效果，也就十分必要了。

此案中，将擒获的五名藏族抢劫罪犯实施立即正法，是依照《大清律例·贼盗·强盗》条例定罪的，在律例适用上并不存在问题，而其警示意义则非同一般，因此该寨的头人、喇嘛献出四名抢劫罪犯，而杀死一名，乃顺应了时势。押运帑银的知县，身边必有许多随从，而藏族抢劫罪犯能实施劫夺，显然是人多势众，而且是有组织的，绝不可能是被正法的五人、献出的四人、杀死的一人，共计十人所为，而被藏族喇嘛杀死的那个抢劫罪犯，有可能就是知情者，故有杀人灭口之嫌疑。兵法云："穷寇勿追。"该寨献出抢劫罪犯，就是怕官府深究，如果官府此时再穷追不舍，势必会使该寨藏族民众铤而走险，若是派大军镇压，势必转化成民族矛盾，因此示之以威，济之以恩，就显得十分必要。不再进行根究，并不意味着不追究，使该寨藏族民众知道此案最终没有结案，官府随时可以查究，可以使他们有畏罪感，而明知有罪，却网开一面，又可以使之心存感激，从而就可以使他们"畏威怀德"了。

当然，这是统治者所期待的效果，从官方的记录来看，也确实收到了这种效果，而在史料中也描述了"恩威并济"付诸实施的经过，但也应该看到，清王朝所依恃的是强大的军事实力。如果没有大将军福康安统率的反击廓尔喀的大军，依靠当地的军事实力，也很难取得"威"的效果，这也是乾隆帝对四川总督和琳仅派遣一名游击率军前往的忧虑所在。游击为从三品武官，其统率的兵丁，一般都是一营，也就是几百人。依恃武力并不能从根本上解决问题，而在武力之下的威服，也不可能是心服口服，这应该是处理此案的最大失误，因为地方官并没有将为什么要把藏族抢劫罪犯正法之事向藏族民众解释清楚，使他们知道什么是犯法行为，只是在他们畏惧的情况下，让其有网开一面的感受，这不可能从根本上解决问题。

第四章 清代藏与蒙回等民族间刑事案件处理

在清代藏区，藏、蒙、回等民族均为历史悠久、人口众多的民族，以民族间杂居和民族内聚居的形式生活和发展。在民族交往的过程中，由于生产方式、地理环境及朝廷统治方式等方面的原因，藏与蒙、回等民族也因冲突发生了一些刑事案件。对这类涉藏刑事案件，清王朝会及时指派地方大员，从恩威并济的角度进行妥善处理，并制定相应的善后措施。但从不同时期发生的涉藏刑事案件来看，案件发生的原因，朝廷处理的原则、结果，以及善后措施的内容，又分别体现出不同的特点。

第一节 藏蒙间刑事案件处理

蒙藏的民族关系具有悠久的历史。[①] 自明朝开始，蒙古各部开始经营青海，与藏族发生了更为密切的交往。明朝末年，和硕特部首领固始汗统一青藏高原之后，蒙古更是将整个藏区作为生存和繁衍的空间。由于蒙藏均为逐水草而居的游牧民族，牲畜是他们重要的生产资料，土地肥沃、水草丰美的天然牧场是他们共同追逐的放牧场所。然而，藏区的地理环境决定了优良放牧之所的有限性，而落后的生产力也使得牲畜的存活率低。在日常的游牧生活中，蒙藏两族经常为此发生冲突。清代蒙藏之间的刑事案

---

① 据陈庆英考证，早在13世纪初，蒙古军队灭西夏及西征中亚的战争中，蒙古王室即与藏族及藏传佛教发生了接触和交往。参见陈庆英《蒙藏关系史大系·政治卷》，外语教学与研究出版社、西藏人民出版社，2002，第21页。

件，以抢劫牲畜、牧场等生产资料的为最多，即便是杀伤人命的案件，也多因争夺牧场和牲畜而起。

一　抢劫牲畜

抢劫与偷盗牲畜在《大清律例·刑律·贼盗·盗马牛畜产》条规定："凡盗民间马、牛、驴、骡、猪、羊、鸡、犬、鹅、鸭者，并计〔所值之〕赃，以窃盗论。若盗官畜产者，以常人盗官物论。若盗马、牛〔兼官、私言〕而杀者，〔不计赃，即〕杖一百、徒三年；驴、骡，杖七十、徒一年半。若计赃〔并从已杀计赃，〕重于〔徒三年，徒一年半〕本罪者，各加盗〔窃盗，常人盗〕罪一等。"① 按照蒙古例规定："凡蒙古偷盗他人马驼牛羊四项牲畜，一人盗者，不分主仆绞决，二人盗者一人绞决，三人盗者二人绞决。纠众伙盗者，为首二人绞决，为从者皆鞭一百，罚三九。其正法之盗犯妻子畜产，皆籍没给事主。"② 这仅仅是就偷盗而言，如果是"外藩蒙古，因盗抢牛马牲畜杀死人命，照强盗例枭示"。由此可见，在游牧地区人们依赖牲畜生存，对其进行重点保护也是必然，故认为："外蒙古人等依赖牲畜生存，并无院落，是以将严厉正法之窃贼之妻子产畜籍没给予对方，向来可行。"③

这种针对游牧地区的牲畜保护所实施的严厉处置，在雍正以后有所减轻。雍正元年（1723），披甲阿纳等盗牛二头，办理土默特事务刑部郎中福柱等奏请照例应绞立决。雍正帝认为："偷盗一二牲饩，即将蒙古立绞，人命重大。嗣后应改为拟绞监候，若从此蒙古盗案渐少，则照此例行，傥蒙古无知，法轻多玩，而盗案比往年较多，则仍照原例拟罪。"④ 实行后似乎取得一些效果，故雍正五年（1727），理藩院奏准："凡盗四项牲畜为数无多，情节甚轻者，拟绞监候，仍籍没畜产，给付事主，其妻子暂留该旗，俟本犯减等，佥解邻近盟长，给效力台吉为奴。"至乾隆五年（1740），理藩院又议准："嗣后一二人盗牲畜者，仍照前例，若三人以上

---

① 田涛、郑秦点校《大清律例》，法律出版社，1999，第395页。
② （清）官修光绪《大清会典事例》卷994《理藩院·刑法·盗贼》，台北新文丰出版公司据光绪二十五年原刻本影印，第17014页。
③ 李保文译《理藩院律书》，《故宫学刊》2004年总第1期，第262页。
④ （清）官修《清世宗实录》卷4，雍正元年二月壬子条，中华书局影印本，1986。

偷盗者，止将起意之一人为首，余皆以为从论。若偷盗之际分路而行，或偷盗二三处，或从前偷盗数次者，各按其情节，分别首从治罪。"至乾隆五十年（1785），理藩院奏定按照偷窃牲畜数量量刑，凡 30 匹以上，"不分首从绞监候"；20～30 匹，"首从俱绞监候"；10～19 匹，"为首者绞监候"；6～9 匹，"为首者发遣云南、贵州、广东、广西烟瘴地方"；3～5匹，"为首者发遣湖广、福建、江西、浙江、江南"；1～2 匹，"为首者发遣河南、山东，交驿站充当苦差"；此外，"以羊四只作牛驼马一只"。① 即便如此，在游牧地区偷窃及抢劫牲畜，一直是从严惩处，而在具体处置上，则要看事态的发展，如果案件奏报皇帝，具体处置就要以皇帝的旨意为准。以下是嘉庆年间发生在青海的藏族与蒙古族之间的抢劫牲畜案。

嘉庆八年（1803），西宁办事大臣台布上奏称："青海河北二十五旗（蒙古）王索诺木多尔济等，前来西宁递呈，以循、贵番贼强横，叠次抢掠，恳求办理。"虽然蒙古旗主有越诉之嫌，但此前嘉庆帝曾经对青海蒙古降有谕旨，认为蒙古应"振作自强，不得专恃内地官兵代为防护"。这样，蒙古旗主的起诉就违反了嘉庆帝的旨意，因此西宁办事大臣台布"于蒙古递呈时，当即面加驳饬"。朝廷认为台布的做法是依法行事，"固属正理"。不过，另据贝子齐默特丹巴呈报，是年三月内"有番贼前来抢掠，将伊捉住，剥去帽顶衣服，枪毙伊妻，枪伤伊媳，拿去蒙古男妇五名，并马牛羊只、俸银、缎匹、口粮等项甚多"。而索诺木多尔济等陆续具报被抢牲畜"约计马三千五百余匹，牛一万七千余头，驼五百余只，羊十九万一千余只"。这是既涉及抢劫，又包括杀人的大案，也事关藏族与蒙古族之间的关系，台布也就不得不将此情况奏报。

根据台布的奏报，嘉庆帝认为蒙古此举定有夸大之嫌，因为"伊等所失牲畜，焉有如许之多？其呈报数目，自未必尽确"。不过，藏族民众"剥去（蒙古）贝子帽顶衣服，伤毙伊妻，掳掠人口"②。这种事件已经不是一般的抢劫牲畜案件，而属于案情重大，显然是"藐法已极"，就不能不慎重对待。

<hr />

① （清）官修光绪《大清会典事例》卷 994《理藩院·刑法·盗贼》，台北新文丰出版公司据光绪二十五年原刻本影印，第 17016～17019 页。

② 以上引文见（清）官修《清仁宗实录》卷 111，嘉庆八年夏四月丙寅条，中华书局影印本，1986。

台布，奇普褚特氏，为蒙古正蓝旗人，乾隆六十年（1795），曾经以内阁学士在军机处学习行走，不久升为工部左侍郎，嘉庆五年（1800），调任西宁办事大臣。他虽然身为蒙古人，有时的想法却很古怪，上任不久，就遇到青海蒙古诸部屡受藏族侵扰之事，他不积极寻求解决之道，反而提出："蒙古强实为中国之患，蒙古弱乃为中国之福，以番制蒙，诚为良策"的观点，遭到嘉庆帝的严厉批驳，"雍正年间，于该处设立办事大臣，本为保护蒙古起见，诚以番族杂居蒙古之外，而蒙古实为中国屏藩，是以蒙制番则可，以番制蒙，则属倒置矣"。他指斥说："台布从前曾在军机处行走有年，何不晓事体至此！著传旨申饬。"① 既然台布不堪重任，又在病中，因此嘉庆帝派都尔嘉前往西宁，替换台布。

都尔嘉（1737～1805），爱新觉罗氏，为努尔哈赤五世孙，深受乾隆帝的眷顾，从护军参领加副都统衔，后任伊犁领队大臣、塔尔巴哈台领队大臣、参赞大臣，再参与大金川之战，最终被画像于紫光阁，成为功臣。此后历任镶白旗满洲副都统、黑龙江副都统、山海关副都统、密云副都统、吉林将军、盛京将军、黑龙江将军、正黄旗护军统领、镶黄旗护军统领。嘉庆四年（1799），调任乌什办事大臣，再为巴里坤领队大臣。这次被调任西宁办事大臣接替台布，加授镶白旗蒙古副都统，可见嘉庆帝对他的重用。

既然嘉庆帝有"以蒙制番"的原则，其处理此案件也就有了先入为主的理念。首先，嘉庆帝将此案与内地州县同类案件进行了对比，说明了应当予以管辖的部门。他认为内地州县中，如果遇到抢劫民人的案件，官府一定会加以查办。青海藏区虽然与内地情况稍有不同，但同为王朝疆域，而且为管理地方，统辖蒙古番众，朝廷在此专门设立了西宁办事大臣，如果连这类性质恶劣、案情重大的案件都不管的话，"亦安用设立办事大臣为耶"。其次，嘉庆帝通过分析是否受理的社会效果，确定了应当谨慎处理的原因。蒙古贝子是清王朝对青海蒙古贵族所封的爵位，具有较高的社会地位和权限。此案中，青海蒙古贝子等被藏族不法之徒如此欺凌，如果朝廷置之不办的话，会被蒙古部落疑为祖护藏族民众，而使其对王朝的政策感到寒心，弄不好还会导致藏族民众"肆行无忌，益长刁风"。于是，

---

① （清）官修《清仁宗实录》卷88，嘉庆六年冬十月丙午条，中华书局影印本，1986。

嘉庆帝令刚到任的西宁办事大臣都尔嘉，将所控各情是否真确详细访查，并谕令其办理此案的原则："如果实有其事，即应严行查办。或令该番众将为首之犯献出，从严惩治。若不知畏罪，尚须慑以兵威，都尔嘉酌量再行带兵亲往督办，以儆凶顽，不可姑息了事。仍将如何办理缘由，先行具奏。"① 考虑到该案为藏族和蒙古族之间发生的较大民族纷争，而且其所涉地域也可能超出西宁办事大臣权限，为了使案件办理得更为彻底，嘉庆帝还专门从专管民族问题的理藩院抽调人员，"命理藩院侍郎贡楚克扎布"，作为钦差大臣，"驰往甘肃、西宁一带，查办事件"②。

西宁办事大臣都尔嘉遵旨，一面设法查拿藏族不法之徒，"译缮告示，选派通丁，协同兵役及喇嘛等，传檄宣谕，使该番擒献凶贼原赃，一面亲身驰赴督办"。然后"传到齐默特丹巴，告以尔被番贼种种欺凌"情状，并且"具折奏闻"。为稳定蒙古之心，都尔嘉先向蒙古贵族等谕以朝恩，称："皇上深知怜悯，特派钦差大臣前来，赏给银两缎匹抚恤，并令将此案凶犯严行缉获，处以国法，为尔申雪仇恨，尔当感激天恩，善为振作，黾勉自立，毋稍畏怯。"在没有妥善处理好蒙藏各自生活领域的问题之前，都尔嘉也不想让蒙古贵族随同官军进入藏族游牧地区，而劝说他们在避难的哈拉果勒"暂留住牧"，"俟拿获凶犯办理后，番众自不敢再出滋扰，尔当仍回原游牧处所安心乐业"。对于都尔嘉的一番处置，嘉庆帝称"所办尚是"，并提出更为具体的要求：都尔嘉"仍督饬文武，实力查拿凶犯。如于贡楚克扎布未到之先，能将正凶弋获，固属甚善。若一时未能即获，俟贡楚克扎布到后，即当会同妥商。或悬赏购线，或檄谕缉拿。如该番闻知，尚形畏惧，不烦兵力，能将正凶缚献，则当审明按律照盗案办理，即可完结。倘该番野性难驯，或竟有抗拒不法情事，势不得不慑以兵威，即据实奏明办理"③。在嘉庆帝看来，如果能够通过司法程序予以解决，则是最好不过的事，但考虑到藏族不法分子的反抗，因此想到派兵镇压。

事态正如嘉庆帝所预判的那样，但处理的方式并非在二者之间取舍，

① 以上引文见（清）官修《清仁宗实录》卷111，嘉庆八年夏四月丙寅条，中华书局影印本，1986。

② （清）官修《清仁宗实录》卷112，嘉庆八年四月庚辰条，中华书局影印本，1986。

③ 以上引文见（清）官修《清仁宗实录》卷112，嘉庆八年四月辛巳条，中华书局影印本，1986。

而是针对不同情况分别采取了谕旨中指示的措施。嘉庆八年（1803）五月，西宁办事大臣都尔嘉奏报案件的进展称："此次野番一闻查拿紧急，俱携带眷口，逃入老山。其畏慑情状，已可概见，自无庸遽用兵力。"在他看来，通过司法程序就可以解决问题，而所派出的官弁，很快就抓获了参与案件的"完纳山莫等六名"犯罪嫌疑人，都尔嘉遂对具体处理意见请旨裁夺。嘉庆帝览奏后，指示西宁办事大臣都尔嘉，对待所获的六名犯罪嫌疑人，"如实系正凶，则当于审明后，传到贝子齐默特丹巴，眼同正法。俾各蒙古咸知此案凶贼，业已拿获严办，共伸积愤。傥所获之贼，讯明尚非正犯，应一面仍饬各路员弁，上紧躧缉"[①]。由此可见，清王朝在对待涉藏刑事案件时"首恶必惩"的态度。后来，都尔嘉等又拿获"枪毙贝子妻室之正凶齐克他勒"，并随即对以上犯罪嫌疑人加以审讯，从其供述中，得知其同伙共约几十人，首犯是"扎拉南什济及单开之隆本等七人"，于是朝廷命都尔嘉等对首恶之犯必须"按名擒获""毋任漏网"，至于惩处的方式，"该犯等罪名，虽不至于凌迟，亦当分别斩枭"，并要求"传集该贝子等当面惩办，以纾积愤"[②]。对待已擒获的凶犯，西宁办事大臣及钦差贡楚克扎布等自然不敢懈怠，按照嘉庆帝的谕旨分别严办，但对于尚未缉拿归案的涉案人员，仍委员进行查拿，同时也鼓励藏族部落自行擒献及犯罪分子投案自首。

在缉拿其他凶犯的过程中，钦差贡楚克扎布等遇到了较大的阻碍，藏族部落拒绝擒献贼贼，而且对抗官府。在这种情况下，贡楚克扎布奏报皇帝称："野番强悍，非仅以空言慑服，势须天兵临巢，伊等方知震惧。"嘉庆帝对钦差的意见深信不疑，当即谕令陕甘总督惠龄亲往督办西宁用兵事宜，并要求其"即驰赴该处，与贡楚克扎布、都尔嘉等会筹熟商"[③]。对于用兵的方式，嘉庆帝强调并非"诛锄番种"[④]，"犁庭埽穴，歼戮无遗"，而是"于就近营分调拨官兵一二千名，以张声势"，"或扬言大兵数千即日

---

① 以上引文见（清）官修《清仁宗实录》卷113，嘉庆八年五月庚戌条，中华书局影印本，1986。

② 以上引文见（清）官修《清仁宗实录》卷114，嘉庆八年六月癸亥条，中华书局影印本，1986。

③ 以上引文见（清）官修《清仁宗实录》卷114，嘉庆八年六月癸酉条，中华书局影印本，1986。

④ （清）官修《清仁宗实录》卷116，嘉庆八年秋七月乙未条，中华书局影印本，1986。

前来，亦无不可"，"总须令声威壮盛，使野番闻风慑息"。而调兵的目的，则是通过威慑，令藏族部落"将凶犯并所抢牲畜赃物，早行献出，真心畏惧，持咒具结，再不敢复图抢掠"①，以达到一劳永逸的目的。

陕甘总督惠龄即赴西宁，与钦差贡楚克扎布、西宁办事大臣都尔嘉等商议，进而分别带兵进剿。据贡楚克扎布奏报："该番等亲见天兵临巢，将占住蒙古地方业已让出，搬回番境，并央同番目尖木赞来营乞恩：情愿交还赃畜，并各处访缉案内正贼，一经寻获，即当缚献。"② 从此处记载不难看出，藏族部落不法之众扰掠蒙古贵族管辖的蒙旗，并非单纯抢夺牲畜等物资，占据蒙旗所在的天然牧场也是其十分重要的意图之一，甚至是更为重要的目的。在占据了蒙旗牧场之后，藏族部落不法之徒当然会将蒙旗部众加以驱逐，于是出现了蒙古贵族和部众暂住哈拉果勒地方的结果。从这一点来看，都尔嘉在处理此案时，将蒙古贵族暂住哈拉果勒地方的原因确定为"躲避番贼"，实际上是将蒙古贵族的被逼无奈当成了主动退避，无疑是不当的。随后，贡楚克扎布另奏："官兵一入蒙古境内，所有占居各番，闻信震惧，纷纷搬回番地，现在贵德野番已陆续交赃，并将本案正贼扎拉南什济等四人擒获。"③ 在追缉剩余凶犯过程中，"循化江什加族番藏匿罪人，阻止众番投出"，"经官兵枪箭齐发，击杀二十余人"。在官军的武力威慑之下，"该番已知畏惧服罪"，"其南木加旦木增二名，仍当设法严拿务获"④。最终，遵照嘉庆帝的谕旨，钦差贡楚克扎布及西宁办事大臣都尔嘉、陕甘总督惠龄等，只是"将本案起意为从，及赃证确凿之犯，严行惩治"，"分别罪名。办理完案"。对"此外各番族众，纵平素曾或为匪，而此次并未随同行劫"者，亦未遽加之罪⑤。此外，在审讯过程中，地方大员们还发现，蒙古族内部存在与藏族勾结、共同实施犯罪之人。"据该犯拉隆供称，我因不识水性，不能摆渡，有纳汉王旗下渡贼之水手拦角尔等七人，陆续渡过贼番三十余人，分得牛羊若干只等语。"而据被

---

① 以上引文见（清）官修《清仁宗实录》卷114，嘉庆八年六月癸酉条，中华书局影印本，1986。
② （清）官修《清仁宗实录》卷118，嘉庆八年八月丙寅条，中华书局影印本，1986。
③ （清）官修《清仁宗实录》卷119，嘉庆八年八月丁亥条，中华书局影印本，1986。
④ （清）官修《清仁宗实录》卷120，嘉庆八年九月癸卯条，中华书局影印本，1986。
⑤ 以上引文见（清）官修《清仁宗实录》卷116，嘉庆八年秋七月乙未条，中华书局影印本，1986。

擒获的乙旦木交代，其即系特礼贝勒旗下蒙古。嘉庆帝据此认定："蒙古被抢之案，多系伊等属下人户，与贼番通线，为其摆渡，较之番贼等，情罪尤为可恶"，于是谕令各大臣"应将数犯严拿务获，加倍惩治，使知所儆惧"。① 后来，钦差贡楚克扎布等"续获抢劫贼番，及替贼牧放分赃各犯，分别办理"，"其渡贼蒙古各犯，著即责成那汉达尔济等查拿务获"。②

除了对涉案之人进行惩处，在审理过程中，还对被抢牲畜的数目进行了核实。嘉庆八年（1803）五月，嘉庆帝在阅读西宁办事大臣都尔嘉的奏折后，认为"索诺木多尔济等呈报被抢牲畜，辄以千万计，断无有如此之多。况臬司蔡廷衡行抵西宁时，查看丹噶尔搬来蒙古实在大小三千余口，几至形同乞丐，该蒙古如有牲畜充牣，何致顿形狼狈一至于此，可见伊等浮开赃数，其意不过希图官为追出多赃，伊等又藉得便宜"，于是谕令办案官员，对"此等虚报牲畜数目，尽可置之不问"。③ 在案件处理过程中，经官府的催缴，藏族部落陆续返还牲畜四万多只，这种情况令嘉庆帝对之前的判断作出了变更，认为："至赃畜一项从前蒙古开报之数，未必一无虚捏，今据交出四万，为数亦已不少，其余自当责令全交"，为防止"该番等力量实有不能"而适得其反，又要求地方官员"毋庸过事逼勒，转致再生事端"④，"其被抢牲畜，虽应多为追给，但番贼等果能畏法，缴出赃物若干，即可就事完结，亦不必全数著追"⑤。贡楚克扎布等谨遵圣旨，一面"移兵循化之沙卜朗地方"，震慑藏族部落，使藏族部落"真心畏惧"，并令其赔缴其抢掠的牲畜等物资，一面命令"该处头人设咒出结，永远不生反侧"，同时，"将未经撤回之蒙古七千九百余名口，妥为劝谕，悉令移回"。⑥

经过钦差与各大员的会同审理，使侵占蒙旗牧地、抢掠蒙古族牲畜的

---

① 以上引文见（清）官修《清仁宗实录》卷114，嘉庆八年六月癸亥条，中华书局影印本，1986。

② （清）官修《清仁宗实录》卷116，嘉庆八年秋七月乙巳条，中华书局影印本，1986。

③ （清）官修《清仁宗实录》卷113，嘉庆八年五月庚戌条，中华书局影印本，1986。

④ 以上引文见（清）官修《清仁宗实录》卷120，嘉庆八年九月癸卯条，中华书局影印本，1986。

⑤ （清）官修《清仁宗实录》卷114，嘉庆八年六月癸亥条，中华书局影印本，1986。

⑥ 以上引文见（清）官修《清仁宗实录》卷119，嘉庆八年八月丁亥条，中华书局影印本，1986。

藏族不法之人得到了应有的惩罚，藏族部落也陆续将抢掠的大量牲畜予以返还。在官府的协助下，移牧哈拉果勒的蒙旗贵族和民众也回到原来的住牧地点生活。

应该说案件处理还算顺利，但不能保证以后不再发生类似的案件，何况蒙古族和藏族邻近而牧，已经形成的藏族强、蒙古族弱的局面也不可能得到改变，所以朝廷考虑善后的问题。认为若不妥为经理，永定章程，"则番众日久玩生，难保不复行滋扰。而蒙古等一经被扰，惟知赴愬天朝，纷纭不已，亦属不成事体"。因此，嘉庆帝谕令西宁办事大臣都尔嘉于本案办竣时，"会同贡楚克扎布，及臬司蔡廷衡，酌量该处情形，悉心会议。或为划定界限，或设立卡伦，以杜侵越，及此外有无另行筹办之处，详悉定议具奏，以期青海地方，永臻宁谧"①。在善后措施中，清王朝最首要的举措便是安设"卡伦"②。经地方官员查明，蒙藏住牧交界地方，恰有大河一道，双方"春夏间系扎筏过渡，冬令则由冰桥行走"③，遂奏报嘉庆帝，建议沿河设立卡伦，因为"番贼等不识水性，艰于济渡，即可在彼严防，以绝番贼往来之路。但蒙古积弱已久，不能自行经理，或代为设法，即在沿河地方，令蒙古添设卡伦，驻守巡防，并将船筏概行彻收，使番贼不能乘间偷渡，庶可永杜衅端"④。嘉庆帝采纳了这一建议，令地方官员"于河边安设卡伦数处，饬将木筏提集近蒙古之岸，毋许私渡"⑤。同时，为防止蒙古属下人等再有私通藏族偷渡窃劫之事，更订立章程，"嗣后务宜严防河岸，禁止扎筏，以绝番众往来之路。尤应严饬属下人等，毋许与番贼私相勾结"⑥。倘有勾结之事，"一经究出，除将正犯严行治罪外，并将该管之王公扎萨克等，治以不能管束之罪"⑦。

为了蒙番交界的持续稳定，嘉庆帝批准了侍郎贡楚克扎布的《青海蒙古野番诸制》一折，明定章程8条：（1）定界设卡，以资防守，立鄂博，

---

① （清）官修《清仁宗实录》卷112，嘉庆八年四月辛巳条，中华书局影印本，1986。
② "卡伦"是清代治边和边防中的一种特殊设施的名称，它具备了执行巡查、稽查、防护、监督、征收、传递文书等极其广泛的管理或防御功能。
③ （清）官修《清仁宗实录》卷116，嘉庆八年秋七月乙未条，中华书局影印本，1986。
④ （清）官修《清仁宗实录》卷114，嘉庆八年六月癸亥条，中华书局影印本，1986。
⑤ （清）官修《清仁宗实录》卷116，嘉庆八年秋七月乙未条，中华书局影印本，1986。
⑥ （清）官修《清仁宗实录》卷118，嘉庆八年八月丙寅条，中华书局影印本，1986。
⑦ （清）官修《清仁宗实录》卷116，嘉庆八年秋七月乙巳条，中华书局影印本，1986。

使不得私越；（2）设头目，给翎顶，使野番有所约束；（3）循化、贵德两厅营令每年会哨，使知震慑； （4）民番交易，示定市期，以便稽查；（5）劫夺杀伤，以交踪、相验为据，使不得捏报；（6）明示劝惩，以靖盗源；（7）不容蒙古、野番，人户混处，以绝串通；（8）两厅营定为三年更替，衡其功过，以专责成。①

此案件处理完毕，看似很公正，事实上承办官员从中牟取了暴利。后来查明西宁办事大臣都尔嘉在承办此案时，"婪索银六千余两。又因祭海指称蒙古王公等派差不公，藉端勒索蒙古贝子旺沁丹津及蒙古王公等，共银一万一千余两"。嘉庆帝"姑念都尔嘉究系宗室，著加恩免赴市曹绞决。著派左宗人永珠、刑部侍郎贡楚克扎布，将都尔嘉带至伊祖墓前，监令自缢"。收受贿赂，案件办理也就难求公正，而欺上瞒下，更不可能令人心服。此案中，蒙古贵族呈告被抢马3500余匹，牛17000余头，驼500余只，羊191000余只，而在追赃时，返还牲畜4万多只，而且没有讲明是何牲畜，如果是马牛，显然超过被抢的数量，既有勒逼藏族部落之嫌，又有归还蒙古贵族时索贿之疑。实际上对藏族部落与蒙古各部都不公正，因此嘉庆帝认为："幸蒙古等恭顺淳谨，尚未滋事，倘彼时致滋事端，更不成事体矣。"②

此后贡楚克扎布出任西宁办事大臣，由于有处理蒙古族与藏族之间发生的刑事案件的经验，其在复奏审结蒙古番子积案时，"请嗣后蒙古番子寻常命盗抢劫等案，仍照番例罚服办理，如有情节可恶者，随时奏闻"。结果遭到嘉庆帝的斥责："所奏番例有何册档可凭？情节可恶者随时奏办，是何情节方为可恶？饬容详议。"后来任西宁办事大臣的文海再次提出："番民等如敢纠约多人肆行抢劫，或竟扰及内地边氓，情同叛逆，以及肆意抢劫蒙古牲畜，凶恶显著，关系边疆大局之案，自应慑以兵威，严拿首从，随时奏明请旨办理，以彰国典。其止于自相戕杀及偷盗等案，该蒙古番子等向系罚服完结，相安已久，一旦绳以内地法律，恐愚昧野番，群滋疑惧，转非抚辑边夷之意，应请仍照旧例等情。"之后"经刑部核准，奏请施行"。对于这种制度的设定，至民国时还有人认为："晚近以来，仍复

---

① （清）官修《清仁宗实录》卷122，嘉庆八年冬十月丁亥条，中华书局影印本，1986。
② （清）官修《清仁宗实录》卷150，嘉庆十年九月丙辰条，中华书局影印本，1986。

相安，实为现行刑特别刑法之一种也。"① 由此可见，此案的处理所体现的法律变革的特殊性。

二　偷窃伤人

按照《大清律例·刑律·贼盗·窃盗》条规定："凡窃盗，已行而不得财，笞五十，免刺；但得财，〔不论分赃、不分赃。〕以一主为重，并赃论罪；为从者，各〔指上得财、不得财言。〕减一等。〔以一主为重，谓如盗得二家财物，从一家赃多者科罪。并赃论，谓如十人共盗得一家财物，计赃四十两，虽各分得四两，通算作一处，其十人各得四十两之罪。造意者为首，该杖一百。余人为从，各减一等，止杖九十之类。余条准此。〕初犯，并于右小臂膊上刺'窃盗'二字。再犯，刺左小臂膊。三犯者，绞〔监候〕。以曾经刺字为坐。掏摸者，罪同。"而《蒙古律例》则对于偷窃牲畜的处罚严厉，一般都判绞刑，还要罚没所有财产，至于偷窃其他物品，处罚就要相对轻一些。如"凡偷盗金银器皿及皮张布匹并衣服食物，均按数赔补，所盗物件至二岁牛价者罚三九，至羊价者罚一九，未至牛价者罚一九，未至羊价者罚惨牛一"。"盗猪狗者罚牲畜五，盗鸡鹅鸭者罚惨牛一，仍追赔所盗物件"。不过，"外藩蒙古人入内地为盗者，事发，令赔所盗物，仍籍其妻子畜产入官"。至于因为偷窃而伤人，处罚就不同了。②

《大清律例·刑律·贼盗·强盗》条规定："若窃盗临时有拒捕及杀伤人者，皆斩。"小注云："殴人至折伤以上，绞；杀人者，斩。"③ 也就是说，因偷窃而拒捕与杀伤人至折伤者，都是死刑。《大清律例·刑律·捕亡·罪人拒捕》条规定："若罪人持杖拒捕，其捕者格杀之。及〔在禁或押解已问结之〕囚逃走，捕者逐而杀之。若囚〔因追逐〕窘迫而自杀者〔不分囚罪应死，不应死〕，皆勿论。"凡是拒捕者持有刀杖，就可以将之格杀，而被追捕的窃盗如果自杀，追捕人则没有责任。《蒙古律例》对于"凡盗贼被事主或旁人追赶，致拒捕杀人者，为首斩决，妻子畜产籍没，给付事主。从犯并妻子发遣南省，给驻防兵丁为奴，畜产给事主。伤人不

---

① 徐珂：《清稗类钞·兵刑类·番例》第 2 册，中华书局，1984，第 766～767 页。
② （清）官修光绪《大清会典事例》卷 994《理藩院·刑法·盗贼》，台北新文丰出版公司据光绪二十五年原刻本影印，第 17016～17019 页。
③ 田涛、郑秦点校《大清律例》，法律出版社，1999，第 475 页。

致死者，为首拟斩监候，畜产给事主，妻子暂寄该旗，俟本犯减等，金发邻近盟长，给效力台吉为奴。从犯并妻子畜产，解送邻近盟长，给效力台吉为奴"①。显然《蒙古律例》对于拒捕伤人的处罚更重，因为要没收全部财产和人口。那么，在具体实施过程中是如何执行的呢？试以乾隆五十六年（1791），清王朝处理青海循化藏族偷窃蒙古族牲畜案件进行分析。

循化地处青藏高原东部，历史上便是藏、蒙、回、汉等多个民族的聚居区。其中，蒙藏民族主要以游牧为主，与其他民族相比，牲畜是其最主要的生产资料。在清代，久居青海的和硕特蒙古贵族占有大量的牲畜，而藏区的广大藏民占有的牲畜十分有限。因此，清代青海藏区中藏族偷窃蒙古贵族牲畜的事件经常发生。为了处理这类案件，理藩院在乾隆四十三年（1778）曾议准："嗣后无论何处番子有窃夺青海蒙古之案，伊等或获赃有证据，或指出贼人以及毁伤人命者方准办理。若见贼逃避，不能指出何处番子并无据者，不准办理。"② 对于一般的窃夺之案，除非人赃俱获或者指认毁伤人命之人，否则朝廷是不会受理的，而一律由蒙藏之间私下处置完结。

乾隆五十六年（1791），循化的藏族勾通蒙古人，纠伙偷窃青海札萨克台吉沙喇布提理的游牧牲畜。沙喇布提理带兵前往拒敌，中枪身毙。随从将藏族偷窃的马匹夺回，并将他们打散，之后尾随至贵德藏族居住地区，查访出偷窃者的姓名。按照理藩院依准例，蒙古人方能指认杀伤人命之人，提出诉讼是完全符合该例的规定，官府也必须予以受理。

由于此案涉及追捕窃贼的札萨克台吉身死，事关重大，西宁办事大臣一面派人去缉拿指名凶犯，予以严办以示惩戒；一面报知陕甘总督勒保，然后由勒保领衔具奏。乾隆帝览奏之后，当即对军机大臣发布谕旨，讲明此案的处理原则，认为："此等番众掳掠青海蒙古牲畜，致伤人命，尚非有心戕害，然因循日久，亦不成事体。今既向郎杆番目都拉等，访得贼番姓名，务须尽数拿获，严加惩办，以昭炯戒，毋使一人漏网。"③

① （清）官修光绪《大清会典事例》卷994《理藩院·刑法·盗贼·雍正四年定》，台北新文丰出版公司据光绪二十五年原刻本影印，第17016页。

② （清）龚景瀚等撰，李本源校《循化志》卷8《夷情》，青海人民出版社，1981。

③ （清）官修《清高宗实录》卷1382，乾隆五十六年秋七月乙酉条，中华书局影印本，1986。

按照乾隆帝的指示，陕甘总督勒保亲自督兵前往，缉获藏族窃贼多人，并得知此案是青海扎萨克属下蒙古人合拉纳杭等，勾通藏族人共同偷窃其主，致扎萨克台吉伤毙。勒保立即据实奏报，并称案内尚有藏族窃贼躲避深山，派兵入山搜捕不便，且恐沿途藏族惊疑而激成事端，故至今未获。得此信息后，乾隆帝给出了更为明确的处理意见："此案蒙古合拉纳杭等，胆敢勾通番贼，抢窃其主，以致其主伤毙，是即与自戕其主无异，情罪甚为重大。所有拿获各犯，俱应不分首从，即于该处正法，以示惩创。"至于未获藏族窃贼，要求"督饬地方文武，选派熟番，协同兵役，设法缉拿务期弋获，严行惩办，毋得稍有疏纵"①。

　　在乾隆帝的严旨之下，勒保等人不敢怠慢，于是严加缉捕，不仅拿获案件的关键人物扎什，而且进一步加大了对各主犯的审讯力度。此前官府在审讯时，合拉纳杭等各犯均狡展不认。扎什到案后，即行供吐实情，将首从多人供出，使官府得以顺利按名缉获余犯。经过审讯，勒保等人得知：合拉纳杭属于郡王纳罕达尔济旗下蒙古，被藏族人扎什养为己子，又商同索诺木旺喀，勾引藏族人及蒙古人实施偷窃。平时都是藏族人等聚众来掳牲畜，青海蒙古人虽然常常不能抵御，但也互有杀伤，而对于杀伤之人，官府也绝不会袖手旁观。由于合拉纳杭是蒙古人，不容易被察觉，便由其带领藏族人扎什，又商同索诺木旺喀，勾引藏族人等偷窃扎萨克沙喇布提理旗下的牲畜，没想到被发觉，在躲避追捕时，开枪戕害了扎萨克台吉。根据案情，认定首从后，就可以按照律例进行拟罪了。

　　从法律的适用来看，此案虽发生在藏区，但由于藏族聚居于城镇、营汛及附近地区，主要从事农业或半农半牧生产，早就建立起与内地一致的地方行政体制，由地方官府进行统治和管理。因此，应当适用《大清律例》的规定。此案中的藏族在抢劫蒙古族过程中将扎萨克台吉击伤致死，对于这种"番贼抢劫，伤毙事主"的重案，循化厅的管辖与内地不同，要求地方官吏在立案之后，即须奏报总督，由总督"一面奏明，一面饬缉"②。地方官府在审判并拟罪后，也必须向皇帝奏报，由其进行最终的裁

---

① 以上引文见（清）官修《清高宗实录》卷1385，乾隆五十六年八月庚午条，中华书局影印本，1986。

② （清）官修《清高宗实录》卷1449，乾隆五十九年三月辛亥条，中华书局影印本，1986。

决。皇帝作出的决定，其效力要高于律例的规定，将作为案件的定案依据。勒保等审拟之后及时奏报，乾隆帝审核后，认为该案的审判做得很好，独对藏族人扎什的定罪量刑作出了修改，认为："若非扎什供指明确，几致凶徒漏网，（且）该犯听从和拉纳罕同行为从，虽有应得之罪，但念其到案供明，指证各犯，尚属畏法，所有该督问拟扎什斩候之处，著加恩宽免。"由于考虑到"现在案内未获番贼尚多，若须扎什质对，仍著暂留备质"。留下藏族人扎什，也是为了更有效地捕获藏族窃贼，因而要等到将来无须质证之时，再行将其释回。

在对藏族罪犯惩罚后，还不算处理完毕，由于此案性质颇为特殊，是蒙古人勾通藏族人进行偷窃、杀伤的行为，因此对蒙古有关人员也必须追究责任。在此案中，合拉纳杭属于郡王纳罕达尔济旗下。纳罕达尔济"既不觉察于事前，又复袒护于事后，且云合拉纳杭等并非贼犯"，故难辞其咎。显然，纳罕达尔济最初是为了推卸责任，但在官府的严查之下，在事实面前，纳罕达尔济也改变了态度，协助总督、西宁办事大臣，将蒙古人勾通藏族人的案件审明，也算是有立功表现，本来应该交理藩院严加议处的，加恩将其改为参奏议处，除了严切申饬之外，再告诫其"再有此等事件，不但官不为代办，并将从重治罪"①。为防患于未然，在处理了相关当事人之后，乾隆帝提出，让纳罕达尔济严饬所属，严禁容留临近的藏族潜匿在其部落，最好不是蒙藏杂处，并要求纳罕达尔济严守其境，在各自境内游牧。

从案件处理的角度来看，乾隆帝比较注重息事宁人，本着首恶必办的原则，而按照《大清律例》的规定予以处置，也符合清王朝的基本原则。对于糊涂不堪的纳罕达尔济，尊重其为蒙古族，让理藩院减等处分，而对藏族人扎什，因其有立功表现，在免于刑事处罚之后，借助其力，将捕获的藏族窃贼认出，乾隆帝以藏治藏的意图明显。不过，从建立长效机制的角度看，一个至关重要的问题还没有解决，那就是蒙藏民族之间的关系，而解决这个问题的关键，不在于将他们隔绝，而在于公平对待。

以清王朝对青海藏区的管理而言，循化、贵德藏区事务管辖权并没有

---

① 以上引文见（清）官修《清高宗实录》卷1386，乾隆五十六年九月丁丑条，中华书局影印本，1986。

交与该地方官府管辖，原因是"青海地区番子相隔遥远，本不便于交地方官管理，向来由西宁报明内地"①。正因为如此，循化、贵德两地的官员在没有审理权力的情况下，也没有了积极性，再加上一旦处理不善，就会丢官卸职，蒙受处分，于是姑息养奸，只要不出现大案要案，他们往往是得过且过，力行安抚，处处忍让，以致循化、贵德地方的藏族以为官府无能，不敢管理他们，因此"徒使愚番恣肆"。雍正二年（1724）所设立的西宁办事大臣，从管辖的角度来看，足够管理青海蒙古三十旗和玉树四十族的游牧之地，但那些地区实行的是土官制度，循化、贵德的地方官不能进行管控。此案发生以后，陕甘总督勒保、西宁办事大臣奎舒等知道管理上存在问题，于是向乾隆帝奏报，请示可否将循化、贵德等处藏族，一并划归西宁办事大臣兼管，以加强控制。当时的设官是"循化设有同知一员，贵德仅设有县丞一员"。循化为理事厅，以理杂居民族成员间交涉、诉讼等事务为主，而贵德以县丞管辖，属于分防，虽然有管理分防地区政务的权力，但毕竟其官职卑微，因此提出贵德地方应该仿照循化厅例，改设理事同知管辖。乾隆帝览奏后，也觉得必应如此办理，才能更好地管理。而提高行政等级，就要增设官员，当然不能够草率，因此乾隆帝要求陕甘总督勒保、西宁办事大臣奎舒等妥议具奏。

经过综合考虑及讨论，勒保等将具体方案上奏，声称："西宁等属黄河以北，各番族抚绥日久，耕牧为生，与齐民无异。其循化、贵德两属番众在黄河以南，与蒙古南五旗扎萨克住牧处所地界毗连，远近不一。内循化所属熟番十八寨四屯，贵德所属熟番五十四族，俱系耕种地亩，完纳番粮。"这些属于"熟番"的藏族，以农业为主，很少迁徙，因此好管理，但是"边界生番向来不知耕种，以打牲为业，插帐居住，搬移无定，并无番目管辖。此等生番与蒙古较近，每有抢掠牲畜之事。今仰圣明鉴，照令将各番子归并西宁办事大臣兼管，臣等公同筹酌，循化、贵德两属番众，虽有生熟之异，但居住族寨犬牙相错，难以划分，应将该二族生熟各番并番目人等统归臣奎舒衙门兼管。除番地应纳番粮仍归循化、贵德文员催收交纳，其番子与汉民交涉命盗案件亦归地方官办理外，遇有番子抢掠蒙古

---

① （清）官修《清高宗实录》卷1386，乾隆五十六年九月丁丑条，中华书局影印本，1986。

之案，均由臣奎舒衙门照例办理"①。乾隆帝批准了他们的提议，对该地方官的职权进行明确，授予西宁办事大臣奎舒一定的自主权，要求其因地制宜。"至贵德地方改设同知，亦当照循化之例，作为旗缺，以满洲、蒙古人员选用，但循化、贵德番众内，现设有百户夷目，俱经赏给五六品顶戴，著交奎舒，其中如有能捕盗奋勉出众者，即行酌量奏请赏戴蓝翎。如此则伊等管束所属既能得力，而于西宁办事大臣差遣亦大有裨益。"② 乾隆帝上谕涉及循化、贵德等处生番千百户及乡约等基层的管理，期望再行筹划，"惟是熟番内向设有千户、百户、乡约等管辖，而生番并无头目，究恐约束为难，即令熟番之千户、百户、乡约等兼辖，亦断不能相习。其应如何就生番内设立千户、百户，责令稽查管束之处，该督等折内并未分晰声明，应仍令该督等再行悉心筹酌"。自此，西宁办事大臣的权限进一步扩大，不仅循化及贵德两厅所属的七十六个"熟户"部落、七十七个"生番"部落归其管理，而且有了审理蒙藏之间刑事案件的权力，并增加了驻守军队的人数。起初设置西宁办事大臣衙门时，虽然有当差的兵丁，但为数无几，遇有拘拿人犯事件，向来只通事前往。但"生番"根本不知道朝廷法度，如遇人犯较多之案，仅仅几个通事，焉能将他们拘拿到案，"恐呼应不灵，更多掣肘之处"。为使案件办理更为妥速，以期戢暴锄奸，永绥边境，乾隆帝上谕中授权西宁办事大臣，在"案情稍大，需派官兵"③时，可以从西宁镇总兵处酌量檄调官兵。经过督抚及办事大臣们的筹划，最终由乾隆帝定夺，西宁办事大臣的权限得以加强，不但拥有行政权、司法权，还有调动军队的权力，这为其统治和管理蒙藏少数民族聚居的青海地区带来了便利，也为维护青海藏区乃至清王朝的稳定奠定了良好的基础。

如果说此案的处理存在失误，那就是继续实行蒙藏隔绝的政策。当然，按照民族居住地而区分管理，这是简单易行的，但当时在青海的蒙藏民族，多是以游牧为生，逐草为食，这决定他们要不断迁徙，而在迁徙过程中，难免会因争夺草场而发生冲突。民族之间的矛盾，仅仅依靠划地为

① 中国第一历史档案馆藏《军机处上谕档》，乾隆五十六年九月十一日，第四条。
② （清）官修《清高宗实录》卷1382，乾隆五十六年七月丙戌条，中华书局影印本，1986。
③ 以上引文见中国第一历史档案馆藏《军机处上谕档》，乾隆五十六年九月十一日，第四条。

界，是不能根本解决的。乾隆帝要纳罕达尔济严守其境，实际上是授予其权力，凡是进入其境者，就可以逐杀，而不是以理喻，故在此案处理之后，蒙藏之间的冲突，乃至于仇杀，一直都没有消除，而是愈演愈烈。

三 纠约抢劫

清王朝对于纠众抢劫、戕官、劫狱、斗殴、抗税、罢市等行为，一直本着严惩不贷的态度。如《大清律例·刑律·贼盗·白昼抢夺》条例规定："苗人聚众至百人以上，烧村劫杀，抢掳妇女，拿获讯明，将造意首恶之人，即在犯事地方斩决，枭示；其为从内，如系下手杀人放火，抢掳妇女者，俱拟斩立决；若止附和随行，在场助势，照红苗聚众例，枷号三个月；临时胁从者，枷号一个月。至寻常盗劫抢夺，仍照内地抢夺例完结。其有掳掠妇女勒索，尚未奸污者，仍照苗人伏草捉人勒索例定拟。"对于"直省不法之徒，如乘地方歉收，伙众抢夺，扰害善良，挟制官长，或因赈贷稍迟，抢夺村市，喧闹公堂，及怀挟私愤，纠众罢市辱官者，俱照光棍例治罪"。《大清律例·刑律·贼盗·劫囚》条例规定："纠众行劫在狱罪囚，如有持械拒杀官弁者，将为首及为从杀官之犯，依谋反大逆律，凌迟处死，亲属缘坐。下手帮殴有伤之人，拟斩枭示。随同余犯，俱拟斩立决。"《蒙古律例》也规定："纠众夥盗者，为首二人绞决。为从者皆鞭一百、罚三九。其正法之盗犯妻子畜产，皆籍没给事主。"那么在青海藏区出现蒙藏民族之间的纠约抢劫，应该如何处置呢？且以嘉庆时期发生的一起案件来分析。

嘉庆十五年（1805），住牧在青海柴达木地方的蒙古掌旗札萨克的格勒克拉布坦差派章京①，向西宁办事大臣文孚禀报称："上年十二月内，有循化番子五十余人前来，抢去我们旗下骆驼十四只、马一百二十匹、牛一百二十五只、羊三千二十三只。本年正月内，又有循化番子六十余人前来，将我属下蒙古塔布尔杀死，又伤蒙古四名，抢去骆驼二十一只、马二百一十九匹、牛四百只、羊六千九百七十一只，并抢去鸟枪、腰刀等物。"

---

① 格勒克拉布坦：固始汗七子瑚鲁木之后裔，和硕特部西右翼后旗札萨克一等台吉，嘉庆十四年（1809）袭，道光八年（1828）卒。原牧地跨柴达木河，东至希昔，南至诺门罕木鲁，西至乌拉斯台，北至柴达木。

鉴于案件持续多发，西宁办事大臣文孚详细地倾听了禀报，了解了基本案情，此案不仅涉案牲畜数量巨大，而且劫去刀枪等武器，并存在伤及蒙古民众之情形，便决定即刻立案受理。

根据状词当中案件的基本事实，文孚断定抢掠之人应当是同一伙，并当即差派通事马忠驰往蒙旗驻地查验伤情，又严札循化厅、营紧急查办。此时，那彦成刚赴任陕甘总督一职，文孚遂将此事向其报明。那彦成亦觉案情重大，遂传调循化营熟悉藏族情况的守备张辉，前往擒拿抢掠之藏族，并对藏族头领严加晓谕利害得失。

循化营守备张辉等奉命前往，进入藏族部落进行严密查访，很快便拿获了参与实施两次抢掠事件的"贼番喇卜许古、蒙古贼犯默洛"。此后张辉等从五月至九月，经过四个月的不断访查，陆续将抢掠人犯纳木敦抓获到案，并分别解送到西宁办事大臣衙门，听候西宁办事大臣文孚审理。

查访历经四个月后，所获案犯不多，但也不可能等到案犯全获后再进行审理，于是西宁办事大臣文孚选择到案即审的策略，会同刑部派来的司员及笔帖式先行审理到案之嫌犯喇卜许古和默洛。经过对二犯的严加讯问，得知实施两次抢掠行为的人，乃是固定的人群。这些人群根据抢掠地点的不同，可以分成三股，而参与抢劫的人多有变化，首从的区分也随着参与不同抢劫案件而不同，因此西宁办事大臣文孚在对每一个嫌犯分别讯问、取供之后，采取将实施同样犯罪行为的人合并论处的手段。

从案发情况来看，先是藏民喇卜许古与刚洛商量抢夺之事，二者一拍即合，进而纠约在藏族区内住牧的蒙藏民共十九人，分为三股前往青海各地实施偷抢。喇卜许古与藏民刚洛、丢古、沙木、藏族喇嘛尼纳克木、古里群瓦、蒙古默洛等七人是一股。其中默洛，由于其是蒙古民人，熟悉蒙古住牧的环境，遂在藏民的纠约之下，成为这一股的引路之人。到达蒙古游牧之柴达木地方后，七人共抢马六十五匹、牛七只、骆驼三只、羊一千余只，最终每人分得的牲畜多少不等。据主谋喇卜许古和引路之默洛交代，他们在抢掠过程中，只想抢夺牲畜，并无打仗杀人之事。另据后获之纳木敦供称："上年十二月内，番子纳木喀等起意，纠同喇卜许古等十九人，分为三股，前往青海偷抢，我就应允通行。我们这一股六人，共抢了马、牛四十余匹、骡二头、骆驼三只、羊约有一千余只，我分了马二匹、牛二只、羊二十六只，其余牲畜，他们五人都分了。偷窃时，我先回帐房烧火熬茶，并未同抢。"由此得知，纳木敦同属抢掠之十九人，但与喇卜许古并非同股，所抢掠的牲畜数量也有区别。从纳木敦本身招供的行为来看，其并未参与抢劫，应属于事后分赃。

对于这些案犯，如何进行量刑，西宁办事大臣文孚首先强调，这些年来，循、贵两厅所属各"生番"，在官府的强制力下，很少再出外实施抢劫，而如今喇卜许古等，竟敢纠约十余人，潜赴青海地方偷窃牲畜，数至盈千，实属恨不畏法。其次强调，罪犯默洛，身系蒙古，胆敢伙同藏族，指引路径，偷抢本旗牲畜，情尤可恶。按照《蒙古律例》"劫窃杀人"条例，"蒙古地方偷窃牲畜者，视其牲畜之数，分别首从治罪"，"三十匹以上者六分，首从拟绞监候，秋审时俱入情实"，遂判决喇卜许古和默洛绞监候刑罚。由于蒙古族与藏族不服内地水土，最易病毙，因此不便押送京城交刑部处置，同时为了儆示其余蒙藏民众，应该将喇卜许古、默洛二犯即行正法，以昭炯戒。至于纳木敦一犯，既于劫后分赃，亦应照例科断。《蒙古律例》规定："为从，未经同行，但于窃后分赃者，减等发遣云南、贵州、广东、广西烟瘴地方。"① 应该将纳木敦判处发遣刑罚，发云、贵、两广烟瘴地方，交驿递充当苦差。对于其他未获之犯，仍严饬厅、营官员，认真缉拿，俟获解到案，讯明另结。核拟完毕后，文孚将具体情况上奏嘉庆帝。嘉庆帝览奏后，经交部议奏，认为处理得当，遂按照此判决执行。最终，对已经拿获的喇卜许古、默洛二犯，押赴蒙旗正法；对纳木敦一犯，按照所拟，发遣烟瘴地方充役当差。

清代甘青藏区，蒙藏之间发生的冲突主要为争夺牧场、草场而起。由于清王朝在不同时期对待蒙藏两族的态度不同，也导致先后出现了"蒙强番弱""蒙弱番强"的不同局面。在雍正二年（1724）之前，和硕特蒙古牢固控制着青藏高原，因此清王朝极力拉拢、扶持蒙古贵族，以借此稳定藏区，此时应当说藏区的蒙藏及其他民族都是在蒙古族的统治之下。蒙古族势力庞大，藏族则相对弱小。雍正二年（1724），罗卜藏丹津发动变乱，清廷派出年羹尧、岳钟琪等进行镇压。平定叛乱过程中的滥杀和掳掠，使青海蒙古族人口遭受巨大损失。叛乱平定之后，清王朝将青海蒙古各部以

---

① 以上引文见《蒙古律例》卷 6《盗贼》，中国社会科学院边疆史地研究中心编《蒙古律例·回疆则例》，全国图书馆文献缩微复制中心，1988，第 131～132 页。

清王朝涉藏刑事案件处理问题研究

黄河为界，插旗定地：河南安置五旗蒙古，河北安置二十四旗蒙古，藏族各部也被安置在河南之地。在地理环境上，由于河南水草较差，而河北土地肥沃，水草丰美，利于放牧，以至河南藏族一直认为朝廷偏袒蒙古族。这场叛乱之后，因清王朝对待青海蒙古的态度大不如前，加上蒙古族内部的斗争，青海蒙古日益衰弱，导致河北蒙古各旗人丁稀少。相反，藏族部落则丁口日繁，部落分延，逐渐形成"蒙弱番强"的局面。为了满足生计，河南藏族遂向河北蒙古住牧之地迁徙，而在迁徙过程中，就出现了抢掠牲畜、侵占草场等冲突。这种情况到了嘉庆、道光朝时，更是愈演愈烈。

为平息蒙藏冲突，清廷多次谕令西宁办事大臣清查抢掠案件，甚至不惜动用军队平息事端。但这种方法只可使冲突暂时缓解，迫于生计的河南藏族往往等清军或地方大员一走，便卷土重来，故伎重演。这种情况反复出现，直到咸丰八年（1858），陕甘总督乐斌、西宁办事大臣福济奏请"招安"河南藏族部落，将其移牧青海湖四周，才使得蒙藏民族之间在此地的冲突和纷争告一段落。

西宁办事大臣文孚受理此案时，正是蒙藏冲突激烈的嘉庆十五年（1810），其案件的缘起也跟大的历史环境密切相关。值得注意的是，此案件审理过程中，居然有蒙古民众引导藏族抢掠之事，这看起来似乎令人费解，但如果结合当时之环境，也是历史之必然。

罗卜藏丹津事件之后，蒙古贵族不能再号令一方，在税赋上也就不能向广大藏族部落索取。由于各旗领主贵族为满足自身的奢侈享受，遂加重对旗内本民族的经济剥削。嘉庆初年，陕甘总督松筠见此情形便上奏称青海各旗札萨克等"自图安逸，不能妥办旗务，差徭繁多"[1]。时任西宁办事大臣的广厚，亦称蒙旗领主"不知体恤属下，差徭派累日繁，人心涣散"[2]。蒙古贵族实施的经济压榨，不仅使蒙旗的发展更为迟缓，而且激化了社会矛盾，使不堪重负的蒙古牧民纷纷逃离，有的甚至不得不投奔藏族部落。嘉庆四年（1799），针对这种情况引发的弊端，松筠一针见血地指出："蒙古不能体恤属下，多方苦累，因而属下之人与番贼勾通，以图报

---

[1]　中国第一历史档案馆藏清代档案：《民族事务类·全宗》卷137，《松筠奏折》。
[2]　（清）文孚著，魏明章标注《青海事宜节略》，青海人民出版社，1993，第16页。

180

复。或又携带妻子逃入番地以避诛杀，甚且潜入番寨为之主谋。如臣所闻，甲札寨头人策合洛父子，即系青海郡王那罕达尔济旗下蒙古，因苦累不堪，逃避番子地方，历年抢劫蒙古之案，惟甲札寨贼为多。"① 松筠曾任西宁办事大臣，此意见应当是多次审理蒙藏冲突案件，对其发生缘由的精辟分析。

此外，青海藏族和蒙古族均以游牧为主，其物质生产方式与风俗习惯与内地民众都有较大不同，这给案件审理的法律适用带来了不小的难度。在清代甘川青滇藏区的案件处理中，对涉及藏族与其他民族之间的冲突，一般适用《大清律例》的规定，对于受理的机构，法律也有明确的规定。乾隆五十六年（1791），上谕讲："番子与汉民交涉命盗案件，亦归地方官办理外，遇有番子抢掠蒙古之案"②，均由西宁办事大臣衙门照例办理。此外，"甘肃边民与青海蒙古交涉者，甘州县报西宁大臣派员会审，由西宁大臣、陕甘总督复核"③。为方便查明案情，有些案件会由分管涉案双方的行政长官会同审理。考虑到民族风俗习惯及习惯法等特殊因素，在民族地区审理案件适用法律的过程中，也多会考虑民族立法的运用。清初为了处理蒙古地区的司法案件，即开始针对不同案件制定"蒙古例"。乾隆五年（1740）纂修自清太宗开始的全部蒙古例，并根据每个蒙古例调整的内容，将其分别列为官衔、户口差徭、朝贡、会盟行军、边境卡哨、盗贼、人命、首告、捕亡、杂犯、喇嘛例、断狱等十二门，最终形成了一部全面约束蒙藏民族的《蒙古律例》④。这是一部规定蒙古各阶层的行为规范的法律，重点突出对危害清王朝统治的盗贼、人命犯罪进行打击，适用的对象则主要针对的是蒙古台吉，以及喇嘛和广大牧民，适用的地域则包括全部蒙古地区。该律例不仅内容具有特殊性，刑罚及其执行方式也均符合藏区的实际。例如，作为重刑之一的流刑，对于内地安土重迁的民众而言，具有极大的威慑力，但是对于以游牧为生，经常居无定所的蒙藏民族，其惩

① 哲仓才让：《清代青海蒙古族档案史料辑编》，青海人民出版社，1994，第19页。
② 中国第一历史档案馆藏《军机处上谕档》，乾隆五十六年九月十一日，第四条。
③ 中国社会科学院中国边疆史地研究中心：《嘉庆朝〈大清会典〉中的理藩院资料》，《清代理藩院资料辑录》，全国图书馆文献缩微复制中心，1988，第119页。
④ 后来，为更好地调整青海地区蒙藏民族的行为和社会关系，清王朝在雍正时期从蒙古例中选出六十八条，以《西宁青海番夷成例》（简称《番例》）的形式颁布，作为适用于青海蒙藏民族的单行法规。

罚性则要大打折扣。因此,在《蒙古律例》中,亦结合蒙藏民族的这种特点,用发遣刑对流刑加以变通,甚至连发遣的地点都规定在云南、贵州等烟瘴之地。

此案发生的地点是蒙古牧区,参与抢掠的人兼有藏族和蒙古族,抢掠的财产又主要是牲畜。因案件具有特殊性,不宜援用《大清律例》的规定进行审理。西宁办事大臣文孚在处理此案时,很好地解决了法的效力问题,最终按照"特别法优于一般法的原则",选择用《蒙古律例》裁断案件。从历史上看,对于遏制藏族抢掠蒙古的行为,虽然本案的意义不是很大,但其司法处理程序及法律的选择适用,对于实现个案的正义而言,却是值得称道的。

从此案的处理过程也可以看出,清代官员的办事效率不高,循化营守备张辉等深入藏族部落,4个月仅仅查获罪犯3名,而实际上一共是19名罪犯。这既可以理解为藏族部落并不配合清官府,也可以理解为官员办事不得力,更可以理解为官府与藏族部落有隔阂,不能得到藏族民众的支持与配合,办理类似的案件才会有很大的阻力。

四 寻仇抢杀

清王朝对于"聚众"的仇杀行为是实行严惩的,在《吏部处分例》内,专门有"禁止聚众"一目,从康熙五十三年(1714)到同治四年(1865),共计修订15条。凡是出现"聚众"的地方,都要将地方官革职治罪,督抚亦照例议处。其聚众的标准,最初为四五十人,后定为十人。与寻仇抢杀最为近似的是械斗之案,这是清王朝严行禁止的,曾经对聚众械斗,互毙多命,采取一命二抵的惩处方式,而寻仇抢杀则要依"白昼抢夺"律例量刑定罪。在《大清律例·刑律·人命》门内,对广东、福建、广西、江西、浙江、湖南等六省有专门械斗至毙人命治罪专条,对各省回民,以及云贵苗、瑶等民族也有专门的规定,其目的就是限制聚众,尤其不能容忍寻仇抢杀。对于青海藏区出现的寻仇抢杀案件,因没有专门的律例可循,而且事涉蒙藏民族,应该如何处置呢?试以同治年间青海蒙藏民族之间发生的寻仇抢杀案来进行分析。

同治十三年(1874),藏族头人索洛向时任西宁办事大臣的豫师禀报,说他探知到台吉达什多布吉台吉旗下的蒙古人,杀毙了汪什代克族千户,并抢去许多财物。西宁办事大臣衙门并没有收到汪什代克族的呈词，但事关蒙藏民族，如果处理不妥，就会使原本紧张的关系变得更加叵测。宁可信其有，豫师还是决定进行调查，当即派遣县丞温怀章、笔帖式国仁泰，带领通事及差役人等，并调副将张武第管带马队三十名随同前往，要他们前往出事地点，会同左右翼正副盟长、既刚咱族千户等，赴柴达木地方共同查办。随后，西宁办事大臣衙门收到了两翼正副盟长与汪什代克族总管千户才科等的呈词报案。于是豫师再次行饬先前委派的各员，要求其查讯实情，妥为办理。

温怀章等遵命，会同左右翼正副盟长前往查访，得知此案主要为右翼台吉旗下蒙古人合力得为纠约左翼蒙古端住布、那拉亥屯、古拉格等人共同实施的。案件的起因是合力得为等抢夺藏族人的骆驼，进而发生争斗。合力得为先是纠约左翼台吉布等色尔扎勒旗下蒙古，共同找寻遗失的马匹，但在此过程中却抢夺了汪什代克藏族人的骆驼十四只。藏族千户达科发现之后，不依不饶，要求依番例对蒙古方进行罚服，以弥补损失。合力得为等认为达科所要罚服数量过多，于是出首攒集本旗蒙古，并暗约台吉图布登色尔扎勒旗下蒙古二百余人，于五月初二日夜前往汪什代克族驻地，将千户达科杀死，并同时杀死藏族人四名，蒙古人两名，抢走牲畜、银两和衣服等大量财物。对于先前的抢夺行为，由于是发生在同为游牧民族且有共同习俗的蒙藏民族之间，情节并不严重，虽关涉不同民族，清王朝一般也不加干涉，允许他们在双方头人的主持下，通过罚赎等方式解决。而对于之后的杀人行为，由于涉及杀毙藏族土千户和蒙藏民众六人，则不仅涉及不同民族千户部落，而且已构成可能引起民族冲突的地方重大刑事案件，因此，西宁办事大臣必须及时进行措置，及时追究罪犯的责任，并采取措施以安抚双方族众。

就在官员查访过程中，汪什代克藏族人正在念经放咒，并攒集族众千人，思图对蒙古旗人进行报复。得知此事后，温怀章等一面遴派通事、兵丁，驰往汪什代克族晓谕大义，令其不准擅动，一面赶紧趱行，于七月初三日到达达什多布吉牧所。官兵到达后，准备借蒙古族众接见之机，擒拿首从各犯。不料凶犯合力得为抽出腰间利刃，并大呼党众，进行反抗。好在有惊无险，在贝勒拉旺多布吉协助之下，官兵顺利将涉案之合力得为、端住布、那拉亥屯、古拉格等四名罪犯拿获收管。朝廷派出的另一路通事、兵丁，显然没能阻止藏族人众的行动，官兵到达蒙旗的转天，即七月初四日，刚咱族千户拉麻拉夫炭便带领藏族人众，与汪什代克事主一同赶到，大有动武之势。经地方官员耐心劝导多日，才知晓其中之利害，众始帖息。地方官随即就地审讯，获得了首从凶犯所抢物品的供单，据其追获赃银元宝六十七锭，追回被抢牲畜、衣物多件，将其发交受害人达科的家属，并取具两造缴领结状。因事关重大，温怀章的官员将首从各犯和达科家属加科格洛，并盟长番目等一并押解西宁，交西宁办事大臣衙门进一步详尽审理。

主从各犯解到后，西宁办事大臣豫师专门接见右翼副盟长和两翼正盟长差派的章京，对整个案情复加查询，在确认派出官员的禀报和蒙古的呈词大略相同后，即堂讯首从各犯。合力得为等对实施杀人的行为供认不讳，豫师取具手模存案，就此结束审讯，进而依法对主从各犯分别作出了相应的判决。清代蒙藏地区在立法中规定："故杀他旗之人及谋杀、仇杀者，除偿人外，……庶人为首拟斩，为从拟绞，各监候，皆籍没家产牲畜，给死者亲属。为从不加功者，本身并妻子家产牲畜解送临近盟长，给效力台吉为奴。"[①] 单纯从法律规定来看，此案中合力得为杀毙七命，应依法从重处罚，对其余三名从犯，如实际实施了杀人行为，则应判处绞监候；如只是盲目参加，则可能效力为奴。

在处理过程中，豫师根据法律的规定，并合理地考虑了具体的时空环境，在法律允许的情况下，对具体判罚作出了适当调整。

首先，他认为青海蒙藏部落之间的寻仇抢杀是常见现象，十余年来愈演愈烈，已经是久成锢习。虽然朝廷多次宣示各旗蒙藏部落要安静住坐，不要再相互仇杀，更不能相互抢劫，但是锢习难改，特别是"此次台吉达什多布吉旗下蒙古合力得为，仍敢出首攒众，杀毙千户达科七命，并抢多赃，确有证据，罪无可逭。现值用兵之际，若不立正军法，其何以彰国威而靖众志"。于是经审理明确后，豫师即将首犯合力得为在营前正法，并传首青海全域示众。

其次，对于从犯端住布、那拉亥屯、古拉格，经审讯得知其误为纠

---

① （清）会典馆编《钦定大清会典事例·理藩院》卷996，赵云田点校，中国藏学出版社，2006，第458页。

约，并不知具体情形，属于法律规定"为从不加功"的情罪较轻情形，同时，考虑到两翼正副盟长及各藏族头人愿意共同为之具保，恳求免死的情况，豫师认为："番地情形与内地不同，自应稍顺番情办理。"① 因此作出了相对宽缓的判决，对三名从犯"分别鞭责，交该旗本管严为管束"。

再次，对于失察的达什多布吉台吉，考虑到青海久因兵灾，蒙民流离，迫而为盗，且该台吉困苦不堪，诚有难于约束之势，因而请求皇帝额外开恩，免其议处。

最后，对于蒙古尚未归还的抢掠赃物，经两翼正副盟长评议数额，官府确定由达什多布吉台吉、图布登色尔扎勒，各补交马五十匹、牛五十只、银五百两，并责令两造各具甘结完案。

处置完毕后，豫师将案件情况和办理缘由向皇帝具题。当时光绪皇帝刚刚即位，主政的慈禧太后对豫师的奏折基本满意，对其免议台吉的请求发布了谕旨，"台吉达什多布吉著免其议处，仍著豫师随时稽查，妥为抚驭，并饬该台吉认真约束，毋任再滋事端"②。虽然是冠冕堂皇的话语，但透露出清王朝一直贯彻的"抚驭"原则。

柴达木处于青海省西南部，是青海湖以西的一个广阔区域。清代的青海湖周边一直为藏族、蒙古族居住和活动之地。雍正二年（1724），平息罗卜藏丹津叛乱后，清王朝将青海蒙古族、藏族部落编入"内番"，并划定蒙古族与藏族牧地，原本居住在黄河以南的千卜录、都秀、汪什代克、阿曲乎等藏族部落陆续返回青海湖地区，后逐渐形成"环海八族"的格局③。对于蒙古族，清王朝将其各部编为"二十九旗"，每百户编为一佐领，不足百户编半佐领，数个佐领编为一个旗（札萨克），旗长由部落首领（台吉）担任，各部划定地界，各旗之间互不统属。蒙藏民族在长期的游牧生活中，均保留了原始的寻仇抢杀的故习，经常因牧场、牲畜等产生纷争。此案便因环海八族之一的汪什代克族与达什多布吉台吉下属蒙古之间的纠纷而起。豫师对于此案的处理体现了"因地制宜，因时制宜"的特征，在青海当时由治转乱，朝廷对藏区控制濒临失控的脆弱政治环境下，

① 以上引文见吴丰培编《豫师青海奏稿》，青海人民出版社，1981，第150页。
② （清）官修《清德宗实录》卷17，光绪元年九月庚子条，中华书局影印本，1987。
③ 环海八族是刚察族、公洼塔尔代族、都秀族、千卜录族、汪什代克族、阿曲乎族、热安族和阿尔克族。

这种"恩威并济"的解决措施，也确实可以起到暂时稳定柴达木地区的作用。

如果说此案处理尚存在问题，那就是在安抚的前提下，没有体现公正的原则。不管是按照《蒙古律例》，还是按照《大清律例》，抑或按照《番例》，合力得为等人杀死藏族七命，还杀害藏族的头人，都应该进行抵罪。豫师深知蒙古部落能够聚众，合力得为当时纠集二百余人，则可见其号召力，而事发之后，刚咱族千户拉麻拉夫炭聚集了藏族人众多达千人，如果要公正处置，显然难以安抚双方，于是采取和稀泥的办法，仅将首犯军前正法，再以存活数命，换取蒙古两翼正副盟长的赔偿，然后用赔偿安抚藏族头人，看似是圆满解决，但没有消除双方的怨恨，很难说彼此心服口服。此外，豫师认为蒙藏民族之间的相互抢劫是锢习难改，其实未免不是官府姑息的结果。

第二节　藏回等民族间刑事案件处理

藏族与回族、撒拉族等也是居住在甘青藏高原上的主要民族。在长期的历史生活中，按照生产方式的不同，藏族和回族等民族或者杂居，或者各自聚居在藏区特定的地理区域，并分别形成了各自不同的风俗习惯。其中聚居区的民族，其生产方式以牧业为主，而杂居区的则主要以农业，或者半农半牧生产为主。清代藏回等民族间刑事案件的发生原因，也根据生产方式、生活习惯的不同而有所区别。发生在藏回等民族间杂居地区的刑事案件，以争夺资源和风俗差异造成的聚众械斗、人命、强盗等案件为多见；在藏回等民族间分别聚居的区域发生的案件，则以聚众抢劫和勾结其他民族，或者是"汉奸"抢掠、诈骗、偷窃等案件为多见。

一　挑唆抢掠

清王朝对于教唆、挑唆、唆使等行为，一直采取从重定罪的原则。《大清律例·刑律·诉讼·教唆词讼》条规定："凡教唆词讼，及为人作词状，增减情罪，诬告人者，与犯人同罪〔至死者，减一等〕。若受雇诬告人者，与自诬告同；〔至死者，不减等。〕受财者，计赃，以枉法从重论。"而"越诉"例内规定，一旦出现强行越诉的行为，都要"追究教唆主使之人，从重问拟"。对于教唆抢夺，往往是照光棍例治罪，而光棍例是斩立决，往往还是不分首从皆斩。那么在甘青川滇藏区，藏族与回族之间出现教唆抢夺案件，其处理原则是什么呢？试以一案处理过程进行分析。

道光二年（1822）十月，陕甘总督那彦成收到青海札萨克喇嘛察罕诺门罕的呈词，称十月内有汉人苏城将刚咱族番人多利等三十余人领到其地，声言讨取杀伊族人罚服。因察罕诺门罕并未赔付，遂一同转回，抢去蒙古人隆本的马十匹，又抢去蒙古塔布绪等十四户男妇共六十五名口，并将其所养牲畜牛羊马匹骆驼一并抢去。那彦成当即主持对此案的查办。

经查得知，苏城并非汉人，乃是西宁所属丹噶尔回民，五十二岁，早年即跟随其父私出口外与蒙古族人、藏族人交易，其父亡故后，即自行置办炒面、茶叶、川芋等物，与次子苏四九子，并雇工马尕满拉，出口与察罕诺门罕旗下蒙古和刚咱族"野番"交易。其与刚咱族头人多利策楞甲完第塔尔等交好，结为兄弟。遇有蒙古"野番"进口时，该犯即私当歇家，容留居住，为其置办口粮货物。该年七月，此犯又置办炒面茶芋等物，与雇工马尕满拉等出口至刚咱族多利帐房住歇，易换羊皮等物。九月十三日，其已被官府访拿到案，但因该犯供称素习蒙番言语，熟悉口外各番情形，并称能将积惯做贼之头人拿获，官方即打算让其出口做间谍，以擒获未获之抢掠藏族头目。苏城于九月二十八日起身出口，十月初三日到达察罕诺门罕营内，但并未履行其对官府的诺言，而是声称奉差拿人讨要乌拉口粮。次日，苏城前往刚咱族多利处，正好遇到多利等对其谈及察罕诺门罕杀其族人，欲讨罚服的事情，便怂恿多利前往讨要。多利等随即带领三十余人，各执枪刀军器，随同苏城至察罕诺门罕营前索要罚服之钱物。察罕诺门罕认为刚咱族也曾杀自己族人，故不肯给予钱物。苏城与多利等却在转回的路上，实施了上述察罕诺门罕所呈报的行为。

苏城因受官府指派而进入蒙藏聚居地，却联合刚咱族藏族头领抢夺了蒙古的马匹、财物和民众。为了敷衍了事，苏城隐瞒实情，将无干之四名蒙古人捉拿到官府交差。官府对这四人加以审讯，发现其根本没有什么抢窃的不法行为，完全是被胁迫而来，因此酌赏给口粮，予以无罪开释，却没有追究苏城的责任。如今察罕诺门罕报案，官府才知道苏城不仅无意悔改，反而引惹边衅，于是对其加以控制，并当即与随同察罕诺门罕而来的密楞喇嘛对质。经过进一步审讯，"恶回"苏城不仅对自己实施的抢夺行为供认不讳，而且交代了其子苏四九子与刚咱族多利雇工马尕满拉仍在刚咱族藏匿的情况。

在确认没有其他不法行为后，那彦成决定结束审讯，以律定案。他认为，苏城积惯私出口外，不仅在蒙古"野番"处交易，而且与刚咱族头人多利等结拜，并令其子苏四九子与"野番"通信，又令雇工马尕满拉在刚咱族潜匿，其以上种种不法行为便属罪无可逭。然而，该犯又将无辜之蒙古人拿获，塞责官府，实施抢夺，引惹边衅，其行为实属罪不容诛。于是，在审明案情之后，那彦成即将苏城就地正法，并枭首示众，将其弟苏起云、苏起才和其子苏四九子分别拟军流之罪咨部办理，对逃逸之犯马尕满拉则要求继续缉捕。这一处理情况上奏之后，道光皇帝于十二月十九日朱批："所办是，知道了，钦此。"应该说他对此案件的处理情况表示满意，没有关注多利等刚咱族藏民抢夺行为的处理，也未顾及察罕诺门罕蒙古所遭受的损失。按照《蒙古律例》及《番例》的规定，这样的事情除了归还抢夺物品及人口之外，是可以以罚服的方式进行解决的，只要双方认为合理即可。如今由官府介入，充当调停人，其处理结果也不会造成两个民族之间的不和，故此忽略不提。

不管是藏族与回族勾结抢掠蒙古族，还是蒙古族与回族勾结抢掠藏族，往往都会被视为"汉奸"挑唆，如雍正帝认为，四川、陕西、湖广、广东、广西、云南、贵州等处土司鲜知法纪，之所以"敢于恣肆者，大率皆由汉奸指使"[①]，因此确定了将汉奸立置重典的原则。"汉奸"在《大清律例》中多处被提及。如《大清律例·户律·田宅·盗买田宅》条例规定："黔省汉民，如有强占苗人田产，致令失业酿命之案，俱照棍徒扰害例问拟。其未经酿命者，仍照常例科断。"这是道光十三年（1833），刑部议复贵州布政使麟庆奏，汉奸强占官田驱逐苗佃，致酿人命案件之后纂辑的定例。《大清律例·户律·钱债·违禁取利》条例规定："内地汉奸，潜入粤东黎境放债盘剥者，无论多寡，即照私通土苗例，除实犯

---

① （清）官修《清世宗实录》卷 20，雍正二年五月辛酉条，中华书局影印本，1986。

死罪外，俱问发边远充军，所放之债，不必追偿。"这是嘉庆九年（1804）新增的定例。《大清律例·兵律·关津·盘诘奸细》事例申明："汉人私入番地，来往勾结，甚且透漏内地消息，指示内地路径，其酿患不可胜言。嗣后非但通事人等，不准私入番地，即内地民人，凡有通晓番语者，私自潜往，即系汉奸，亦当普行禁止，以杜勾结。"《大清律例·刑律·贼盗·盗贼窝主》条例规定："西宁地方拿获私歇家，除审有不法重情实犯死罪外，其但在山僻小路，经年累月开设私歇家者，为首，照私通土苗例，发边远充军；为从，杖一百、徒三年。"这是道光二年（1822）此案发生以后增订的条例，薛允升认为："盖严禁内地奸民交通野番之意。定例之意盖因该处汉奸等于山僻小路，开设歇家，黉夜招住野番，代消赃物，易换粮茶情事，是以特立此条，是专为交结接济野番而设。"

此案最初被认定为"汉奸"所为，后确认为"恶回"，这种教唆的行为始终是酿成大的刑事案件和民族冲突的重要因素。从此案的案情来看，似乎是在分析藏族和回族勾结抢掠蒙古族这一事实，和藏族与回族之间的刑事案件并不相关，实则不然。就此案来说，回民苏城私开歇家，精通蒙藏语言，既能勾通藏族，又能联络蒙古，在实施行为时以谋取利益为最先目的，丝毫不顾由此带来的民族关系的恶化。在利益的驱使下，他们可以毫无立场和原则，此次抢掠蒙古族，下次还会抢掠藏族，只要能够获得丰厚的回报。因此，将此案放在这里，不是为了说明蒙藏之间相互抢掠的紧张关系，而是指出这些回民的存在，给蒙藏民族带来生存和交往的潜在威胁。清王朝为了稳定藏区秩序，巩固其统治，必然不允许这种风险的存在，故确立严厉惩处"汉奸"的法律，甚至在处理"汉奸"纠约抢掠刑事案件时，主要围绕处罚"汉奸"展开司法审理程序，而对参与抢掠的蒙藏民族的刑事处罚则相对轻缓。针对青海的特殊情况，在勒定"盗贼窝主"条例时，仅仅以"私歇家"来定义，也使该例更便于应用。

那彦成对苏城等的严厉判罚，既体现清王朝对教唆、挑唆、唆使等行为实施严惩的原则，也有安抚蒙藏民众的用意。雍正二年（1724），平定罗卜藏津叛乱之后，清廷对蒙藏民族住牧地区的安排，随着实力上"蒙弱番强"局面的形成，蒙藏因争夺土地、牧场而冲突不断，"更有内地歇家（生意经纪人）奸贩，教引野番，渐拢边境"①。这些"歇家"为了牟利，往往假借官府欺蒙藏蒙民众，甚至挑唆藏蒙关系，以从中渔利，而官府也时常利用他们为"间谍"，这种生意人与官府间谍的双重身份，使其在利益的驱使下，不但不会为清王朝安定青海蒙藏部落带来任何好处，反而会激化蒙藏民族之间，以及蒙藏民族与其他民族之间的矛盾。那彦成依据严惩教唆犯罪的原则，将苏城立即正法，并枭首示众，这样做既可以缓解蒙藏之间的仇恨，又可以显示官府的"公正"，毕竟官府曾以他为间谍，其安抚的意义明显。虽然那彦成的奏议对蒙藏涉案人员的处理方式只字未提，但在安抚的前提下，按照蒙藏习俗进行处理，应该不会出现什么问题。不过那彦成发现，藏族各部"稍聚肆掠牧畜，或数百人，或千人以上不等，细加查访，其中既多汉奸，而蒙古之贫穷者亦随之谋食，是以人数滋多"②。这种现象使他颇为忧虑，也引起他高度重视，于是把"整顿蒙藏两族与内地的粮茶贸易制度，并清除混迹牧区趁火打劫的内地游民"作为重点，以为孤立了藏族，不让藏族与其他民族交往，就可以使藏族听命于朝廷，而不敢外出与其他民族争夺生存之地，这只是一种"弱番"的举措。从历史上看，清王朝没有下气力解决藏族部落人数众多、生活地域狭窄的矛盾③，而一味强调"汉奸"挑唆，才使蒙藏发生冲突，而蒙藏的各种犯罪，也应归结于"歇家"串通的结果。其实，真正能够解决藏族部落生存问题的，经济发展乃是重点所在。作为"歇家"的生意人，虽然有见利忘义的行为，但在促进经济发展方面，还是起到了重要作用。清王朝不加强对"歇家"的管理，让他们进行正常的贸易，促进了青海的经济发展；而采取隔绝措施，其在解决不好蒙藏民族生计的情况下处理刑事案件，最终也只能头痛医头，脚痛医脚，杀几个教唆犯，平些怨恨，并不能解决根本的问题。

---

① 顾建华：《清朝时期的"青海衙门"及其对重大刑事案件的审判》，《青海民族研究》1992年第4期，第107页。

② （清）那彦成：《平番奏议》卷2，《十一月二十四日奏为清厘河南番族边查户口明定章程并河北贼番情形折》，咸丰三年重刊本，载沈云龙主编《近代中国史料丛刊续编》第46辑，文海出版社，1982，第19页。

③ 最后，咸丰八年（1858），西宁办事大臣福济奉命将移入河北的千卜录等八个藏族部落安置在环青海湖地区，并委令千百户层层管束，算是将持续了百年之久的藏族北移斗争最终解决。自此之后，虽有其他藏族陆续迁入，藏族部落不断壮大，但都未能改变已经形成的蒙藏分布格局，蒙藏关系得以基本稳定。

二 械斗争山

有清一代，宗族械斗是频发而难以解决的问题，不但南方闽粤赣地区宗族械斗之风极盛，即便是在东北、华北也普遍存在。其宗族往往因山林、水源、田地、祖坟，乃至婚姻等事与其他宗族产生纠纷。他们解决纠纷的办法，不是寻求官府解决，而是动辄聚族进行械斗。在青海地区则常常出现民族之间的械斗，据《清稗类钞》讲："青海之库车库尔，居大山中，汉番或耕或牧，其前后有番三大族，故其地之土著，番占十之八九。三族者，北为公洼他尔代族，中为都受族，南为曲加洋冲族，皆河南投诚八族之番安插于此，仅数十年。惟公洼他尔代有世袭千户，都受、曲加二族仅有百户，皆受辖于公洼他尔代之千户，两族有应办之务，青海办事大臣必告之千户，如蒙旗之盟长然。三族分地，于蒙番中为最远，人丁最寥落，毗连河南土司，时虞强邻侵扰，械斗之案岁有数起。千户名青阿零，常游牧于柴达木以避之。"①

在各地械斗案件频发的情况下，清王朝通过修订律例，一方面严行禁止，另一方面加大惩处力度，试图在打击械斗的同时，加强对人民的控制。如《大清律例·刑律·人命·斗殴及故杀人》条例，专门对广东、福建、广西、江西、湖南、浙江等六省及台湾的械斗量刑作了规定，以参与械斗的人数及所致毙的人命为依据，重者首犯拟斩立决枭示，却不追究从犯，因为牵扯宗族势力。在《大清律例·刑律·斗殴·斗殴》条例中，专门对沿江滨海有持枪执棍混行斗殴的两造为首及鸣锣聚众之犯，实施杖一百、流三千里的刑罚，而伤人及附和未伤人者也要分别处以刑罚，这是指未出人命而言。还有专门针对穆斯林结伙三人以上，执持器械殴人之案加重量刑的规定。乾隆年间，还曾经实行聚众械斗而一命二抵的严惩手段。这些是针对宗族而言，而事涉不同民族之间的械斗，又依据什么法律处理呢？仅以光绪时期发生的藏族与撒拉族之间的械斗案为例。

光绪年间，青海省西宁府所辖区内中库藏族向循化抚番府呈告称：孟达撒拉族拖欠钱粮数额巨大，不仅拒不偿还，反而占据中库藏族之柴山，请求朝廷依法进行评判。抚番府接到呈诉之后，随即核实情况，进而立案

---

① 徐珂：《清稗类钞·种族类·青海番族》第 4 册，中华书局，1984，第 1919 页。

审理。经传讯两造，获取证词，抚番府得知此案发生的大概经过。

先是青海西宁府辖区内的孟达撒拉族，对中库藏族负有钱粮等债务。因利息复算，经过多年的积累，原本不多的钱粮，逐渐变成一笔巨额款物。此时中库藏族讨要本利，孟达撒拉族一时难以拿出如此巨款，且对经年饱受盘剥之害心甚不甘，于是起衅争夺中库之柴山。在双方的争执中，同时还存在相互杀伤的行为。争端发生后，中库藏族与孟达撒拉族请求乡老韩木洒、尖错等从中进行调解，孟达撒拉族认为放弃争夺柴山即可不再偿还中库钱粮之债。但中库藏族却认为柴山本来便归中库藏族拥有和使用，孟达撒拉族争夺柴山的行为是对中库藏族权益的侵犯，因此，乡老的调处只是要求孟达撒拉回族退还柴山，并未免除应还钱债。考虑到双方争斗酿成人命之祸，且乡老调处的结果对权益的划分并不明确，中库藏族为获得伤毙之人的命价赔偿，防止巨款虚悬无着，不得不向循化抚番府提出告诉，请求官府秉公裁断。应当说，此案的起诉符合藏区民族纠纷的一贯特征。在藏区，一旦出现民族纠纷，呈诉官府请求解决的情况很少，大多是"遇事格斗，从不报案"，除非械斗造成杀伤人命，否则均不向官府告诉。

立案后，西宁府责成循化厅会同洮州厅进行现场勘查。循化厅随即派出刑仵庞宗顺与循化营拨派的弁兵前往诣验，勘明斗殴的地方"在孟达山西南角山边，系中库来路"，且因斗殴而死之人的死因，确为"受伤身死"，于是"当场填格取结附卷"，并将尸体饬令有关人员领回埋葬。[1] 现场勘查确定了相关证据，有助于判断双方的过错大小，并借之了解两造对纠纷解决的意向，为判决奠定基础。经继续探访，司法官员查得"中库与撒回孟达因债务纠纷而争山酿成事端，其所争之柴山为两造公采之地，势必引起祸乱"[2]。报知西宁府裁夺，将柴山判归中库管理。为了公平起见，又判令中库拿出价银两千两，交与孟达撒拉族。对于双方斗争中的互有杀伤行为，则适用《番例》的罚赔规定进行处置。其中，中库藏族伤毙孟达撒拉族十命，照番规应当赔出命价银五千两，俱钱货各半，而孟达撒拉族

---

① 青海省档案馆：《循化厅详报处理中库番子与孟达山撒回争斗事》，档案号：7—永久—3094。

② 青海省档案馆：《西宁府为查办中库、孟达争山一案情由的详》，档案号：7—永久—3096。

伤毙中库藏族五命，应当赔偿命价银两千五百两。双方在判决作出后，先认缴了一半罚赔银两。确定罚赔银两之后，西宁府责成尖错等老人陆续催缴，务必使其全部缴纳。

此案最终按番例对杀伤人命判决罚赔，但是从中库藏族的呈诉内容来看，抚番府似乎并未对双方的钱债纠纷作出处理。从法理上看，因钱粮纠纷而起诉至官府，官府就应当围绕债权人和债务的权利义务关系展开审理。如果官府经审理后，最终仅对争夺柴山这一钱债纠纷中的部分内容作出判决，其不仅是以偏概全，不能完全解决纠纷，而且最终的结果难免有失公正，很难使众人信服。此案中，并没有文字记载对钱债纠纷的最终裁决，因官方认为纠纷已经解决，故在此可以认为，这种解决方案蕴含在对柴山的归属划分过程中。即官方对柴山权属确认时，是考虑到了双方的钱粮债务数额的，也就是说，最后中库藏族交给孟达撒拉族的两千两价银，并非孟达占有的柴山的实际价值，而是经与孟达所欠债务进行折抵后形成的最终价款，也只有这样理解，该案的审判从结果上看才更为合理。

因为钱债纠纷而起的械斗，按照律例规定，应该对械斗双方的为首者从严处置，而律例中对穆斯林三人以上执持器械殴人之案加重量刑，此案仅孟达撒拉族就死亡十人，参与械斗的人数应该不少，但此案涉及的对象不同，乃是与藏族发生的械斗，基于特殊情况，就不能按照律例规定进行量刑定罪，更重要的是考虑安抚双方，因此采取"合意"的方式。

此案审理过程中的两造"合意"，对于案件的解决至关重要。此案无论是寺院、乡老等基层组织对纠纷的解决，还是抚番府最终对双方的利益分配，都只是促成问题解决的外部因素，而决定因素应当是双方就权利和义务关系达成的"合意"。在清代藏区的冲突解决中，这种促成"合意"的纠纷解决方式最初一般由民间力量来实现，当民间力量无法使两造认可利益分配方式而达成合意时，官府作为官方机构的代表便会运用国家的司法权力尽量使双方的利益均衡。此案中，案件的最终解决除了有尊重藏族风俗习惯、适用番例进行处理的因素外，更主要的是官府及时抓住问题的症结，以官方的权威性对两造的权利进行了清晰的界定，使双方在顺服的情况下自愿达成解决的合意。从法律层面上讲，这种解决过程既体现了国家权力对以民族文化为基础的习惯法的遵循和包容，也揭示了国家权力对藏区既有法律文化的影响和渗透。

三　斗殴杀人

《大清律例·刑律·斗殴》门，共计 22 条，涉及斗殴、保辜限期、官内忿争、宗室觉罗以上亲被殴、殴制使及本管家长、佐职统属殴长官、上司官与统属官相殴、九品以上官殴长官、拒殴追摄人、殴受业师、威力制缚人、良贱相殴、奴婢殴家长、妻妾殴夫、同姓亲属相殴、殴大功以下尊长、殴期亲尊长、殴祖父母父母、妻妾与夫亲属相殴、殴妻前夫之子、妻妾殴故夫父母、父祖被殴等不同的斗殴对象及量刑标准，其中"斗殴"条先后增删修订有 26 条例，对不同形式的斗殴进行定义的同时，也确定了宽严的量刑标准。"斗殴"律具有普遍性，所制定的条例虽然有特殊性，但对于一些特殊的斗殴，往往也用"律无明文""例无明文"来表述，进而提请皇帝裁决。那么事涉藏族与回族之间的斗殴，是否也属于无明文规定呢？试以乾隆时期循化发生的案件为例。

乾隆四十四年（1779）三月，时任陕甘总督的勒尔谨上奏称："兰州府循化同知所辖之郎家族番民惨杀撒拉回民①多命，获犯审拟，分别正法发遣。"② 经过查缉，发现此案共拿获作案不法藏民十四名，包括主犯黑隆本和乙舍完的。此案最终并未交给循化厅审理，而是由陕甘总督直接审办，可见该案在当时所造成的重大影响，以及清王朝对这类不同民族之间发生的案件的重视程度。

陕甘总督审理此案的过程中，涉案的五名藏民在羁押过程中死亡，勒尔谨遂根据案情和供述，依法对其他九名罪犯分别审明定拟：主犯黑隆本、乙舍完的因罪孽深重，请即行正法，对其余七名余犯，拟发伊犁为奴。此案涉及枭示死刑，且涉及多人的发遣，最主要的是其发生在循化厅这一藏回汉民族杂居地区，处理不当容易引发民族冲突，此外，按照清代的司法管辖和审判权限，案件审拟的罪名和执行是否得当，还需要转呈上级进行审核和决定。具体而言，对于发遣的案件，由理藩院会同刑部决定，死刑案件则会同三法司审核拟罪，分别立决、监候，并由皇帝最终确定。

---

① 指撒拉族。——笔者注

② （清）官修《清高宗实录》卷 1078，乾隆四十四年三月丁亥条，中华书局影印本，1986。

此案的处理在程序上不存在太大的问题，但刑罚的适用，却未得到皇帝的肯定。按照清代的刑事司法审判程序，案件报到官府之后，首先，需要确定官府是否具有管辖权。在藏族聚居的地方，清代根据汉化程度及其与官府之间的关系，将其分为"熟番""生番"。"熟番"是居于城镇、营汛或附近的藏族，他们以农业或半农半牧生产为主，接受清代地方政权的统治和管理。"生番"大多为居于离城镇、营汛较远的藏族，他们主要以游牧为生，组织形式多为原始部落，管理也均以部落内部自治为主，清王朝称之为"生番"或"野番"，对其部落内部事宜并不干涉，只是派驻营汛、边疆大臣等对地区部落的整体进行节制或管理。而如果刑事案件发生在藏族和其他民族之间，由于其风俗习惯不同，极易造成民族冲突，必须交由官府进行审理裁决。此案发生在循化厅所属地域，郎家族的藏族人也并非在循化生、野番的范畴，而是在官府统一管理下的"熟番"，同时，案件又是发生在循化的藏族杀害撒拉族的刑事案件，毫无疑问应当归地方官府管辖。其次，确定管辖之后，即开始对整个案件进行侦查和审理，这时会遇到适用法律问题。在清代，为了更好地对少数民族地区实行统治，制定了多部法律法规。对甘、青等藏区藏族之间的刑事案件适用《西宁青海番夷成例》进行处理，对于藏蒙及藏回等民族之间较轻的刑事案件，也会适用《蒙古律例》等民族立法的规定处理。按照这种处理方式，最终的刑罚多为罚赎。然而，这种民族立法不是在任何时候都优先适用的，当案件发生在藏族与其他民族之间，并严重影响地方的安定秩序时，清王朝则会站在安定民族关系的角度，委派大员亲自督办案件，并严格按照律例的规定进行审理。对循化厅管辖的藏回案件，清王朝在审理上还有特别要求，"循化厅管辖番回，与寻常内地不同"，遇到抢劫、人命等重大案件，陕甘总督"自应一面奏明，一面饬缉"。[①] 由于此案发生在循化厅的管辖范围内，按照法律的规定，陕甘总督勒尔谨应当将案件奏闻圣上，同时按照刑事案件审理程序处理。审理结束之后，仍然要将结果上奏。

　　审明后，勒尔谨将罪犯拟罪，并奏报皇帝。不料，其拟罪判决并未得到乾隆帝的赞同，相反，令其大为不满。乾隆帝认为，勒尔谨如此定罪量刑，不得要领，"实属姑息"，"所办总不成事"，遂责令"拟遣各犯俱行

---

　　① （清）官修《清高宗实录》卷 1449，乾隆五十九年三月辛亥条，中华书局影印本，1986。

押赴番境，同黑隆本、乙舍完的一并正法示众"①。乾隆帝显然认为杀人并"支解"，罪犯的主观恶性极大，不杀不足以立威。陕甘总督勒尔谨的判决是否正确，还须结合案件事实，在法律适用层面进行推理。由于涉及"杀人""支解"行为，故在此先分析清律的立法原意。《大清律例》"杀一家三人条"规定："支解人者，（为首之人）凌迟处死。"这类犯罪属于"十恶"，因此还要将家产抄没，妻孥也要缘坐，即便是"为从者，斩"。② 这条法律规定了对"支解"杀人行为的刑罚，但能否适用此律，还需要了解它的适用范围。在此条后附的条例中规定："支解人，如殴杀、故杀人后，欲求避罪，割碎死尸，弃置埋没，原无支解之心，各以殴、故杀论。若本欲支解其人，行凶时势力不遂，乃先杀讫，随又支解，恶状昭著者，以支解论，俱奏请定夺。"③ 沈之奇在《大清律辑注》中结合律例规定对"支解"进行了相应解释："支者，分开也；解者，拆散也，谓谋杀仇人，立意分拆其肢体而杀之，乃谓之支解。或先支解，而后杀死；或先杀死，而复支解，须究究其本意，是否要支解人。"④ 从律例规定和解释中不难发现，适用"支解"的法律规定，要求行为人主观上存在肢解的故意。如果将此案中郎家族藏民的行为界定为肢解杀人，则要适用以上法律，首犯应当处以凌迟，从犯按"共犯罪分首从"条⑤，减一等，按律当斩。乾隆帝在谕旨中说：郎家族藏民，"惨杀回民⑥五命，且敢将被杀之尸，剥皮支解，凶恶已极"⑦。从逻辑上分析，这应该是杀人在前，肢解泄愤在后。这样就排除了郎家族藏民在杀人过程中肢解的故意，以上"支解杀人"的法律规定也就不能适用于定罪量刑了。

---

① 以上引文见（清）官修《清高宗实录》卷1078，乾隆四十四年三月丁亥条，中华书局影印本，1986。

② 田涛、郑秦点校：《大清律例》卷26《刑律·人命》，法律出版社，1999，第426~427页。

③ 田涛、郑秦点校：《大清律例》卷26《刑律·人命》，法律出版社，1999，第449页。

④ （清）沈之奇撰，怀效锋、李俊点校《大清律辑注》，法律出版社，2000，第671页。

⑤ "共犯罪分首从"条中规定"凡共犯罪者，以（先）造意（一人）为首，（依律断拟）。随从者，减一等"。参见田涛、郑秦点校《大清律例》卷5《名例律下》，法律出版社，1999，第127页。

⑥ 指撒拉族。——笔者注

⑦ 以上引文见（清）官修《清高宗实录》卷1078，乾隆四十四年三月丁亥条，中华书局影印本，1986。

综观《大清律例》的规定，此案中的"杀人"行为，在适用的法律规定上，可能在人命门的"谋杀人"和"斗殴及故杀人"条中进行选择。《大清律例·刑律·人命·谋杀人》条规定："凡谋杀人，造意者，斩。从而加功者，绞。不加功者，杖一百、流三千里。"①注云："造意者，区画定计之人；加工者，助力下手之人；从，谓随顺造意者指使也。造意者斩，所以严首恶也；加功者绞，所以重同恶也。造意不必亲杀，致死实由加功，虽以数命抵一命，亦情法应然也。"② "斗殴及故杀人"条规定："凡斗殴杀人者，不问手足、他物、金刃，并绞"，"故杀者，斩"，"元谋者，杖一百，流三千里"③。注云："或斗殴之人，当相殴之时，忽然有意杀之；或共殴人内，有一人于共殴之时，忽然有意杀之，斗殴者固无人知，即共殴者原止谋殴，亦不知一人临时有意欲杀，故同谋共殴中，虽有故杀坐斩之人，而元谋仍流，余人仍杖，所谓各尽本法也。"④ 此案中，郎家族藏民十四人共同实施杀人行为，造成五名撒拉族死亡的后果，如果按照"谋杀人"条律例判决的话，将会对造意者、加功者和不加功者分别处以斩刑、绞刑和流刑。如果适用"斗殴及故杀人"条规定的话，则会出现对故杀之人判处斩刑，而对聚众斗殴之人判处流刑。由于藏区以发遣作为流刑的方式，因此这两条法律的适用，最终均可能出现勒尔谨奏折中的判决，即"仅将者黑隆本、乙舍完的二犯，请旨即行正法，余犯七名，改发伊犁为奴"。从乾隆帝对土司的谴责来看，郎家族藏民与撒拉族斗殴的可能性更大一些。乾隆帝说："然其平日约束不严，致所属番人，凶横不法若此"，显然是对河州何氏土司对族人管理的懈怠表达不满。同时，"凶横不法"一词也表达了郎家族藏民不听约束、动辄行凶的常态。从这些文字推断，郎家族藏民应当是在双方聚众斗殴过程中，实施了激愤杀人的行为，并为泄愤肢解尸体。

依据这个推断，回头再看陕甘总督勒尔谨的判罚，就会发现其对相关罪犯的判决，确是依法进行的。但由于勒尔谨在处理此案之前，并不愿意亲自前往缉捕凶犯，而是"先遣通丁喇嘛往谕，继则操演枪炮藤牌"，乾

---

① 田涛、郑秦点校《大清律例》卷26《刑律·人命》，法律出版社，1999，第420页。
② （清）沈之奇撰，怀效锋、李俊点校《大清律辑注》，法律出版社，2000，第651页。
③ 田涛、郑秦点校《大清律例》卷26，《刑律·人命》，法律出版社，1999，第430页。
④ （清）沈之奇撰，怀效锋、李俊点校《大清律辑注》，法律出版社，2000，第681页。

隆帝便认为其"遥视兵威，实觉可笑"，其办案亦"舛谬无能"，对其判决也失去信任。在这种情况下，乾隆帝通过谕令直接下达判决："仍著将拟遣各犯，俱行押赴番境，同者黑隆本、乙舍完的，一并正法示众，并将该头人，拟以管辖不严之罪。"① 乾隆帝进而指出勒尔谨的谬误：第一，番民的头人平日约束不严，导致所属番人凶横不法至此，而且是在朝廷兵临城下时，才不得不将凶犯绑缚献出，对案件的发生有不可推卸的责任，但勒尔谨对头人应得之咎竟置之不问，这是案件处理过程中的一大疏漏。第二，捕获十四名案犯之后，在羁押过程中，致令监毙五名，使其"幸逃显戮"，也让皇帝认为办案人员疏忽，不能尽职尽责。面对乾隆帝的指斥，勒尔谨岂敢怠慢，于是"寻奏遵旨将原拟发遣伊犁为奴七犯，改同者黑隆本、乙舍完的，委员押赴番境，正法示众。并传饬该头人约束不严之罪，令其罚赎"②。

为警戒藏族土司和民众，原来的"决罚如法"的判决，被乾隆帝谕令变更为"不问首从，不问情节，一律正法"，这大大增加了处罚的严厉程度。由于皇帝的谕令本身就是法律，这种判决结果也算是"以法裁决"。当结合谕令中蕴含的政治理念来看待此问题时，才更容易理解这一变动的意义。清朝入主中原之后，历朝皇帝都声称满汉一体、蒙番一体，并以此为执政的基本原则。③ 雍正皇帝曾专门写出《大义觉迷录》来论证民族平等，他反对部分大臣将穆斯林信教与非法结社进行无端比附的做法，甚至要将这种行为治罪。乾隆皇帝更是秉承先帝遗志，将广大穆斯林看成中华赤子，在对待穆斯林的具体政策上表现出专制"家长制"的特征，关心和保护穆斯林的合法权益。然而，对于藏族，清王朝则以番子、番民称之，并认为其野蛮落后，极难驯化，表现出一种相对轻视的态度。因此，当藏族和回族、撒拉族之间发生冲突，进而酿成刑事案件时，清王朝便会对同样属于少数民族的回族、撒拉族予以适当的照顾，此案的处理便体现了其

① 以上引文见（清）官修《清高宗实录》卷1078，乾隆四十四年三月丁亥条，中华书局影印本，1986。

② 以上引文见（清）官修《清高宗实录》卷1078，乾隆四十四年三月丁亥条，中华书局影印本，1986。

③ 李自然：《试论乾隆对回民的政策——兼评李普曼〈论大清律例当中的伊斯兰教和穆斯林〉》，《西北民族研究》2005年第1期，第70页。

对撒拉族的偏袒和保护。其中，对所有罪犯正法示众，意在"警凶顽而戢残暴"①，同时给撒拉族民众一个交代；对藏族头人进行罚赎，也是一方面要求头人对属众严加约束，另一方面从审判者的角度对受害回众进行安抚。这种偏袒和安抚是建立在撒拉、回等民族顺从王朝统治的前提下，当他们不再听命于朝廷，甚至公然挑起反抗事端时，王朝审判的天平则会倾向于其他民族。从清王朝的历史来看，可以说自乾隆四十六年（1781）循化苏四十三撒拉族暴乱开始，清王朝对撒拉族的这种偏袒便逐渐减弱，以至从偏袒变为戒备，最终则变为严厉。

四　充番抢窃

清王朝对于"奸"的定义，远比前代的意义广泛，除了因循原有的阴险、虚伪、狡诈、背叛，以及男女不正当的性行为等意思之外，还赋予其民族歧视的内容，于是出现"汉奸""苗奸""回奸"等名词，而满蒙民族即便是有所谓的"奸"类行为，也不能称"奸"而称"贼""匪"之类，则可见满族统治者对于一些民族，尤其是汉族，充满鄙夷及歧视。

清王朝正式将"汉奸"一词编入律例，乃是在西南地区改土归流时。当时雍正帝认为："土司之敢于恣肆者，大率皆由汉奸指使。或缘事犯法，避罪藏身。或积恶生奸，依势横行。此辈粗知文义，为之主文办事，助虐逞强，无所不至，诚可痛恨。"因此要求督抚提镇等将"汉奸立置重典"②。根据雍正帝谕旨的精神，律例馆在修订律例时，也开始使用"汉奸"一词。如雍正八年（1730），在"私出外境与违禁下海"律内，针对内地有人迁徙台湾，就规定将凡无妻室者逐回原籍收管，有妻子田产者犯流罪以上，也逐回原籍，而将逃往台湾者称为"越界生事之汉奸"。除此之外，在"违禁取利""盘诘奸细""盗贼窝主"等条内，也相继制定针对"汉奸"的条例。正因为清王朝对于汉回等民族制定了比较严厉的法律，在民族杂处的地区，汉回等民族想要获得更大的生存空间，与其他民族贸易，乃至于犯罪时，都不愿意透露自己是何民族，故此常有假冒藏族抢劫的案件发生。

---

① （清）官修《清高宗实录》卷1078，乾隆四十四年三月丁亥条，中华书局影印本，1986。
② （清）官修《清世宗实录》卷20，雍正二年五月辛酉条，中华书局影印本，1986。

道光初年，嫌犯麻木沟等，结党盘踞，假装"野番"，骑马持械，在青海东部，甘肃西部的河南、河北地区肆行抢劫。此时，那彦成任陕甘总督，肩负着"驱私住河北番族回河南原牧"，并严定约束，以及"缉治汉奸"、办理番案的使命。① 由于麻木沟等人聚众抢掠，且次数较多，因而那彦成到任之始，对此类案件即非常重视，要求地方官查拿案犯。道光二年（1822），"署永安营游击之都司周佐胜等，擒获麻木沟一犯"。那彦成等随即对其展开审讯。

清代文献对此案的细节记述并不详细，再加上仅仅擒获一名人犯，所以并没有引起地方官的高度重视。即便是陕甘总督那彦成刚接到禀报时，以至将麻木沟缉拿归案时，在其奏折中都没有将其视为要案予以奏报。初步审讯后，得知"麻木沟一犯，已供认多案"②。那彦成也只是在奏报藏族抢掠蒙古重案时，将此案当作不足专折上奏的小事，以附片的形式奏闻道光帝。

没有想到，道光帝对此案却格外重视，认为其情节属于"蒙古、回民、汉奸皆能为番子衣冠，始仅勾结向导，继或冒名肆掠"的范畴，且"甚属可虑"，谕令那彦成"必须办理周妥，计出万全，以期一劳永逸，不可稍有疏失"③。对此案的查拿、审判也提出了具体的要求，即"著即穷究党羽，务尽根株"④。接到道光帝的谕旨后，陕甘总督那彦成即驰抵西宁，会同西宁办事大臣松廷，督率道、府等官员，严讯麻木沟一犯。

经再次审讯，麻木沟一犯供出伙党虎三、米八等一同抢劫的首犯。那彦成为防止嫌犯所供尚有不实不尽之处，仍督饬道、府官员，将麻木沟一犯熬审数昼夜，最终从其口中供出李胡子、李二班、马木头头、马八等汉、回民人共二十余名，均是著名重犯，又是先前一同抢劫肃州马厂案内之犯。这些人籍贯隶属河州、山丹、肃州、大通等地，"多在甘州之边境野马川一带，结党盘踞。其中之野牛沟、八宝山等处，产有金沙，奸民潜行偷挖"，并不时抢劫。审讯到此，案件有了新的进展，陕甘总督那彦成遂将情况上奏。道光帝谕令："除现获各犯归案办理外，即饬属下，迅速

---

① 以上引文见赵尔巽等《清史稿》卷367《那彦成传》，中华书局，1977。

② （清）官修《清宣宗实录》卷43，道光二年十一月乙丑条，中华书局影印本，1987。

③ （清）官修《清宣宗实录》卷42，道光二年冬十月己酉条，中华书局影印本，1987。

④ （清）官修《清宣宗实录》卷43，道光二年十一月丁丑条，中华书局影印本，1987。

严拿务获，毋任漏网"，同时，又要求对"麻木沟等犯，著暂缓正法，俟续拿余党，逐案质审"。①

经过查缉，地方官府陆续拿获麻木沟抢劫之同伙虎三、米八等，并据他们的供述，擒获岳升、马花齐各犯，以及销赃之米满拉、丁四等案犯。地方官府经过审讯，查明涉案团伙为回族和汉族的奸劣之人，其中尤以回民为多②，于是陕甘总督那彦成将此案定性为滋扰藏区的"汉奸"案件。并认为："汉奸、回民勾串贼番，为害既久，情节可恶，而关系边务亦极重大，势不可不从严惩治，方足示儆。"另审讯得知，此案嫌犯数十人，多在甘州之边境野马川一带，结党盘踞，累年作案达数十起。其经年抢劫未受追究之因，则主要在于其盘踞地点毗连甘、凉、肃三府州，南与西宁之大通接壤，环山面河，东西长径四五十里，地方辽阔。这样的地理环境使嫌犯便于躲藏，而给官府管辖和缉拿带来了较大难度。另外，由于抢掠可以获得非法利益，这些人在实施犯罪行为时，还导引附近蒙古察罕诺门汗、阿里克等族伙同抢劫，或者干脆化装成藏族民众，"骑马持械疾卷长驱"，使被害之家不知其为何人何族，无法向官府明确报案。在仔细分析了案件发生的原因后，陕甘总督那彦成意识到："甘、凉、肃等处行旅络绎，实为西路咽喉。似此鸱张，为患日蔓月滋，倘因循不究，三五年后延及内地，渐成尾大不掉之势，是腹心之疾更有甚于野番。"因此将之定性为大案，认为"此时若不尽力惩办，妥筹靖盗之方，恐奸宄蔓延，日久竟不可问"③。遂下定决心，严办此案，并欲借此根除"汉奸"之乱。

经严密缉查，那彦成督率地方官员，将大多数嫌犯，二十多人缉拿归案，并分别审讯，令其互相揭发所参与的案件。审理查明，主犯麻木沟于嘉庆十八年（1813），因屡次偷窃藏族牲畜，被大通县羁禁至嘉庆二十二

① （清）官修《清宣宗实录》卷46，道光二年十二月丁未条，中华书局影印本，1987。

② 例如，首犯中麻木沟为马有才，与拜阿浑（马栋良）、拜老三（马栋虎）、木大头头（张伏）均为河州回民；黄阿浑（黄连）、赵六（赵尚元）均为肃州回民；马八（马顺）是中卫县回民；张保娃为大通县回民；虎三（虎玉能），是西安府高陵县回民；米八（米文祥）是咸阳县回民；马花齐是长安县回民。汉民则只有来自张掖县的李胡子（李春秀）、马二（马得林），以及来自西安府咸阳县的岳升、岳七（岳兴）。参见（清）那彦成《那彦成青海奏议》，宋挺生校注，青海人民出版社，1997，第168页。

③ 以上引文见（清）那彦成《那彦成青海奏议》，宋挺生校注，青海人民出版社，1997，第164～165页。

年（1817），始行释放；嘉庆二十三年（1818），与蒋家娃等偷窃"熟番"马四匹；嘉庆二十五年（1820），引领角昂族"野番"抢劫"黄番"牛羊一千余只，分得羊十余只；道光元年（1821）正月内，又与同伙乘夜偷窃西宁县属平戎驿布铺内布匹等财物；甚至在道光二年（1822）春，伙同角昂族"野番"人等，抢劫官马五百余匹，各分马一二匹不等。此外伙同他人盗窃、抢劫之案经年累月，不一而足。其余首恶之犯亦存在各自单独抢窃的情形，整个团伙的刑事犯罪案件达到数十起。那彦成令官员将单独和团伙实施的案件逐一审讯明白，后根据其行为的性质和社会危害程度，予以定拟罪罚。

　　此案的抢劫与偷窃，遍及陕、甘、青地区，其行为不仅涉及回族人与汉族人相互勾结，还有合伙实施的侵犯蒙、藏等其他民族人身和财产的犯罪，因而那彦成在审理此案的过程中没有适用"番例"，而是按照《大清律例》的规定进行裁断。而对于情罪特别，不能尽按寻常律例判决的，则斟酌其罪行，奏明请旨。并将所有拿获的抢劫、盗窃之人，以及办理缘由，理合缮折具奏。《大清律例·刑律·贼盗·强盗》条之附例规定："凡响马强盗，执有弓矢军器，白日邀劫道路，赃证明白者，俱不分人数多寡，是否伤人，依律处决，于行劫处枭首示众（如伤人不得财，依白昼抢夺伤人，斩）。其江洋行劫大盗，俱照此例立斩枭示。"[1] 又"盗犯明知官帑，纠伙行劫，但经得财，将起意为首及随同上盗者拟斩立决枭示"[2]。在此案中，麻木沟等罪犯不仅抢劫次数多，而且抢劫时还时常假装"野番"，并骑马持械，甚至胆敢抢劫朝廷的肃州马厂，实属不法已极，罪不容诛。那彦成对麻木沟等十四名罪犯均按照强盗律例，斩决枭示。对尚在逃逸的赵牙信等罪犯，则开列相貌、年龄、住址，饬令下属严辑务获。一直到道光三年（1823）二月戊申（初九），陆续将余犯擒拿审讯，并判处斩首枭示、流刑等不同刑罚[3]。对于迭次行窃的蒋家娃等，则分别拟军，照例咨部核办。最后，陕甘总督那彦成将各重犯正法缘由，奏闻道光帝，此麻木

---

① 田涛、郑秦点校《大清律例》卷23《刑律·贼盗上》，法律出版社，1999，第378页。
② 此例为嘉庆十九年续纂，参见张荣铮等点校《大清律例》，天津古籍出版社，1993，第380页。
③ 参见（清）那彦成《那彦成青海奏议》，宋挺生校注，青海人民出版社，1997，第186～190、190～194、198～201页。

沟系列抢窃案即告审理完毕。

在善后事宜中，陕甘总督那彦成命"地方官逐户清厘，编查保甲，使民众相互守望，避免匪徒藏匿"。另外，命令"道、府大员按季亲历稽查，州县官员按月稽查，对抗命不遵，视为具文的，立予严参"。其目的即在于使"内地奸民无从窜迹，则假冒之习既除，勾引之路自绝。即再有抢劫各案，其为何旗蒙古、何族番子亦易于分别，不难立予擒拿，庶边圉可以肃清"①。此案的审理及善后事宜，使河、甘、肃三州的秩序得以整肃，在判决中对从事抢劫、盗窃等不法行为的回、汉奸人斩首枭示的严厉刑罚，不仅惩处了不法之徒，而且展示了清王朝法律的尊严。此外，通过打击少数不法分子，也使其他民众受到了警示和教育，这是此案件处理的成功之处。

在处理类似的案件时，那彦成将入番境抢劫、私贩、私歇的三种人均视为汉奸，予以严厉惩处，这种为控制刑事案件发生，而限制跨境贸易的做法，实在是有民族隔离之嫌。此案那彦成请求对"私歇"行为适用《私通土苗例》②，得到了道光帝的批准和肯定。其中严厉刑罚的运用，对于控制私开歇家，从事非法贸易的人确实具有警戒作用，但也更容易成为朝廷限制藏汉、藏回贸易的工具，使各民族之间不能互通有无，共同发展进步。

在那彦成看来，将回、汉、蒙、藏等民族完全隔离，乃是消弭不同民族间刑事犯罪的最佳方法，因此那彦成在草拟商民与蒙古贸易章程时，率先将青海各处的金厂封闭。贸易限定在每年四月至九月举行，由官府指定处所交易，交易完成即不准逗留，而各地的"羊客"到指定地点与蒙藏商民进行交易时，"先行报明西宁办事大臣衙门，分别发给大票小票，逐一注明，严定期限"。行走路线也加以限制，以便守卡弁兵查验，使"汉奸"不能混杂其中。在大通县属之札马图官金厂，所纳课金仅二十八两有零，

---

① 以上引文见（清）那彦成《那彦成青海奏议》，宋挺生校注，青海人民出版社，1997，第164页。

② 《大清律例·兵律·关津》"盘诘奸细"条例："交结外国及私通土苗，互相买卖借贷，诓骗财物，引惹边衅，或潜住苗寨教诱为乱，（如打劫民财，以强盗分别）贻患地方者，除实犯死罪（如越边关出外境，将人口军器出境，卖与硝黄之类）外，俱问发边远充军。"此例为嘉庆十九年续纂，参见张荣铮等点校《大清律例》，天津古籍出版社，1993，第325页。

课税不多，却易纠集人众，"该匪徒等难保不乘间潜往开采"，故将该金厂封闭，使匪徒没有藏身之地。对于西藏班禅额尔德尼及达赖喇嘛遣使进贡，严查携带"汉奸"，"如有汉奸朦混，即照无票出口例办理"①，还要一体治罪。

为了确保各民族隔绝措施得以有效实施，那彦成在千户庄至阿什贡添塘汛一处，拨南川营属兵丁十名防守；在阿什贡至贵德官渡添塘汛三处，拨贵德营兵三十名巡缉。与此同时，草拟了蒙古喇嘛出口章程，"凡有北口各部落，蒙古喇嘛赴藏熬茶，十人以上者，仍由原处请票，十人以下无票出口者，由西宁何处营卡行走。即责令该营卡官弁，详细查验人畜包物数目，报明青海衙门核给执照，一面移咨驻藏大臣查照，将票缴销。回时由驻藏大臣发给路票，在青海衙门查销"②。此章程的目的在于"恐有汉奸私贩粮茶"，限制其他民族与藏族的交往。

事实上，将与蒙藏民族有往来的回族人与汉族人定义为"回奸"与"汉奸"，并严格限制他们与蒙藏民族交流，以为这样就可以杜绝回汉奸人对蒙藏民族的抢窃行为，实际上是一种因噎废食的措置，不仅限制了各民族正常的往来，也导致交易时无法进行竞争。蒙藏人民所交易的牛羊价格低廉，而他们所需要的日用品，因为禁运，往往价格昂贵。因此不能进行公平交易，也限制了蒙藏民族的经济发展，而贫富差距的扩大，更容易导致犯罪，这乃是此案处理及善后措置中的重大失误与遗漏，是很值得深思的问题。

---

① 以上引文见（清）官修《清宣宗实录》卷50，道光三年三月庚午朔条，中华书局影印本，1987。

② （清）官修《清宣宗实录》卷71，道光四年闰七月辛丑条，中华书局影印本，1987。

第五章　清代藏与其他民族间刑事案件处理

　　藏族与其他民族之间的刑事案件，由于涉及的实施主体不同，在量刑定罪上，往往有一定的区别，与前述的案件处理既有相同之处，又有不同之处，而恰恰是这种不同，显示出清王朝对藏族，特别是青、甘、川、滇地区藏族区别对待的方针政策。对这类刑事案件的深入分析，既有利于理解清王朝的政策方针，也可以了解法律的适用，进而分析实施的效果。

第一节　一般案件

　　在藏族与其他民族之间发生的刑事案件中，本章选取了三个比较特别的案件：一是因税收问题而引起的，布鲁克巴（不丹）民人殴伤藏官事件；二是三艾藏族民众抢劫达赖喇嘛茶包案件；三是藏族反抗天主教的"白哈罗教案"。由于案件处理事涉地方管理，也关系到主权问题，在处理时不但引起统治者的高度重视，而且在统治者确定处理原则的情况下，还存在许多变数，这就使案件的处理经常扑朔迷离，但也有柳暗花明之时。

一　殴伤营官

　　《大清律例·刑律·斗殴·殴制史及本管长官》条规定："部民殴本属知府、知州、知县，军士殴本管官，若吏卒殴本部五品以上长官，杖一百、徒三年。伤者，杖一百，流二千里。折伤者，绞。〔监候。不言笃疾者，亦止于绞〕。若〔吏卒〕殴六品以下长官，各〔监殴与伤，及折伤而言〕，减〔五品以上罪〕三等。〔军民吏卒〕殴佐贰官、首领官，又各递减一等。〔佐贰官减长官一等，首领减佐贰一等，如军民吏卒减三等，各罪，轻于凡斗，及与凡斗相等，皆谓之。〕减罪轻者，加凡斗〔兼殴与伤及折伤。〕一等；笃疾者，绞；监候。死者，〔不问制使、长官、佐贰、首领，并〕斩。〔监候。〕"该律"殴钦差侍卫"例规定："因事聚众将本管官，及公差勘事催收钱粮等项一应监临官殴打、绑缚者，不分首从，属军卫者，发极边充军；属有司者，发边外为民。若止殴打，为首者，照前问发。为从，与殴骂者，武职并总队，文职并监生、生员、冠带、官、吏典、承差，俱革去职役，依律问拟，为民。军民人等，各枷号一个月，仍照律拟断发落。"① 也就是说，殴伤营官，有明确的量刑标准，定罪也不应该有什么难点，但事涉不同民族及他国之时，就要视情况而定了。

清王朝在对西藏的统治过程中，一直赋予其较高的自治权，对于西藏藏族部落的事务，一般交给宗本、噶厦等基层官府处理。对于重大地方事务，由于曾经出现过因争夺统治地位而发生的动乱，因而清王朝设立驻藏大臣制度，派出驻藏大臣，行使地方最高统治权。对于殴伤营官这类的行为，因涉及对抗官府公职人员的统治和管理，按照清王朝法律的规定，属于相对严重的刑事犯罪，也由驻藏大臣负责处理。乾隆五十七年（1792），颁布《钦定藏内善后章程二十九条》。通过立法确定了这种管辖权。其第二十五条规定："对于打架、命案及偷盗等案件之处理，可以缘依旧规，但须分清罪行之大小轻重，秉公办理"；"今后规定对犯人所罚款项，必须登记，呈缴驻藏大臣衙门。对犯罪者的处罚，都须经过驻藏大臣审批。没收财产者，亦应呈报驻藏大臣，经过批准始能处理"②。这一规定使驻藏大臣获得了地方最高司法权，并在此前提下，逐渐形成了解决诉讼更为明确的规定："卫藏唐古忒番民争讼分别罚赎，将多寡数目造册呈驻藏大臣存案。如有应议罪名，总须禀明驻藏大臣核拟办理。其查抄家产之例除婪索赃数过多，应禀明驻藏大臣酌办外，其余公私罪犯凭公处治，严禁私议查抄。"③ 如果斗殴案件情节恶劣，诸如危害严重，殴伤官员以及涉及其他民

① 以上引文见田涛、郑秦点校《大清律例》，法律出版社，1999，第 449～450 页。
② 《钦定藏内善后章程二十九条》，载廖立《中国藏军》，中国文史出版社，2009，第 332 页。
③ 张荣铮等点校《钦定理藩部则例》，天津古籍出版社，1998，第 448 页。

族与藏族争讼的事件，则不会草率以罚赎方式结案，而应当按照《大清律例》规定的原则处理。例如，"凡斗殴伤重五十日内身死，殴之者，绞监候。其共殴者，照刑例定拟"①。

嘉庆十七年（1812），因西藏布鲁克巴部落头人等私带货物进关、脱漏税款，帕克哩营官遂依法履行职责，对其进行查诘。孰料头人策忍敦住不但不予配合，反而纠集跟役郭结、卜琼等，将正副营官揪殴致伤。这一情况及时报至驻藏大臣处。

布鲁克巴，即今不丹王国，清朝文献中称之为"布鲁克巴"，公元 7 世纪起属吐蕃之地，9 世纪开始形成独立部落，12 世纪后藏传佛教竺巴噶举派逐渐执掌权力并实行政教合一，18 世纪后期英国入侵，不丹沦为英国的保护地，1907 年建立不丹王国。在英帝国主义强权威胁下，于 1910 年接受不平等条约，开始受英国"指导"。在嘉庆年间，布鲁克巴作为清王朝的藩属，一直受朝廷的管辖，被册封为第巴及额尔德尼，颁给其部长花翎及三品顶戴。其地方的重大事件，经西藏地方转奏皇帝，听从清王朝指示。布鲁克巴的民众为布鲁克巴族，是藏族的一个分支，虽然其语言为藏族方言，且习俗与藏族相同，多信喇嘛教，但毕竟是藩属民族，其与藏族帕克哩营官的冲突，也不同于藏族内部的冲突。

此案件涉及藩属布鲁克巴与西藏，乃至清王朝的关系，且案件中不仅涉及不服从清廷管理的情况，而且有殴打官吏的情况，影响十分重大，自然不能交由西藏地方噶厦处理，而应由驻藏大臣亲自审办。时任驻藏大臣阳春，在接受禀报之后，即认为此案中偷税是小，抗官为大，随即立案，并缉拿殴打帕克哩营官之策忍敦住及郭结、卜琼等人，进而对案件展开审理。

阳春，原名阳春保（嘉庆六年更改），字俭斋，库雅拉氏，为满洲正白旗人，初由闲散袭佐领。乾隆六十年（1795），累升至阿克苏办事大臣。嘉庆六年（1801），以之前在阿克苏乌什办理各案镣辖不清而被议处，此后酌定章程，具奏议行。十年（1805），调福州将军。十一年（1806）任广州将军，以英吉利船入澳门未奏案革职。十三年（1808），赏三等侍卫，为和阗办事大臣。十四年（1809）六月，赏二等侍卫，命往藏办事，十一

① 张荣铮等点校《钦定理藩部则例》，天津古籍出版社，1998，第 310 页。

月抵藏，换隆福为驻藏帮办大臣，嘉庆十六年（1811）二月至十七年（1812）三月，任驻藏办事大臣。此案乃阳春任驻藏办事大臣的嘉庆十七年（1812）受理的案件，与之共同办理者为驻藏帮办大臣庆惠。庆惠，蒙古正白旗人。嘉庆十六年（1811）二月至十七年（1812）三月，任驻藏帮办大臣。

经过审讯，获得了犯罪嫌疑人的口供，驻藏大臣阳春据此定案，认定策忍敦住、郭结、卜琼等有罪，将其问拟斩枭、斩决。从此案审理过程和结果来看，驻藏大臣阳春所依据的法律应当是《大清律例·刑律·斗殴·殴制史及本管长官》条的规定。现有的史料，对策忍敦住等案犯实施犯罪的具体行为没有描述，帕克哩营官的受伤轻重程度也没有详细记载，但从阳春对罪犯的问拟来看，营官应当受伤不轻。问拟斩刑，也流露出当时驻藏大臣对打击侵犯朝廷官员的犯罪行为的坚决态度。这种严惩的精神值得肯定，但法律适用仍应按照《大清律例》的原则进行，而结合律例的内容，就不难发现，驻藏大臣阳春对此案的判决存在一些问题。因为按照《大清律例》的规定，不管帕克哩正副营官的受伤情况如何，只要不是殴伤致死，一般不会对实施侵害的罪犯处以斩刑，就算是因殴打使受害人废疾，最高的也只是适用绞刑。单从案件审判的这一阶段来看，驻藏大臣阳春及庆惠在司法审理中，定罪过程的法律适用是较为准确的，但量刑过程中却存在不依法拟罪的问题。这一问题最初并未引起刑部官员及嘉庆帝的注意，因此经阳春等所拟罪行具奏以后，刑部具题，嘉庆帝同意所拟，特降谕旨，发回西藏，按理就应该依拟执行。

谕旨发出后，却发生新的情况，使此案不得不重新审理。谕旨还没有到达西藏之前，嘉庆帝又接到驻藏大臣阳春的奏报，请求将该头人等免于治罪。原因是"布鲁克巴部长来禀，称营官先持刀向戮，该番民始行抵格"①。布鲁克巴部长享有清王朝额尔德尼封号，并受封第巴，赐有三品顶戴花翎，其统治辖境广阔，人口众多，在清朝历史中，多次制造令清王朝及驻藏大臣颇为棘手的事端，因此处理布鲁克巴头人等参与的案件时，驻藏大臣们都十分慎重。

---

① （清）官修《清高宗仁宗实录》卷255，嘉庆十七年三月庚寅条，中华书局影印本，1986。

由于驻藏大臣阳春在审判口供中，并未获得"营官先持刀向戮"的情节，因此布鲁克巴部长的言辞很有可能为凭空捏造。但从阳春奏闻来看，布鲁克巴部长的陈述，使之不得不重新考虑，之所以上奏嘉庆帝，请求更改此前所拟之罪，恐怕是担心布鲁克巴报复。嘉庆帝接到奏报后，似乎并未考虑驻藏大臣对布鲁克巴的畏惧，而是结合先前的奏折，对驻藏大臣阳春的审案原则提出了质疑，认为"阳春等初次奏折，并未将营官持刀一节声叙，似有意偏袒营官，办理不公"，随又特降谕旨，由五百里发去，以撤回最先的圣谕，并对阳春予以斥革，要求其对"策忍敦住等三人暂缓办理"。

对于阳春办案中的过失，嘉庆帝有着自己的推断。首先，他召见前任驻藏大臣松筠，了解布鲁克巴历年与驻藏营官发生的冲突及处理情况。"据松筠奏：向来布鲁克巴进藏货物，例不上税，节经禁革有案。并称营官等均系唐古忒充当，向来外夷人等，与边地营官及唐古忒等，斗殴致毙，均依各部落土俗治罪，并准收赎罚付死者之家。"据此奏报，嘉庆帝认为，既然向来对布鲁克巴进藏货物例不上税，阳春奏称此案因漏税而起，并加以漏税之责便不能成立。其次，此案应是"营官等勒索肇衅"。而"阳春等不将营官滋事之处，据实查办，以服夷情，转称该头人抗税起衅。且彼时既据跟役干扎喜有营官先用刀向戮之供，折内全不叙及。其檄谕该部长文内，亦不叙明，以致该部长具禀申辩"，其所作所为实属有意偏袒营官。再次，"营官被殴之伤，亦未验明轻重"。在上面的分析中曾经谈到，营官被殴轻重程度，是适用《大清律例》量刑的重要依据。而此案中，阳春并未验明即定案，使司法裁断的依据不甚明确，有枉法裁判的嫌疑。最后，嘉庆帝还认为，"现案内紧要情节，伊等均一味含糊，不加详讯，显系偏听枉断，案情多不确实"，而且"至外夷与唐古忒斗殴之案，既有旧例可循"，阳春等不行查明，辄将策忍敦住等三人问拟重辟，显然是"欺隐舛谬，糊涂不堪，厥咎甚重"。对于阳春等参与此案审理的驻藏官员，均"著交部严加议处"，最终"均照溺职例革职"①。嘉庆帝的此番见解，不仅指出了阳春等人审理案件的失误，而且表明了自己对此案审理的态度，即应当依据《番例》进行审理，而不应草率适用《大清律例》，

---

① 以上引文见（清）官修《清高宗仁宗实录》卷255，嘉庆十七年三月庚寅条，中华书局影印本，1986。

论以重罪。既然阳春有负圣意，不能尽职尽责，嘉庆帝便一纸谕令将其斥革，转而委任瑚图礼为新任驻藏大臣，换回阳春，对此案"再行详查起衅根由"。

瑚图礼，字和庵，完颜氏，为满洲正白旗人。初由举人于乾隆四十六年考授国子监助教。五十二年成进士，改庶吉士。后来，曾做过盛京兵部侍郎、刑部侍郎、湖广总督，刑部尚书、吏部尚书。嘉庆十六年，由阿克苏办事大臣改任驻藏办事大臣，于十七年三月十八日抵藏，接阳春革职之缺。此人后来又官至蒙古正白旗副都统、理藩院右侍郎、礼部左侍郎、满洲镶黄旗副都统等要职，足见朝廷对其个人能力的认可。而此时派瑚图礼审理此案，也应当主要是考虑到其做过刑部侍郎和尚书的背景。

新任驻藏大臣瑚图礼不想重蹈阳春覆辙，故遵旨对整个案件进行了彻查。针对过商征税事宜，瑚图礼查明，此税收为"乾隆五十七年曾经奏明有案，以后并未禁革，其帕克哩仍系循例征收"，据此，帕克哩营官征税乃职务行为，"并非额外勒索"。对于布鲁克巴民众的"营官持刀先戮"说法，经瑚图礼对郭结等部落头人再次问讯，得知其实系布鲁克巴民人干札喜打伤营官，为摆脱罪责的谎言诬赖。后因干扎喜病故，阳春才未审理得实。驻藏大臣瑚图礼讯问"同时在场之策忍敦住等，及头人百姓"，他们"均供营官当日，并未持刀在手"。据此，瑚图礼认为此案的起事根由，并非营官肇衅，故"从前阳春等原审案情，尚非虚捏"，只是在法律适用时，认为阳春不该"比照殴钦差侍卫之例，将策忍敦住等问拟斩枭斩决"，而应依照《番例》处断。据此，瑚图礼改议，将"策忍敦住、郭结、卜琼三犯，仍解回布鲁克巴部落，令该部长分别责惩，择其境内极边苦地发遣"。显然，驻藏大臣瑚图礼在法律适用时，是依据《番例》进行裁断的。从上文嘉庆帝对此案审理的谕旨看，这种法律适用方式，也符合谕旨中要求依据《番例》裁决的精神，但没想到，在瑚图礼上奏圣裁时，同样受到了嘉庆帝的指责。

此时，嘉庆帝又考虑到依据《番例》裁断的弊端，认为"该犯等殴打营官，情殊凶横，今营官俱以办理不善褫革，若仍将该犯等解回本部落，其责惩发遣与否，内地无从得知，未免外番无所儆畏"。因此，嘉庆帝谕令瑚图礼，要求其按照《大清律例》的规定，将三犯俱发往云贵极边烟瘴地方充军。并"将办理此案缘由，明白檄谕该部落"，要该部落明白"大皇帝如天好生之德"，"嗣后约束所部番人，如因事进藏，务遵守旧规"，否则，"若该头人等逞强滋事，亦必严行惩办，不能宽贷"，并且希望"该夷人等怀德畏威，益矢恭顺"①。驻藏大臣瑚图礼遂谨遵谕旨，将殴伤营官之策忍敦住、郭结、卜琼等人发遣，但在具体执行过程中又出现了失误。

驻藏大臣瑚图礼"奉旨改为发遣之布鲁克巴夷人，策忍敦住一犯"，因患病并未监禁，而是"发交噶布伦及布鲁克巴头人管束"，待执行判决之时，"该犯逃走未获"。瑚图礼遂将此情况上奏嘉庆帝，称"拿获时再行发遣"。不料此事再次令嘉庆帝动怒，谕令将失察之瑚图礼、丰绅②及江孜守备岳廷椿等分别交部议处，对失察之噶布伦等交理藩院议处。同时，对瑚图礼奏报之中提到的处理番案也大为不满。嘉庆帝认为，"向来内地免死发遣之犯，一经潜逃拿获后，无不立予正法"，"瑚图礼曾任刑部堂官，岂不谙悉定例。今策忍敦住胆敢乘间远扬"，故此案中"瑚图礼等折内，尚称拿获时再行发遣，实属轻纵"。饬责其处理此关抚驭外夷之案时的软弱，谕令"瑚图礼、祥保③均著传旨严行申饬。策忍敦住一犯，一俟拿获到案，著即行正法，以示惩儆"④。此时对策忍敦住的处理依据回到了《大清律例》的规定，而皇帝的谕令则又排除了《番例》的适用效力，瑚图礼等本有失察之咎，又不能明察上意，自然要受到相应的处罚。

从此案的办理过程来看，原任驻藏大臣阳春在司法适用时，依据《大清律例》拟罪，定罪虽然准确，但量刑有些过重，但关乎王朝的威严，所以在最初的奏报核拟时得到了刑部和嘉庆帝的认可。由于驻藏办事大臣阳春随后迫于布鲁克巴部长的压力，在该部长的辩解下，又更改了原来的判决，不仅使王朝法律的威严丧失，反而引起了嘉庆帝对此案裁断的怀疑。在偏听前任驻藏大臣松筠对藏区历史背景的介绍之后，嘉庆帝并未结合案情实际，即倾向于按照惯例，用《番例》来定罪，意在安抚布鲁克巴部。

---

① （清）官修《清高宗仁宗实录》卷259，嘉庆十七年秋七月丙戌条，中华书局影印本，1986。

② 丰绅，字瑞庵，佟佳氏，为满洲镶黄旗人，嘉庆十七年（1812）三月至十七年四月任驻藏帮办大臣，嘉庆十七年五月抵藏，七月奉旨回任，在藏仅住四十余日。

③ 祥保，钮钴禄氏，嘉庆十七年（1812）四月至十九年二月任驻藏帮办大臣，嘉庆十七年七月抵藏，十九年七月换回。

④ 以上引文见（清）官修《清高宗仁宗实录》卷262，嘉庆十七年冬十月乙丑条，中华书局影印本，1986。

新任驻藏大臣瑚图礼遂秉承上意，充分理解嘉庆帝谕旨精神，按照《番例》拟罪，将案犯"仍解回布鲁克巴部落，令该部长分别责惩，择其境内极边苦地发遣"①。嘉庆帝对这种处理方式仍不满意，认为其不仅不利于判决执行，而且不能使布鲁克巴部落感激皇恩，因此又依据《大清律例》裁决，将一干人犯发遣。嘉庆帝要求瑚图礼对布鲁克巴部落宣谕皇恩，欲用皇帝的宽免，博得该部落的感恩戴德。从此案的处理看，其定罪、量刑过程实质上均是对《大清律例》"殴钦差侍卫"条例的适用。该案本可以在前任驻藏大臣阳春审拟完毕并上奏时，由刑部或嘉庆帝对量刑部分批驳，或适当更改即可完案，这样既可使案件符合王朝法律的精神，又能够维护王朝立法的尊严。而实际情况则是在适用法律过程中，在适用《大清律例》还是《番例》的问题上往来反复，特别是嘉庆帝在这一问题上"既要宣示皇恩，又要严厉惩处"的矛盾心理，显得王朝在处理涉藏刑事案件时犹豫不决，使王朝法律的威严尽失，也使得直接负责处理此案的驻藏大臣无所适从，只好随时揣测圣意，按照其旨意小心行事。

在涉藏刑事案件的处理中，法律依据的选择标准和原则有时并不明确，地方官员自行选择的法律，有时并不会得到皇帝的肯定，这便增加了因行政乃至刑事责任而丢官的风险，因此大多数地方官在处理涉藏刑事案件时，将法律的选择权更多地交给"圣明天子"。这样必然会导致案件处理的模棱两可，软弱无力，而且拖沓迟延，总是期待着皇帝的最终裁断。偌大的一个藏区，裁判案件时，没有固定的法律作为依据，过分依赖"圣明天子"的裁断，久而久之，将大大增加王朝对藏区的统治和管理失控的风险。

二 抢劫茶包

抢劫道路在《大清律例·刑律·贼盗·强盗》条规定："凡强盗已行而不得财者，皆杖一百、流三千里。但得〔事主〕财者，不分首从，皆斩。〔虽不分赃，亦坐。其造意不行又不分赃者，杖一百、流三千里。伙盗不行又不分赃者，杖一百。〕"其后条例也规定："凡响马强盗执有弓矢

---

① （清）官修《清高宗仁宗实录》卷 259，嘉庆十七年秋七月丙戌条，中华书局影印本，1986。

军器，白日邀劫道路，赃证明白者，俱不分人数多寡，曾否伤人，依律处决，于行劫处枭首示众。〔如伤人不得财、依白昼抢夺伤人，斩。〕其江洋行劫大盗，俱照此例斩枭示。"① 由于强盗行为严重危害地方稳定，破坏王朝的统治秩序，因此，无论是王朝的统一法典，还是针对边疆的专门立法，对抢劫、贼盗等行为均规定了严厉的惩罚措施。《钦定理藩部则例》对"强劫"也作出了全面的规定，"凡青海及各蒙古地方，无论蒙古、番子、民人，凡有聚众执持弓矢军器，白日邀劫道路，赃证明确，及昏夜持火执刀涂脸入室，搜掠财物，实有杀人放火各重情者，不分首从，皆斩立决，枭示"。"凡寻常盗劫之案，均照刑例。为首斩决；为从分别法无可贷、情有可原、免死发遣之例，发烟瘴地方。"②

强盗案件，在藏族与其他民族的刑事案件中，多体现为拦路抢劫，自四川至西藏的通藏大道沿线，乃此类案件多发的地区。实施抢劫的人，多为道路沿线的藏族部落，有时为了获得金钱、货物等财物，有些藏族部落甚至不惜长途跋涉前来劫夺。实施抢窃固然与藏族部落的"夹坝"习俗有关，但更多的则是因藏区与内地间的封闭而造成的藏区物资的匮乏。不管出于哪种原因，只要是实施针对内地民人，或者危害王朝进藏大道稳定的抢劫行为，王朝都会不遗余力地予以打击。以下是发生在乾隆年间，三艾地区藏族在通藏大道上抢劫达赖喇嘛茶包，并杀伤随从的案件。

乾隆四十四年（1779）十一月，三艾民抢劫达赖喇嘛茶包及牛马，并杀死跟随护送茶包之夷人两名，带伤数名，掳去数名。受伤之夷人向通藏大道驻扎的营汛官员禀报，当时驻扎当地的游击讷奇善和江卡汛守备郑元文，认为此案非同小可，遂立即将案情向时任成都将军的特成额汇报。因此案涉及抢劫西藏宗教领袖，又有杀伤人命的严重情节，所抢茶包亦非寻常，是"大皇帝随旨赏给货主达赖喇嘛的"御赐之物③，特成额不敢懈怠，当即飞饬熟悉番情的泰宁营游击袁国璜，带兵赶赴江卡，会同西藏所派各员，相机妥为查办，并要求力将首伙各犯全数拿获，从重办理，勿使一名

① 以上引文见田涛、郑秦点校《大清律例》，《刑律·贼盗上·刑律》，法律出版社，1998，第 377~378 页。
② 以上引文见张荣铮等点校《钦定理藩部则例》，天津古籍出版社，1998，第 311 页。
③ 丹津班珠尔：《多仁班智达传——噶锡世家纪实》，汤池安译，郑堆校，中国藏学出版社，1995，汤池安前偈文。

漏网，还上奏"三艾人劫抢达赖喇嘛茶包派员驰赴江卡会同藏员查办折"①，及时将案情和处置情况奏报，并报经驻藏钦差，檄派藏属噶布伦公班第达领兵三百，察台游击焦文炎带领绿营兵一百名，同赴江卡。由于此案发生时，第二次大小金川之战刚刚结束不久，四川藏区的地方秩序处于恢复重建的阶段。再次发生如此严重的刑事案件，自然是清王朝统治者所不能容忍的。乾隆帝在览奏后，指示军机大臣将特成额的这一奏折交四川总督文绶阅看，并特别明确要求特成额对此案妥协办理。

特成额，钮祜禄氏，满洲镶黄旗人，是策楞之子、尹德之孙。初发西安披甲，后迁三等侍卫，因征讨大金川酋索诺木有功，授贵州威宁镇总兵。乾隆四十二年（1777），乾隆帝以勋旧世家有世为领侍卫内大臣者，因以丰升额遗缺授特成额。三迁授礼部尚书，为成都将军，三摄总督，寻除湖广总督，后因湖广失察属吏侵帑、案牍壅积，屡被谴责，及荆州堤决，复逮下狱论绞，久之赦免，授头等侍卫、乌鲁木齐办事大臣。此案发生时，特成额时任成都将军。这一职位为乾隆四十一年（1776）平定大小金川战役之后所特设，且乾隆帝谕旨中赋予其较为重大的权力。"自应令成都将军兼辖文武，除内地州县营汛，不涉番情者，将军无庸干与外，其管理番地之文武各员只听将军统辖。凡番地大小事务，俱一禀将军，一禀总督，酌商妥办。所有该处文武各员升迁调补及应参、应讯并大计举劾各事宜，皆以将军为政，会同总督题参，庶属员有所顾忌，不敢妄行，而番地机宜，亦归画一。"因成都将军具有管辖藏族地区大小事务的职权，此案又属于藏族抢掠内地其他民族的案件，因此乾隆帝指令特成额处理此案是较为合适的。为监督特成额办理案件，防止"将军或因事权专重，擅作威福，扰及地方，干与民事"②，又谕令将此奏折交由四川总督文绶阅看知悉。由此可见，乾隆帝对于此案的关注和委派官员处理此案的谨慎。

奏折中所称的"三艾贼番"是指清代的三岩藏族。其中三艾又有"萨安""三暗巴""三昂""三岩""三芆"等写法。《三岩投诚记》中说："三岩野番居德格之南，江卡之北，贡觉、乍丫之东，巴塘之西，跨金沙

---

① 《特成额等奏三艾人劫抢达赖喇嘛茶包派员驰赴江卡会同藏员查办折》，载中国第一历史档案馆藏《宫中朱批奏折》，乾隆四十四年十一月十四日。

② 以上引文见（清）官修《清高宗实录》卷1004，乾隆四十一年三月辛巳条，中华书局影印本，1986。

江之上，有上岩、中岩、下岩之分。"① 历史上三岩地区由北向南分为三个区域：以贡觉县罗麦为中心的上三岩，贡觉县雄松为中心的中三岩，芒康县戈波为中心的下三岩。上、中、下三岩地区，包括今天金沙江西岸的贡觉县雄松、罗麦、木协、敏都、沙东、克白乡，芒康县戈波、尼增、竹巴龙、宗西等十乡，以及金沙江东岸白玉县和巴塘县的部分地区。② 以现代行政区划的角度来看，三岩的中心地区东濒金沙江，与四川甘孜藏族自治州的白玉县和巴塘县相望，西、南、北面分别与西藏昌都地区之贡觉县、芒康县、江达县毗邻。此处地域广阔，气候寒冷，"境壤延袤，南北五百余里，东西三百余里"，四周多高山、悬崖，交通闭塞。这种土地和气候因素，使清王朝很难将其纳入与内地一致的行政体制予以管辖。由于地瘠民贫，虽为农区，但出产很少，也使清王朝感觉到该地的价值并不高，因此并未在该地建立地方官府并派驻官员，甚至没有委任土司作为当地首领以协助治理地方，而仅仅是在其附近地理环境相对好些的地区派驻营汛，以应对突发情况，维护地方安稳。以上各种因素，加上三岩藏族民风彪悍，使得刑事案件时有发生，最常见的便是抢劫。《西藏纪游》记载道："三暗巴部落，与江卡、察木多相近，牛羊为业，水草为生，帏幕无定所，向不设土司，时有夹坝（夹坝，劫盗也，犹西域之称'玛哈沁'）。"③

在三岩聚居的多是历史传承下来的藏族部落，他们保留着原始的生活习惯，并且观念陈旧，虽主要从事农业生产，但仍被清王朝视为野番。在藏族部落中，发生抢劫、人命等案件时，多依据部落习惯法，在基层组织的首领主持下罚服完结。在部落刑事案件的处理中，清王朝考虑到强行贯彻内地法律，"恐愚昧野番群滋恐惧"，对安抚边疆反而不利，因而对其采取了容忍和放任的态度，即允许地方或部落内按照习惯法罚服等规定进行处理。这种处理方式仅仅在一定的时空范围对藏族部落中的人适用，如果超出这一限度，严重破坏地区社会秩序，或者损害王朝的边疆利益的，朝廷则规定严拿首从，按照内地法律处断，或者随时奏明皇帝请旨办理。

---

① 赵心愚、秦和平编《康区藏族社会历史调查资料辑要》，四川出版集团、四川民族出版社，2004。

② 泽勇：《清代三岩及其相关事件》，《西藏研究》2011 年第 5 期，第 79 页。

③ （清）周蔼联：《西藏纪游》卷 3，中国藏学出版社，2006。

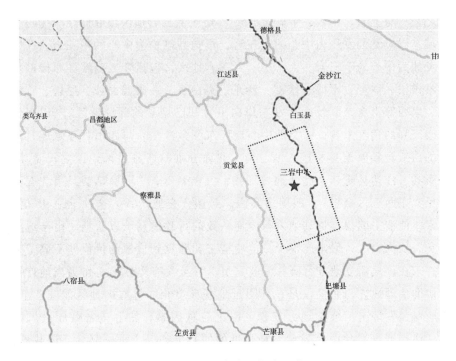

图 5 - 1 三岩地区大致区域

三艾番族在抢劫达赖喇嘛茶包后，并没觉察到事态的严重，甚至直到特成额抵达江卡，亲自督办案件缉拿凶犯时，抢劫的首犯仍认为可以用加倍偿还所抢财物，以及金钱赔偿的方式了结此案。先是首犯安错派属从壬青到江卡营汛处传递消息，表示愿意与官员谈判，同意在藏族部落与内地的边界处交付其余赃物和贼犯。成都将军特成额认为实施抢掠的藏族部落民众执迷不悟，遂指派"素通番语的参将张芝元前往"，先行稳住对方，又密令其"潜图诱擒"，择机擒拿首从各犯。

参将张芝元到达藏族部落后，首犯安错向其道明案件发生原委。安错等各犯并非有意侵害达赖喇嘛的财产和随从，而是由于江卡营官暴戾，时常抢劫藏族部落，安错等藏民不堪忍受，遂起意抢劫江卡营官，以报仇泄愤。在行为实施时，却误抢了达赖喇嘛的茶包，伤害了随从的夷人多名。藏民深知自己理亏，遂向张芝元提出，愿意加倍赔还所抢财产，对死伤之人多赔命价，并捉拿曾放夹坝的贼番将功抵罪，出具再不敢抢劫的甘结。案件的发展出现了这些变化，参将张芝元不敢擅自做主，遂将谈判详情回禀，请成都将军特成额裁夺。

特成额接到禀报后，认为就算确如参将张芝元所禀，安错等所说的在道义上有可以原谅的成分，但从王朝立法的角度来看，任何严重侵犯内地民人和秩序的行为都是不被允许的。就算此案中被抢劫的是江卡营官，同样也应当对实施抢劫的不法藏族民众予以严惩。此案中的安错等藏族民众确实实施了抢劫，抢劫的均属达赖喇嘛之财产，还包括乾隆皇帝所钦赐的茶包等物品，更是有藐视王朝、公然对抗的嫌疑。更为严重的是，不法藏族的抢劫活动频频发生，不仅给内地通藏大道上的商旅、货商、官兵等人身财产安全带来极大伤害，而且破坏朝廷与西藏地方的联络，给朝廷对西藏地方的统治和管理造成极大的威胁。此案发生在平定大小金川后不久，社会秩序均在重建之中，如放纵首从各犯，可能造成地方的动荡，不利于王朝统治的巩固。特成额认定此案不可姑息迁就，必须严肃处理。但考虑到安错等奸猾异常，恐其用计拖延，意图逃走，遂一面“遍谕各番即安错等，如早自行投命，当即酌量施恩，分别办理”①，一面部署官兵赴贼境搜捕，并于初四日自江卡驰赴逼近贼巢之春朋、藏海一带驻营，督率各路镇将，密于数日内四面齐临贼境，相机妥速剿捕。

对于此案的处理，言语和行动均表明成都将军特成额拒绝和解，严惩首从的态度。而藏族人藏官班第达，在三艾藏民提出的倍赔赃物条件面前却发生了动摇。班第达深谙藏族赎罪规矩，认为在安错重金赔偿的承诺下，应当依据藏族部落习惯法，准许安错之请，“预照所恳完事”，只有这样才是符合藏族刑事案件处理原则的做法。为了稳妥处置，地方大员遂上奏皇帝，请旨定夺。乾隆帝接到奏报，立即否决了藏官班第达的处理方案，斥责班第达行为殊属非是，认为反贼胆敢在通藏大道附近劫夺人马，社会危害性巨大，必须捉拿安错等首伙，尽行歼戮，以清道路，才能确保嗣后全然不生事端。况且朝廷派兵许多，动用许多钱粮，如此了局，更是不成事体。班第达受到圣训，神栗汗流，后悔从前所为，请求带兵跟随着办理剿擒事宜。

乾隆帝对班第达的申饬，清楚地表明了清王朝处理此案的态度，即绝不仅仅是为了平息事件以求该地的暂时稳定，而是将目光更多地聚焦在案

---

① 以上引文见《特成额奏抢劫达赖喇嘛茶包案现在筹办情形折》，载中国第一历史档案馆藏《宫中朱批奏折》，乾隆四十五年四月初四日。

件处理的社会效果上，以围剿和惩处少数番贼来震慑地方，"务使此案丑类靡有孑遗，通藏一带众番望风慑息，永消在途攫夺之虞"①，力保今后江卡一路清宁。此案后据特成额奏报，皇帝之"几先指示，烛照靡遗，遂尔克期藏事"②。安错等首伙旋即被官兵擒获，并交官府审明办理，最终将其全部枭首，并悬挂于江卡一带。此案的发生，暴露出清王朝对三艾地区管理的薄弱，也提醒清王朝注意加强通藏大道的安全防卫，其政治意义远远大于法律意义，故在处理完案件之后，善后事宜必须及时做好。

作为成都将军，又亲历案件的处理，特成额当然应该率先对善后工作进行酌筹。乾隆四十五年（1780）六月，特成额上奏皇帝，就目击情形悉心擘画，将应办事项逐一胪陈。其善后事宜主要包括五个方面：（1）江卡驻防汉兵应该由察木多驻兵内抽拨添加，因为江卡驻兵仅四十九名，而所辖地区均为贼匪出没地区，察木多（昌都）现有驻兵三百三十一名，且从无抢劫之事，故抽调兵员补充江卡实属可行，且不会顾此失彼。（2）江卡既添兵百名所需住房，宜相度地势即为铸造。（3）江卡汉番驻防员弁土目，宜更换熟手以资经理，千总胡世杰，久在口外，熟练番情，应该奏请升补参守备，以之驻防江卡，新派来江更替之守备哈德功，年历虽甚精壮，其于要地番情未能骤期谙习，自应撤归该备本营。对于前曾抢劫安错的营官东纳，遽予革退，拟以旧营官郎卡多尔结充江卡营官。（4）上、中、下三暗巴（三艾）地方辽阔，宜分别酌归管束，色拉、节齿、下鲁达喜等处，交德尔格土司管束；郎改、宗巴、东达则达等处，交巴塘土司管束；罕错喇嘛所属并索古笼一带，交官角营官管束；支巴、肯本、郭木三处，仍由江卡营官管束；其原则是就近管束，而且各有所钤制，庶不致滋蔓堪虞。（5）剩余的军粮，应该拨归旧台所用。③

从提出的具体措施来看，主要是两大举措：一是加强驻守之兵，并顺带对驻防、军饷、军官任命等制度进行全面完善；二是加强对三艾地方的

---

① 以上引文见《特成额遵旨复奏教导班智达并急速妥办三艾夹坝案折》，载中国第一历史档案馆藏《宫中朱批奏折》，乾隆四十五年四月二十一日。

② 《特成额等奏酌筹肃清通藏道路事宜折》，载中国第一历史档案馆藏《宫中朱批奏折》，乾隆四十五年六月初四日。

③ 以上引文见《特成额等奏酌筹肃清通藏道路事宜折》，载中国第一历史档案馆藏《宫中朱批奏折》，乾隆四十五年六月初四日。

管理，按就近管理的原则，暂时将上三艾、中三艾、下三艾分别由附近之德尔格忒土司、巴塘土司和营官管理。特成额将此折奏报之后，皇帝朱批"军机大臣速议具奏"。军机大臣们对特成额奏折所提到的措施进行会议，认为以上五条举措基本可行，但考虑到乾隆帝提出："三暗巴贼番经官兵捕缴完结，自应如金川等处安设流官之例，移驻绿营官兵稽查弹压，并令德尔格忒土司酌派大头人协同管束，其三暗巴番人，只许留小头人零星分管地方，勿得仍留大头人在彼，复致滋事，方为一劳永逸之计。"① 因此将三艾地方一分为三，原来由大土司直接管辖的地方由营官与土司共同管理；藏民分散部落让他们自行管理，大土司不得染指；已经被官府控制的地区，由营官直接管理。其基本原则就是削夺大土司权力，采取分而治之的政策，逐渐由官府掌控该地方。

这一措施实施后，三艾地区的抢劫活动明显减少，川藏要道基本畅通。从历史的角度看，此案的处理，不但使清王朝实现了三艾地方的有效管理，而且在部分削夺大土司权力的同时采取分而治之，使官府的管理逐渐渗透，在形成土、流共管的情况下，不断加强流官的权力，进而将原来失控的地区纳入王朝管理体制之中，也就具有里程碑的意义了。虽然在清同治、光绪年间三艾地区也曾经多次出现番民抢劫事件②，但由于清王朝对该地区的统治不断深入，不但很快将事态平息，而且再也没有形成藏民有组织的大规模抢劫，即便是在清末动荡的年代，也没有出现动乱，这种管理体制耐人寻味。

三　白哈罗教案

清王朝为促进藏区社会的稳定，维持朝廷的政治统治，对藏区民众广泛信奉的藏传佛教（喇嘛教），一直推行推崇和控制并行的策略。一方面，利用喇嘛教在藏区的政治、经济、文化方面的巨大影响力，从精神层面安抚藏族和藏区社会。另一方面，为防止喇嘛教势力膨胀而失控，进而影响清王朝对藏区的管理，在保护和支持的同时，采取了一系列限制措施，以

---

① 《特成额等遵旨办理三艾等处善后情形折》，载中国第一历史档案馆藏《宫中朱批奏折》，乾隆四十五年七月初八日。

② 参见泽勇《清代三岩及其相关事件》，《西藏研究》2011 年第 5 期，第 81～83 页。

加强对喇嘛教的管控。清王朝在扶植喇嘛教的过程中，将黄教格鲁派视为正统，不仅排斥藏族社会本土的苯教，而且将包括红教在内的喇嘛教其他派系视为异教，非但不予扶植，反而严厉打压。乾隆帝曾说："至尔崇尚佛法，信奉喇嘛，原属番人旧俗。但果秉承黄教，诵习经典，皈依西藏达赖喇嘛、班禅喇嘛，修持行善，为众生祈福，自无不可。若奔布喇嘛，传习咒语，暗地诅人，本属邪术，为上天所不容。"① 这一言语表明了清统治者对于黄教和其他宗教的不同态度。由于清王朝的大力扶持，黄教格鲁派逐渐发展，信众不断增多，势力也日渐增大。因此，在藏区宗教信仰方面，虽然黄教与其他宗教及派别长期共存，但其始终是处于主要地位的宗教。

黄教格鲁派在藏区发展的过程中，其他宗教也会想方设法把握相应时机，对藏区民众的宗教信仰施加特定的影响。例如，红教虽然受到了冷落和排斥，但其在藏区中的影响一直还在，甚至在某些区域形成了较大的宗教势力。除了域内其他宗教之外，域外宗教也会因朝廷对其政策的不同，而对藏区及广大藏族民众的信仰造成影响，其中，以天主教在中国的发展最为典型。

明清之际，中西交往相对频繁，西方传教士遂络绎东来，其中以天主教耶稣会士为最多。起初，他们不求利禄、专意行教的态度，博取了官方的同情与合作，于是在顺治、康熙年间，天主教的传教事业异常兴旺。但自康熙四十六年（1707）开始的"礼仪之争"起，清王朝的态度便由"容留"转为"禁止"，进而天主教在中国的黄金时代也宣告结束。雍正帝即位后，沿袭康熙时期的典章制度，并顾及廷臣和边疆大臣的意见，对天主教的"禁止"态度并未改变。乾隆年间，皇帝虽无意根绝西洋"异端"，但因督抚及廷臣多主张严办，且地方司法实践中多将其视为邪教，因此对传播天主教的传教士和信众均严厉惩处。乾隆帝遂遵照祖制，严厉禁止天主教在内地的活动。嘉庆初年，朝廷及直省查禁天主教的政策，亦丝毫没有放松。嘉庆皇帝更是指斥天主教为邪教："嗣后旗民人等务当恪守本期清语骑射，读圣贤书，遵守经常。释道二氏尚不可信，况西洋教耶！亟应

---

① （清）官修《清高宗实录》卷1004，乾隆四十一年三月庚辰条，中华书局影印本，1986，该卷第16页。

湔除旧染，勿再听信邪言，执迷不悟，背本从邪，自不齿于人类。"①

从对天主教禁止的立法层面上看，则经历了一个由模糊到明确的过程。清初由于民间秘密宗教盛行，朝廷为取缔左道异端，在《大清律例·礼律·祭祀·禁止师巫邪术》条下增加条例，将师巫邪术进一步定义，并且有了"邪教"的罪名，对其加重了处罚。由于其适用主体及行为并不具体，很难用于禁止天主教的传播，因此在康熙、雍正、乾隆年间对天主教的取缔，多奉谕旨办理，而并无专门的条例规定。嘉庆年间，为了彻底查办天主教案件，朝廷则专门制定了条例，写入《大清律例》之中，为直省审拟天主教案件提供了明确的法理依据。嘉庆十六年（1811），嘉庆帝批准刑部奏准定例，规定："西洋人有在内地传习天主教，私自刊刻经卷，倡立讲会，蛊惑多人，及旗民人等向西洋人转为传习，并私立名号，煽惑及众，确有实据，为首者，拟绞立决。其传习煽惑而人数不多，亦无名号者，拟绞监候。仅止听从入教，不知悛改者，改发回城给大小伯力及力能管束之回子为奴。"此条例于嘉庆十六年（1811）制定，并最终于道光十八年（1838）改订，明确规定了天主教为邪教，不得传习，否则对首从各犯予以严惩。

第二次鸦片战争后，英法联军攻占北京，清廷被迫签订《北京条约》，遂不得已实行宗教开禁。同治九年（1870），清廷在立法中删除了上述条例，并于次年重新制定新例，规定："凡奉天主教之人，其会同礼拜诵经等事，概听其便，皆免查禁。所有从前或刻或写奉禁天主教各明文，概行删除。"至此，清王朝迫不得已，将天主教免于查禁，并删除先前所有之禁止条文，实际上是通过立法赋予了其合法地位。清刑部尚书薛允升对此批评说："自定此例后，各省教堂日多，从教者日众，民教仇杀之案层见叠出，朝廷动为所挟制，天祸人国，一至此哉。"② 薛氏是针对当时教案频发，列强以此常常出兵进行干涉而有感而言。

天主教的发展，与清王朝的统治政策密切相关，也与王朝的强弱有关。当清王朝处于国力强盛的康雍乾时期时，强大的经济基础给予清统治者对于域内文化极大的自信，因而对于可能破坏传统伦理的宗教，可以毫

---

① 中国第一历史档案馆编《嘉庆朝上谕档》，嘉庆十年五月二十日，内阁奉上谕。
② 以上引文见（清）薛允升《读例存疑》卷18《祭祀》，光绪三十一年京师刊本。

不客气地说不。自嘉道年间开始，国力日渐衰弱，加之列强的入侵，在内忧外患的情况下，清王朝维系自身统治尚且困难，一方面无暇顾及宗教传播之类的事，另一方面是畏惧列强，遂改变了对天主教实行禁止的政策，使天主教迅速壮大起来。

尽管如此，天主教在藏区的传播仍十分有限。在长期的历史发展过程中，藏传佛教早就深深地融入藏族社会的传统和文化之中，因此当天主教这一外来宗教试图影响藏区及民众时，便受到来自传统力量的抵制。这种力量有的表现为宗教寺院、僧侣对外来传教士的排挤，但更多地表现为黄教信众有组织，或者自发地反对外来宗教的活动。随着清王朝统治力量的减弱，其既不能有效地控制对方，又不能阻止列强的不断进逼，在这种情况下，天主教在藏区的传播也难以阻挡。官方对民意的辜负及对列强的谄媚，不但给天主教传播提供方便，而且压制了民众，使天主教传播向藏区渗透。在这种情况下，广大藏传佛教信众针对天主教传播的抵制活动，将有可能夹带着对官方某些政策，或某些人员的不满。如果朝廷不能及时体恤民情，倾听民众呼求，这种不满便日渐加剧，最终酿成以反对天主教强迫为由，兼具反抗官府行为的暴力对抗活动。光绪末年，云南藏区发生的白哈罗教案便是这种类型。

白哈罗教案，亦称"贡山白哈罗事件"。白哈罗是一个村寨的名字，在今贡山独龙族怒族自治县北部。此案因法国传教士任安收在贡山强制推广天主教，并且挑唆民族关系，制造民族分裂而起，是清末滇西北的藏、傈僳、独龙等族人民发起的一场反抗天主教、反对民族分裂的斗争。

光绪十一年（1885），法国传教士任安收先后在云南德钦县和西藏察瓦龙等地传教。因德钦县靠近西藏，且地处云南迪庆藏族自治州，察瓦龙土司和民众均信奉藏传佛教，故藏传佛教在德钦等地的影响深远。广大佛教信众自然不会允许来自异国的天主教在当地传播，任安收在德钦、察瓦龙无法立足，于光绪十四年（1888）来到贡山县丙中洛村，但被当地民众驱逐出境。光绪二十一年（1895），任安收再次来到贡山，在白哈罗村用不正当手段，收买了伙头和甲头①，为了争夺势力，任安收等禁止怒、藏等民族群众信奉喇嘛教，并强占土地征派民夫，修建天主教堂。传教士一

---

① 相当于现在的村支部书记和副村支部书记。

方面利用小恩小惠，利诱藏、怒等族人民加入天主教，一方面不断挑唆和分裂各民族之间的关系。这种离间的活动，激起怒、藏等族人民的愤怒，而其对喇嘛教的排挤也激起了喇嘛寺的不满和反对。光绪二十六年（1900），《辛丑条约》在南京签订，规定了外国传教士的传教权，以及清王朝保护传教士的义务。任安收借助该条约的规定，对清廷提出了派兵保护的要求。卖国求荣的清廷遂于光绪二十八年（1902），向贡山派出一哨官兵，专任保护洋人传教。依仗清王朝给予的特权和保护，任安收等传教士变本加厉，不断新建教堂，有时为取得修建教堂的土地，甚至强迫当地民众搬离故土。这些举动引发了藏、傈僳、独龙等民族民众的愤怒，双方的冲突更是接连不断。

由于清军在维西厅阿墩子地区错杀维西土千户禾文耀，直接引发了后来的白哈罗教案。19世纪后期，随着天主教势力向滇西北的渗透，沿着澜沧江，紧邻德钦北部，信仰藏传佛教的四川巴塘盐井地区，不满新势力侵入的寺院和民众，先后于光绪六年（1880）和光绪三十一年（1905），两次发起驱逐西方传教士的运动，史称"巴塘教案"。这两次教案的影响也波及邻境的云南维西厅阿墩子地方。光绪三十一年（1905），云贵总督丁振铎奏称"巴匪滋事，煽动滇边"①。光绪帝接到巴塘和德钦变乱的奏报后，对巴塘地区"现派道员赵尔丰，会同提督马维骐，相机剿办"。谕令云贵总督丁振铎在云南维西厅阿墩子地方"当经派营驰往堵御弹压，并饬丽江府知府李盛卿，督同维西通判李祖祜，率兵进攻"②。办理伊始就强调镇压，"务歼渠魁而散胁从"，但目的是"各将教堂教士切实保护为要"。③率兵弹压的维西通判李祖祜，理解上谕有误，更"办事荒谬，贻误地方"，不仅在地方"勒索供应"，而且将反对外国传教士传教和建筑教堂的维西土千户禾文耀误杀。这使得本已恢复平静的维西厅阿墩子地方，"群情激怒，酿成重案"④。虽然清廷最终将李祖祜正法以平民愤，但是这一事件仍然成为丙中洛地方各族民众组织起来反抗外国传教士乃至对抗朝廷的导火索。

---

① （清）官修《清德宗实录》卷547，光绪三十一年秋七月庚寅条，中华书局影印本，1987。
② （清）官修《清德宗实录》卷547，光绪三十一年秋七月庚寅条，中华书局影印本，1987。
③ （清）官修《清德宗实录》卷547，光绪三十一年秋七月甲戌条，中华书局影印本，1987。
④ （清）官修《清德宗实录》卷551，光绪三十一年十一月丙戌条，中华书局影印本，1987。

图 5－2　清代丽江府辖境

　　丙中洛等地各族民众，看到获得清廷的支持无望，遂自发组织起来，阻止法国传教士对当地民族关系的破坏。由于传教士对天主教的传播，破坏了当地原有的信奉喇嘛教的传统，喇嘛寺院与天主教堂一直势不两立。当民众自发组织起来时，当地的喇嘛寺院及喇嘛、活佛等也加入其中。民众要求喇嘛寺的大管事出面，向任安收等连下三道驱逐令，命令他立即离开贡山，但任安收均置之不理。最终愤怒的群众冲进了任安收所在的白哈罗教堂，在放火烧毁时杀死了五名法国教职人员。在群情激奋的情况下，藏、怒各族民众又陆续烧毁了德钦的巴东教堂、租茨的中教堂。在混乱之时，任安收逃到维西，向维西厅告状，并提出抗议，请求赔偿三十万两白银，并以请法国政府出兵相威胁。清廷畏惧列强，在没有调查案情起因的情况下，便派出大量军队前往镇压，一方面"以高价招募悬赏英勇"①，另一方面以大炮和火枪开路，对手持弓弩刀斧的各族民众强行镇压。相持三天三夜后，丙中洛各族民众及喇嘛寺院僧众，终因火力悬殊，抵挡不住，反抗运动被镇压下去。

　　鉴于滇西北驱洋教事件频繁发生，反响巨大，屈从列强的清廷看到事态的严重性，认为仅靠以往的"劝谕"，难以平复维西厅地方藏族和其他少数民族的"仇教""抗官"情绪，遂决定设立"弹压委员"，随时予以震慑。光绪三十三年（1907），清王朝任命夏瑚为弹压委员，受维西厅节制，进驻阿墩子，兼管怒俅两江事宜，并负责处理此案的善后事宜。夏瑚来到维西后，首先将维西厅守备李学诗以"治民不力"之罪问斩，进而处理赔偿事宜。由于当时的清廷已是国事急懈，边务不整，国库空虚，故任安收提出的三十万两白银赔偿，令夏瑚十分为难。夏瑚接受了曾修建教堂的土木师傅刘荣春的建议，即用赏赐一官半职的方法，减少赔款数额。夏瑚觉得可行，遂将这一建议奏报朝廷。经朝廷议准，可以"赏官减银"，因此谕令"赏法国司铎任安收四品顶戴"②，封给任安收一个空头官衔，也使得赔款降低到十五万两白银。这些赔款，"贡山人民赔偿三千两，其余由清政府赔偿"③。案件处理的最终结果是，任安收不仅恢复了原有的天主教堂，而且扩大了占地范围，但当地持有不同信仰的各族人民的反抗，却一直延续到民国时期。

　　此案因传教士强制推行天主教而起，具体原因主要有两方面：一是传教士不考虑当地的生产和生活传统，以建设教堂、推行教义为目的，用尽手段圈定土地，给当地的藏、怒、傈僳、独龙等族民众的生活造成了严重的影响，有些民众甚至不得不离开世代居住的土地，这就招致了当地民众对外国传教士行为的厌恶和抵抗；二是天主教这一外来宗教与藏区本土得到广泛信

　　① 《独龙族简史》修订本编写组编《独龙族简史》，民族出版社，2008，第20页。
　　② （清）官修《清德宗实录》卷573，光绪三十三年五月壬子条，中华书局影印本，1987。
　　③ 《独龙族简史》修订本编写组编《独龙族简史》，民族出版社，2008，第21页。

奉的黄教之间发生冲突。此案中涉及的德钦（阿墩子）、维西、中甸等地，清代时均在康南藏区的范围之内，藏族和其地各族普遍信奉黄教。在长期的历史发展中，黄教的理念已经逐渐渗透到藏区社会的政治经济和文化风俗等各个方面，深刻地影响着聚居和杂居的民族。对于藏区的各民族来说，"天主教"无疑是一个陌生的概念。清王朝严禁天主教的政策，于同治九年（1870）才开始解禁，当时交通不便，信息闭塞，各少数民族也很难了解朝廷的政策。在不能被理解的情况下，再加上黄教传统根深蒂固，其与天主教不能并存，也是事实。彼此都不能理解，天主教就拉人入教，扩建教堂，再以强势压服，出现对立的情绪是难免的。对立情绪应该是在彼此相互纾解的情况下，才能逐渐消除的。而传教士借列强及官府之势力，凌驾于少数民族之上，已违背天主教劝人为善的教义，他们应该是主要责任人。

从案件的处理来看，维西厅所属之藏、怒、独龙等民族民众为了保卫家园，以及巩固其自身信仰的黄教，与法国传教士发生冲突，其动机本身于情于理都是正当的，应当得到清王朝和列强的理解。然而在清王朝媚外压内的施政方针下，其不会理解藏区民众的正当诉求，即便民众反映到官府，也不会得到官府的支持。列强凭借强大的实力，逼迫清王朝签订不平等条约，总以强者的身份藐视清廷，而传教士狐假虎威，凌驾于地方官府之上，岂能心平气和地对待当地民众的诉求。当地民众诉求无路，加之传教士专横跋扈，地方官府敷衍了事，当地民众与传教士之间的对立也就不可能有纾解之道。

此案中，维西、德钦等地民众与传教士的冲突都曾向地方官先行禀报过，但"维西厅守李学诗侦察不明，曲直不分"①。不但没有明确的态度，而且偏袒传教士，给民众以哭诉无门的感受，情绪激动也在情理之中，官府对此并没有关注，实际上是放任民众的情绪，最终形成大规模的群体性事件也是迟早的事。民众之事无小事，清统治者也明白这个道理，但其更崇信武力。如果地方官将双方当事人明白晓谕，耐心开导，要他们各自退让，也不会发展成暴力对抗。即使出现了暴力，矛盾已经激化，依然还有和解与平息的办法，却采取了武力镇压，这就将民众与传教士的矛盾，转变为民众与官府的矛盾。

民众与官府之间的矛盾一直存在，当矛盾激化时，民众以官逼民反为由

① 《独龙族简史》修订本编写组编《独龙族简史》，民族出版社，2008，第20页。

而进行反抗，是得民心的；官府以民众反叛为由而进行镇压，是朝章国策。其实民众与官府都不想将矛盾激化，因为这对彼此都是伤害。此次教案虽然在官府强大的军事行动下被镇压下去，但后续的安抚措施却不能说无误。

首先，对于法国传教士的赔偿，按照国际惯例是应该的，但不是要多少就给多少，总要计算损失多少，予以相应的赔偿。清廷根本没有进行调查，也不敢争论赔偿多少，以一个四品顶戴抵偿十五万两白银，觉得占了便宜，殊不知这四品顶戴代表官府，法国传教士以此慑服民众，也将矛盾转移到官府，更使民众失去对官府的信任，不断给民众以官逼民反的理由。

其次，安抚民众的方式是以维西厅守备李学诗的人头，这固然是统治者惯用的套路，但杀一人以平万人恨，只能收到一时的效果，当事情过去，人们并没有从中获益，那种被欺骗的感觉，将化为对官府的仇恨。

再次，赔款的承担，虽然主要由官府承担，但让贡山民众承担三千两，也有些欠妥。从总赔款额来看，三千两确实是小数，但其含义是让贡山民众承担责任，明白地说，此案的发生都是贡山人民的错，这让他们很难接受，民众与传教士及官府之间的冲突对立，一直持续发展到民国时期，也就不能全怪贡山众民了。

最后，此案处置的原则一开始就决定以武力征服，乃是最大的失误。清王朝在处理藏区重大刑事案件时，常常是调动军队，但立意不是在镇压，而是凭借武力慑服，以比较平和的方式进行处置，乃是恩威并重。此案件改变既定方针，应该有清王朝畏惧列强的因素，也有镇压太平军、捻军以后的恐惧。即便如此，改变恩威并重的政策，也应该是重大失误。

第二节　特别案件

割据一方、里通外国或颠覆地方政权的行为，不仅危害地方稳定，甚至威胁到王朝的统治。当藏族发起或参与这些犯罪行为，清王朝在处理时，除了审慎地将其定为反叛之外，一般是采取剿抚并举的。由于这类案件的发生，与特定历史环境，以及王朝的政策和统治方式不无关系，因此很多案件的平息，不但导致藏区的管理体制发生变化，而且促进了民族之间直接的交流，逐渐达到相互和解，从而稳定了藏区的统治。这类案件的发生有深刻的历史背景，处理方式也随着形势的变化而不断修正，其中值得总结的经验教训也很多。

一 大酋反清

清初，蒙古由漠南蒙古、漠北喀尔喀蒙古和漠西厄鲁特蒙古三大部分组成。漠西厄鲁特蒙古又分为四部，即准噶尔部、土尔扈特部、和硕特部、杜尔伯特部，其中准噶尔部势力较强。固始汗是和硕特部的首领，其部落于明末曾游牧于乌鲁木齐一带，后因与游牧于伊犁地区的准噶尔部发生冲突，除部分仍"留旧牧"外，大部分向东南方向转移。崇祯十年，(1637)，固始汗率领部众进入青海地区，击杀了统治该地的喀尔喀蒙古却图汗，"尽得青海诸地"①。崇祯十五年（1642），固始汗率部进军卫藏，攻灭藏巴汗，并与黄教（喇嘛教）领袖联合建立了西藏地方政权。此时，卫、藏、喀木、青海地方都被其控制，"青海沿边，直抵西藏，皆为其所有"②。清王朝入主中原后，固始汗时常派使者朝贡，与清王朝之间保持着密切的关系。固始汗死后，其后裔分为三支，拉藏汗控制西藏，鄂齐图汗控制河套，青海八台吉控制青海地区。后来准噶尔部噶尔丹叛乱击杀了鄂齐图汗，河套地区的和硕特部也随之溃散。康熙二十六年（1697），清王朝平定噶尔丹叛乱之后，对青海和硕特部进行了招抚。以达什巴图尔（固始汗第十子）为首的青海和硕特诸部通过举行察罕托罗海会盟，一致议定归附清王朝，于是达什巴图尔当年就偕青海"诸台吉入觐"。康熙二十七年（1698）正月，达什巴图尔获封"和硕亲王"，自此，清王朝"绥服青海全部"③，青海和硕特部正式成为清朝的藩属，一直与清王朝保持着朝贡与臣服关系。

罗卜藏丹津是达什巴图尔的儿子。康熙五十二年（1714），达什巴图尔去世后，清王朝封其为亲王，并"赐白银万两，像对太子一样对他加以

① 法尊：《西藏民族政教史》卷 5《政治之变迁》，转引自马汝珩、马大正《论罗卜藏丹津叛乱与清王朝的善后措施》，《新疆大学学报》（哲学社会科学版）1980 年第 3 期，第 69 页。
② （清）杨应琚等：《西宁府新志》卷 20《武备志》，清乾隆二十七年（1762）刊本。
③ （清）魏源撰，韩锡铎、孙文良点校《圣武记》卷 3《雍正两征厄鲁特记》，中华书局，1984。

爱护"①，使之成为青海和硕特部权势最显赫的贵族。在获得了清王朝的封赏之后，罗卜藏丹津并不满足于控制青海，而是野心勃勃，"阴觊复先人霸业，总长诸部"②，觊觎拉藏汗控制下的西藏，以求得到整个青海、西藏地区的和硕特蒙古。之后，西藏的内乱给罗卜藏丹津创造了机会。康熙四十四年（1705），拉藏汗的亲清表现引发了西藏第巴桑吉嘉措的不满，桑吉嘉措"谋毒拉藏不遂，欲以兵逐之"。后来拉藏汗在蒙古骑兵的支持下，击杀了西藏第巴桑吉嘉措，并废黜其私选的达赖六世仓央嘉措，将拉萨扎克布里寺的伊希嘉措指定为达赖六世，迎至布达拉宫坐床。拉藏汗的行动得到清廷的支持，清王朝以拉藏汗杀第巴有功，封他为"翊法恭顺汗"，令其管理藏务。拉藏汗的这些行动，事先并没有与青海和硕特诸台吉商量，引起了青海和硕特诸台吉的强烈不满和反对。此时，罗卜藏丹津联合多罗贝勒察罕丹津等，在青海另立格桑嘉措为达赖六世，企图通过达赖喇嘛来对抗拉藏汗，以控制青海和西藏。

康熙五十五年（1716），准噶尔部策妄阿拉布坦，派遣其堂弟大策凌敦多布等人，"领精兵六千，徒步绕戈壁，逾和阗南大雪山，涉险冒瘴，昼伏夜行"，经阿里进藏。并于次年（1717）十月进攻拉萨，杀死拉藏汗，"虏其妻子，搜各庙重器送伊犁"③。准噶尔的侵犯使西藏局势动荡不安，康熙五十九年（1720），康熙皇帝命定西将军噶尔弼率领大军进藏平叛，同时命罗卜藏丹津、察罕丹津等青海诸台吉，随平逆将军延信护送达赖喇嘛格桑嘉措进藏坐床。此时，罗卜藏丹津仍怀揣着平叛后能执掌西藏大权的希望，却没有想到清王朝在平叛结束后采取的改革措施，使其做西藏汗王的企图成为泡影。

驱逐准噶尔军队，平息叛乱后，为减少西藏地区蒙藏势力之间的矛盾，进一步加强中央官府对西藏的统治，清王朝遂以康济鼐等藏族官吏平定西藏有功，"封康济鼐、阿尔布巴固山贝子，隆布鼐辅国公，理前藏务；

① 参见（清）多卡夏仲·策仁旺杰《颇罗鼐传》，汤池安译，西藏人民出版社，1988，第234页。

② （清）魏源撰，韩锡铎、孙文良点校《圣武记》卷3《雍正两征厄鲁特记》，中华书局，1984。

③ 以上引文见（清）魏源撰，韩锡铎、孙文良点校《圣武记》卷5《国朝抚绥西藏记（上）》，中华书局，1984。

颇罗鼐扎萨克一等台吉，理后藏，各授噶布伦"，组成西藏地方官府。这些举措的实施，将西藏的管理权交给了藏族自己的首领，宣告了和硕特部蒙古首领对西藏统治的结束。清王朝没有将西藏交给罗卜藏丹津管理，也没有授予他更多的权势。"而且与之相反，他除了得到'加奉银二百两、缎五匹'的微薄赏赐外，清王朝却加封了原为郡王的察罕丹津为亲王，封原为贝子的额尔德尼额尔克托克托奈为郡王。可以看出，清王朝的这些措施，不仅使罗卜藏丹津在西藏没有捞到任何权势，就是在青海由于察罕丹津等人的晋升也使其权势受到钳制和削弱。"① 基于此，罗卜藏丹津感到控制西藏无望，因而又将目光投向了青海。罗卜藏丹津暗中发誓、秘密串联，决定独占青海。

清王朝对罗卜藏丹津的反叛不是没有察觉，其通过"众建而分其势"，册封了一些有实力的部族首领，并派出较为强大的军队进行弹压，加强了对青海地区的控制。罗卜藏丹津也感到了朝廷施加的压力，遂加紧了反叛的步伐。雍正元年（1723）八月，罗卜藏丹津在德庆寺住持堪布察罕诺门汗的支持下，胁迫青海各台吉于察罕托罗海会盟，自称"达赖混台吉"，俱令诸台吉"呼旧日名号，一律不许称呼王、贝勒、贝子、公封号"②，正式宣布反抗清廷。青海蒙部多被胁从，只有亲王察罕丹津、郡王额尔德尼额尔克托克托奈不从。罗卜藏丹津于是先行攻打两人的管辖之地，察罕丹津与额尔德尼额尔克托克托奈抵挡不住，分别逃往河州和甘州。十一月，罗卜藏丹津率兵直犯西宁之南川、西川、镇海堡、北川等处。据年羹尧奏折中反映："其围南川、西川、北川也，每处有城二、三千人，以势驱逐附近番子，攻城放火，烧毁民间积聚草谷，抢掠财物，其未受蹂躏者，西宁城外十余里耳。"③ 不仅如此，在罗卜藏丹津煽惑之下，西宁附近的喇嘛教寺院也多起而叛乱，"西宁数百里之内，一切有名寺院嘛喇皆被甲执械，率其佃户僧俗人等，攻城打仗，抢掳焚烧，无所不至"④。喇嘛寺院的叛

① 马汝珩、马大正：《论罗卜藏丹津叛乱与清王朝的善后措施》，《新疆大学学报》（哲学社会科学版）1980年第3期，第71页。
② （清）官修《清世宗实录》卷10，雍正元年八月庚午条，中华书局影印本，1986。
③ 台湾故宫博物院文献编辑委员会编《年羹尧奏折（专辑）·附奏查访西宁近日民情片（无年月）》，台湾故宫博物馆印行，1971，第49页。
④ 台湾故宫博物院文献编辑委员会编《年羹尧奏折（专辑）·附奏查访西宁近日民情片（无年月）》，台湾故宫博物馆印行，1971，第46页。

乱，最初由支持罗卜藏丹津的大喇嘛察罕诺门汗发起，有盲目的信众积极参与。"初青海有大喇嘛察罕诺们汗者，自藏分支，住持塔尔寺，为黄教之宗，番夷信响，丹津以术诱煽使从已。大喇嘛既从，于是远近风靡。游牧番子、喇嘛等二十余万，同时骚动，犯西宁、掠牛马，抗官兵。"① 继而位于西宁东北一百三十里的郭隆寺和大通卫城东的郭莽寺，也发动了叛乱，僧众乘机抢掠财物。藏族寺院的助纣为虐，使得叛乱迅速蔓延到青海各地。

在反叛行为刚刚开始时，清王朝并未立即发兵镇压，而是派官员到事发地点宣布诏谕，说明朝廷对于反叛行为的态度，并宣布安抚政策，用可能采取的军事镇压手段令有关人员慑服。此时，如果反叛人员及时醒悟，遵从朝廷旨令，及时放弃反叛行为，不仅可获得从宽处理，甚至能得到朝廷的封赏和妥善安置。当然，如果反叛人员执迷不悟，其结果只能是迎战朝廷的征讨大军。罗卜藏丹津公然反叛后，清王朝已经作出两手准备，一方面，命令兵部侍郎常寿去往罗卜藏丹津的驻地宣谕，令其"罢兵和睦"②；另一方面，命川陕总督年羹尧办理平叛军务。罗卜藏丹津不听劝诫，反而拘禁常寿，这一行为使清王朝以威慑制止反叛的设想彻底破灭，雍正帝也只好下达谕旨，调集大军进行平叛。

为了迅速扑灭叛乱势力，雍正帝命令年羹尧、岳钟琪派军征剿。清军首先清剿西宁的叛军，叛军所建立的据点和塔尔寺等多个参加叛乱的寺院皆被攻克。此外，对于依附罗卜藏丹津的部落也严加惩处。例如，阿冈部落为罗卜藏丹津探听内地消息，年羹尧派"凉庄道蒋炯等率兵四路进剿，擒斩人口、牲畜无算，即将贼首阿冈囊苏正法"③。在清军的猛烈进攻下，镇海、申中、南川、西川、北川等地很快被收复。在大军的进剿过程中，西北土司也纷纷响应，参加大军的平叛活动。例如，罗卜藏丹津起兵后，庄浪藏族写尔素响应，占领了桌子山、棋子山。这时，庄浪土司鲁华龄跟随岳钟琪前往征讨，进攻棋子山，攻克铁包城，并于次年驻防大营湾，兵分两路杀藏民数千人，移兵东向收复黄羊川、南冲寺、不毛山等地。此外，由于黄教之宗，塔尔寺主持大喇嘛察罕诺门汗支持罗卜藏丹津叛乱，

① （清）魏源撰，韩锡铎、孙文良点校《圣武记》卷3《雍正两征厄鲁特记》，中华书局，1984。

② （清）官修《清世宗实录》卷10，雍正元年八月庚午条，中华书局影印本，1986。

③ （清）官修《清世宗实录》卷16，雍正二年二月甲子条，中华书局影印本，1986。

在他的煽惑下，青海地区的大多数喇嘛教寺院都参与了这次反叛。清王朝亦将其视为叛乱者，派出主力部队进行打击。清军攻破塔尔寺后，察罕诺门汗被迫投降，后被年羹尧下令处死，其他喇嘛僧众也受到严厉的镇压。在攻打郭隆寺时，尽管遇到喇嘛僧众的顽抗，但是清军经过英勇奋战，亦将其一举平定，并毁掉郭隆寺，将达克玛呼图克图正法。在镇压罗卜藏丹津叛乱的同时，对于存有隐患的寺院和番寨等地，军队所到之处也一一予以平定。例如，年羹尧的奏折中称："石门寺喇嘛浑囊苏山丹等所属多卜藏马贾等部落，从前伴称归顺，潜与谢尔苏、厄尔布二部落逃散人等，倚石门寺为巢穴，肆行劫掠。"年羹尧令蒋炯率领绿旗、土司及民兵，奋勇齐击石门寺，最终"杀死喇嘛番贼六百余人，搜寺得盔甲五十余副，刀枪、撒袋等物甚多。因即将寺焚毁，收兵而还"①。另据年羹尧奏折称："河州口外铁布等寨番人皆系青海所属，劫掳道路，恣意妄行。臣派遣署河州副将岳超龙等带兵进剿，攻取四十一寨，剿服三十七寨，杀伤番贼二千一百余名。擒获人口、牲畜无算。"② 军事行动的进展比较顺利，也收到了震慑的效果。

为了分化叛乱集团，并争取民众的支持，清王朝在平叛的同时，也采取安抚措施。这是一种以攻求和的策略，其目的是用有限的军事行为，迫使叛乱一方放弃武力抵抗，以期降低战争带来的损失，尽快地平息叛乱。因此，一旦叛乱者听从清军招抚，或者迫于压力，放弃武力抵抗，平叛大军也即中止军事行动，保全降服者的生命。在历次的平叛斗争中，招降安抚是清王朝常用的策略。雍正元年（1724），在平息罗卜藏丹津反叛时，西宁一带的"番贼"经清军猛烈进攻，俱经剿灭，唯独南川口外郭密九部仍然肆行截抢。在这种情况下，抚远大将军年羹尧首先"广行招抚"③，接受了沙克都尔阿拉布坦所率三部的投降。对于仍然率众抵抗的呈库、活尔贾等部落，则命令岳钟琪剿抚并举，搜捕贼穴。最终，清军将呈库一部攻杀殆尽，并诛杀活尔贾等部落首恶，且接受了其余番众的投降。清军的大举进剿，令青海诸台吉们十分恐惧，他们有的仓皇逃亡，有的不得不向清

① （清）官修《清世宗实录》卷16，雍正二年二月丁卯条，中华书局影印本，1986。
② （清）官修《清世宗实录》卷18，雍正二年夏四月丁卯条，中华书局影印本，1986。
③ （清）官修《清世宗实录》卷14，雍正元年十二月癸酉条，中华书局影印本，1986。

军投降。首先投诚的是贝勒色卜腾扎尔、台吉巴尔珠尔、公诺尔布彭苏克及其弟纳玛罕等两千余人，年羹尧"赦其被胁从逆之罪，安插于西川口外"①。其次投诚的是墨日根戴青拉查卜之子察罕喇布坦、旺舒克喇卜布二人及部众，也得到了岳钟琪的宽宥。此后投降者陆续不断，及至二月五日，除罗卜藏丹津之外，几乎所有台吉都联名上书，派人到年羹尧军前请求接受其投降。② 当贝勒罗卜藏察罕、台吉彭苏克汪扎尔兄弟、贝子济克济扎布、台吉滚布色卜腾和纳汉伊席等人来西宁投诚时，年羹尧赏给他们茶叶、大麦等物，仍令往口外驻扎③。雍正二年（1725），云贵总督遵从谕旨，派提督郝玉麟带兵驻扎罗卜藏丹津势力控制的云南中甸地区。郝玉麟先进行安抚，并宣布朝廷德意，使得"中甸头目欢忭感激，率众三千五百户，男妇一万七千五百名，喇嘛一千十四人，投诚纳土"。安抚的效果令雍正皇帝非常高兴，遂下旨"俟青海事竣之日"④，对云贵总督高其倬及有功之人议叙嘉奖。

在清军的征剿下，罗卜藏丹津率部退逃到柴达木河一带。雍正二年（1724）二月八日，清军分三路向柴达木进剿。二月二十日，岳钟琪率军直捣叛军大营，毫无准备的叛军乱作一团，迅速被清军击败。罗卜藏丹津见大势已去，率二百人狼狈逃往新疆，投奔准噶尔策妄阿拉布坦。其叛乱仅仅持续了四个月，便被清军予以平定。本着首恶必诛的原则，对跟随罗卜藏丹津反叛的人，以及其他积极参加的人，清王朝在处理过程中均予以正法。清廷一直追查罗卜藏丹津的下落，欲严加惩处，直到乾隆二十年（1755）平定准噶尔时，才擒获了已经年老的罗卜藏丹津。虽然雍正帝曾经颁布过"诏赦不诛"的圣谕，乾隆帝仍命将其俘获回京，以告祭太庙、社稷，也给平叛作个了结。

清王朝在平息罗卜藏丹津叛乱之后，即对善后事宜详加筹划。首先，针对善后事宜，抚远大将军年羹尧上奏《青海善后事宜十三条》和《禁约

---

① 马连龙：《论罗卜藏丹津叛乱的前因后果》，《青海社会科学》1993 年第 1 期，第104 页。

② 台湾故宫博物院文献编辑委员会编《年羹尧奏折（专辑）》，台湾故宫博物馆印行，1971，第 673 页。

③ 马连龙：《论罗卜藏丹津叛乱的前因后果》，《青海社会科学》1993 年第 1 期，第104 页。

④ 以上引文见（清）官修《清世宗实录》卷16，雍正二年二月丙寅条，中华书局影印本，1986。

青海十二条》。经雍正皇帝认可及王公大臣详议，除修正个别条款，大部分都按所奏实行。经过朝廷议复后的《青海善后事宜十三条》和《禁约青海十二条》便成为当时治理以青海为中心的广大地区的基本章程。《青海善后事宜十三条》涉及会盟、朝贡、贸易、税收、屯种、边防等许多方面。《禁约青海十二条》又称《恭呈青海禁约十二事》，主要是对《青海善后事宜十三条》的补充和进一步强调。两部章程中的很多措施设计合理，针对性强，显示出清王朝对西北边疆地区治理上的远见。实行这些措施，对于恢复青海及其周边藏区的社会秩序，保障政治稳定起到了重要的作用。

其次，专门委派大臣常驻西宁，处理蒙藏事务，后遂逐渐形成了西宁办事大臣制度。雍正二年（1724）清王朝委派"鄂赖赴西宁，办理蒙古事务"①。雍正三年（1725），正式任命达鼐为"钦差总理蒙古番子事务大臣"，总理青海蒙古、番子事宜，这一职官遂成为定制（乾隆元年后也称为"青海办事大臣"或"西宁办事大臣"）②。从设置西宁办事大臣的初衷来看，清王朝主要有以下几点考虑。

第一，管理藏族的需要。年羹尧在平叛后拟定《青海善后事宜十三条》及《禁约青海十二条》，后经朝廷批准，以章程形式颁行。这两个章程对青海藏区的安置措施作了详细筹划和规定，并对西藏、四川、云南藏区的政策也多有筹划。其中，许多内容的实施，需要由一个有军权的大臣负责完成。

第二，地区防御的需要。当时，清朝西北的劲敌准噶尔对青海、西藏早已虎视眈眈，加上罗卜藏丹津逃亡彼处，随时有复辟的可能，也增加了西北边防的风险。因此亟须派驻掌握军权的朝廷大臣，以统领重兵，进行积极防御。由于青海藏区与西藏、川西藏区之间关系密切，又地处进出西藏的要道。为维护藏、青、川藏区的稳定，必须设置西宁办事大臣。西宁办事大臣的地位大致等同于内地各省的督抚，由于其位高权重，朝廷的选择和任用十分慎重。根据青海的民族特点，清王朝要求候选之人必须具备两个条件，"首先，在清王朝中担任较高的官职，有一定的领导才能和经验；其次，要熟悉蒙古事务"③。因此西宁办事大臣一般在理藩院"散秩大

---

① （清）官修《清世宗实录》卷17，雍正二年三月丁亥条，中华书局影印本，1986。

② 乾隆二十五年（1760）曾短暂撤销，于二十七年复设，此后，一直沿用到清末。

③ 戴燕：《西宁办事大臣述略》，《青海民族大学学报》（社会科学版）1992年第1期，第112页。

臣，八旗护军统领，副都统暨各部院侍郎内，规其谙练蒙古事务者，开列简用"。此外，西宁办事大臣衙门还配有"本院（理藩院）司官一人，笔帖式三人"[①]，在办事大臣领导下共同处理行政事务。为了保障西宁办事大臣对青海藏区的管理，清王朝赋予其多项重要职权：行政权，管辖青海蒙古族、藏族的一切行政事务；军权，统率青海各部军队；人事权，向朝廷推荐盟长、旗长等重要官员；司法权，调解和处理蒙藏民族之间或者盟旗、部落之间的纠纷和命盗案件；宗教事务管理权，协助处理活佛转世、名号、坐床等事务；征收税收权，征收辖区内藏族的草头税等。通过设立西宁办事大臣，并命其行使军事行政等大权，清王朝对青海藏区的统治和管理得到进一步的加强。

第三，清王朝为加强对藏区的管理，在善后事宜中还对甘、川、青、滇等多地政区建制作出了适当调整。雍正三年（1725），升改西宁卫为西宁府（治今西宁），下辖西宁县（治今西宁市）和碾伯县（治今青海乐都碾伯镇，由所改置）；添置大通卫（治今青海门源），乾隆二十六年（1761）改大通卫为大通县（治今青海大通城关镇）；添置贵德所（治今贵德，原名归德所，先后隶河州卫、临洮府，乾隆三年改隶西宁府）；仍设西宁抚治道，并迁西宁通判常驻盐池（治今青海湖西南盐池）。清王朝除了加强行政建制之外，还在藏族聚居地添设千户、百户等土官，以更好地管束游牧藏民。

这场叛乱给青海社会和民众带来了深重的灾难，究其原因，是罗卜藏丹津谋求青藏高原霸主的政治野心膨胀的结果，也是和硕特部分裂后，其子孙争夺统领和硕特领导权的必然结果。虽然刚一开始仅仅表现为部族内部之间的争斗，但为了保留自己在青海地区的势力范围，阻挠清王朝对该地区的统治，罗卜藏丹津逐步将矛头指向清廷，公然提出反抗，其行为便具有暴力对抗中央政权的反叛性质。清王朝迅速出击，果断平定叛乱，并及时安抚民众，制定了行之有效的善后措施，也为全面统治青海奠定了坚实的基础。

在中国历史上，大刑用甲兵，势必会出现无辜者受到牵连。此次青海

---

① 以上引文见（清）会典馆编《钦定大清会典事例·理藩院》卷976，赵云田点校，中国藏学出版社，2006。

用兵，虽然清廷一直想控制局面，不使事态扩大，即便是用兵，也希望能够直接指挥将帅，使其听从朝廷的指挥，但毕竟是将在外而君命有所不受，而将帅在外有专杀的权力，也势必会出现过分的杀戮，由此结下的仇恨，需要许久才能够平息。此外，在镇压过程中，利用各个部族之间存在的矛盾，让许多归附的部族参与镇压，也使部族之间的矛盾加剧，以致很久以后，部族之间的仇杀依然残忍，影响了地方的安定。古代在论述甲兵时，总是要强调不得已而为之，作为叛乱，其已经具备不得已的条件，那么在甲兵镇压过程中，就不可避免地会出现过激行为。历史似乎在昭示现代及未来，采取甲兵的方式去解决问题，无论如何都是人类的悲剧。

二　西藏之乱

反叛，在清代文献中常被称为"反""叛""叛逆""反叛"等，都是指破坏国家统一，危害清王朝统治安全的暴力反抗行为。反叛甚至谋反、谋叛是严重危害专制王朝统治的犯罪，历代王朝均予以严厉打击，清代也将其列入十恶重罪之中。"谋反，谓谋危社稷"，即图谋反对王朝统治和推翻王朝统治的行为。清律将"谋反"罪列为"十恶"重罪之首，并规定了严酷的刑罚。《大清律例·刑律·贼盗·谋反大逆》条规定："凡谋反及大逆，但谋者不分首从（已、未行），皆凌迟处死。（正犯之）祖父、父、子孙、兄弟及同居之人（如本族无服亲属，及外祖父、妻父、女婿之类），不分异姓及伯叔兄弟之子，不限籍之同异，男年十六以上，不论笃疾废疾皆斩。男十五以下及母女、妻妾、姐妹、若子之妻妾，给付功臣之家为奴。"按照律学家们的解释，"谋反"主要包括暴力反抗王朝的统治、纠众戕官反狱、倡立邪教、传徒惑众、编造邪说等行为。

清代涉藏反叛，是指以藏族为主体或参与者，发生在藏区或者内地的，以武力对抗清中央王朝，危害王朝政治统治的犯罪活动。其中"藏族""暴力对抗""官府"，是清王朝确定涉藏案件反叛性质的标准。"藏族"指的是由藏族主导发起，或者藏族是参与者；"官府"指的是清王朝建立的各级政权，并包括政权对地方的统治和管理行为；"武力对抗"指的是当官府的统治行为与自身想要达到的某种目的不一致时，运用武力对抗的方式，阻止官府干预的行为方式。依据这一确定标准，结合清代涉藏案件的实际，可以将涉藏反叛类型分为三种：第一，勾结境外，背叛国家，破坏主权。第二，割据地方，分裂国土，直接宣布反对清王朝政治统治的反叛。第三，危害国家，对抗军队，针对清王朝维稳行为的反抗。乾隆初年，西藏发生的珠尔默特那木扎勒叛乱即是割据地方、分裂国土的叛乱。

在清代前期的治藏史中，1729～1747 年是颇罗鼐总理藏政的时期。颇罗鼐对清王朝忠心耿耿，且顾全大局、政绩卓著，故清廷对他颇为信赖倚重，并给予坚决支持。颇罗鼐治藏期间，西藏政治稳定，宗教、经济、对外交往等各方面有了较大发展。清廷为了褒奖其政治功绩，将其"加恩晋封郡王"，其家族成员、亲信部属也多次得到提升。乾隆十二年（1747），颇罗鼐不幸染病去世。按清朝定制，同时为了表彰颇罗鼐的治藏功绩，清王朝特允其子珠尔默特那木扎勒承袭郡王职位。珠尔默特那木扎勒继任之后，妄图独揽西藏政治大权，其表面上遵从清王朝及驻藏大臣的指示，暗地里却在进行阴谋叛乱活动。

珠尔默特那木扎勒上任后不久，即实施了一系列收揽权力和扩张权力的篡权、夺权行为。首先，任命中下级官员，排挤旧臣。因他无权任命噶厦政府高级官吏，珠尔默特那木扎勒便大量任命中下级官员，以此收揽权力，扶植势力。他弃用朝廷确立的卓尼尔、仲译等官员，任意添放私人亲信为之。宗溪等地方基层官吏，也由他指名补放、安插了不少亲信。同时，对颇罗鼐的旧臣加以排挤和打击，集中权力，最终形成"藏中决策皆由他一人操持，其它官员只能遵命行事"①的局面。其次，收揽军权，为控制西藏地方作准备。他先将达赖喇嘛的护卫兵力调离，以便伺机加害。为减少清朝军队的威胁，他又诡称"藏地安谧无事"，上奏朝廷"请彻驻藏官兵"。乾隆帝念及颇罗鼐安藏的功勋，且屡受朝恩，料想珠尔默特那木扎勒必无异志，如不撤兵，反而生疑，因此"是以即依所请行"②。为进一步控制军权，珠尔默特那木扎勒又将噶厦政府执掌军权的代本塔杰扎西派往那曲，"使自己的亲信罗布藏扎什实际上控制了前藏藏军的指挥权"③。再次，为排除权力限制，不惜对抗驻藏大臣和达赖喇嘛。为摆脱驻藏大臣

---

① 陈志刚：《清代前期珠尔默特那木扎勒总理藏政研究》，《求索》2006 年第 6 期，第 211 页。

② （清）官修《清高宗实录》卷 377，乾隆十五年十一月乙卯条，中华书局影印本，1986。

③ 陈志刚：《清代前期珠尔默特那木扎勒总理藏政研究》，《求索》2006 年第 6 期，第 211 页。

对自己的权力限制，珠尔默特那木扎勒借端攻击驻藏大臣纪山，并与之发生了非常尖锐的对立。傅清、拉布敦赴藏后，对珠尔默特那木扎勒并不曲意逢迎，遂引发其对二大臣的怀恨，"且告其属下，我已设计撤回汉兵四百余名，其余若不知机早回，必尽行诛戮"①。为防止以达赖喇嘛为首的僧侣集团染指俗政，珠尔默特那木扎勒不仅对达赖喇嘛的权力进行打压，甚至放出"藏中有异己者尽将诛之"的言论，可见其狂悖至极。最后，企图对外扩张势力，增大权力管辖范围。为了扩大自己的控制范围，珠尔默特那木扎勒上报朝廷，觊觎云南中甸和驻藏大臣管辖的藏北蒙古四部落地区的管辖权，但被清王朝断然拒绝。

珠尔默特那木扎勒的篡权和残暴，引发了藏内僧俗各界的强烈不满，驻藏大臣将其图谋不轨的行为迅速向朝廷奏报。此时，清王朝驻藏大臣为傅清和拉布敦。从二人的简历上看，均为乾隆帝十分器重的干将。傅清，富察氏，为满洲镶黄旗人，一等功李荣保之次子、傅恒之兄。雍正二年（1724），累迁晋正黄旗满洲副都统。乾隆元年（1736），迁銮仪使。五年（1740），授天津总兵。乾隆九年（1744），接替索拜任驻藏副都统，十三年（1748），命以提督拉布敦代，傅清还京之后，复授天津镇总兵，迁古北口、固原提督。十四年（1749），纪山疏言珠尔默特那木札勒与达赖喇嘛有隙，请移达赖喇嘛置泰宁。乾隆帝也知道珠尔默特那木札勒性格乖戾，而且有可能为乱，因此命驻藏大臣复旧置二员，予傅清都统衔，自固原复往西藏。

拉布敦，董鄂氏，为满洲正黄旗人，尚书锡勒达子。康熙五十五年（1716），拉布敦由闲散袭其叔祖勒尔图三等轻车都尉世职。雍正七年（1729），袭世职佐领。十年（1733），授正红旗满洲副都统，兼理火器营。乾隆初年，官至定边左副将军、古北口提督。拉布敦驻藏也有两次，第一次为乾隆十三年（1748），驻藏副都统傅清期满，钦命拉布敦往代。第二次为十四年（1749）十二月壬寅，领工部侍郎衔再次前往西藏替代纪山。乾隆十五年（1750），傅清和拉布敦两大臣在珠尔默特那木扎勒叛乱中均不幸遇难。

驻藏大臣傅清和拉布敦曾经多次奏明圣上，请求及早惩治珠尔默特那木扎勒，终止其敌对和分裂行径。在两大臣的建议下，朝廷也意识到问题

---

① （清）官修《清高宗实录》卷376，乾隆十五年十一月癸丑条，中华书局影印本，1986。

的严重性，故从维护西藏的稳定角度出发，认为珠尔默特那木扎勒乖戾诡
谲，留之终必生事，遂令四川总兵策楞率兵入藏，将其伺机剪除。在清军
赴藏途中，珠尔默特那木扎勒为巩固和扩大其势力范围，与镇守后藏和阿
里的其兄珠尔默特策布登兵戎相见。珠尔默特那木扎勒诬告其兄聚兵攻打
其在阿里的亲信果弼奈，并借机派人赴阿里毒死其兄，逐走亲侄珠尔默特
旺扎勒，残酷镇压、剿杀珠尔默特策布登的追随者，并派亲信青特古斯管
辖阿里地区。占领阿里后，珠尔默特那木扎勒加快了反叛的步伐。乾隆十
五年（1750），珠尔默特那木扎勒声称安抚策布登所扰之人，前往后藏萨
海，在那里"调动部兵，搬运炮位"①，"从恭布等地携去火药四十九驮，
调去兵一千五百名"②，继而"带兵二千余名，在前藏后三百余里达木地方
游牧"③，迟迟不归。他还"自立名号"，明目张胆地妄图发动叛乱，制造
分裂，"潜遣甚心腹坚参扎锡等，通款准噶尔"，"且求其发兵至拉达克地
方，以为声援"④。妄图借助准噶尔军队力量来壮大反叛的队伍。更有甚
者，他还想于乾隆十五年（1750）某月某日"动手杀钦差大人，不论塘汛
官兵客民一齐杀"⑤。

　　驻藏大臣傅清、拉布敦再呈多封奏折，历数珠尔默特那木扎勒的谋反
行径。乾隆皇帝认为其跳梁之状日益显著，应当立即擒获，明正其罪，故
谕令岳钟琪会同四川总督策楞准备率军讨伐。在西藏安全和稳定受到严重
威胁的关头，傅清、拉布敦两大臣临危不惧，他们认真分析局势，认为清
军赴藏耗费时日，而珠尔默特那木扎勒叛迹日渐猖獗，不作早图恐怕给王
朝带来更多的危难，"不若先发制人，虽死犹生，亦可使继之者易为功
也"⑥。时珠尔默特那木扎勒谋愈急，断绝了塘汛，以至于旬日军书不能到
达，傅清与拉布敦已经不能得到朝廷的指令，他们以为："珠尔默特那木
扎勒且叛，徒为所屠。乱既成，吾军不得即进，是弃两藏也。不如先发，
虽亦死，乱乃易定。"在危急时刻，两大臣挺身而出。乾隆十五年（1750）

---

① （清）官修《清高宗实录》卷364，乾隆十五年五月丙午条，中华书局影印本，1986。
② （清）官修《清高宗实录》卷366，乾隆十五年六月壬午条，中华书局影印本，1986。
③ （清）官修《清高宗实录》卷372，乾隆十五年九月丙午条，中华书局影印本，1986。
④ （清）官修《清高宗实录》卷386，乾隆十六年夏四月辛巳条，中华书局影印本，1986。
⑤ 中国第一历史档案馆："朱批奏折·民族事务类"，胶片第1299号，转引自曾国庆《清代
　　藏史研究》，西藏人民出版社、齐鲁书社，1999，第229页。
⑥ （清）李桓：《耆献类征初编》卷348《傅清》，光绪十年湘阴李氏刻本，该卷第31页。

十月壬午，两大臣召珠尔默特那木扎勒至通司冈驻藏大臣衙门，"言有诏，使登楼，预去其梯，若将宣诏，珠尔默特那木扎勒方跪拜，傅清自后挥刃断其首。于是，其党卓呢罗布藏扎什等闻信，始率众数千围楼重重，发枪炮、纵火。傅清中三创，度不免，刎自死。拉布敦死楼下。并将其诛戮"①。在此案中，驻藏大臣衙门主事策塔尔、参将黄元龙皆自杀，通判常明中矢石伤，从死者千总二，兵四十九，商民七十七，粮务衙门被劫库银八万千余两。

乾隆帝知晓此事后，深深为两大臣之死表示悯惜，认为珠尔默特那木扎勒"阴谋异志，勾结准夷，罪不容诛"。此案"是非二臣协力同心，决计先办，则其为害藏地，将不可言"。因此，"是二臣协心甚苦而有功于国家甚大，应特建双忠祠，合祀二人，春秋致祭，丕昭劝忠令典，赐谥襄烈"②。乾隆帝嘉奖两大臣，也就为处理此案定下了基调。

从整个事件来看，珠尔默特那木扎勒从一开始的篡权、争权中就显现出地方割据的野心，之后的驱逐驻藏大臣、构衅达赖喇嘛、杀害清王朝册封的官员等行径，则将其分裂国家、反抗中央王朝统治的心思暴露无遗。珠尔默特那木扎勒的行为破坏了西藏社会的安定，违背西藏僧、民的利益，完全符合清代法律关于反叛的规定，故清王朝对其予以严惩。在此案中，虽然珠尔默特那木扎勒于乾隆十五年（1750）被两驻藏大臣诱杀，但其徒党罗布藏扎什唤其同党，攻打驻藏大臣衙门，并杀害包括两驻藏大臣在内的多名驻藏官吏，显属罪大恶极。事后，班第达擒获罗布藏扎什及其同党十三人，后又捕获十四人。清王朝严加审讯，按其罪行轻重分别定罪，并最终"将为首之卓呢罗布藏扎什与领众放火、抢夺帑银之阿喇卜坦、吹木扎特，杀死多人之车臣哈什哈，放鸟枪、弓箭打伤大臣之达尔汗雅逊、巴特马古尔济椿丕勒、妄介俱凌迟处死；听从贼首杀人、运草放火，先行上楼助恶之尚卓特巴拉扎卜、曾本旺扎勒、曼金得什蒱等俱斩决；随从作乱之通史扎什喇卜坦等俱绞决；惧罪自尽之杯陇沙克巴、监毙之拉克滚布俱行戮尸，与各磔犯一并碎骨，仍各枭首示众。余党分别发

① 以上引文见赵尔巽等《清史稿》卷312《傅清传》，中华书局，1977。
② （清）官修《清高宗实录》卷386，乾隆十六年夏四月辛巳条，中华书局影印本，1986。

遣，家产变价归帑"①。乾隆十六年（1751），当清王朝截获由准噶尔回藏的珠尔默特那木扎勒的使者坚赞札锡，获得勾结准噶尔，阴谋叛乱的证据后，乾隆皇帝勃然大怒，又下令将珠尔默特那木扎勒之妻子照叛逆律诛戮，"以彰国法"②。

平定珠尔默特那木扎勒叛乱后，清王朝又乘机改革西藏行政体制。乾隆十五年（1750），皇帝对军机大臣们说："西藏经此番举动，正措置转关一大机会，若办理得当，则可保永远宁谧。如其稍有渗漏，则数十年后又滋事端。朕前传谕班第，以西藏事必然众建而分其势，目今乘此兵威，易于办理。惟在相度机势，计虑久远，方为万全。"③ 乾隆十六年（1751），又指出，"从前珠尔墨特那木扎勒因有藏王称号，是以拥势太重，酿成嫌隙。今之多立噶隆者，正可保全终始"④。取消封授郡王制度，多置噶伦，不能让该地拥有独揽大权的人物，而将该地权力分散，乃是众建以分其势的一贯原则。

为了加强中央王朝对西藏的直接控制，需要进一步提高驻藏大臣的地位，并将其职权范围由监督藏政扩大为直接管理重要的藏务。于是，清王朝确立了驻藏大臣与达赖喇嘛共同主持藏政的制度，并在乾隆十六年（1751）颁布《酌定西藏善后章程》，对这一制度涉及的方面进行了详细的规定。驻藏大臣与达赖喇嘛共理藏政制度的建立与推行，标志着清王朝对西藏地方行政管理的进一步加强。它的重要历史意义在于：废除了西藏世俗贵族（汗王、郡王、贝子）执政制度，由宗教首领（达赖喇嘛）执掌地方行政，防止世袭制可能形成的家族势力膨胀，以致危害王朝统一；正式建立噶厦（即西藏地方政府），四名噶伦三俗一僧；设立译仓（秘书处）以四名僧官主持，噶厦的公文、政令，须经译仓审核钤印后才能生效，这样就形成了在西藏政治活动中，僧俗贵族互相牵制、防止擅权的局面，有利于提高和加强驻藏大臣直接处理地方事务的权力。⑤

---

① （清）官修《清高宗实录》卷379，乾隆十五年十二月是月条，中华书局影印本，1986。

② （清）官修《清高宗实录》卷383，乾隆十六年二月辛卯条，中华书局影印本，1986。

③ 以上引文见（清）官修《清高宗实录》卷377，乾隆十五年十一月丙辰条，中华书局影印本，1986。

④ （清）官修《清高宗实录》卷382，乾隆十六年二月癸酉条，中华书局影印本，1986。

⑤ 张羽新：《驻藏大臣政治地位和职权的历史考察》，《中国藏学》1998年第2期，第54页。

从此案的处理过程来看，当清王朝发现珠尔默特那木扎勒有反叛的意向，种种所为已经超出其能容忍的范围时，驻藏大臣能直接指挥的军队却有限，从四川、青海调兵也非常困难，因此对珠尔默特那木扎勒一直采取退让的政策，使其野心不断膨胀。应该承认，清王朝的退让有不得已的一面，但没有积极准备而防患于未然，在一定程度上也促使了叛乱。驻藏两大臣不顾个人安危，诱杀珠尔默特那木扎勒，虽然他们因此而丧命，但斩首行动收到了成效，群龙无首的珠尔默特那木扎勒的部众难以统一，也难以形成更大规模的叛乱，因此当清王朝大军出动之时，班第达就将叛乱势力瓦解，首从各犯束手就擒，没有造成大刑用甲兵，也就减少了许多无辜受到伤害。此案的发生，似乎告诉后人，固然因事有难处，但不能姑息养奸，要不然会造成更大的祸患，血腥地改革体制总不如心平气和地完善体制。

三　喇嘛作乱

"谋叛，谓谋背本国，潜从他国"，是指实施背叛本国、私通和投降他国的行为。《大清律例·刑律·贼盗·谋叛》条规定："但共谋者，不分首从，皆斩。妻妾、子女给付功臣之家为奴，财产并入官。〔姊、妹不坐。〕女许嫁已定，子孙过房与人，聘妻未成者，俱不坐。父母、祖孙、兄弟，不限籍之同异，皆流二千里安置。〔余俱不坐。〕知情故纵隐藏者，绞。有能告捕者，将犯人财产全给充赏。知〔已行〕而不首者，杖一百、流三千里。若谋而未行，为首者，绞；为从者，〔不分多少，〕皆杖一百、流三千里。知〔未行〕而不首者，杖一百、徒三年。〔未行，则事尚隐秘，故不言故纵隐藏。〕若逃避山泽不服追唤者，〔或避差，或犯罪，负固不服，非暂逃比。〕以谋叛未行论。〔依前分首、从。〕其拒敌官兵者，以谋叛已行论。〔依前不分首从律。以上二条，未行时，事属隐秘，须审实，乃坐。〕"乾隆年间的修例，使该条法律的规定进一步具体化和扩大化："凡异姓人，但有歃血订盟焚表，结拜弟兄者，照谋叛未行律，为首者，拟绞监候；为从，减一等。若聚众至二十人以上，为首者，拟绞立决；为从者，发云、贵、两广极边烟瘴充军。其无歃血盟誓焚表情事，止序齿结拜弟兄，聚众至四十人以上，为首者，拟绞监候；为从，减一等。若年少居首，并非依齿序列，即属匪党渠魁，首犯拟绞立决，为从发云、贵、两广极边烟瘴充军。如序齿结拜，数在四十人以下，二十人以上，为首杖一百、流三千里；不及二十人者，杖一百，枷号两个月；为从，各减一等。"通过律例的内容，可以将构成"谋叛"罪的行为大致概括为以下几种：背叛国家，私通外国；逃避山泽，不服追唤；抗官拒捕，持械格斗；歃血为盟；焚表结拜，聚众人多等。

西藏地处西南边陲，与尼泊尔、印度、不丹等国接壤，极易受到国外势力的干扰和破坏。清代后期，在英国等西方帝国主义列强的支持和煽动下，西藏地方僧侣和世俗官员，经常怀有分裂国土的不良动机，并积极寻找机会，妄图将西藏从中国的版图上分割出去，将其变为列强的殖民地。这种分裂国土、背叛国家的不法行为，不但违反清王朝的法律，而且带有明显的暴力倾向，应该受到严厉的惩处。为了防止少数怀有异心的极端分子借题发挥，清廷不仅密切关注叛国案件，而且几乎对任何可能引起动荡的案件或事件，在非常谨慎的前提下，专门责成驻藏大臣或派出钦差负责处理。在处理的过程中，皇帝会密切关注事情的进展和处理结果，还时刻关注列强的动态。咸丰初年驻藏大臣穆腾额负责处理的一个小案件，就牵出了一桩重大的叛国案。

咸丰元年（1851），驻藏大臣穆腾额接到禀报称："唐古忒东南，错拉营官所属之打旺寺内喇嘛翁则对与四朗欧柱，向系同寺居住，偶因钱债小忿，纠约多人，互相争斗。"知悉情况后，穆腾额最初认为这只是寺院内部喇嘛之间小的纠纷，由于有扩大的趋势，穆腾额便委派代本前往查办，又拣派番目前往开导。事后，也可能由于代本与番目处理不得当，喇嘛等不但恃强聚众，不遵传审，而且传言聚众，大有愈演愈烈之势。穆腾额即将此情形奏报，请旨定夺。咸丰帝得到奏报之后，认为如果是喇嘛之间的钱债小忿，不至于引起此种轩然大波，遂怀疑其中"另有别情"。于是一方面谕令前往处理的代本和诺门汗等，要"持以镇静，不可轻启兵端"，要看具体情况，酌情妥当地尽快办理，"总期两造心服，各释旧憾，以靖边界"①；另一方面要求穆腾额对此事留心访查，注意发现案件发生的其他原因。

穆腾额，瓜尔佳氏，为满洲正白旗人。嘉庆十四年（1809），任黑龙江副都统。二十四年（1819），改任阿勒楚喀副都统。道光二十六年

---

① 以上引文见（清）官修《清文宗实录》卷50，咸丰元年十二月戊戌条，中华书局影印本，1987。

（1846）六月甲子，由户部郎中赏头等侍卫往藏办事，补文康因病解任未到职之缺，为驻藏帮办大臣。二十八年（1848），赏副都统衔，为驻藏办事大臣。自道光二十八年（1848）七月时起，至咸丰三年（1853）十二月止，穆腾额任驻藏大臣多年。其间，处理过"汉官办理番务蒙蔽"案件、"哲布尊丹巴呼图克图转世灵童掣签"案件、"乍丫喇嘛抢劫塘兵马匹、印信"案件等一系列重大案件，且其处理结果均令清统治者满意。因此，将此案交付穆腾额负责办理，也是朝廷对其办案能力的信任。

穆腾额遵照皇帝谕旨，继续督促派往寺院地方处理案件的官员，并进一步调查案件的起因。经查访得知，此案的最初起因确实是债务纠纷。据当地传说，在十一世达赖喇嘛时期（1838～1855），哲蚌寺派到打旺寺的商卓特巴①强收债务，"没收门巴的财产，因而引起了一部分门巴喇嘛的不满"。后来得到了控制不丹的英国的支持，于是门巴喇嘛"纠集了一些群众与寺院进行斗争。寺院的负责人也纠集了藏族喇嘛和当地藏族与之进行对抗，事件遂扩大"②。经朝廷的进一步调查，发现此案与协饶扎巴（另作协饶札巴）的分裂活动有关。"咸丰二年，西藏地方政府派驻打旺的'拉聂'协饶扎巴等人，受英国的拉拢收买，背叛祖国，根靠英国势力在色拉山以南的打陇宗、德让宗等地进行分裂活动。"③

在此案中，协饶扎巴等欲借门巴族喇嘛与藏族喇嘛的钱债纠纷，挑起更大的事端，达到分裂地方的目的。经驻藏大臣穆腾额和西藏地方政府协同派兵前去弹压，其阴谋并未得逞，协饶扎巴逃往印度境内的哥哈特地方藏匿。事态发展到此，穆腾额自认为纠纷已经平息，似乎也并不想对此加以深究，遂上奏"委员查办打旺寺喇嘛互斗一案完结"一折。时刻关心藏边稳定的清统治者当然不会如此懈怠，咸丰皇帝收到奏报之后震怒，责骂"此案办理乖谬"，并谕令将"酿成巨案之班垫曲丕革去商卓特巴，交诺门罕惩办"，要求西藏官员"仍着查拿在逃之协饶札巴务获，照例治罪"④。

①　"商卓特巴"是藏传佛教中的僧职名称，是活佛之下代理执掌宗教事务和财务的人，一般由活佛等选拔有才能的喇嘛充任，经理藩院奏请清帝批准，并赐予印绶。

②　《西藏门隅地区若干资料》，载西藏社会历史调查资料丛刊编辑组编《门巴族社会历史调查（一）》，民族出版社，2009，第164页。

③　《西藏门隅地区若干资料》，载西藏社会历史调查资料丛刊编辑组编《门巴族社会历史调查（一）》，民族出版社，2009，第164页。

④　（清）官修《清文宗实录》卷75，咸丰二年十一月甲寅条，中华书局影印本，1987。

此时，朝廷的用意已经不仅仅是处理钱债纠纷或喇嘛的斗殴，而是要从根本上去除境外势力的非法干涉，清除导致争斗的隐患，以保护国家的领土完整和安全。

首先，在处理时，清王朝对参与分裂的协饶扎巴进行了相关处置。在清王朝的命令下，驻藏大臣和诺门罕派粮员官和台吉夏扎比西、代本白马占堆一道，率军五六百人追到边界地区，去信给哥哈特的英国官员商讨引渡协饶扎巴事宜。经磋商，英方与中方约定，如果协饶扎巴等人逃来，将劝其返回本土。《清实录》中对此记载："穆腾额奏查办打旺寺喇嘛互斗夷务事竣一折。协饶扎巴及霍尔冲逃至披楞（英占印度）、布鲁克巴（不丹）等处，已据该头人出具切结，或称代为永远监禁，或称情愿代捕交出，现在边方静谧，照常相安，著即照所议完结。"① 这里用了两个"或称"，实际上是模棱两可之词，等于是什么条件都没有答应，只求边境静谧相安而已。由此看来，清王朝对协饶扎巴的处置到此为止，但据《麦克马洪线》一书说，"1861 年（咸丰十一年），协饶扎巴似乎同他的上司谈和了，并回到打旺；但不久又逃到边境以南"。在"1864 年，一批山民受打旺当局之命，进入英属地界，将其暗杀，惩罚了这个卖国贼"②。至此，协饶扎巴得到了应有的下场。

其次，此案中的争斗虽然因得到境外势力的支持而扩大，但其不是引起争斗的根本原因。于是，在解决完债务，并对分裂者进行制裁后，清驻藏大臣和西藏地方政府也越发加强了对门隅地方的管理。第一，自咸丰三年（1853）起，清王朝在门隅地方除委派两名"拉聂"外，又授予错那宗僧俗两宗本管辖门隅的实权。第二，为规范差税征收，避免滥放债务引起纷争，"在色拉以南的申隔、德让，打陇宗设立支差收税点。此外，西藏地方政府的'拉恰列空'（管理总务的机构）、'摘康'（财粮机关）、'摘珠'（征购大米的官商），每年都派人去门隅征收、征购大米，垄断盐米交易"③。

① （清）官修《清文宗实录》卷 89，咸丰三年三月癸酉条，中华书局影印本，1987。
② 《西藏门隅地区若干资料》，载西藏社会历史调查资料丛刊编辑组编《门巴族社会历史调查（一）》，民族出版社，2009，第 166 页。
③ 《西藏门隅地区若干资料》，西藏社会历史调查资料丛刊编辑组编《门巴族社会历史调查（一）》，民族出版社，2009，第 166 页。

最后，对藏印边界问题也作出了适当处理。咸丰三年（1853），西藏地方政府派夏扎比西处理协饶扎巴事件时，驻藏大臣曾派粮员官一名同往。他与夏扎比西共同视察了边界，认定中印边界在昂巴达拉山以南，门隅地区在此界以南的乌达古里地方租给英方。同时，为防止收租之头人擅自应允对清王朝不利的条件，要求其呈递保证书，保证不使边界主权旁落。①

应该承认，此案的处理过程与结果不能让人满意。首先，穆腾额在处理协饶扎巴案件时，秉承朝廷对列强退让的政策，在关键的问题上立场不坚定，对于逃亡的协饶扎巴处置态度不明朗，以至于英方用模棱两可之词来拖延，也就导致协饶扎巴得不到惩处，致使协饶扎巴又在边境为害多达十年之久，而打旺当局派山民暗杀，其手段也相当拙劣，幸亏英国没有就此事进行追究，如果追究，肯定会造成更大的外交争端。其次，穆腾额秉着清王朝传统的畏威怀德的精神，以为控制住粮食与食盐这样的生活必需品，对方为了能够得到它们，就一定会屈服，殊不知国家对这些物品专控之后，其利益就会更大，走私是不可避免的，为了打击走私就会加强管制，而为了走私就要壮大势力，这就给制造动乱留下了机会。再次，在边界认定上过于草率，仅仅派遣两名根本不懂地理与历史的官员前往勘界，擅自划分边境，丢失土地已经不能容忍，还留下了此后的领土争端，毕竟这种划分没得到最权威的认可。此外，擅自将乌达古里地方租给英方，也为英国霸占这块土地提供了方便，至今这个地方不但没有归还中国，而且还成为中国与印度的领土争执地区之一，足可见当时处置手段的拙劣之处。最后，具结保证甘结的各方，从国家权威的角度来看，显然是不够的，没有政权的参与，私立条约，又没有追究责任，所遗留的问题给后人带来无穷的困扰，这也是值得记取的教训。

---

① 保证书内容如下："我下列具名盖章诸人为呈奉自愿保证永不变异甘结一式三份事。如所颁布告七条中之第五条所载，吉惹巴惹（乌达古里）之土地、百姓从前由外国占据后，每年按规定收缴土地租金五千卢比，今后前去收款之人，绝不得对利害不加思考，只图取款到手，而订立或答应具有非法内容之文件，照对方之意摆布等致使边界主权旁落，以及招致纷扰，而使汉庄长官增添麻烦之类事情发生，而应自重其事。由我们打旺寺边界的巴布（印度语，意为先生）、头人等予以保证。"参见《西藏门隅地区若干资料》，西藏社会历史调查资料丛刊编辑组《门巴族社会历史调查（一）》，民族出版社，2009，第166页。

第六章 清代涉藏刑事案件处理
问题评析

为了维持藏区社会的和谐稳定，强化清王朝对边疆地区的控制力度，清王朝虽然在政治、法律和制度等方面制定了符合民族地区的政策，但也存在一些问题。由于社会生产力的发展，以及清王朝自身统治能力的不同，这些制定并实施于藏区的方针政策，在不同的历史环境下，前后也存在较为明显的变化，而这种变化背后的成败得失值得深入研究。以清王朝涉藏刑事案件处理而言，不但体现着王朝对藏区的实际管理，也从政治、司法、制度等层面显示出王朝的施政方针，有必要进行适当的分析。

第一节 政治层面的内涵

孟德斯鸠认为："中国的皇帝所感悟到的和我们的君主不同。我们的君主感到，如果他统治得不好的话，则来世的幸福少，今生的权力和财富也要少。但是中国的皇帝知道，如果他统治得不好的话，就要丧失他的帝国和生命。"① 正是基于王朝的江山万世一系，以及帝王统治的权威，清王朝对藏区的治理并不是基于权力的显示与财富的掠夺，而是有着更深的政治寓意，在涉藏刑事案件处理问题上的表现也更为突出。

一 恩威并济的政策

恩威并济是我国历代王朝惯用的统治方针，特别是对待边疆少数民族地区更是如此。清王朝建立之后，为实现对藏区的控制和管理，继承了历

---

① 〔法〕孟德斯鸠：《论法的精神》上册，张雁深译，商务印书馆，1961，第 128～129 页。

代王朝的这一统治经验，对甘、青、川、滇等藏族聚居区实行恩威并济和剿抚并举的方针。在处理涉藏案件的过程中，这一政治理念也多有体现，即一方面对破坏藏区社会秩序、危害王朝统治的少数犯罪分子予以严厉惩处和镇压；另一方面，对待藏族的上层人士及多数藏族民众，只要其听从劝谕，自动停止犯罪行为，则以安抚为主，甚至不但不为惩戒，而且制定保障其权益的善后措施，正所谓"治边夷宜先威而继之以恩"①。

（一）威以明恩

从涉藏刑事案件的处理过程来看，恩威并济的政治理念体现得非常明显。其中，示之以威主要有两种形式。

首先，对于反叛和严重的刑事案件，朝廷会通过调拨军队，对事发之地进行武力威慑，或者直接对相关部落发兵进剿，并严厉惩处首恶之人。例如，在乾隆十二年（1747）的第一次金川战役中，大金川土司莎罗奔侵犯其他土司，侵扰进藏大道，并对抗营汛官兵，公然反叛。乾隆帝认为其"势甚猖獗"，于是谕令张广泗、庆复、纪山等督抚"迅速派官兵，遴选将弁，统率前往，相机进剿"，其原则就是"务令逆酋授首，划绝根株，以期永靖边陲"②。这是有恶必惩，绝不姑息。同治初年，瞻对土司工布朗吉围攻理塘、截断川藏要道，使清廷和西藏地方政权陷入困境。清王朝不能容忍工布朗吉的反叛行为，决定川、藏会剿瞻对，"满庆等现经派委番员征兵借饷，并约会三十九族，调集各处土兵防剿瞻逆西北两面，其东南两面必须川省派员，调集土兵，四面进攻，方可收事半功倍之效"。之所以这样做，是因为"该逆势甚鸥张，非口舌晓谕所能了事"③。这是自古以来的原则，大刑用甲兵，不到万不得已，一般是不动用军队进行镇压的，而军队的镇压也是为了实现"恩"的效用，须明确讲明"赴藏弹压，务使两造畏服听断"④，而武力镇压以后，依然是"加意安抚周济，毋使一名失所，以示怀柔"⑤。镇压方针明确之后，最终要落实到安抚原则上来，这也是甲兵不得已而用之必然要考虑的问题，因此只要大兵一出，就得考虑善

---

① （清）官修《清世宗实录》卷43，雍正四年夏四月戊子条，中华书局影印本，1986。
② （清）官修《清高宗实录》卷287，乾隆十二年三月己酉条，中华书局影印本，1986。
③ （清）官修《清穆宗实录》卷58，同治二年二月丙申条，中华书局影印本，1987。
④ （清）官修《清穆宗实录》卷32，同治元年六月癸酉条，中华书局影印本，1987。
⑤ （清）官修《清穆宗实录》卷56，同治二年正月庚午条，中华书局影印本，1987。

后问题。

其次，对于无须动用军队的案件，如果是反叛案件和人命重案，一般不分首从，一律正法，在特殊的情况下也会坚持首恶必办的原则，其目的是维护王朝的权威，达到以儆效尤的效果。例如，康熙五十二年（1713），刑部右侍郎艾芳曾会同地方督抚审理四川番人罗都等抢劫民人，拒敌官兵一案，因领兵的参将（正三品）被杀害，故将所有涉案人员均"照谋叛已行律，不分首从，皆立斩"①。乾隆四十六年（1781），"番匪"官八等"纠集伙党，执持弓矢枪矛，白昼劫杀内地民人"，乾隆帝认为："实为凶恶不法，非痛加惩创，不足以儆凶顽而安良善。"其惩治凶顽的目的主要在于安良善，其在传谕督抚李侍尧等地方大员，"嗣后遇有此等番匪劫杀汉民之案，审明后，即不分首从，俱行正法"之后，提出"即其种类中自相残杀，或聚众数至十人以上大案，地方官亦应为之审断曲直，按律定拟，不得以有土司管辖，率照番回向例，从轻议罚，置之不办也"②。孟德斯鸠认为："在专制国家里，法律仅仅是君主的意志而已。即使君主是英明的，官吏们也没法遵从一个他们所不知道的意志！那么官吏当然遵从自己的意志了。"③藏区之所以出现恶性刑事案件，帝王认为是因为官吏们一味疏纵。对于发生在藏区的抢夺、抢劫、盗窃、聚众斗殴等刑事案件，皇帝均要求地方官员查清事情原委，务将首从各犯分别缉获，并严厉审讯，从重处罚。例如，乾隆五十八年（1793）六月，循化厅管辖藏民施放鸟枪，将河州赴藏地贸易的回民苏有伏等抢劫，致苏有伏身死，马伏良、马良才受伤，骡马银物均被夺走，但直至乾隆五十九年（1794）三月，只抓获罪犯什噶洛、都拉两名，乾隆帝认为督抚等办案迟缓，要求陕甘总督勒保"通饬所属，上紧严缉务获（所有未获各犯），毋得日久生懈，致要犯远扬漏网"④。虽然是三令五申，在官僚政治下，最终也是不了了之，但统治者的原则很清楚，不能聚众，不能使用利器，因为这种情况的出现，会威胁清王朝的统治，其严惩的目的非常明确。

① （清）官修《清圣祖实录》卷248，康熙五十年十二月丙寅条，中华书局影印本，1986。
② （清）官修《清高宗实录》卷1146，乾隆四十六年十二月庚辰条，中华书局影印本，1986。
③ 〔法〕孟德斯鸠：《论法的精神》上册，张雁深译，商务印书馆，1961，第66页。
④ （清）官修《清高宗实录》卷1449，乾隆五十九年三月辛亥条，中华书局影印本，1986。

这种威以明恩的原则很明确，只要是威胁王朝的政治统治，挑战王朝的权威，就会先以威而使之畏之，即便是兵者凶器，不得已用之，刑者型也，杀人不是目的，规范才是真谛。因此这种大刑在确定之始，就要考虑其所带来的副作用。应该承认，清王朝在用大刑镇压时，贯彻明刑弼教的精神，但只要是大刑就会失去既定法律的尊严，也有滥杀及扩大打击面的可能，故在具体实施威以明恩的政策之时，容易出现弊端，这是应该记取的经验和教训。

（二）恩以施威

谕以朝恩也主要表现为两种情形，一种是朝廷大兵压境之时，并不立即进剿，而是严切晓谕，示之以恩，给予从宽的机会，鼓励自首或部落自行擒贼献赃。清王朝在处理大多数涉藏刑事案件时，只要不是反叛或人命、强盗等罪大恶极且拥兵自卫的，均不会采取大刑用甲兵的手段，而是利用出兵造势，以震慑首从各犯。在这种威慑之下，允许犯罪之人自行投首，并鼓励其所在部落的首领将罪犯擒献。如乾隆六年（1741），川陕总督尹继善遵旨商办郭罗克藏族抢夺行旅事宜时，即是先委派熟悉藏族情形的漳腊营游击马良柱等，先带领兵丁前往隐藏抢劫犯的山寨，"传集土官番目人等，宣布德威，反复开导，许以自新"。在官兵的威慑下，"番众颇知畏惧，遵将素为夹坝者，陆续擒献，出具嗣后不敢为匪甘结"。对于这种威之以兵，示之以恩的处置方针，乾隆帝认为："所办甚妥"，其"因时制宜"[1]，既能体现王朝的权威所在，又能以恩怀远。再如，光绪十五年（1889）六月初九，西宁办事大臣萨凌阿处理拉卜楞寺与黑错寺纷争时，其令沈福田等率领官兵进扎王尕滩后，即派遣军官持令传谕，最终使得该藏族首领等随即遵谕解散，各回住所，听官查办。

另一种则是从案件定罪量刑上酌情开恩，对于从犯等予以从轻、减轻或免除刑罚，并要求他们具结不复滋事甘结，对于其余参与的人，酌定制度予以安抚。在郭罗克抢夺案的处理中，朝廷最终只将首恶林噶架、酸架等九人正法，对于续获的从犯二十五名并未判处死刑，而是杖责之后"分发川东、川南、笃远土司安插"，对于怠于履行职责的三郭罗克土酋丹增等藏族首领，也未实施处罚，而是"明切开导，宣扬三次宥过不杀之恩，

---

① （清）官修《清高宗实录》卷155，乾隆六年十一月是月条，中华书局影印本，1986。

并分别赏给银牌、缎匹、烟布等物"①。这种法外开恩，在清王朝处理涉藏刑事案件的过程中应用得很多，正如龚自珍所说："今兵力物力，皆非开边衅之会，克则杀机动，不克则何以收事之局"，这乃"以外夷和外夷，智之魁也"的策略。②

恩以明威，是以强大的实力为后盾的，如果没有强大的实力，恩只能是一种软弱的表现，不但会使当事人不服，而且会被认为软弱可欺。在这种情况下，轻则阳奉阴违，重则公然反抗，不轻不重则致其自以为是，置朝廷政令于不顾，最终也收不到实际效果。因此，恩以明威并不是信手拈来的策略，要仔细衡量双方的具体情况而定，以维持朝廷大体和社会秩序不遭到破坏为根本，才能处置得体。

二 恩威并济的具体实施

恩威并济的基本方针在整个清王朝一直未被改变，但由于不同历史发展时期的客观环境不同，这一政策在表现形式上也有侧重：有时是偏之以威，有时则偏之以恩，这也是针对当时的情况，所采取的因时制宜策略。

（一）以抚为主的怀柔

清顺治、康熙年间，出于王朝实际控制能力，以及当时的大形势，不可能示之以威。顺治初年，清军进入陕西，并没有改变明代对待藏区的政策，所有制度也是一仍其旧，还实行特别怀柔的策略。如茶马贸易，明代发有金牌，清王朝则认为："今我朝号令一新，各番慕义朝宗，驰贡上驷，云锦逦来，金牌似不必用。但以茶易马，务须酌量价值，两得其平，无失柔远之义。"③ 在势力远远不能达到的情况下，采取怀柔政策，也是无奈的选择。康熙初期，对藏区采取防守的态势，从来不轻易兴兵。如康熙六年（1667），山西、陕西总督卢崇峻得知墨尔根等部落欲进攻甘肃，"即亲赴庄浪，以防意外"④，其所注重的是防范，曾经有领兵官深入藏族居住地

①　（清）官修《清高宗实录》卷215，乾隆九年四月是月条，中华书局影印本，1986。
②　（清）贺长龄辑《皇朝经世文编》卷80《兵政·塞防》，引龚自珍《论青海事宜书》，上海广百宋斋光绪十七年（1891）校印本。
③　（清）官修《清世祖实录》卷19，顺治二年秋七月癸酉条，中华书局影印本，1986。
④　（清）官修《清圣祖实录》卷24，康熙六年冬十月丙申条，中华书局影印本，1986。

区，结果被处分，几十年以后，康熙帝提起此事时还说"昔年陕西番人擅过边界，领兵官理谕不听，遂领标兵五百人，深入番地剿之"。当时吏部就将领兵官议处革职，康熙帝将之"从宽降级留任"①，则可见当时是以防范为主。康熙十四年（1675），明朝反抗势力"窃据洮、河二州，番人乘隙肆掠"。如果让其联合藏区各种势力，将成为清王朝的大患，于是清王朝果断出兵，"恢复洮州、河州二城，番人詟服归巢"②。但也并没有因之改变对藏区的防守政策，当"番人滚布，窥我兵调征河东，乘隙入内地，收掠番族人畜"时，康熙帝也只是"严饬甘凉沿边将弁，加意防守"③。即便是有游牧藏民进入陕甘地区，也是"或令提督等率兵往逐，或严饬边汛官兵各固守汛地，选干练人员至番人头目处，开诚晓谕，令彼退回"④，从来未考虑由此扩大事端。康熙二十年（1681），青海蒙古人与藏族人发生冲突，"番人竟将多尔济台吉祠庙拆毁，经卷焚烧，杀戮蒙古人口"。康熙帝依然没有听信一方，而是派遣兵部及理藩院的官员前往查看，原则就是"如曲在番人，将番人严惩。曲在蒙古，遣使严加谴责。使边人心服，边衅无可乘矣"⑤。平定噶尔丹叛乱之后，清王朝基本上是既无内忧，又无外患，已经有能力巩固王朝的统治，对于藏区的态度也从一味忍让，变得较为强硬。

康熙三十五年（1696），当清王朝得知噶尔丹有欲奔赴西藏的计划时，就派出理藩院主事保柱（一为保住）为正使，赴藏责备第巴桑结嘉措对达赖喇嘛五世之死秘不发丧，欺骗部众，唆使噶尔丹兴兵启衅等罪，并提出即刻奏明达赖五世去世始末；将派遣常驻噶尔丹牙帐的代表执来治罪；解送噶尔丹之女婿青海博硕克图济农之子来京；如果不遵从，将"发云南、四川、陕西等处大兵，如破噶尔丹之例，或朕亲行讨尔"⑥。这种强硬的态度，也标志着清王朝对藏区的政策，开始从以抚为主向恩威并济转变。

---

① （清）官修《清圣祖实录》卷262，康熙五十四年二月己巳条，中华书局影印本，1986。
② （清）官修《清圣祖实录》卷55，康熙十四年五月甲申条，中华书局影印本，1986。
③ （清）官修《清圣祖实录》卷62，康熙十五年八月乙卯条，中华书局影印本，1986。
④ （清）官修《清圣祖实录》卷70，康熙十六年十二月辛未条，中华书局影印本，1986。
⑤ （清）官修《清圣祖实录》卷97，康熙二十年九月丙寅，中华书局影印本，1986。
⑥ （清）官修《清圣祖实录》卷175，康熙三十五年八月甲午条，中华书局影印本，1986。

康熙五十五年（1716），准噶尔的军队进入西藏，当时正在拉萨的意大利耶稣会传教士德斯得利看到："策凌敦多布一踏入王宫，就下令洗劫拉萨。那些加入他的部队的僧人，就是最为贪婪和残忍的强盗。他们拿着武器，闯入民房，连同伙的家也不放过。还冲入寺庙，进行洗劫，抢掠庙宇积存和藏匿的财物。他们还不满足，再三闯入民房，不管男女老少，加以污辱和毒打，或绑吊梁上折磨，逼使他们讲出财富埋藏的地方。这种洗劫连续两昼夜，直到每件有价值的东西都被取走为止。看到那些富裕而过着舒适生活的人沦落到衣不蔽体的境况，实在可怜。"① 清王朝当然不能容忍准噶尔的这种分裂行径，更不能任准噶尔的军队蹂躏地方，其毅然决然地出兵入藏。康熙五十七年（1718），署西安将军、总督额伦特率兵进藏，遭受准噶尔军的袭击，额伦特力战受伤而死，初次出兵遭受惨败。康熙帝再派皇十四子允禵为抚远大将军，驻节西宁，调集兵马，从青海、四川两路出师。前锋岳钟琪率军，轻装急进，自抵拉萨，大败准噶尔军，之后又护送六世达赖喇嘛入藏，在恢复藏区的社会秩序的同时，清王朝对藏区的影响也进一步加强，恩威并济的政策也得以贯彻执行。当然，这并不意味着一帆风顺。

顺治、康熙时期，清王朝对藏区的实际管辖权比较微弱，涉藏的刑事案件则主要是藏区的藏族进入王朝实际控制区域所发生的，因此能依据《大清律例》进行裁决，如康熙帝指示："倘喇嘛等有犯法者，尔等即按律治罪，令知惩戒。"② 再如康熙五十年（1711），四川"生番罗都等，抢劫宁番卫居民，杀伤官兵"，康熙帝派"刑部右侍郎艾芳曾，前往会同该督抚，详明确审具奏"③，显然都是按照王朝规定的程序进行审理的。

由此可见，以抚为主的怀柔是基于王朝实际能力而制定的策略，在具体实施过程中，总以不激化矛盾为主，在换取安宁时，也要未雨绸缪，在朝廷可控的情况下，需加强自身的实力。康熙帝多次申明靠近藏区的军队要严加防守，不主动出击，但不意味着放弃，这是以抚为主的策略实施的

---

① 杜文凯编译《清代西人见闻录》，中国人民大学出版社，1985，第129～130页。
② （清）官修《清圣祖实录》卷198，康熙三十九年三月甲午条，中华书局影印本，1986。
③ （清）官修《清圣祖实录》卷246，康熙五十年六月乙亥条，中华书局影印本，1986。

根本，也是怀柔政策能够取得成功的保障。如果没有真正的实力，也不可能实行怀柔，这种经验是值得记取的。

（二）以威为主的示恩

雍正帝即位，而将皇十四子抚远大将军允禵调回北京，则给青海和硕特罗卜藏丹津叛乱提供了机遇，而以平叛为名的战争，使年羹尧得以立功青海，也使青海地区的行政建制出现重大变革，青海地区被纳入清王朝直接统治之下，《青海善后事宜十三条》《禁约青海十二条》等法规的制定，也为清王朝处理涉藏刑事案件提供了依据。

雍正帝在理藩院书写匾额称"宣化遐方"，并立下庭训，"盛代声施，赫濯无远，弗届遐方，属国共效享王，务在弘宣德化，以尽怀柔之道"①。这是他冠冕堂皇的话，在具体处理涉藏刑事案件过程中，他号称"凡中外民人，皆一视同仁"，但也往往存在偏袒，如其所讲："若蒙古中有不法之徒，抢掠番人者，许番人用力抵御，不必退缩。"这显然是鼓励藏族抗拒蒙古族，虽然他声称"朕自然以理断其曲直，分别赏罚"②，但"抑蒙扶番"的主旨明显，导致之后青海蒙古族的衰微，而藏族势力逐渐扩大，也直接导致其后处理涉藏刑事案件的政策与手段不明确，留下了许多后遗症。

雍正至乾隆朝"改土归流"政策的推行，是基于王朝势力强大，而大小土司，"鲜知法纪，每于所属土民，多端科派，较之有司征收正供，不啻倍蓰，甚至取其马牛，夺其子女，生杀任情，土民受其鱼肉，敢怒而不敢言"③。当时的清王朝向土司征收的"钱粮不过三百余两，取于下者百倍。一年四小派，三年一大派，小派计钱，大派计两。土司娶子妇，土民三载不敢婚。土民被杀，亲族尚出垫刀数十金，终身不见天日"④。雍正帝最终决定在四川、陕西、湖广、广东、广西、云南、贵州等省大规模地推行改土归流。由于地方官在贯彻执行政策的时候，并没有按照改流之法"计擒为上，兵剿次之。令其自首为上，勒献次之"的方针进行，而是采用武力压迫及勒献的方法，此举激起一些土司头目的不满，进而联合起来

① （清）英廉等奉敕编《钦定日下旧闻考》卷63《理藩院》，台湾商务印书馆影印文渊阁四库全书本，第498册该卷第27页。
② （清）官修《清世宗实录》卷109，雍正九年八月丁酉条，中华书局影印本，1986。
③ （清）官修《清世宗实录》卷20，雍正二年五月辛酉条，中华书局影印本，1986。
④ 赵尔巽等：《清史稿》卷288《鄂尔泰传》，中华书局，1977，第10230页。

进行反抗，迫使清王朝不得不动用大军进行平定。大小金川之战，前后两次，历时七年，耗费帑银七千余万两，杀张广泗、讷亲、阿尔泰、温福四员大臣，阵亡将士三万余人，所平定之地，不过是纵深仅仅二百余公里的深山荒野，看上去是得不偿失，但改土归流政策得以实施，也使清王朝对西南、西北的控制力得到加强。

乾隆时期，虽然还是本着"损益随时，宽猛互济"①的方针，但是驾驭之道有所改变。乾隆帝认为："驾驭外藩之道，示之以谦则愈骄，怵之以威则自畏。"②因为"驾驭外藩若一味姑息，伊等必致骄肆，自当恩威并用，俾先知所惧，则甚感益深，足以预弭滋事之端"③。其在崇尚武功的同时，也开始总结恩威并用的妙处，"中国抚驭远人，全在恩威并用，令其感而知畏，方为良法"④。在这种恩威并施、偏之以威的方针指导下，对于涉藏案件的处理，不仅发兵进剿成为解决反叛、强盗等重案的手段，而且对于刑事案件的处罚也比前朝更加严厉。如乾隆四十四年（1779），出现藏人惨杀多名撒拉族之案，在处理过程中，乾隆帝对督抚仅将主犯正法的处罚大为不满，认为："惨杀回民⑤五命，且敢将被杀之尸，剥皮支解，凶恶已极，自应将现获各犯严讯明确，即于番境集众正法枭示，庶足以警凶顽而敢残暴"，"至该番头人，虽于事后将凶犯绑缚献出，然其平日约束不严，致所属番人凶横不法若此，自有应得之咎"。⑥在处理此案时，不但不分首从均予正法，为安抚撒拉族群众，还对管束不严的头人进行罚赎，这种严厉在康熙时期是极为罕见的。

（三）恩威不能并济

嘉道时期基本上延续了"偏之以威"的策略，继续对涉藏刑事案件从严处理。如嘉庆四年（1799）"青海贼番于七月中抢去蒙古牲畜等物，并枪毙章京巴特玛五人，带伤九人。又贝勒济克默特伊什，途遇番贼，将伊牲畜抢去二案"发生以后，嘉庆帝随即指示甘肃按察使"广厚带兵到彼

---

① （清）官修《清高宗实录》卷23，乾隆元年七月辛酉条，中华书局影印本，1986。
② （清）官修《清高宗实录》卷555，乾隆二十三年正月丙午条，中华书局影印本，1986。
③ （清）官修《清高宗实录》卷683，乾隆二十八年三月癸酉条，中华书局影印本，1986。
④ （清）官修《清高宗实录》卷1116，乾隆四十五年冬十月壬子条，中华书局影印本，1986。
⑤ 指撒拉族。——笔者注
⑥ （清）官修《清高宗实录》卷1078，乾隆四十四年三月丁亥条，中华书局影印本，1986。

后，须严切晓谕。如该番等心知畏惧，将凶犯及马匹什物，遵谕献出，审明后，即于彼处正法枭示，尚可就案完结。倘抗不遵依，则此等顽梗番人，岂可再事姑容，长其骄志，势不能不略示兵威，使知震慑"①。再如道光十八年（1838），"番贼"朗札纠众滋事，戕害官兵。朝廷最终将擒获的"朗札等五犯，即行正法，传首犯事地方示众，以章国法而儆凶顽"。对于在逃的仁侵策旺等各犯，则仍严饬头人等"查明存亡，另行办理，毋任幸逃显戮"②。

嘉道时期，吏治腐败已经非常严重，不但财政捉襟见肘，百姓生活拮据，而且军队士气低落，此时的八旗铁骑已经是江河日下，再想威主恩辅，已经难操胜算。而吏治腐败，导致"是官无大小，吏无内外，均在以谄持禄，以庸固位"③。在官贪、兵疲、民乱、河决、财困的情况下，清王朝想要宣威示恩，就要承担更多的风险，而恩威并济的方针不能落实到具体事件处理过程中，也就失去了统治的主动性，边疆地区开始出现危机。而不得已为之，就算不断加强朝廷的威慑，也很难扭转其对藏区统治日趋衰弱的形势。

（四）恩威均不能施行

鸦片战争以后，清王朝逐渐陷入内外交困的境地，在多事之秋，不得已对藏区采取姑息的态度，以致藏区也骚然不靖，劫掠频发。清王朝既乏兵可派，又不能平等地对待藏区的各个民族，再加上捻军张宗禹部西进，联合回族，共同反抗清王朝，使青藏各个民族之间的关系极度恶化，民族之间的仇杀此起彼伏。清王朝虽然成功地平息西北的"回乱"，但西北地方社会陷于长期混乱动荡中，兵连祸结，战乱以后社会秩序得到一定恢复，但王朝威严已经不复当年。此后，清政府曾经剿抚并用，试图以恩威并济的方式重现大一统时的威风，却常常适得其反。从这个时期涉藏刑事案件的处理来看，既不能确保王朝的主导权力得以实施，又不能使各民族对其心服口服，而各民族头人公开抗法，拒不到案听从审理的现象则屡见不鲜。

---

① （清）官修《清仁宗实录》卷51，嘉庆四年九月戊辰条，中华书局影印本，1986。
② （清）官修《清宣宗实录》卷314，道光十八年九月辛亥条，中华书局影印本，1986。
③ 陈登原：《国史旧闻》，中华书局，2002，第3册第622页。

因同治战乱所造成的青海藏区失去治理，虽然在名义上得以恢复，但"清朝在甘肃的有效统治正在瓦解"①。不仅是甘肃地区，整个藏区也在清王朝无暇顾及的情况下，失去其有效统治。在这种情况下，涉藏刑事案件的处理，恩威都不能有效施行，只有被动地"开导"，尽量地平息事态，只要不造成大的动乱，便能忍让则忍让，能和稀泥就和稀泥，完全凭借王朝及一些官员的影响力来处理藏区的各种纠纷。

三 恩威并济政策与官僚政治

"法律和政治是非常密切关联着的。人民对于法有所认识，有了习惯和素养，对于权利义务的相对关系有了一些明确的概念，那对于任意蹂躏人权，任意剥削榨取人民的专制官僚政体，就将成为一个阻碍。"② 君主专制主义中央集权制度下的官僚制度，唯上是从与阳奉阴违现象十分突出，剥下奉上与欺下媚上现象也很普遍。

从唯上是从的角度来看，地方官员在处理涉藏案件的过程中，对皇帝的这种偏向必须十分清楚，且必须不折不扣地执行，否则将受到谕令饬责甚至惩处。不妨以乾隆初年和乾隆中后期的事件进行分析。乾隆初年，清廷对待涉藏案件处理的态度受到了康熙和雍正朝的影响，具有偏之以恩的倾向，用乾隆帝的话说，是"慎重妥算为是，而尤以令其革面革心，永保无事为要也"③。负责处理郭罗克聚众抢夺案件的四川提督郑文焕，显然没有领悟皇帝此番话的含义，草率进兵威慑，轻易接受郭罗克土目丹增等的不再侵犯保证，并未对犯案之人严密缉拿，也未对番目及番民采取有效的约束性措施，这就使兴兵威慑未起到作用，安抚的工作也做得不彻底。因此，乾隆帝对这一处置大为不满，认为郑文焕并未尽实力，于是免去其提督一职，将其召回京城，令李质粹接任。由此看来，乾隆帝所谓的"示以朝恩"并非郑文焕此举体现的姑息放纵、敷衍了事，而是在辅以兵威的基础上采取详妥、积极的制约措施，以期达到一劳永逸的效果。乾隆中期之后，皇帝的态度由偏之以恩转变为偏之以威，负责处理案件的地方大员就

---

① 〔美〕费正清编《剑桥中国晚清史 1800~1911》，中国社会科学出版社，1985，下卷第251页。

② 王亚南：《中国官僚政治研究》，中国社会科学出版社，1981，第42页。

③ （清）官修《清高宗实录》卷191，乾隆八年闰四月是月是月条，中华书局影印本，1986。

不能再随便施恩。四川总督开泰便因此丢官。乾隆二十八年（1763），"巴塘地方，番民与喇嘛一气，不服土司，聚众抢取银物"①。四川总督开泰在处理过程中未亲自前往办理，仅命令二名武弁前去了事，也未追究管理喇嘛的堪布约束不严之责，反而予以宽免，转令其代理土司事务。乾隆帝认为边地重案自非一般案件可比，"开泰向来自负读书，于地方事务，毫无断制，以为姑息优容"，"心怀思葸"，还令教唆喇嘛滋事的堪布代办土司事务，实属"措置乖谬"，遂令开泰对该案再严行处理。谁知开泰屡受训谕，不知悛改，仍聊以塞责，以查阅营伍为名逃避。此举深负皇帝信任，遂被革职，"赏给头等侍卫，自备鞍马，前往伊犁，随明瑞办事"②。在涉藏案件的处理过程中，地方官员确实可以根据实际情况采取适当的解决措施，但必须遵守朝廷恩威并施的总方针，并及时了解皇帝对这两种措施的侧重，虽然这种侧重并没有明确而既定的标准。

从阳奉阴违的角度来看，地方官在承办涉藏刑事案件时，经常报喜不报忧，在隐瞒事实真相的情况下，如果不酿成大案、要案，君主往往不能得知真情，也就在错误的情报上作出裁断，实际上致使错误更加扩大。如乾隆初年，"郭罗克番民，恃居险远，屡于口外抢夺夷商"。乾隆帝派四川提督郑文焕前往弹压，而郑文焕奏报"该酋等闻风知畏"，而且是"俱各俯首知罪，矢口输心，请以子侄为质，愿图自效"。这样的情况奏报上来，乾隆帝则认为："看此光景，似易办。"③ 因此在宣示朝廷威严之后，就将兵撤回，以致郭罗克抢掠升级，不得不动用大兵，也没有解决此问题。此时乾隆帝讲："朕因郑文焕曾有军功，是以擢用提督，今闻伊身有病，不能见人。且上年办理郭罗克事不善，而番蛮人等，见有官兵在彼，不过一时畏惧，旋仍多事。"④ 类似这种情况，在清王朝是普遍存在的。

正如王亚南指出："官僚或官吏就不是对国家或人民负责，而只是对国王负责。国王的语言，变为他们的法律，国王的好恶，决定了他们的命运（官运和生命）结局，他们只要把对国王的关系弄好了，或者就下级官吏而论，只要把他们对上级官吏的关系弄好了，他们就可以为所欲为地不

① （清）官修《清高宗实录》卷683，乾隆二十八年三月己卯条，中华书局影印本，1986。
② （清）官修《清高宗实录》卷688，乾隆二十八年六月戊戌条，中华书局影印本，1986。
③ （清）官修《清高宗实录》卷191，乾隆八年闰四月是月条，中华书局影印本，1986。
④ （清）官修《清高宗实录》卷239，乾隆十年四月戊午条，中华书局影印本，1986。

顾国家人民的利益，而一味图其私利了。"① 这段论述，放在清王朝地方官处理涉藏刑事案件问题上，再恰当不过了，因为"这样的非法制的专制主义中央集权政治体制下，督抚用心行事的出发点，不在于为促进本地区的公共利益，而是对皇帝负责；道府州县用心行事的出发点，也不在于致力于本地区社会经济发展，而是对督抚负责"②。正因为在藏区的大小官员，几乎没有从该地区的长远发展考虑，因此在其办理涉藏刑事案件的过程中，也缺乏从根本上消除隐患的态度。得过且过，也就更凸显实质上的不公正，激化各民族之间的矛盾，直接影响了清王朝统治的效果。

以剥下奉上与欺下媚上而言，其乃君主专制主义中央集权制度难以克服的弊端，也是官僚政治的集中体现。从涉藏刑事案件处理来看，地方官不但轻视民意，而且视民如仇雠，残害百姓，欺压人民，"望风承应，惟恐或后，上下之间，贿赂公行，略无畏惮，剥下媚上，有同交易，贪污成风，恬不为怪"③。他们仿佛是身不由己地把平民百姓当作对立面，像一群恶狼一样，冲上去撕扯皮肉，吮吸血液，啃咬骨头，做出许多不可理喻的事情来。例如，白哈罗案件发生，"维西厅守李学诗侦察不明，曲直不分"④。根本不管民众的诉求，对于支持民众的土司也实施镇压，直到事态发展到不可收拾，才将其绳之以法以平民愤，若不是事态扩大，恐怕维西、德钦等地民众，即便是冤沉海底，也得不到申雪。之后承办案件的官员们，唯洋教士马首是瞻，也是采取欺压民众的态度，则可见清廷在处理涉藏刑事案件的过程中，虽然贯彻朝廷的方针政策，但在具体实施过程中很难有长远的打算，更不会为民众着想。

清王朝在处理涉藏案件时贯彻恩威并济的方针，恩多体现为笼络和安抚，威则多体现军事镇压和严厉惩罚，在不同的历史背景和王朝政治与经济力量之下，统治者运用这一方针时的倾向也有所不同。在顺康朝，因王朝建立未久，国力并不强盛，故采取了相对容易取得好的效果的偏之以恩的策略，雍乾朝时，因国力渐强，且对边疆地区的统治业已巩固，故而

---

① 王亚南：《中国官僚政治研究》，中国社会科学出版社，1981，第22页。
② 郭成康：《18世纪的中国与世界（政治卷）》，辽海出版社，1999，第350页。
③ （明）陈子龙等辑《明经世文编》卷21，载邹缉《奉天殿灾疏》，中华书局影印本，1962。
④ 《独龙族简史》修订本编写组编《独龙族简史》，民族出版社，2008，第20页。

倾向于武力威慑和从严处理。之后的朝代均沿袭了这种偏向，但因朝廷对藏区控制力的减弱，使得这种策略的执行并不顺利。但从总体上看，尽管恩威之间时有侧重，二者仍是相辅相成，并行不悖的，对保障藏区稳定，化解具体纷争起到了重要的作用。也应该承认，统治者在此问题上有判断上的失误，而具体承办的官员也没有从本地区长远发展考虑，在具体案件的处理过程中，并没有将恩威并济的政策落实到位。

四　因俗而治的政策

"因俗而治"是历代王朝对于边疆少数民族地区的治理方针。《礼记·王制》云："修其教不易其俗，齐其政不易其宜。"孔颖达疏云："俗谓民之风俗，宜谓土地器物所宜，教谓礼仪教化，政谓政令施为，言修此教化之时，当随其风俗，故云不易其俗。齐其政者，谓齐其政令之事，当逐物之所宜，故云不易其宜。教主教化，故注云：教谓礼仪。政主政令，故注云：政谓刑禁也。"① 这种方针政策虽然历代均有体现，但以"因俗而治"为名，则始见于《辽史·百官志序》，是对辽代实行南北面官制的肯定。《清史稿》卷114《职官志序》云："西北边陲，守以重臣，绥靖蒙、番，方轨都护，斯皆因俗而治，得其宜已。"其认为清王朝比较好地贯彻了因俗而治政策。

（一）因俗而治政策的实施

清王朝统治者十分清楚，用武力征服幅员辽阔的边疆地区后，要在其地建立稳固的统治，必须建立起顺应当地情形的体制。就广大藏区而言，其跨越西藏、青海、甘肃、四川和云南五省，幅员辽阔，并且多年来生活在各个地区的藏族形成了各自的行政制度、社会组织、宗教信仰和生活习惯。如果在藏区强制性地推行与内地一致的行政制度、宗教信仰和社会习俗，将受到来自这些地区的藏族和其他民族的阻力而造成动乱。同时，满族统治者"严华夷之辨"的思想，也使得其与少数民族的感情比较接近。② 因此，清代前期的统治者们都主张在不改变边疆民族

---

① （清）阮元辑《十三经注疏》，中华书局，1980，第1338页。《礼记正义》卷12《王制第五》。

② 参见马汝珩、马大正主编《清代的边疆政策》，中国社会科学出版社，1994，第63页。

地区原有的行政制度、风俗习惯、宗教信仰以及社会组织形式的情况下，因地制宜地采取统治措施，建立统治机构，以稳定边疆，巩固统治。《皇朝藩部要略》中对这一政策进行了形象的概括，称："其于诸藩也，容之如天地，养之如父母，照之如日月，威之如雷霆，饥则哺之，寒则衣之。来则怀之，患则救之，量材而授任，疏之以爵土，分赏斗罚，天子无有私焉。修其教不易其俗，齐其政不易其宜，旷然更始而不惊，靡然向风而自化。"① 正是在这一方针的指导下，清朝对藏区的统治基本获得成功。

因俗而治的政治理念并不是一味地因俗，而蕴含着移风易俗，王朝的教化与政令也要体现在其中，正如乾隆帝所讲："凡督抚大吏，移风易俗，是其专责。"② 然而，"封疆大吏未见其能正己率属，移风易俗也"③。因为"移风易俗，岂易言之，惟应以不息之心，行如伤之政，久道化成可也"④。急功近利的官僚们，谁又肯在需要长期努力，而又不容易见到功效的移风易俗方面下功夫呢？乾隆帝也心知肚明，因此讲："倘为督抚者，一有移风易俗之见，存之于心宣之于口，朕知其不但不能移易乎风俗，而风俗且受其敝。"⑤ 不能将移风易俗原则贯彻到因俗而治之中，就很难收到因俗而治的功效，反而会承受其弊病，这也是清王朝在藏区贯彻因俗而治政策时最容易忽略的问题，即便是在该政策实行得较好的乾隆朝也不能将此落实到位，甚至走了形。如松潘镇总兵每三年一次，"携带赏银，赴番部化导"。实际上就是用钱收买人心，但也不能收到实效，却"今因化导，调集一方，互相猜疑，转启控争之渐。且来者大都附近土司，贪图赏项。其远者，则以往返口粮较多，所得不偿所费，往往藉病不来。化导一事，有名无实"⑥。不能平等地与藏族部落的民众对话，非但不能使其对王朝的政策加以理解，还徒生新的猜疑，可见化导风俗之难，但这一长治久安之道，不能真正落到实处，实乃君主专制主义中央集权政治体制使然。

① 包文汉整理《清朝藩部要略稿本》，黑龙江教育出版社，1997，第2页。
② （清）官修《清高宗实录》卷270，乾隆十一年秋七月乙巳条，中华书局影印本，1986。
③ （清）官修《清高宗实录》卷313，乾隆十三年四月己卯条，中华书局影印本，1986。
④ （清）官修《清高宗实录》卷241，乾隆十年五月是月条，中华书局影印本，1986。
⑤ （清）官修《清高宗实录》卷7，雍正十三年十一月癸亥条，中华书局影印本，1986。
⑥ （清）官修《清高宗实录》卷469，乾隆十九年七月是月条，中华书局影印本，1986。

（二）因俗而治与涉藏刑事案件处理

因俗而治的政治理念，在涉藏刑事案件处理过程中也多有体现。从清王朝对待涉藏刑事案件的态度看，以番制番是最先采用的策略。乾隆十二年（1747）谕旨："苗蛮易动难驯自其天性，如但小小攻杀，事出偶然，即当任其自行消释，不必遵兴问罪之师。但使无犯疆圉，不致侵扰，于进藏道路、塘汛无梗，彼穴中之斗竟可置之不问。如其仇杀日深，势渐张大，或当宣谕训诲，令其息愤宁人，各安生业。亦当相机行事，声威足以慑服其心，使之弭耳输诚，方为尽善。"① 从这番谕令不难看出，清廷对于影响不大的案件，选择容忍而不加干涉，任其按照各自风俗自行化解，就算"仇杀日深，势渐张大"，也要求地方官员处理时以平息纷争为主。这样做的具体原因，一方面是继承康雍朝的"偏之以恩"的传统，另一方面乾隆帝也有自己的考虑，他认为："苗蛮顽梗无知，得其人不足臣，得其地不足守，蜂屯蚁聚，无足深较。"藏区风俗与藏族民众与内地截然不同，不仅民众不会像内地一样轻易服从，而且藏区地域广阔很难管理，于是，以番制番便成为当时统治藏区的最好选择。但是，朝廷的容忍总是有一定限度的，当案件扩大到侵犯内地官兵、疆土，侵扰进藏道路、塘汛等危及王朝的统治时，朝廷则不得不派出军队进行打击。第一次大金川用兵便是如此，乾隆帝在谕令中说："瞻对大金川之事，亦岂好大喜功，实因伊等声势日张，不得不劳师动众。"② 然而以番制番的策略并未因朝廷的发兵进剿而停止，而是在平息动乱的过程中继续运用，只不过之前是运用藏区本土势力进行治理，而此时则是利用其武装力量镇压反叛或者平息骚乱。在平叛行动中，藏区本土武装是可以借助的重要力量。年羹尧、岳钟琪率军进剿罗卜藏丹津叛乱时，西北土司便纷纷参加平叛活动，例如庄浪土司鲁华龄便跟随岳钟琪前往征讨，进攻棋子山，攻克铁包城，并于次年驻防大营湾，兵分两路杀藏民数千人，移兵东向收复黄羊川、南冲寺、不毛山等地。乾隆十二年（1747），迫于朝廷大兵的威势，小金川土司泽旺、土舍良尔吉等呈递文书表示，愿将伙同大金川土司抢夺的鄂克什土司三个寨子归还，并请求派出本寨兵丁和官军一起，征讨大金川。这一请求得到了川

---

① （清）官修《清高宗实录》卷284，乾隆十二年二月癸酉条，中华书局影印本，1986。

② （清）官修《清高宗实录》卷291，乾隆十二年五月乙巳条，中华书局影印本，1986。

陕总督张广泗的同意，使得军队力量得到充实，官兵士气大振。对此，乾隆在谕旨中说："果能自出其力，惩创金川，则所得地方人众，不妨量赏伊等，以示鼓励。以番攻番之策，亦属可行。"① 在处置地方突发的大规模群体性事件时，藏区本土力量也可以协助官府从事维稳工作。如："青海柴达木蒙古旗人杀毙番族头目案"中，西宁办事大臣刘豫师在接到藏族头目的禀报之后，即令县丞温怀章、笔帖式国仁泰随带通事、兵丁等人亲赴其地，对所禀内容进行核实。在缉查之时，委派官员便会同左右翼正副盟长前往，以利用其势力和威信，保障查办过程顺利进行。在汪什代克族境内缉拿合力得为等罪犯时，官员又得到了贝勒拉旺多布吉等人的协助，避免了事态扩大，并将实施杀人行为的罪犯拿获收管。

涉藏案件的处理方式并不拘泥于内地程序，而是允许地方官员因地制宜。乾隆九年（1744），因郭罗克藏民习于为匪，惯为夹坝，扰害行旅，经朝廷发兵问罪，"俱已输诚畏服，认赔抢劫物件"。此时，川陕总督公庆复认为不应继续兴兵，而应"布以诚信，明白告谕，使愚番知儆"，才能根除夹坝的恶风。乾隆帝对所奏表示认同，于是告诫庆复，"其何以令其终不致为恶，则在我之措置得宜，卿到彼因时制宜可耳"②。再如，道光二十五年（1845），西藏喇嘛纠众抢夺，驻藏大臣琦善进行查办，最终将情节较重的喇嘛三十余名定罪处罚，对于其余一百七十八名，"暂交回寺拘管"③，最终"全行免罪，仍督饬噶布伦等饬交各寺堪布领回，严行管束。倘稍有不悛，即由该堪布禀请从重治罪"④。此处对于犯罪情节较轻的喇嘛，朝廷并未一概惩之以内地律法，而是在尊重宗教习俗的基础上，将处理这些人的权限交给寺院堪布行使。堪布可以根据宗教的教规教义对这种行为进行相应惩处，既可以防止量刑不当，也可避免因干涉宗教事务而引起更大纷争的可能。在处理拉卜楞寺与隆务寺的纠纷时，循化厅抚番府的方式也是这一特点的体现。抚番府将法庭搬到了部落中，"陆续调集隆务新旧昂锁、拉卜楞皇仓捏力哇及古的仓工拭卜并该两造僧俗头目、乡老

① （清）官修《清高宗实录》卷 560，乾隆二十四年夏四月乙丑条，中华书局影印本，1986。

② （清）官修《清高宗实录》卷 209，乾隆九年正月是月条，中华书局影印本，1986。

③ （清）官修《清宣宗实录》卷 417，道光二十五年五月己巳条，中华书局影印本，1987。

④ （清）官修《清宣宗实录》卷 420，道光二十五年八月乙未条，中华书局影印本，1987。

等，于光绪二十五年（1899）十二月初八日在卡家寺两造适中地方，会讯互执，喝令将两造头目押交案犯，按律惩办"。后来，在隆务新昂锁和拉卜楞皇仓捏力哇的恳求和具结保释之下，按照番规进行了处理。除了这种通过官府裁定结案的方式外，还允许双方通过合意解决具体案件。如"打日觉属卡与归化寺庄户山林、山路使用权纠纷案"中，双方将纠纷解决提交"吹云会议"，并最终同意遵照其决定执行。这种通过民间组织协调和裁判的纠纷解决方式最后也得到了官府的认可。

涉藏案件的善后处理事宜也具有从俗从宜的特点。例如，在郭罗克抢夺案中，将首从各犯分别惩罚后，大学士鄂尔泰和川陕总督公庆复结合郭罗克的风俗和生产方式等特点，制定了相对合理的善后措施：对于"有荒地可垦，有水草可以孳生羊马"①的部落，责成藏族头目管理，分别藏族民众勤惰情况，予以赏罚；对没有买种子和牛只资金的各寨穷番，朝廷则酌量借给；为防止跨境打牲引起纷争，甚至借打牲为名实施抢劫，规定了打牲限期和参与人数，并要求其于驻汛官处"挂号给票，定限回巢"；对多次出现的越境抢夺蒙古事件，亦按照当地习俗，令郭罗克头目前往蒙古地界与阿里克各部头目集会，要求各方立界定誓，此外，朝廷还将以往的抢夺案件，按盗一赔二俗规罚赔；为便于管理，还选择老成向上之人，颁给土职号纸、顶戴，允许子孙世守。这一系列的措施，不仅在生产生活上顺应习俗，而且对部落的管理及纠纷的解决都作出了合理的安排，对约束郭罗克部众，减少夹坝行为起到了一定的作用。此外，地方官府总结案件发生的规律，对案件处理程序作出的相关规定也体现了对习俗的尊重和运用。光绪二十二年（1896），官府在处理完舟曲黑错四旗仇杀报复案后，地方官就词讼作出了具体规定："旗内词讼由官府派出的衙役长随受理审断，旗内总管参与评讲，总管在各旗头目内公举，赴洮州衙门拈阄后领取木牌，呈土司衙门查验，给照立案，三年一换。"②这种案件的审理程序将内地的司法程序与藏区的习俗相结合，更适应当地审判的实际。

在涉藏案件的处理过程中，因俗而治的做法不仅能适当降低清王朝对藏区事务的管理难度，对于促进藏区稳定和国家统一也具有积极意义。不

---

① （清）官修《清高宗实录》卷217，乾隆九年五月丙午条，中华书局影印本，1986。
② 参见吴景山编《甘南藏族自治州金石录·舟曲永垂不朽碑》，甘肃人民出版社，2001。

过，在该政策的具体实施中，也逐渐出现了一些问题。首先，因俗而治环境下的官府力量发挥受到一定限制。清代虽然在藏区陆续完善行政管理体制，但政治统治和行政管理始终不能像内地般条理顺畅。这固然与地理环境、民族习惯、民族关系、宗教权威等方面因素的纷繁复杂有关，但最主要的因素则在于在因俗而治政策下，中央和地方官府投放的统治成本不足。一系列因俗而治政策的实施，使藏传佛教寺院及其领袖因宗教获得了较大的自治权，藏族部落首领、头人等也在清王朝的认可之下分得了治理地方的部分权力，相对于内地而言，这种权力分散状态下的地方官府的行政权力不仅被大大削弱，而且时常会受到抗衡。如果这种格局不被打破，不对藏族寺院领袖和部落头人的权力进行严格限制，那么就算清王朝的藏区地方行政体制非常健全，其发挥的作用也十分有限。就任藏区的地方官员，或者朝廷为特定任务委派其到藏区处理事务，或者限定其权力，造成地方官员相互推诿责任，也限制了地方官府权力的发挥。这些官员大多将藏区视为畏途，认为在其地任职无异于发配边疆，因而时刻想着返回内地做官，于藏事也很难克己奉公、尽职尽责。清统治者为体恤官员，并不设定很长的任期，大多一两年之内即调回，以至这些官员对藏区风土人情难以达到熟悉的程度。以上因素的共同作用，使得官员处理起涉藏案件来较为生疏，措置不当，或者姑息迁就，任其发展；或者尽力隐瞒，待无法掩盖时则依靠军事恫吓和军事镇压。《循化志》中对这种情况有所记载："循化地处极边，缺分清苦，番回多事，官此者视若畏途。大宪一视同仁，不欲一人独受其苦，又或忽之，为不足重轻之地，故数月辄一易其人。自二十七年以来，署任者皆不及一年，正任或有历二三年者，而广玉则并不及两月也。然番回错处，性既犷悍，而难制势，又逼处而易争，抚驭一失其宜，动滋事变。官既视为传舍，苟安岁月，风土人情毫不熟悉，求其为斯土谋治安之策，盖亦难矣。"① 地方官员无心于政务，不仅加剧了官民之间的隔阂，而且降低了地方官府的行政效能，使官府权威进一步削弱。

其次，官府对习俗的认可，进一步确认了部落头人、盟旗首领和宗教领袖等管理部落事务的合法地位，使得这些群体集中了较大的权力。这种

---

① （清）龚景瀚等撰，李本源校《循化志》卷5《官师》，青海人民出版社，1981，第192页。

民间力量的反复运用必然会淡化以地方官府为代表的官方权威，导致地方
首领一呼百应，进而酿成聚众抢夺、强盗甚至共同对抗中央王朝的恶性事
件。从清代涉藏刑事案件来看，各朝出现的大小叛乱及严重群体性的案
件，似乎都能与此沾上关系。通过地方首领对部落和藏族民众的管理来实
现王朝对藏区的间接控制，这种策略在实际操作中易导致地方官员平时放
任自流，出事后息事宁人的渎职行为。王朝统治者往往是在事情发展到无
法收拾时，才会采取替换官吏并追究相关人员责任的办法加以补救。从整
个清朝历史来看，只有新任官吏才能出众且切实履行职责，才能暂时稳定
社会秩序，但仍不能根本解决问题。要解决这一问题，必须在保护地方风
俗的基础上，实现王朝对藏区的直接管理。从清代对藏区的改土归流来
看，统治者是找对了方法，也获得一些成果，但是由于统治者对藏族民众
的轻视，以及实施层面的巨大难度，这项工作进展得十分缓慢，甚至直到
清末仍未完成。

最后，清王朝在运用因俗而治政策时，过分重视藏区通过自治保持地
区的安宁稳定，而忽视了对藏区的开发和建设，以及社会发展带来的民族
之间的互通有无，导致民族隔离，影响了民族团结和共同发展。清统治者
认为，社会人口流动越少，社会越安宁，生活在一个地区的民族之间的交
往越少，民族冲突越不可能发生。于是，采用各种手段限制藏区经济的发
展，并通过禁令等方式严格禁止藏族民众与内地其他民族之间进行交往和
贸易。例如，清代对"汉奸"的防范和打击便是如此。先是雍正朝对汉民
私入藏区与藏民交易的行为进行严密限制，甚至不惜定重罪严惩。但随着
藏区民众对内地茶叶、布匹及其他货物需求的不断增多，清廷也越发觉得
对这种贸易往来难以控制，于是又对其进行调整。乾隆时的谕旨便称：
"严汉奸出入番地之禁，查汉奸本应查防，但各土司钱谷文移，须人代办，
自行延请，则去留自由，而字识往来，无关轻重，若一切取结详报备案，
地方官势难兼顾。"希望武职官员承担一些责任，"渐次严密稽查，不必多
为禁约，难于遵守。至番民贸易，原难禁绝，惟在员弁严察匪徒出入"①，
对汉人私入番地适度放开。后来，又要求汉民与藏民进行贸易往来时，
"向本地方官领照"。等交易完成之后，"带原照层次缴销，并令各衙门按

---

① （清）官修《清高宗实录》卷 336，乾隆十四年三月壬戌条，中华书局影印本，1986。

次知会"①。对于没有向朝廷申领证照的汉民仍不能私自进入藏区，但朝廷批准的人数总是有限，于是很多内地民人仍旧潜入藏区，以私开歇家、直接交易等方式与藏民进行贸易活动。清廷认为这将严重破坏藏区秩序，于是又捡回了雍正时的严厉规定，如嘉庆十六年规定："嗣后非但通事人等不准私入番地，即内地民人凡有通晓番语者，私自潜往，即系汉奸，亦当普行禁止，以杜勾结。"② 道光二年，又认定"西宁之丹噶尔、哈拉库图、及贵德、循化、巴燕戎格、各属回汉民人，并熟番私贩茶叶火药口粮潜往贸易者，悉属汉奸"③，进一步扩大打击面，道光二十六年（1811）还居然称"办理番案自必以访拿汉奸为首务"④，这种对汉奸的界定和严惩的态度一直到清末也没有多大改变。在这种规定的指导下，地方司法官员在处理涉藏案件的过程中，凡是遇到有汉、回、蒙古私入番境参与实施的，几乎均一致地将其行为按"汉奸"惩处，有些案件甚至对其他民族的惩处反而要重于藏民，"四川理番厅铁布生番抢杀汉民案"，便是这种情形的典型案例。清王朝的这种封禁、分而治之的政策，在一定程度上造成了民族的隔离，不利于各民族的团结和共同进步，也不利于实现藏区和内地经济的发展，因此毫无疑问是具有历史局限性的。

第二节　司法层面的特色

孟德斯鸠认为："中国的著述家们老是说，在他们的帝国里，刑罚越增加，他们越临近革命。这是因为风俗越浇薄，刑罚便越增多的缘故。"⑤ 中国古代司法原则，乃是以"辟以止辟""刑期于无刑""明刑弼教"为最高追求。在这种司法原则下，司法不是目的，其教育的意义才是司法的真谛，这也就决定了古代司法的特色，其不在于如何使用司法权，而是通过司法权来维持社会和谐的局面。

---

① （清）官修《清高宗实录》卷453，乾隆十八年十二月庚子条，中华书局影印本，1986。
② （清）官修《清仁宗实录》卷186，嘉庆十二年冬十月癸酉条，中华书局影印本，1986。
③ （清）官修《清宣宗实录》卷42，道光二年冬十月己酉条，中华书局影印本，1986。
④ （清）官修《清宣宗实录》卷427，道光二十六年三月戊寅条，中华书局影印本，1986。
⑤ 〔法〕孟德斯鸠：《论法的精神》上册，张雁深译，商务印书馆，1961，第83页。

一 法律适用与责任承担

法律适用，即法的外在表现形式。在涉藏案件的处理中，适用的法律形式具有多元化的特点，即藏区的习惯法、清王朝的藏区立法、内地的律法，以及皇帝针对某些案件发布的谕令可以分别或同时为地方官员所引用，作为最终裁判的依据。从司法审判的角度来看，由于每一种法律形式包含数量较多的规则、原则和概念，如果对其效力和适用案件的范围不加辨别，将会给案件的处理带来极大的困难。清代对涉藏刑事案件的处理，并未通过立法对每种法律形式的适用情形和效力范围作出明确的规定，而是在反复的审判实践中，通过地方官员的不断总结，逐渐形成了根据不同案件的性质，适用不同法律形式的规则。

对于涉藏反叛案件，以及严重威胁清王朝藏区或内地安全的人命、强盗案件，主要适用《大清律例》的规定进行处理，并且在大多数情况下适用其中的例及事例规定，而习惯法和清王朝藏区立法的内容在此没有适用的余地。在平息反叛，追究相关人刑事责任时，主要是依据《大清律例》中对"谋反""谋叛"条确立的处罚方式，结合例中的具体规定进行惩处。对于这类重大复杂的案件，负责案件的地方官员也会随时将处理情形奏报皇帝知晓，以及时获得皇帝对于案件的态度。例如在"四川理番厅铁布生番抢杀汉民案"中，因情罪重大，参与人数众多，陕甘总督长麟不敢稍有怠慢，随时请旨办理。这时，可能会出现皇帝谕旨与《大清律例》规定不一致的情况。从法理上看，由于皇帝的谕令是针对某一事件作出的具体规定，属于特别法，而且后于《大清律例》颁布，因此，按照"特别法优于普通法""新法优于旧法"的原则，皇帝的谕令具有更高的法律效力，应当优先于《大清律例》的适用。有时皇帝的谕令会指示按照《大清律例》的规定处罚，这时，司法官员实际上最终适用的仍然是律例的内容。最终，重大犯罪的实施者将受到严厉的刑罚处罚，加之考虑到行为的社会危害性和警戒他人，这种处罚往往是从重从快，绝不姑息。在处理时，《大清律例》中给出了基本的量刑标准，对于反叛的十恶重罪的首犯均适用死刑处置，有"谋反"及"背叛国家，私通外国"行为的，"不分首从皆斩"；若有"逃避山泽、不服追唤"，"抗官拒捕"，"歃血为盟"，"焚表结拜"等谋叛行为的，已行则绞立决，未行则绞监候。例如，"珠尔默特那木扎勒之乱案"中，朝廷最后即对杀害两大臣的首犯罗布藏扎什等人俱凌迟处死，对听从贼首助恶的拉扎卜等俱斩决，对参与扎什喇卜坦等俱绞决，就连惧罪自尽的沙克巴、监毙的拉克滚布均俱行戮尸，与各磔犯一并碎骨，并枭首示众。此外，对于人命、强盗等重大犯罪的首犯也适用斩绞重刑。对于从犯和其他参与者，在惩罚时注意衡量其人身危险性，适用的刑罚主要以流、徒为主。对于游牧民族来说，流刑的惩罚力度相对减弱，因此，在实际处理中，刑罚的执行会在遵守《大清律例》的基础上进行适当变通，以军流或发遣的特殊形式执行流刑。

对于一般的命盗、抢夺等案件，若发生在民族杂居地区，受命于朝廷的地方大员在审理过程中也主要是适用律例的规定，同时，朝廷对于该地区有民族立法的，其内容也能得到适用。此外，由于民族杂居地方在长期交往中形成了特定的习惯，为便宜案件处理，也会对有关习惯予以尊重。例如，"青海柴达木蒙古旗人杀毙番族头目案"中，刘豫师作为朝廷任命的西宁办事大臣，在青海藏区握有最高司法审判权。在处理过程中，对于罪大恶极的首犯，豫师依内地律法予以正法。对于从犯，依据律例的规定应当处以笞杖刑，但豫师认为"番地情形与内地不同，自应稍顺番情办理"①。由于在藏区将鞭刑作为笞杖刑的变通刑罚，故对其"分别鞭责，交该旗本管严为管束"。考虑到蒙藏民族均为长期生活在青藏高原的游牧民族，以牲畜为主要生活资料，因此藏区部落罚服的习惯法也得到了适用。这种习惯法是被清王朝法律规范所认可，并被纳入藏区立法之中的部落习惯。因此，在审判案件时，需要依据清王朝藏区特别立法中对其如何适用的规定。对于罚服的标准，《理藩院则例》"罚九定额"条规定："罚罪九数乃马二匹、犍牛二只、乳牛二只、三岁牛二只、两岁牛一只。"此九数为罚服的基本单位，最高可罚至九九，即八十一匹牲畜。此外，还有按件数罚服的，即针对较轻的犯罪罚较少只数的牲畜，主要有罚牲七（马一匹、犍牛一只、三岁牛二只、两岁牛二只）、罚牲五（乳牛一只、三岁牛一只、两岁牛一只）、罚牲三（乳牛一只、三岁牛一只、两岁牛一只）、罚牲一（两岁或三岁牛一只）。需要注意的是，虽然《理藩院则例》中如此规定，但其在实际罚服数目确定过程中只能作为一种参考，而确定罚服赔

---

① 吴丰培编《豫师青海奏稿》，青海人民出版社，1981，第150页。

偿数额的主要方式仍是双方协商之后的合意。当然，如果双方不能达成一致意见，则需要地方官依据此标准，结合藏区具体情况，以判决形式加以确定。在以上所说的案例中，对于所抢财物返还问题，刘豫师便是依据当地习惯，判决蒙古抢掠之人对藏族加倍偿还。

对于斗殴、伤害等轻微刑事案件，地方官员则主要依据藏区立法和习惯法进行处理。此时，不仅处理案件的主体可以是地方官府、宗教寺院、土司头人，而且处理的程序未加严格限定，只是要求传齐两造，明悉纷争，分清责任。此外，在双方能够协商一致时，由官府等主体调处解决，否则便运用公平原则裁决。在确定纠纷已经解决的基础上，由双方头人等首领出具甘结保证，最终官府以对其他主体裁决认可或判决的形式结案。

二　诉讼程序选择与实施

现代法理学按照内容和形式的不同，将诉讼分为民事诉讼、刑事诉讼和行政诉讼三类。清代的诉讼则主要为刑事诉讼。其中，刑事诉讼是指为了维护正常的统治秩序，由官府衙门行使国家刑罚权，追究从事危害行为者刑事责任的活动，只不过户婚、田土、钱债、赌博、斗殴等行为的财产类案件的刑罚较轻，而反叛、人命、贼盗、奸情、失火、决水、诈骗等案件的刑罚较重。

清代的涉藏案件由于藏区生产方式和历史环境的不同，刑事案件主要是户婚、田土、钱债等财产人口纠纷，以及反叛、人命、强盗、聚众抢夺等刑事犯罪。对涉藏刑事案件的审理，一般严格按照诉讼程序进行，但对户婚、田土、钱债等财产人口纠纷的审理则与内地不同，并非严格适用刑事程序，而是以平息纷争为第一要务，其过程相对随意和简化。例如，"打日觉属卡与归化寺庄户山林、山路使用权纠纷案"中，双方因田土纠纷请求官府处理。地方官仅仅听取了双方的陈述，并简单查阅了执照等证据，便支持了打日觉属卡的主张，对归化寺的堪扎老僧进行了严厉的斥责，要求其退出侵占的林地。同时，官府对侵权或违约之人也非均按刑罚处罚，而是更多地充当类似现代民事裁判中调停者的角色，用平等、公平等原则作出令双方信服的裁判。例如，在嘉庆十八年（1813）"西藏喇嘛与西宁喇嘛互争粮户布施案"中，那彦成便遵循嘉庆帝"对喇嘛应不分红教、黄教一视同仁，秉公剖断"的谕旨，公正、公平地对双方的争议进行裁断，并对西藏委派住持喇嘛和收取布施等问题进行了解决，避免了纷争再起。

此外，由于藏区风俗习惯与内地相异，一旦出现户婚、田土、钱债等财产人口纠纷时，呈诉官府请求解决的情况很少，大多是"遇事格斗，从不报案"，除非械斗造成重大杀伤，一般人命案件也不向官府告诉。因此，就算是因户婚、田土、钱债等财产人口纠纷而起，告到官府之时也多少与刑事案件有所牵涉。对于这样的案件，只要没有严重威胁到地方的稳定和王朝的统治，地方官府仍将其视为刑事案件，使用调处等方式加以化解，对于其中涉及的刑事犯罪，也往往适用藏区习惯法，以赔偿的方式了结。例如，"拉卜楞寺僧众侵占松潘番民寨落案"中，双方虽然互有杀伤掳掠行为，但此案因田土纠纷而起，且并未对地方营汛、道路等构成重大影响，因此，官府将主要精力投在了双方田土权利的确认上，对于互相伤害则依习惯法判处赔偿。对于寺院喇嘛的纷争和轻微违法犯罪，官府则将其交给寺院首领或宗教领袖剖断，并对其处理的结果进行监督。此时，承担责任的最主要形式便是对造成的损失，由加害方以金钱、牲畜或其他财物的方式进行赔偿。

三 司法的原则与目的

从上述案例分析，可以大致了解清王朝对于涉藏刑事案件审理的基本原则，在维持藏区基本稳定的前提下，以平息事态为主，而其最终目的也在于安抚。在具体审理过程中，试图做到令当事人心服口服，即便是在不能令当事人心服的情况下，通过处置一些"首恶"，也要达到以儆效尤的效果。

基于藏区各民族杂处的特点，通过涉藏刑事案件的处理，既要体现君主一视同仁，又要明确君主神圣不可侵犯的权威，是"朕总理天下，无分内外，一视同仁，惟期普天生灵，各得其所"[1]。这当然是冠冕堂皇的话，因其要实现大一统，就必须"逆则讨之，顺则抚之，乃天朝控驭蛮荒之道"[2]。因此维护王朝的大一统乃是处理涉藏刑事案件的最高原则。在这种

---

① （清）官修《清高宗实录》卷261，乾隆十一年三月甲申条，中华书局影印本，1986。
② （清）官修《清高宗实录》卷334，乾隆十四年二月戊子条，中华书局影印本，1986。

原则下，只要是犯罪人能够顺从，就可以免于惩处，这也是有苦衷的，因为"番人越在远徼，不能如内地州县绳以国法"，只有采取"化海约束，使知畏服，庶以儆其将来耳"，毕竟"用兵一事，谈何容易，必当权其轻重，值与不值"①。这种顾虑是可以理解的，但长此以往，不但国法难以加于远徼，即便是适应当地风俗习惯的《番例》也不能得以实施，更使之不知道其上尚有王朝存在，在与王朝分离的同时，王朝失去的不仅是藏区的治理权，还失去了当地各民族的信任，最终导致该地方社会秩序的无序。

君主专制主义中央集权制度决定着君主的所作所为影响法律的制定，同时也左右着法律的实施。在涉藏刑事案件处理过程中，经常可以看到君主直接否决地方官的裁决，这种否决固然是君主出于王朝利益考虑，但也造成了臣下在处理案件时瞻前顾后，不知道依据哪种法律。如嘉庆十七年（1812），布鲁克巴头人携带货物进关时，因为帕克哩营官查诘，该头人的随同人等将正副营官揪殴。当时的驻藏大臣阳春将该头人等问拟斩枭，而刑部议奏之后，又接到驻藏大臣阳春请求将该头人等免于治罪的上奏，原因是"布鲁克巴部长来禀，称营官先持刀向戮，该番民始行抵格"。很显然，驻藏大臣阳春拟罪遇到布鲁克巴部长的反对，才肯上奏更改此前所拟之罪，却没有想到引起嘉庆帝的疑心，认为阳春"似有意偏袒营官"，于是特降谕旨斥责，改派瑚图礼为驻藏大臣承办此案。为此，嘉庆帝召见前任驻藏大臣松筠，得知营官等均系唐古忒充当，而"向来外夷人等与边地营官，及唐古忒等斗殴致毙，均依各部落土俗治罪，并准收赎罚付死者之家"。这样在判决上就存在是依据《大清律例》，还是依据《番例》的问题。为此，嘉庆帝指斥了阳春及理藩院右侍郎时任钦差大臣的庆惠"欺隐舛谬，糊涂不堪，厥咎甚重"，最终将二人"照溺职例革职"。② 瑚图礼到任之后，进行审理，而以争殴改拟了罪名，要将布鲁克巴头人的随同"策忍敦住、郭结、卜琼三犯，仍解回布鲁克巴部落，令该部长分别责惩，择其境内极边苦地发遣"。显然，这次是依据《番例》进行裁断的，也符合嘉庆帝谕旨的精神，但没有想到也受到指责。嘉庆帝认为，"该犯等殴打

① （清）官修《清高宗实录》卷409，乾隆十七年二月己酉条，中华书局影印本，1986。
② 以上引文见（清）官修《清仁宗实录》卷255，嘉庆十七年三月庚寅条，中华书局影印本，1986。

营官，情殊凶横。今营官俱以办理不善褫革，若仍将该犯等解回本部落，其责惩发遣与否，内地无从得知，未免外番无所儆畏"。因此按照《大清律例》的规定，将三犯俱发往云贵极边烟瘴地方充军。然后让瑚图礼"将办理此案缘由，明白檄谕该部落"。这是要该部落明白"大皇帝如天好生之德"，并希望"该夷人等怀德畏威，益矢恭顺"。① 从此案的办理过程来看，原任驻藏大臣阳春依据《大清律例》拟罪，虽然有些过重，但关乎王朝威严，而他在该部长的辩解下更改判决，已经使王朝的法律失去尊严。嘉庆帝试图按照惯例用《番例》来定罪，意在安抚该部落，而后任驻藏大臣瑚图礼也理解了这一精神，按照《番例》拟罪，嘉庆帝则又依据《大清律例》裁决，用皇帝的宽免，以期博得该部落的感恩戴德，却没有考虑到失去尊严的法律，更不能使人信奉它，而只期望"圣明天子"，偌大的一个藏区，完全依靠"圣明天子"裁断，实际上是失控，因为没有固定的法律加以规范。

从清王朝处理一些涉藏刑事案件的过程来看，不仅地方官存在模糊的概念，君主也时常立场不坚定，以至于许多案件并没有体现"明刑弼教"的精神，反而在很大程度上留下后遗症，连统治者自己也不得不感叹："番人性情，反覆靡常。"② 平心而论，许多涉藏刑事案件中藏族固然有主要责任，也不是其性情反复无常所导致的，可以说与性情完全无关，因为清王朝在处理此类案件时一直就没有依照既定的标准，也就是说，凡是涉藏刑事案件均应该依照《大清律例》裁断。然而，清统治者时而依律例，时而依《番例》，自身反复无常，却怪别人反复无常。

第三节　制度层面的寓意

衡量一个制度的合理与不合理，一方面要看其设计，以及当时的设想与事后的修订，是否与当时的社会发展合拍；另一方面则要看该制度实施的情况，是否顺利、有效并促进当时的社会发展。之所以强调"当时"，这里包含该制度在那个时期整个社会组织、政治体系、经济结构之中的运

---

① （清）官修《清仁宗实录》卷259，嘉庆十七年秋七月丙戌条，中华书局影印本，1986。
② （清）官修《清高宗实录》卷67，乾隆三年四月癸卯条，中华书局影印本，1986。

行情况，以及大多数人的思想、信仰、价值观念、行为模式等诸多因素对该制度的评判。因此用"当时"尺度衡量当时的制度，用"当时"社会发展形势考察其具体实施，才有可能作出客观与公正的评价。

一　行政体系的建构

清代对地方进行统治和管理主要借助府、州、县、厅等行政机构及朝廷任命的地方官员来实现。清军入关之后，建立了统一的政权，并迅速在内地设立不同级别的官府衙门，借以执行朝廷政令，管理地方行政事务。但是，藏区的行政建制并非在此时完成的，而是经历了较长的历史过程。清代初期，包括卫藏、康巴、安多在内的广大藏区均处于藏传佛教的广泛影响以及和硕特蒙古固始汗的实际占有之下。为实现对藏区的控制，清廷一开始便注意争取固始汗和达赖喇嘛。不仅允许其继续保持原有势力范围，而且采取多项措施对其进行保护。首先，在藏区实行"兴黄教以安众蒙古的宗教政策"，对达赖喇嘛进行争取，以控制藏传佛教势力，并进而获得蒙古势力的支持。其次，在和硕特蒙古领袖固始汗统辖的西藏以及甘、凉、湟、洮诸边采取羁縻民族政策，将其地仍然交给蒙古控制，对原有土官、国师、僧纲等皆准更换印信，沿袭明朝旧制。顺治二年（1645），皇帝在谕旨中也说："西番都指挥、宣慰、招讨等司万户、千户等官，旧例应于洮河、西宁等处各茶马司通贸易者，准照旧贸易。原有官职者，许至京朝见授职。一切政治悉因其俗。"① 此外，对于蒙古控制外的藏区土司等地方势力，清廷也均令土司原职世袭。可见，清初藏区的行政体制延续了明朝的一些制度，与内地的行政体制截然不同，蒙古实际控制了广大藏区，对该地域内的民刑事案件具有管辖和处理的权限。

随着和硕特蒙古的分裂，以及王朝政权的不断巩固，清廷迫切希望加强对藏区的控制，于是，在顺应历史形势的情况下，逐渐展开了对藏区行政体制完善化的进程。从整个过程来看，许多地方行政建制的重大完善与当时涉藏案件的解决有关。例如，西宁以西、以南及甘南的广大藏区，在清顺治、康熙朝近八十年的时间里一直处于和硕特蒙古的统治之下，使得

---

① （清）官修《清世祖实录》卷15，顺治二年夏四月丁卯条，中华书局影印本，1986。

当地藏民"惟知有蒙古，而不知有厅、卫、营伍官员"①。清王朝的行政权力根本就不能施于藏区，这对于号称"为统一天下之主，凡四海生灵，一视同仁，无分中外"的统治者来说②，是不能容忍的，只是还没有找到合适的机会。雍正二年（1724）的罗卜藏丹津叛乱为清廷加强藏区施政提供了契机。平叛之后，清廷命年羹尧负责善后事宜，遂有了《青海善后事宜十三条》及《禁约青海十二条》奏折，对青海、甘肃地区提出了改革的建议，涉及蒙、藏民族的政治、经济、宗教、军事等方面的制度和政策。年羹尧的奏报被批准后，成为青海藏区改革的依据，并对甘肃、四川、云南藏区的改革具有指导意义，其具体实施也引发了藏区行政建制的重大改变，不仅增设了具有民族自治性质的厅，而且加强了其行政权和司法权。在此不妨以循化厅的设立为例作一分析。

在平定罗卜藏丹津叛乱之后，循化地区的藏、土等族脱离了蒙古势力的控制，清廷遂因俗而治，就在当地建立起官府管控下的土官制度。雍正四年（1726），清王朝采纳川陕总督岳钟琪"农牧分治，二制并行"的建议③，命青海都统达鼐会同西宁总兵官周开捷在循化地区清查田土，安插投降的藏民，并将其暂时隶属河州同知管辖。雍正七年（1729），河州知州奉命建造营汛城垣，奏请赐名"循化"（生番归化之意）。乾隆二十七年（1762），清廷移河州同知于循化营，负责处理一切命盗词讼案件与藏民完纳粮赋事宜，自此循化厅最终形成，统管境内生熟各藏族部落及撒拉、回族等各项事务。应当说，罗卜藏丹津叛乱案件的发生为清廷推行行政体制改革创造了历史时机，在平叛后的善后措施中，清王朝因地制宜地将部分藏区纳入行政管辖范围，改变了以往中央与地方统治权分裂的状态。

对四川嘉绒藏区政治体制改革的主要措施则是改土归流，与甘青藏区一样，这种政策的推行也需要依赖一定的历史时机，而清王朝两次平息大小金川叛乱战役的胜利便为其提供了这样的机会，其中尤以第二次大小金

① （清）官修《清世宗实录》卷20，雍正二年五月戊辰条，中华书局影印本，1986。

② （清）官修《清世宗实录》卷103，雍正九年二月乙巳条，中华书局影印本，1986。

③ "凡切近河、洮、岷州内地番人与百姓杂处者，向通汉语，自归诚后已令改换内地服色，无庸设立土千百户，但就其原管番目委充乡约、里长，令催收赋科。……去州县卫所较远之部落……与切近内地者不同，自应就其原有番目，给与土千百户职衔，颁发号纸，令其管束。"参见（清）龚景瀚等撰，李本源校《循化志》卷1《建置沿革》，青海人民出版社，1981，第24~25页。

川战役之后清廷的改革更为彻底。在第一次大小金川之役后，策楞、岳钟琪在嘉绒藏区推行改土归屯，"在其地设置了杂谷闹、干堡、上孟董、下孟董、九子寨五土屯。同时设理蕃同知，梭磨、松冈、卓克基、党坝、大小金川、沃日等土司均归其管辖"①，使清廷对嘉绒藏区的统治得到加强。第二次大小金川战役之后，清廷又在两金川地区设置厅和粮务：乾隆四十一年（1776）在小金川设立美诺厅，在大金川设立勒乌围厅；四十三年（1778），勒乌围厅改为阿尔古厅；四十四年（1779），裁阿尔古厅，将其并入美诺，并改美诺厅为懋功厅，向上直隶四川省，下辖懋功、抚边、章谷、崇化、绥靖五屯，由川省派驻同知掌管屯务。此外，清王朝还在大小金川地区设置章谷、底木达、大板昭、勒乌围、美诺、噶喇依、马尔邦等七个粮务，分驻经营，支放官兵粮饷。② 设立管理民族事务的直隶厅，加强了对嘉绒藏区的行政管理，而清廷的屯垦策略，又使得朝廷的军事力量得以时常驻扎，促进了地方的稳定。

涉藏案件的处理不仅可以为朝廷在藏区的施政提供必要条件，还能促进藏区行政制度的进一步完善。由于清廷对藏区并没有成熟的统治策略，其制度存在漏洞的地方便容易出现问题。因此清统治者在指令地方大员审理案件时，便要求其注意对制度方面的疏漏进行总结和研究，以便及时弥补和完善。在"青海循化番民勾通蒙古偷窃台吉牲畜案"中，陕甘总督勒保等在查清案件事实，将触犯刑律的蒙藏罪犯审明正法之后，不忘将案件审理过程中出现的"循化、贵德藏区事务管辖权归属"问题向皇帝请旨裁夺。他们发现，"青海地区番子相隔遥远，本不便于交地方官管理，向来由西宁报明内地"③，但内地官员经常因循了事，管理番族时不能尽责，徒使"愚番"恣肆。雍正二年（1724）设立的西宁办事大臣，虽然距离循化、贵德很近，但由于先前确定的职权范围仅限于青海蒙古三十旗和玉树四十族的游牧之地，不能对两地事务进行管控，于是勒保等建议扩大西宁办事大臣的管辖范围，并在循化地区增设同知管辖。皇帝览奏后，认为所

① 李涛：《试析大小金川之役及其对嘉绒地区的影响》，《中国藏学》1993年第1期，第130页。
② 彭陟焱：《乾隆帝对大小金川土司改土归流析》，《西藏民族学院学报》（哲学社会科学版）2007年第4期，第15页。
③ （清）官修《清高宗实录》卷1386，乾隆五十六年九月丁丑条，中华书局影印本，1986。

奏合理，即对此建议予以批准，循化、贵德等处的管辖问题随即解决，西宁办事大臣制度也进一步得以完善。

与此类似的还有很多，仅就涉及的案件而言，对"四川松潘边外生番肆行抢劫案"的处理，便是勘察地形、登记户口且在甘川大路上增设营汛；"四川三艾贼番抢劫达赖喇嘛茶包案"中，将三艾地方分别交给德格土司、巴塘土司和营汛官员管理，并要求营官节制土司。当然，伴随着藏区行政体制的健全，清王朝对涉藏刑事案件的处理能力也逐渐提高。因此，从涉藏刑事案件处理与清朝藏区施政的关系看，涉藏刑事案件的处理为藏区的政治体制完善创造了条件，而藏区施政能力的加强又促进了涉藏刑事案件的解决，二者相辅相成，相互影响。

二　多元化的地方管理体制

"因俗而治"政策使王朝的地方官府力量分散，而地方官员难以尽到职责，对涉藏刑事案件失于措置则进一步降低了清廷在地方的权威，不利于实现朝廷对藏区的全面控制。从藏区的角度来看，藏区秩序在长期的发展中多依赖地方乡土力量的维护，虽然王朝官方力量积极渗透，但仍然因介入时间较短，不能迅速取代民间力量在地方治理中的地位。考虑到这种因素，在实际的政治统治中，清廷对于这些民间力量并未排斥，而是积极延续其组织形式，并极力笼络和利用，以实现对藏区的间接控制。于是，在甘川青滇广大藏区，便出现了土司制度、寺院政教合一制度，以及在青海藏区出现的类似土司制度的千百户制度。

土司制度是清王朝为降低统治成本，利用地方势力而予以保留和推行的，但并非对原有制度不加辨别地沿用，而是因地制宜，对其合理成分加以吸收，并将其纳入行政权控制之下。例如，道光年间，陕甘总督那彦成曾对这种策略进行概括，认为施行土司制度的原因在于"野番插帐边外，居无定所，兼之言语不通，若全任厅、营稽查约束，恐难周遍，不得不以番制番"①。这种"不得不"，是出于无奈，既不能将散居的藏民组织起来，又唯恐土司借此割据地方，而不得已提出分化的措施。"查抚辑边夷之道

---

① （清）那彦成：《那彦成青海奏议》，宋挺生校注，青海人民出版社，1997，第216页。

贵在涣散其党，以孤其势，不可使有偏强偏弱。"① 在具体实施中，清廷积极笼络藏区各种地方势力，对其地原有首领委以土司、千百户等土官，赋予其官府控制下的一定程度的自治权，这种授之以官的方式，既可以达到笼络少数民族首领人物，使其尽忠朝廷，又可以借助其传统权威对部落民众进行管理。同时，对各土官辖界采取清查户口、编制保甲、划分地界的措施，也是在便于管理的同时，客观上实现族群的分化，减弱他们之间的联系，以防止大规模抵抗力量的形成。

在藏区中，实行土司制度的地区主要有西北的甘肃和西南的四川等农业区及半农半牧区域，在青海的牧业区则主要实施与之类似的千百户制度。清王朝对待土司的态度前后有许多变化，顺康年间主要是抚绥；雍正时在改土归流的同时，又有设置新土司的举措；乾隆时则对土司采取了较优厚的政策；但整体上对土司的职权是进行限制的，以至于有的土司不管土民，有的土司只管民政，而军政则掌握在边疆大臣或流官的手中。尽管如此，仍然有一些势力较大的土司及各个游牧部落的千百户们，在管理民政的过程中，对于辖区内发生的涉藏刑事案件拥有一定的缉查和审判的权力。

从涉藏刑事案件处理的角度看，大多数族群内及族群间的轻微刑事案件，都由以土官为主的地方力量负责处理，若民族之间发生的案件超越了单一土司的管理范围，则有可能由双方土司派员会同处理。即使是重大案件，如果涉及分属土司和千百户等管辖的民族，地方官府有时也要求土官一起会同审理。

在土司之外，宗教权威的力量也不可小视。清廷早已敏锐地洞察出藏传佛教对控制藏区民众和巩固边疆的重大作用。正如魏源在《圣武记》中所说，"黄教服，而准、蒙之番民皆服"②。清廷在因俗而治的过程中，也注重维护宗教的权威，注意利用其巨大的感召力和教化作用为自身统治服务。宗教寺院领袖借助人们寻求保佑和慰藉的心理，成为各部落民众精神层面的保护者，进而通过接受部落的主动投靠，成为能够控制和支配部落物质财富的权威。在藏区存在大寺院的地域内，逐渐形成了以寺院为中心

---

① （清）那彦成：《那彦成青海奏议》，宋挺生校注，青海人民出版社，1997，第216页。
② （清）魏源撰，韩锡铎、孙文良点校《圣武记》，中华书局，1984，第219页。

的、超血缘地缘的大联盟，这就使得寺院在部分藏区社会中充当了重要的行政管理者的角色，拥有了半官方的性质，能够对寺院所辖地区和依附的部落范围内的僧侣与部落群众的许多民族纠纷进行处理。在这种体制下，许多朝廷动用政治和军事力量多年仍无法顺利解决的民族纠纷，在宗教的感化和宗教领袖等干预和协调下得以解决，对稳定藏区起到了较好的作用。当然，朝廷对于宗教力量处理的涉藏刑事案件也并非一概接受，而是以案件不威胁统治秩序为条件。如果发生寺院、部落之间大的纠纷或争斗，官府则会及时出面干预和裁断，而不会交给宗教寺院自行处理。

除了上述主体，民间力量还包括活佛、喇嘛、邻里、乡老等有影响的民间人士。这些人的威信多来自道德和法律的认可，负责维护基层乡土社会生活秩序。从清代涉藏案件的解决来看，对于民间纠纷，尤其是户婚田土细末之故，鼠牙雀角至微之争，官府往往无暇顾及，这些冲突的化解一般都交给乡土权威来处理。

总之，借助藏区本土力量的多元化藏区地方管理体制，适度弥补了清王朝在藏区的统治成本投入不足问题，也避免了内地行政体制在藏区的水土不服，减少了不必要的矛盾冲突，为清王朝全面实现藏区直接控制目标提供了可能。但也应该看到，藏区本土力量的管理权限虽然是在王朝控制之下，但有很大的独立自主权力，而这种权力往往超过清王朝设想的自治，成为向外的扩张，各民族也就不能相安无事。当王朝强盛，有足以震慑的统治力时，藏区多元管理体制确实能够起到一定的积极作用；一旦王朝衰弱，无法以强力维持时，这种体制也就失去应有控制，而随着权力的膨胀，便具有脱离王朝控制的可能，而极度的扩张也成为动乱的根源。

三 制度本身的失误

应该承认，清王朝在涉藏刑事案件处理问题上，经过多年的努力，已经构建了相对完善的制度，在很大程度上安定了藏区，维持了藏区各民族之间的和平共处，促进了藏区的经济发展。在处理涉藏刑事案件的过程中，清王朝一直贯彻着君主专制政体不容置疑的原则，由君主掌控最高权力，"必须使遥远的总督或官吏有所恐惧，以防止他们怠忽；法律必须出自单独的个人，又必须按照所发生的偶然事件，不断变更"①。正是在这种原则下，统治者试图通过制度的构建，强化藏区各级流官及土官的责任，以期完善官藏共同参与的体系。这些努力，不能说没有成效，在某种程度上维护了当时藏区社会的稳定。不过，也应该看到，传统的君主专制主义中央集权体制在高度强化的同时，并没有跟上变化了的社会形势。

首先，清王朝在涉藏刑事案件处理方面存在制度上的失误。在改土归流及设置驻藏大臣以后，藏区的治理本来就存在两种体制，而二者之间却没有协调机制。根据《西藏善后章程》《钦定西藏章程》，驻藏大臣有督办藏内事务的权力，其地位与达赖喇嘛、班禅额尔德尼平等，在肯定藏内政教合一制度的情况下，加强了驻藏大臣的权力。在这种情况下，藏内发生的一般刑事案件，则不用驻藏大臣亲自审理，只有重大案件，藏内政教无法解决时，驻藏大臣才参与审理。按照清王朝的原则，只要不是反叛案件，均可以按照藏族习惯法处置。改土归流之后的甘川青滇，即便是有些特殊制度，但在管理层面已经被纳入王朝直接管理的体系，也就与各行省基本一样。当然，按照清王朝的原则，"番人与汉人争斗抢夺等事，仍照例科断。其番人与番人有命盗等案，俱照番例完结"②。涉藏刑事案件如果按照这个原则，在审理上应该不会存在什么问题，但原则仅仅讲到"番人与汉人"，却没有涉及藏区其他民族，这就给审判带来许多困扰。清王朝除了《番例》之外，尚有"回例""苗例""蒙古例"等，如果藏族与汉族以外的民族之间发生刑事案件，就无法回避法律适用方面的问题。在难以裁决的情况下，按照当时的制度，必然要"恭候圣裁"。在君主专制体制下，君威叵测，官僚出于自身的考虑而窥测上意，就不会考虑去追求司法实质上的公正，这也是清代涉藏刑事案件处理之后，很难使当事人双方心悦诚服的原因。固然在强权之下不得不服，但内心的不服最终还是不能解决问题。当事人不能得到公正的裁决，就会失去对朝廷的信任，而在藏区这一特殊的环境下，就会用他们认为可以解决的方式去解决，最终酿成更大的冲突，以致出现民族仇杀。由此可见，涉藏刑事案件处理没有明确的法律及审理制度，这是一种失误。

---

① 〔法〕孟德斯鸠：《论法的精神》上册，张雁深译，商务印书馆，1961，第126页。

② （清）官修《清高宗实录》卷67，乾隆三年四月癸卯条，中华书局影印本，1986。

其次，藏区职官设置存在权责不清的问题，导致涉藏刑事案件难以处理。一般来讲，涉藏刑事案件主要发生在甘川青滇，从高层来看，有陕甘总督、四川总督、云贵总督总理全局，但这些总督辖区甚大，不可能将全部精力放在藏区，故此设有西宁办事大臣专管青海，而其他地区，或设提督、总兵、副将等武官节制，或设府、厅文职机构，其间也存在协调的问题。按照一般的规律，武官节制地方是在出兵镇压时出现的特殊制度，可以归于军事管理，最终还是要过渡到文职管理。由于藏区情况特殊，有些地方一直没有完成过渡，但在名义上文职官员依然有管辖权。在这种情况下，一旦出现重大涉藏刑事案件，在处理问题上就会存在协调问题。按照当时制度的规定，文武官员会同审理往往是必须履行的程序，但在实施过程中却难以协调运作，这固然有制度方面的缺陷，如职责不清、不相统辖、没有统一指挥等；也有人为的缺陷，如重文轻武、规避责任、争名夺利等。按照亚当·斯密"经济人"（Rotional - Economy Man）理论："我们每天所需要的食物和饮料，不是出自屠户、酿酒家和面包师的恩惠，而是出于他们自利的打算。我们不说唤起他们利他心的话，而说唤起他们利己心的话，我们不说我们自己需要，而说对他们有好处。"[1] 从"经济人"理论来对人性进行解读，可以看到中国传统社会，乃是由君主与官僚构成的政治治理结构，君主和官僚是"利己"地来办理各项行政与司法事务。君主虽以百姓生活安定作为现实的政治目标，但其实质是为了自己统治的稳定。而官僚更是临时看管人，他们只关注自己的升官与发财，所谓的天下太平距离他们的利益太遥远，也是他们所漠不关心的，因此要他们认真地去办理涉藏刑事案件，实际上是很困难的，因为他们总是力图通过最小的付出换来最大的回报。官员们发现，无论皇帝督促得多么紧，都可以用欺瞒隐饰的方法加以化解，而不必真正地、费心费力地去考虑当事人的真正冤屈，而真正地用心办理案件，却要承担很大的风险。比如说，有些官员在处理案件时竭力描述藏族如何恭顺，在王师临近时，其纷纷前来投顺，显得自己办事如何果决迅速，此外，还可以通过上下级官员之间的庇护，把险象环生的局面说成和谐社会，进而得到利己的利益。

　　再次，君主专制主义中央集权制度下的官僚政治也影响涉藏刑事案件

---

　　① 〔英〕亚当·斯密：《国富论》，王亚南、郭大力译，商务印书馆，1972，第14页。

的处理。韦伯（Max Weber）在讨论帝国时代的中国历史时，使用了"patrimonial bureaucracy"一词，有的译者把这个词译为"家产官僚制"①。实际上，在韦伯的理论体系中，有两个理想官府类型，一个是传统的"世袭主义君主制度"，一个是现代的"官僚制（又称科层制）"，前者以一个把国家当作统治者个人领地的世袭君主制度为其特色；后者以一个非人格化的，带薪官僚阶层行使专业职能的现代官府为其特色。但是，当韦伯把目光投向中国时，他发现古代中国既有"世袭主义君主制度"的特色，又有"官僚制"的特色，于是他把帝国时代的中国政权称为"patrimonial bureaucracy"，可见，"patrimonial bureaucracy"兼具世袭君主制与官僚制的意思，可以把它译为"君主官僚制"。②此外，孔飞力（Philip A. Kuhn）在《叫魂》一书中也用了"Bureau-cratic Monarchy"一词来表述清代的政治体制，译者将这个词译为"官僚君主制"③。无论是"君主官僚制"还是"官僚君主制"，其内涵都是指在世袭君主统治下的官僚政治体系。在这一体制下，世袭君主是国家的所有者；官僚是君主雇用来为其统治服务的群体，他们自下而上组成一个金字塔式的科层体系，君主坐在金字塔的最顶端，通过操纵这个科层体系来掌握国家大权。涉藏刑事案件的处理，要依靠这个科层体系，但在高度君主集权制度下，必须要由君主协调。从理论上讲，君主身在九重深宫，足不能履藏区一步，固然可以通过臣下奏报及图绘来把握全局，毕竟难以了解真实的情况，在处置方面也难免顾此失彼。在官僚政治下，官吏只对君主和上级负责，很少关注各部门之间的协调，因此各项制度的衔接很容易出问题，而因循守旧的制度又跟不上时代的变化，其中青海与西康迟迟没有上升为省级，也导致涉藏刑事案件难以协调处理。

复次，自上而下的监督机制不能有效监督涉藏刑事案件的处理过程，多如牛毛的"处分例"，使上下级共同承担责任。一人有罪，上下株连，固然可以起到相互监督的功效，却忽略上下级官吏为自身的利益而通同作弊，狼狈为奸，犬狼对峙、猫鼠同眠的现象普遍存在，已经使当时的人们

① 〔德〕韦伯：《儒教与道教》，洪天富译，江苏人民出版社，1995，第48页。
② 〔美〕黄宗智《清代的法律、社会与文化——民法的表达与实践》，上海书店出版社，2001。
③ 〔美〕孔飞力：《叫魂：1768年中国妖术大恐慌》，上海三联书店，1999，第246页。

感到"变幻离奇，不可思议"①。现代政治学理论认为：权力制衡与权力监督是防止公权力滥用的两大利器。权力制衡是指将公权力分为若干部分，由不同的部门执行，以达到相互牵制、彼此约束的目的。权力监督主要指行政机构以外的社会实体对公权力的运行进行监督。只有让公权力处于分立制衡和有效监督的态势之下，公权力的实施才有可能不被个人私利所左右。然而，现代政治的权力制衡和权力监督机制，根基于现代政体自下而上的权力结构模式。现代国家的官府权力来源于全体公民的授予，因此公民有权监督公权力的运作，如果权力的执行者走向公共意志的反面，人民有权通过法定程序罢免其行政职务，取消其行政权力。由于公民基数庞大，而执政者的人数相对较少，因而自下而上的权力结构是一个多数人监督少数人的权力结构。多数人监督少数人，官府权力运行的方方面面都在监督者的观照之下，自然大大降低权力执行者营私舞弊的概率。与现代国家相反，清代君主官僚制是一个自上而下的权力分配体制，坐在权力金字塔最顶端的皇帝只有一个人，而其下的中央大员及各省督抚有数十人；道府一级的官员有几百人，州县一级的官员有上千人。在这个体制中，基数庞大的广大农民只是被管理者，没有话语权，他们不能监督官府权力的运作；而有监督权力的上层，只是少数人。这是一个少数人监督多数人的权力结构，尤其是真正关心皇权利益的，只有皇帝一个人。以一人之力察天下官僚，自然挂一漏万，因此绝大多数的公权力运作处在无监督或监督极少的状态之下。既然没有有效的监督，就无怪乎地方官吏们在处理涉藏刑事案件过程中，虚应故事、营私舞弊了。

最后，在决策者认识的偏差方面，既有专制君主易于受蒙蔽的原因，也有统治者自身的局限，更有决策者错误地估计形势。"专制政体存在一个带有普遍意义的矛盾：专制的政治形式不但要求官对君主和上司负有政治责任，还要求官本身负有政治责任，因此对官这一政治角色提出很高的要求。在理想中的官应该是忠君爱民，尽善尽美；但现实的官却不可能无私无虑地做到尽善尽美。事实上，这些官不但存在着普通人所不可避免的缺点和弱点，甚至在有些方面还低于常人的水准。这种理想中完美的官与现实中平庸的官之间的差距，不但成为专制政体不可解决的难题，也成为

---

① （清）张集馨著，杜春和、张秀清整理《道咸宦海见闻录》，中华书局，1981，第127页。

滋生政治腐败的土壤。"① 理想中完美的官要想在官场上立脚，必须有违心之行；现实中平庸的官要想在官场上立脚，也必须有伪装。讲实话祸在眼前，说假话福在久远，上下都在隐瞒真情，统治者所得到的信息往往是虚假的，在这种虚假的信息基础上作出决断，越是正确，所造成的后果越是严重。比如说乾隆时在对郭罗克部族抢掠案的处理上，四川提督郑文焕多次上奏郭罗克易于驾驭，先锋一到，"该土目等，自相举报，擒贼献赃"。最终导致乾隆帝的"看此光景，似易办"的判断，最终使事态难以控制，而大小金川之役虽然惨胜，其所留下的后遗症，不仅给之后的藏区治理带来困扰，至少不敢轻易言兵，也给涉藏刑事案件处理带来许多难题。

满洲贵族统治经过百余年的发展，达到鼎盛时期，在广阔的版图内，中国各民族的统一进一步加强，专制统治空前提高，社会经济、文化发展也达到高峰，"满族人完全有理由为他们以独特方式重建了传统的帝国制度而骄傲，他们虽被视为夷狄，却以为自己设计的有效措施解决了中原王朝面临的困境"②。"从这种也许目的论色彩过于浓厚的意义上说，中国战乱之后的复苏并未真正解决其整体性的缺陷。"③ 这种缺陷一是不受任何制约和监督的皇权，二是皇帝的绝对权威与个人崇拜，三是血雨腥风的文化专制，四是极端专制政治决定了最高决策系统无法实现民主化、法制化和科学化。④ 恰恰是这些缺陷，直接影响了涉藏刑事案件的处理，实际上不受任何制约和监督的皇权才是政治腐败的根源，而腐败大大激化了阶级矛盾和民族矛盾；绝对权威与个人崇拜，压制人民自身存在的主动性和积极性，使他们不愿意与官府合作；文化专制禁锢中国人的思想，使人们不能也不敢去了解世界，而是逆来顺受；最高决策系统无法实现民主化、法制化和科学化，使决策者出现重大的、历史性的失误。

---

① 柏桦：《明清州县官群体》，天津人民出版社，2003，第33页。
② 〔美〕魏斐德：《洪业：清朝开国史》，陈苏镇、薄小莹等译，江苏人民出版社，2003，第6页。
③ 〔美〕魏斐德：《洪业：清朝开国史》，陈苏镇、薄小莹等译，江苏人民出版社，2003，第408页。
④ 参见郭成康《18世纪的中国与世界·政治卷》，辽海出版社，1999，第407～408页。

参考文献

一 史料类

《清世祖实录》，中华书局影印本，1986。

《清圣祖实录》，中华书局影印本，1986。

《清世宗实录》，中华书局影印本，1986。

《清高宗实录》，中华书局影印本，1986。

《清仁宗实录》，中华书局影印本，1986。

《清宣宗实录》，中华书局影印本，1987。

《清文宗实录》，中华书局影印本，1987。

《清穆宗实录》，中华书局影印本，1987。

《清德宗实录》，中华书局影印本，1987。

《清朝通典》，浙江古籍出版社影印本，2000。

光绪《大清会典》，台湾新文丰出版公司据清光绪二十五年原刻本影印。

《独龙族简史》修订本编写组编《独龙族简史》，民族出版社，2008。

《西藏研究》编辑部：《西藏志·卫藏通志》，西藏人民出版社，1982。

（清）邓承伟：《西宁府续志》，青海人民出版社，1982。

（清）多卡夏仲·策仁旺杰：《颇罗鼐传》，汤池安译，西藏人民出版社，1988。

（清）龚景瀚：《循化志》，李本源校，青海人民出版社，1981。

（清）龚自珍：《论青海事宜书》，上海广百宋斋光绪十七年校印本。

（清）会典馆编《钦定大清会典事例·理藩院》，赵云田点校，中国藏学出版社，2006。

（清）李桓：《期献类征初编》，清光绪十年至十六年刻本。

（清）梁章钜：《枢垣记略》，中华书局，1984。

（清）刘豫师：《豫师青海奏稿》，吴丰培编，青海人民出版社，1981。

（清）那彦成：《那彦成青海奏议》，宋挺生校注，青海人民出版社，1997。

（清）年羹尧：《年羹尧奏折（专辑)》，台北故宫博物院印行，1971。

（清）阮元等编《十三经注疏》，中华书局，1980。

（清）沈之奇：《大清律辑注》，法律出版社，2000。

（清）松筠：《钦定新疆识略》，文海出版社，1965。

（清）魏源撰，韩锡铎、孙文良点校《圣武记》，中华书局，1984。

（清）文孚：《青海事宜节略》，魏明章标注，青海人民出版社，1993。

（清）吴宏：《纸上经纶》，康熙六十年自刻本。

（清）吴长元：《宸垣识略》，北京古籍出版社，1983。

（清）许栋辑：《牧令书》，清道光二十八年刊本。

（清）薛允升：《读例存疑》，光绪三十一年京师刊本。

（清）杨应琚：《西宁府新志》，青海人民出版社，1987。

（清）英廉：《钦定日下旧闻考》，台湾商务印书馆影印文渊阁四库全书本，第498册。

（清）张集馨：《道咸宦海见闻录》，杜春和、张秀清整理，中华书局，1981。

（清）张彦笃：《洮州厅志》，成文出版社，1970。

（清）赵尔巽：《清史稿》，中华书局点校本，1977。

（清）周蔼联：《西藏纪游》，中国藏学出版社，2006。

（清）周钟瑄：《诸罗县志》，台湾文献丛刊第141种。

包文汉整理《清朝藩部要略稿本》，黑龙江教育出版社，1997。

陈乃文、吴从众：《西藏门隅地区的若干资料》，中国社会科学院民族研究所，1978。

陈燮章等辑《藏族史料集》，四川民族出版社，1983。

杜文凯编译《清代西人见闻录》，中国人民大学出版社，1985。

多杰才旦主编《西藏封建农奴制社会形态》，中国藏学出版社，1996。

格桑卓噶等编译《铁虎清册》，中国藏学出版社，2002。

季永海等译校《年羹尧满汉奏折译编》，天津古籍出版社，1995。

金晖：《中国西藏社会历史资料》，五洲船舶出版社，1995。

刘海年、杨一帆主编《中国珍稀法律典籍集成》，中国社会科学出版社，1994。

青海省编辑组：《青海省藏族蒙古族社会历史调查》，青海人民出版社，1985。

任乃强：《西康图经·境域篇》，新亚细亚学会社，1933。

田涛、郑秦点校《大清律例》，法律出版社，1999。

王玉平译：《藏文历史资料译文选》，中国社会科学院民族研究所民族学研究室，1984。

吴丰培：《清代藏事奏牍》，中国藏学出版社，1994。

吴景山编《甘南藏族自治州金石录》，甘肃人民出版社，2001。

西藏社会科学院西藏学汉文文献编辑室编《西藏奏疏》，中国藏学出版社，2006。

西藏社会历史调查资料丛刊编辑组编《藏族社会历史调查》，西藏人民出版社，1987。

西藏研究编辑部编辑《清实录藏族史料》，西藏人民出版社，1982。

西藏自治区档案馆：《西藏历史档案荟粹》，文物出版社，1995。

西南民族学院民族研究所：《嘉绒藏族调查资料》，1984。

张济民主编《青海藏区部落习惯法资料集》，青海人民出版社，1993。

张荣铮等点校《大清律例》，天津古籍出版社，1993。

张荣铮等点校《钦定理藩部则例》，天津古籍出版社，1998。

张羽新主编《清朝治藏法规全编》，学苑出版社，2003。

赵云田：《清代理藩院资料辑录》，全国图书馆文献缩微复制中心印制，1988。

赵云田点校《钦定大清会典事例·理藩院》，中国藏学出版社，2006。

哲仓才让：《清代青海蒙古族档案史料辑编》，青海人民出版社，1994。

中国社科院中国边疆史地研究中心：《蒙古律例·回疆则例》，全国图书馆文献缩微复制中心印制，1988。

周润年、喜饶尼玛译注《西藏古代法典选编》，中央民族大学出版社，1994。

周希武：《玉树调查记》，吴均校注，青海人民出版社，1986。

周希武：《玉树县志稿》，成文出版社，1968。

二　档案类

《青海省档案馆所存西藏和藏事档案史料目录》（1724～1949），中国藏学出版社，2002。

第一历史档案馆藏《宫中朱批奏折》。

第一历史档案馆藏清代档案《民族事务类·全宗》。

甘肃省图书馆藏《办理河南野番禀详底稿》，索书号：629.65 309.01。

甘肃省图书馆藏《论办河南番务函札》，索书号：629.65/292。

青海省档案馆藏《会办番案详报拟结折稿》，档案号：7—永久—2925。

青海省档案馆藏《西宁府为查办中库、孟达争山一案情由的详》，档案号：7—永久—3096。

青海省档案馆藏《循化厅同知黄为遵化旦仓调解给双朋红布番目老人等的谕》，青海省档案馆，档案号：7—永久—2670。

青海省档案馆藏《循化厅同知为调节卡家、隆哇番案给隆务寺昂锁等的谕》，青海省档案馆，档案号：6—永久—268。

青海省档案馆藏《循化厅为沙沟与卡家寺争佃上宪台的禀》，青海省档案馆，档案号：7—永久—2945。

青海省档案馆藏《循化厅详报处理中库番子与孟达山撒回争斗事》，档案号：7—永久—3094。

青海省档案馆藏《循化厅于光绪六年五月十八日批郡王的禀》，青海省档案馆，档案号：7—永久—4391。

中国藏学研究中心、中国第一历史档案馆等编《元以来西藏地方与中央官府关系档案史料汇编》，中国藏学出版社，1994。

中国第一历史档案馆藏《军机处上谕档》。

中国社会科学院边疆史地研究中心：《清代理藩院资料辑录》，全国图书馆文献缩微复制中心，1988。

中国社会科学院民族研究所：《西藏门隅地区的若干资料》，内部铅印本，1978。

三　著作类

〔德〕韦伯：《儒教与道教》，洪天富译，江苏人民出版社，1995。

〔法〕孟德斯鸠：《论法的精神》，张雁深译，商务印书馆，1961。

〔美〕费正清：《剑桥中国晚清史 1800～1911》，中国社会科学出版社，1985。

〔美〕黄宗智：《清代的法律、社会与文化——民法的表达与实践》，上海书店出版社，2001。

〔美〕孔飞力：《叫魂：1768 年中国妖术大恐慌》，上海三联书店，1999。

〔美〕魏斐德：《洪业：清朝开国史》，陈苏镇、薄小莹等译，江苏人民出版社，2003。

〔英〕亚当·斯密：《国富论》，王亚南、郭大力译，商务印书馆，1972。

柏桦：《明清州县官群体》，天津人民出版社，2003。

柏桦：《中国政治制度史》（第三版），中国人民大学出版社，2012。

曾国庆：《清代藏史研究》，西藏人民出版社、齐鲁书社，1999。

陈光国：《青海藏族史》，青海民族出版社，1997。

陈庆英：《藏族部落制度研究》，中国藏学出版社，2002。

陈庆英：《蒙藏关系史大系·政治卷》，外语教学与研究出版社、西藏人民出版社，2002。

陈庆英主编《藏族部落制度研究》，中国藏学出版社，1995。

丹津班珠尔：《多仁班智达传——噶锡世家纪实》，汤池安译，郑堆校，中国藏学出版社，1995。

郭成康：《18 世纪的中国与世界（政治卷）》，辽海出版社，1999。

华热·多杰：《藏族古代法新论》，中国政法大学出版社，2010。

黎宗华、李延恺：《安多藏族史略》，青海民族出版社，1992。

马汝珩、马大正主编《清代的边疆政策》，中国社会科学出版社，1994。

那思陆：《清代中央司法审判制度》，北京大学出版社，2004。

那思陆：《清代州县衙门审判制度》，中国政法大学出版社，2006。

瞿同祖：《清代地方官府》，法律出版社，2003。

孙镇平、王丽艳：《民国时期西藏法制研究》，知识产权出版社，2006。

孙镇平：《清代西藏法制研究》，知识产权出版社，2004。

王亚南：《中国官僚政治研究》，中国社会科学出版社，1981。

星全成、马连龙：《藏族社会制度研究》，青海民族出版社，2000。

星全成：《藏族社会制度研究》，青海民族出版社，2000。

徐晓光：《藏族法制史研究》，法律出版社，2001。

徐晓光：《藏族法制史研究》，知识产权出版社，2004。

徐晓光：《清代蒙藏地区法制研究》，四川民族出版社，1996。

杨士宏：《藏族传统法律文化研究》，甘肃人民出版社，2004。

张其勤：《清代藏事辑要》，西藏人民出版社，1983。

赵云田：《清代治理边陲的枢纽——理藩院》，新疆人民出版社，1995。

洲塔：《甘肃藏族部落的社会与历史研究》，甘肃人民出版社，1994。

四 论文类

白廷举：《土族习惯法探析》，《青海民族学院学报》2002 年第 3 期。

陈柏萍：《藏族传统司法制度初探》，《西北民族学院学报》1999 年第 4 期。

陈光国、徐晓光：《清朝对青海蒙藏民族的行政军事诉讼立法初探》，《青海民族学院学报》1991 年第 2 期。

陈光国：《民主改革前的藏区法律规范述要》，《中国社会科学》1987 年第 6 期。

陈光国：《试论藏区部落习惯法中的刑法规范》，《西北民族学院学报》1997 年第 3 期。

陈鸣钟：《清朝前期中央政府对西藏地方政治制度、宗教制度的改革》，《史学月刊》1960 年第 1 期。

陈文仓：《玉树藏族部落习惯法初论》，《青海民族研究》2004 年第 1 期。

陈志刚：《清代前期珠尔默特那木扎勒总理藏政研究》，《求索》2006

年第 6 期。

戴燕：《西宁办事大臣述略》，《青海民族大学学报》（社会科学版）1992 年第 1 期。

多杰：《藏族部落纠纷解决制度探析》，《青海民族学院学报》1999 年第 3 期。

多杰：《关于藏区民间法文化现象的透析》，《青海民族学院学报》2004 第 1 期。

多杰：《浅谈藏区环保习惯法》，《青海民族研究》2003 年第 3 期。

多杰：《浅谈藏族习惯法中"命价"的意义及其适用原则》，《青海民族研究》1993 年第 1 期。

多杰：《玉树藏族部落法规职能初探》，《青海民族学院学报》1991 年第 4 期。

佴澎：《在博弈中走向和谐——清代云南藏族纠纷解决机制研究》，《云南农业大学学报》2008 年第 1 期。

冯海英：《传统与现代：论安多藏族牧区社会冲突治理——基于两类常见纠纷的思考》，《西藏研究》2010 年第 4 期。

顾建华：《清朝时期的"青海衙门"及其对重大刑事案件的审判》，《青海民族研究》1992 年第 4 期。

顾效荣：《清代设置驻藏大臣简述》，《西藏研究》1983 年第 4 期。

何峰：《〈番例〉清王朝对青海藏区的特殊法律》，《青海社会科学》1997 年第 3 期。

何峰：《〈番例〉探析》，《中国藏学》1998 年第 2 期。

何峰：《从〈番例〉看藏族千百户制度》，《青海民族学院学报》1998 年第 2 期。

何峰：《从〈番例〉看清王朝对青海藏区的管理措施》，《青海社会科学》1996 年第 6 期。

何峰：《从藏族谚语看藏族部落制度》，《青海社会科学》1991 年第 5 期。

何峰：《论藏族部落的赔偿制度》，《青海民族学院学报》1996 年第 4 期。

何峰：《论藏族传统的天断制度》，《西北民族学院学报》1996 年第

4 期。

何峰：《论西藏基层官吏的法律地位》，《西藏研究》1993 年第 3 期。

后宏伟、刘艺工：《藏族习惯法中的神明裁判探析》，《西藏研究》2010 年第 5 期。

后宏伟：《藏族习惯法中的调解纠纷解决机制探析》，《北方民族大学学报》2011 年第 3 期。

胡秋妍：《浅析藏族婚姻习惯法》，《四川民族学院学报》2011 年第 6 期。

胡小鹏、高晓波：《国家权力扩张下的近代藏边民族纠纷解决机制——以甘青藏边多民族聚居区为例》，《西北师大学报》（社会科学版）2012 年第 1 期。

黄奋生：《清代设置驻藏大臣考》，《边政公论》1941 年第 2 期。

贾烯儒：《试论藏区部落习惯法的文化成因及其改革》，《攀登》1997 年第 2 期。

焦利：《清代对西藏地方行政管理的法律成果考察》，《国家行政学院学报》2008 年第 5 期。

匡爱民、黄娅琴：《藏族习惯法中的惩罚性赔偿规则研究》，《中央民族大学学报》2012 年第 1 期。

李凤珍：《清朝对西藏与四川、青海、云南行政分界的勘定》，《西藏研究》2001 年第 1 期。

李虹：《藏族习惯法在藏区草山纠纷解决中的作用与困境》，《甘肃高师学报》2011 年第 4 期。

李明香：《果洛藏族部落习惯法浅议》，《西北民族大学学报》2004 年第 1 期。

李鹏年：《西藏摄政阿旺降白楚臣被控案与裁禁商上积弊章程》，《中国藏学》1999 年第 4 期。

李涛：《试析大小金川之役及其对嘉绒地区的影响》，《中国藏学》1993 年第 1 期。

李自然：《试论乾隆对回民的政策——兼评李普曼〈论大清律例当中的伊斯兰教和穆斯林〉》，《西北民族研究》2005 年第 1 期。

刘艺工、刘立卫：《关于甘南藏族婚姻习惯法的实证分析》，《法制与社会发展》2009年第6期。

刘志：《清王朝管辖西藏地方的立法制度述评》，《青海民族研究》2006年第2期。

隆英强：《本土民族法文化的价值与内涵——以藏族赔命价习惯法对我国刑事司法的贡献为视角》，《中南民族大学学报》2011年第4期。

隆英强：《藏族习惯法中的"赔命价"制度——兼论原生态藏族赔命价习惯法与中国的死刑存废问题》，《原生态民族文化学刊》2010年第4期。

隆英强：《浅谈五世达赖喇嘛时期的〈十三法典〉》，《西北民族大学学报》2005年第1期。

吕士朋：《清代的理藩院》，《中国史学论文选集》第三辑，1983。

吕士朋：《清代理藩院——兼论清代对蒙藏回诸族的统治》，《东海大学历史学报》1977年第1期。

马连龙：《论罗卜藏丹津叛乱的前因后果》，《青海社会科学》1993年第1期。

马青连：《清代理藩院之司法管辖权初探》，《思想战线》2009年第6期。

马汝珩、马大正：《论罗卜藏丹津叛乱与清王朝的善后措施》，《新疆大学学报》（哲学社会科学版）1980年第3期。

牟军：《近代西藏地方司法制度简述》，《现代法学》1993年第5期。

那仁朝格图：《试述清朝对青海蒙藏民族地方的立法》，《内蒙古社会科学》2008年第1期。

牛绿花：《对藏族部落习惯法中妇女地位及财产继承权问题的探讨》，《西北民族大学学报》2004年第6期。

牛绿花：《略论〈钦定西藏章程〉及其历史意义》，《青海民族研究》2009年第1期。

潘志成：《藏族社会传统纠纷调解制度初探》，《贵州民族学院学报》2009年第1期。

彭建英：《试论清朝的治藏方略》，《西北史地》1997年第2期。

彭宇文：《关于藏族古代法律及法律文化的若干思考——借鉴梅因〈古代法〉进行的研究》，《法学评论》2004年第2期。

彭陟焱：《乾隆帝对大小金川土司改土归流析》，《西藏民族学院学报》（哲学社会科学版）2007 年第 4 期。

申新泰：《清朝中央政权对西藏行政体制和宗教制度改革述评（续）》，《西藏民族学院学报》1996 年第 2 期。

申新泰：《清朝中央政权对西藏行政体制和宗教制度改革述评》，《西藏民族学院学报》1996 年第 1 期。

史筠：《清王朝治理西藏的基本法律——〈西藏通制〉》，《民族研究》1992 年第 2 期。

宋赞良：《从乌拉差役看西藏农奴制下的"人权"》，《中国藏学》1988 年第 4 期。

苏钦：《〈理藩院则例〉性质初探》，《民族研究》1992 年第 2 期。

孙镇平：《西藏"赔命金"制度浅谈》，《政法论坛》2004 年第 6 期。

索南才让：《藏传佛教对藏族民间习惯法的影响》，《西北民族大学学报》2004 年第 2 期。

唐萍：《部落习惯法对青海藏区社会生活的影响及对策分析》，《青海民族学院学报》2003 年第 4 期。

田莉姝：《清朝民族立法特点之研究》，《贵州民族研究》2003 年第 4 期。

王辅仁：《略论清朝前期对西藏的施政》，《清史研究集》第二辑，中国人民大学出版社，1982。

王立艳：《清代"从俗从宜"治理西藏的法律思想与实践》，《中央政法管理干部学院学报》2000 年第 4 期。

王希隆：《年羹尧〈青海善后事宜十三条〉述论》，《西藏研究》1992 年第 4 期。

王玉琴、德吉卓嘎、袁野：《藏族民间调解的脉动》，《西藏大学学报》2011 年第 4 期。

王志刚：《试论清朝政府治理藏族地区的法律措施》，《西北政法学院学报》1984 年第 4 期。

王忠：《中央政府管理西藏地方的制度的发展》，《历史研究》1959 年第 5 期。

王锺翰：《试论理藩院与蒙古》，《清史研究集》第三辑，1984。

文格：《藏族习惯法在部分地区回潮的原因分析》，《青海民族研究》1999 年第 3 期。

吴丰培：《清代驻藏官员的设置和职权》，《中央民族学院学报》1981 年第 1 期。

吴健礼：《略论清朝对西藏地方的主权》，《西藏研究》1983 年第 4 期。

吴密：《"汉奸"考辨》，《清史研究》2010 年第 4 期。

辛国祥、毛晓杰：《藏族赔命价习惯与刑事法律的冲突及立法对策》，《青海民族学院学报》2001 年第 1 期。

星全成：《〈钦定藏内章程二十九条〉及其意义》，《青海师范大学民族师范学院学报》2005 年第 11 期。

星全成：《清朝治理蒙藏方略之得失》，《青海社会科学》2007 年第 4 期。

熊征：《藏牧区刑事和解初探——以甘南藏族自治州为例》，《西北师大学报》2011 年第 6 期。

徐晓光、陈光国：《清朝对"蒙古例"、〈理藩院则例〉的制定与修订》，《内蒙古社会科学》1994 年第 3 期。

徐晓光、周健：《清朝政府对喇嘛教立法初探》，《内蒙古社会科学》1988 年第 1 期。

杨多才旦：《藏区草山纠纷的成因、危害及对策》，《西藏研究》2001 年第 2 期。

杨华双：《嘉绒藏区习惯法中的司法制度》，《西南民族大学学报》2005 年第 4 期。

杨士宏：《藏族部落习惯法传承方式述略》，《青海民族学院学报》2004 年第 1 期。

泽勇：《清代三岩及其相关事件》，《西藏研究》2011 年第 5 期。

张济民：《藏区部落习惯法对现行执法活动的影响及对策建议》，《青海民族研究》1999 年第 4 期。

张济民：《浅析藏区部落习惯法的存废改立》，《青海民族研究》2003 年第 4 期。

张晋藩：《清朝民族立法经验浅析》，《国家行政学院学报》2011 年第

1 期。

　　张锐智、黄卫：《论藏传佛教精神与司法权威的结合——藏族"赔命价"处理模式改革探析》，《中国政法大学学报》2011 年第 6 期。

　　张羽新：《驻藏大臣政治地位和职权的历史考察》，《中国藏学》1998 年第 2 期。

　　张云：《钦定藏内善后章程二十九条的形成与版本问题》，《民族研究》1997 年第 5 期。

　　张云侠：《略论清代驻藏大臣的设置、职权及有关问题》，《社会科学研究》1985 年第 3 期。

　　周伟洲：《清代甘青藏区建制及社会研究》，《中国历史地理论丛》2009 年第 7 期。

　　卓嘎：《〈铁虎清册〉产生的背景及内容》，《中国藏学》，1992 年特刊。

附录　理藩院禁令

理藩院军律【例13条】

藩军律001：国初定

派令出兵规避者，王等罚马百匹，札萨克贝勒、贝子、公七十匹，台吉五十匹。所属全旗俱不往者，按军法治罪。违期约一日不至者，王罚马十匹，札萨克贝勒、贝子、公七匹，台吉五匹。迟误数日，按日倍罚。

藩军律002：国初又定

出征将官马骑瘦者，王罚马三十匹，札萨克贝勒、贝子、公二十匹，台吉十匹。

藩军律003：国初三定

擅杀降人隐匿者，王等罚十户，札萨克贝勒、贝子、公七户，台吉五户。被人首告者，王罚马十匹，札萨克贝勒、贝子、公七匹，台吉五匹，给出首人，令赴愿往旗分。其为首杀人者斩，仍罚牲畜三九，余人免死罚三九，皆给予降人所投之王贝勒等。若所投未定，则以一半给出首人，余入官。

藩军律004：国初四定

凡邻旗有警而不率所属甲兵速即议征者，王罚马百匹，札萨克贝勒、贝子、公七十匹，台吉五十匹。

藩军律005：顺治三年题准

若得出征人遗失马驼各物及逃人者，皆收养送还，隐匿不送者，以盗论。

藩军律006：康熙十三年题准

蒙古王、贝勒、贝子、公、台吉等遇敌交锋，他旗败遁，一旗王、贝

297

勒等力战，有裨于他旗者，将败遁旗分之王、贝勒、贝子、公、台吉，各撤出一佐领人丁，给予力战之旗。他旗皆战，一旗败遁者，将一旗之王、贝勒、贝子、公、台吉，革去爵秩，废为庶人，所有佐领人丁，尽给力战之王等。若一旗内一半攻战，一半败遁，将败遁之王、贝勒、贝子、公、台吉，革去爵秩，废为庶人，所有佐领人丁，尽给本旗力战之人。如一旗内半旗无计前进，半旗攻战败遁，将败遁之王、贝勒、贝子、公、台吉，革去爵秩，废为庶人，所有佐领人丁，尽给本旗无罪之王、贝勒等，其力战之王、贝勒等各给赏。若各旗未及整备，而一旗之王、贝勒、贝子、公、台吉，独能准备攻战，按其功之大小，获之多寡给赏。凡旷野交战，王、贝勒、贝子、公等，及领兵官弁，不按队伍，轻入敌阵，或见敌兵单少，不行问明，擅自奔驰者，将所乘之马，并此次所获人口入官。凡列阵攻战时，须从容纵马，各按队伍前进，若不按队伍前进，尾附他队，或杂本伍入他伍，或他队皆进立视不前者，各按所犯治罪，罪重者斩。凡队伍排齐之后，毋得稍前稍却，如敌兵败阵，令壮丁健马追北，王、贝勒、贝子、公、管旗章京等，毋得突前，必树旗整队后，再行追蹑。若追者或遇伏兵，或遇游兵，王、贝勒、贝子、公等再行接战，起兵时各按纛分队而行，乱行者，回取什物者，醉者，喧哗者，随所见闻惩责。如有一二人离纛行走，拿送该旗札萨克管旗章京处论罚。夜行毋鸣螺，毋哗，违者罪之。行兵之际，有一二人离伍抢掠被害者，将妻子入官，该管官治罪。失火者斩，不许拆毁庙宇，不许妄杀平人，抗拒者击，投顺者抚。其俘获之人，不得剥取衣服，拆散夫妇。至不堪俘获者，亦毋得伤害剥取衣服。俘获之人，毋令看守马匹。凡出征王、贝勒等，务平定地方，救济生民，严禁官兵，不许抢掠，不许陷害良民，平定之日升赏。若纵兵抢掠，指民为贼，妄行杀戮者，从重治罪。与敌人合战时，有将堕马之人救出，与以马骑者，系公以下、副都统以上酬马十匹，参领、轻车都尉以下六匹，庶人二匹，均于堕马人名下取给。

藩军律007：康熙十三年定

札萨克王、贝勒等，不整理军器，至期会之处，察出何旗兵丁器械残毁恶劣，即将本旗该管札萨克罚俸六月。台吉之兵丁人等器械残毁恶劣，罚牲畜五。其盔尾甲背无名牌，军器自马绊以上无名牌者，罚牲畜三；马不烙印不系名牌者，罚牝牛一头；梅针大箭兔叉鲍箭上无名字者，罚牡牛一头，各给拿获之人。

藩军律 008：康熙十三年又题准

官员擅杀投降人者，为首绞，余人革职，罚三九。

藩军律 009：康熙十五年题准

差出从征官员，规避者革职，罚三九，交与该管王等，仍令充兵押赴出征。领催、兵丁人等鞭一百，仍遣往军前。

藩军律 010：康熙十五年定

军兵有犯边者，王、贝勒、贝子、公、台吉等，无论管旗不管旗，将各户口收敛，一面率领合属兵丁，速赴侵犯之处，一面行文邻近旗分，即领兵公同救援，齐集后共商进讨。若于侵犯之处，不速赴集，及邻近旗分之王等奉调，不即领兵赴援者，皆革爵。

藩军律 011：康熙十五年又定

凡奉差出兵之札萨克王、贝勒、贝子、公、台吉等，不亲身前往者，革爵，仍令从军。不全将旗人带往者，以军法论。于所期约地方，一日不到者，罚俸三月；二三日不到者，罚俸六月；四日不到者，罚俸九月；五日以上者，罚俸一年。

藩军律 012：康熙十五年三定

奉文出兵将官马骑瘦者，王、贝勒、贝子、公、台吉，无论管旗不管旗，皆罚俸六月。无俸之台吉，仍照例罚马十匹。

藩军律 013：同治二年议定

饬调官兵马匹，迁延玩误者，罚俸三年。

内蒙古部落禁令【例 27 条】

内蒙禁 001：顺治七年题准

外藩人出境，令在本旗管旗章京处陈明，违者，将失察之管旗章京、副章京、参领、佐领、什长，一并议处。如偷卖马匹被人执送者，以其半给执送之人。

内蒙禁 002：顺治十四年题准

固伦公主亲王以下，县君公以上，或以朝贡，或以嫁娶及探亲等事来京者，皆报院请旨，不得私来。

内蒙禁 003：康熙五十一年覆准

喀喇沁、杨树沟、雅图沟、大波罗树等处产铅，察明地方，令其开矿。属内地者，由民人开采。属蒙古地方者，由蒙古开采。户部及理藩院各委贤能司员一人监视，其所定课，即令每年纳铅交于钱局，但不许造房种地，致滋事端。

内蒙禁 004：康熙五十六年覆准

翁牛特、巴林、克什克腾交界地方树木，行文三旗，各令本旗协理台吉、管旗章京、副章京等，公同验勘，分为三分，明立界限，如有越界砍伐树木者治罪。将分定界限，令各造印簿，送院备考。

内蒙禁 005：康熙六十一年奏准

喜峰口、雅图沟、庙儿岭、白马川等处产铅，委内务府部院司官各一人，会同砍木人等开采。

内蒙禁 006：雍正元年奏准

现在各处之矿，皆令封禁，雅图沟等处铅矿，一例禁止开采。

内蒙禁 007：雍正元年议准

公主等下嫁蒙古，成婚之后，久住在京，与蒙古无甚裨益。嗣后公主等下嫁蒙古，非奉特旨留京者，不得过一年之限。若因疾病事故不能即往者，奏明展限。

内蒙禁 008：雍正六年定

王、贝勒、贝子等，有前往五台山诵经礼拜者，随往之人，王不得过八十人，贝勒、贝子不得过六十人，照例给予进口印票。

内蒙禁 009：雍正六年又定

内外札萨克蒙古，皆令由山海关、喜峰口、古北口、张家口、独石口、杀虎口出入，入关口时，均告明该管官弁，详记人数，出口时，仍令密对原数放出。若有置买物件，报院转行兵部，给予出边执照。除此六边口外，别处边口，不准行走。

内蒙禁 010：嘉庆十一年奏准

嗣后下嫁蒙古之格格等，除已逾十年后遵例来京外，如实系有紧要事件来京，务先呈明札萨克报院奏准，方许来京。或该母家实有事故，令其来京，由该母家王公报院奏准后，行文该札萨克，准令来京，其未逾十年呈请来京者不准。如未经呈报该札萨克，私自来京及往他处者，令该札萨克严行查禁。倘该札萨克任听格格等私自往来，一经查出，除将格格、额驸一并治罪外，并将该札萨克照失察例议处。如格格额驸托故来京，或往他处，该札萨克扶同捏报者，格格、额驸各罚俸二年，该札萨克罚俸一年。

内蒙禁 011：嘉庆十六年议准

嗣后格格等实有紧要事件奏明来京，自到京之日起，限六个月催令起程，并将起程日期报院。格格等回游牧后，札萨克亦将格格到游牧日期，声明报院。如因病进京调理者，亦自到京之日起，限六个月起程，倘届期不能痊愈，母家于限内报院，再展限六个月，若仍不能痊愈，由该母家详细声叙报院，具奏请旨。此次定例后，如格格等仍有进京逾限者，将该母家王公及札萨克一并参处。

内蒙禁 012：嘉庆二十年谕

近年蒙古渐染汉民恶习，竟有建造房屋，演听戏曲等事，此已失其旧俗，兹又习邪教，尤属非是。著交理藩院通饬内外诸札萨克部落，各将所属蒙古等妥为管束，俾各遵循旧俗，仍留心严查，倘有游民习学邪教，即拿获报院治罪。

内蒙禁 013：嘉庆二十二年定

王、公、台吉，若非额驸，即照本身职衔书写，毋得滥称额驸。

内蒙禁 014：嘉庆二十二年又定

蒙古地方寄居民人，择其良善者，立为乡长、总甲、牌头，专司稽察，有踪迹可疑之人，报官究办。如有作奸犯科者，将该乡长等一并治罪。

内蒙禁 015：嘉庆二十三年谕

嗣后格格等之父母，如有年逾六旬者，著五年准其进京。

内蒙禁 016：嘉庆二十三年奉旨

近日蒙古王公，豢养优伶，大改敦朴旧习，殊为忘本逐末，嗣后各蒙古部落挑取幼丁演戏之事，著永远禁止。

内蒙禁 017：道光三年谕

凡聘与蒙古额驸之宗室王公等之格格进京归省，嗣后毋庸拘十年之例，果有正事情愿来京者，即报院察核，如无捏报情节，即准其进京，事毕，该院催令即回游牧，如有推故逗遛不回者，指名参奏。

内蒙禁 018：道光七年奏准

喀喇沁、土默特等旗，除前经奏准开采煤窑，仍照旧开采外，其未经奏准出煤山场，著永远封禁，不得私招民人开采，以杜流弊。

内蒙禁 019：道光十六年奉旨

嗣后蒙古人，止准以满洲、蒙古字义命名，不须取用汉人字义。

内蒙禁 020：道光十九年定

蒙古公以上谒见钦差大臣，若事系因公，均按仪节行礼，毋得滥行跪拜。

内蒙禁 021：道光十九年又定

王、公、台吉等，不准延请内地书吏教读，或充书吏，违者照不应重私罪议处，书吏递籍收管。

内蒙禁 022：道光二十三年定

各旗蒙古及喇嘛等出境，于各管官名下发给票据，并移咨交界各旗，派员巡查，如有私自出境者，勒令回归本处治罪。其地方交界，并责成各该管官巡查，如有别旗无业蒙古隐迹其间，立即逐回该旗治罪，仍将容留之蒙古，量予责惩。

内蒙禁 023：道光二十四年定

内札萨克各旗，除旧有煤窑烧锅外，不得擅请增开，违者严参治罪。

内蒙禁 024：道光二十四年又定

王、公、台吉等，不准将属下之阿勒巴图，彼此馈送，违者罚俸斥革，授受同科，所馈仍归本主。

内蒙禁 025：咸丰三年谕

蒙古人起用汉名，又学习汉字文艺，殊失旧制，词讼亦用汉字，更属非是。著理藩院通谕各部落，嗣后当学习蒙文，不可任令学习汉字。

内蒙禁 026：咸丰六年奏准

喀喇沁地方停止开采金矿。

内蒙禁 027：光绪二年奏定

蒙古公文呈词等件，不得擅用汉文，违者照例科罪。其代书之人，递籍管束，若事涉词讼，代写汉呈者，无论有无串通教唆情事，均按讼棍律治罪。

外蒙古部落禁令【例 17 条】

外蒙禁 001：康熙二十一年题准

额鲁特、喀尔喀等人谢恩，不得过二百名，若来人众多，分为数次。

外蒙禁 002：康熙二十四年题准

喀尔喀进贡人违禁得罪者，大事照内例治罪，小事行文札萨克处，令交所罚牲畜。

外蒙禁 003：康熙二十六年覆准

兴安后济达齐老地方，禁止巴尔呼私进哨地游牧。

外蒙禁 004：康熙二十六年又覆准

嗣后著喀尔喀车臣汗严禁所属，毋得擅入哨地游牧。

外蒙禁 005：康熙二十八年议准

喀尔喀台吉从人，在库尔齐呼地方违禁放枪游猎者，该台吉罚五九牲畜，从人鞭八十。

外蒙禁 006：康熙三十一年覆准

喀尔喀等每札萨克，各颁给律例一册。

外蒙禁 007：乾隆四十八年谕

嗣后喀尔喀各汗王等，于本旗所属之阿勒巴图内，拿乌拉廪给作为达尔汉犹可，若非本旗所属，任意越旗拿乌拉廪给，则断乎不可，将此传谕喀尔喀各蒙古等知之。

外蒙禁 008：乾隆四十八年又谕

喀尔喀汗王札萨克等，皆赖属下人等供应以为生计，若属下人等无所交纳，该汗王札萨克等必不能度日，即内札萨克等亦皆如是。若于意外恣意过累属下，与无故越旗骚扰攒凑勒索不法等事，一经告发，必当照例治罪。将此通行晓谕喀尔喀四部落汗王札萨克等，嗣后务须体恤属下蒙古，除照例收纳所属之外，断不可恣意苦累，及越旗侵扰。

外蒙禁 009：嘉庆二十二年奏定

青海所属奎屯、希哩鄂伦布、曲玛尔屯次、三卡迤西十余里蒙古地面，设卡伦五处，中间草地各立鄂博，蒙古番子俱不准越境，以免滋事。

外蒙禁 010：嘉庆二十二年定

番子抢掠蒙古之案，于生番内设立千户、百户，责令稽查管束，每年查开户口丁数，报厅存案。倘有逃往别处，及潜留蒙古，句结窃盗等事，立赴厅营禀报，知而不举，照例治罪更换。

外蒙禁 011：嘉庆二十二年又定

蒙古内有将人户施舍喇嘛寺院者，并有被番子裹去及自往番族存住者，均宜清查归还原旗。其察罕诺们汗旗下有存留番子，亦令交出归还本族，不得私相留住。

外蒙禁 012：道光二年议准

乌梁海地方哈萨克，聚至数千户，即严行驱逐，毋任再潜入内地。

外蒙禁 013：道光二年奏定青海番子事宜

一、蒙古衣帽均有定制，如有服用番族式样者，即拟发遣。甚有假冒野番，随同抢掠者，一经拿获，即行请旨正法。

一、蒙番歇家，毋令有代蒙番销赃，及代买违禁货物。或有奸徒私充歇家者，从严治罪，店舍入官。

一、青海西北产鱼盐之地，准穷苦蒙古领照运售，其沿边回、汉人等，概不准私赴口外，挖盐捉鱼。

一、循化、贵德等处野番，惟阿里克一族，系奏明搬至河北，其余如有纠众过河，即发烟瘴地方充军。但犯抢夺，不分首从，一概请旨正法。

一、番户众多，其部落在千人以上设千户一名，百人以上设百户一名，千户之下设百长四人，百户之下设百长二人，其不及百户之部落设百长一人，遇有缺出，在各旗内公举承充，不得据为世职，强以子孙承袭。

一、野番穷苦者，该千百户长于所管界内，劝谕垦种，俾资养赡。

一、番地不准奸商夹带硝磺，私行售买。

外蒙禁 014：道光十四年奏准

四爱曼蒙古等，多以打牲为业，现已弛禁鹿茸，即可随时赴城售卖，于蒙古生计有益。

外蒙禁 015：道光十八年奏定青海番族章程

一、该番等安插后，宜遵照界址住牧，不得侵占别旗。

一、该番等远出打牲，恐不肖番子句引，应著落百户、百长、番目等管束，仍令该郡王不时稽察。

一、该番等宜照现在清查户口住牧，不得招引玉树各族番子前来。

一、该番等每年交纳贡马银两，照旧输纳，其从前拖欠银两，分年清厘以免积欠。

一、该番等照依蒙古易粮之例，按季赴青海大臣衙门领票，易买粮茶。

一、该番等既住蒙古界内，即与蒙古一律防范游牧，如遇番贼行抢，协同蒙古兵堵御。

一、该番等既住青海地方，令该郡王稽察，傥不安本分，按律惩办。

一、该番等除例应贡马兵差外，傥有苛派差徭，暨不肖章京等苦累番民，将该章京并郡王、百户、百长、番目等，按例究治。

外蒙禁 016：道光十九年定

喀尔喀四部落应出差使，不准擅行私议更张，违者，照不应重私罪例分别议处。

外蒙禁 017：道光十九年又定

喀尔喀四部落已授职台吉，及正项佐领下人等，不准资助呼图克图喇嘛商上为徒，违者，本人还俗，该札萨克等照违制律议处。

西藏禁令【例 9 条】

藏禁 001：乾隆五十八年奏准

西藏地方与廓尔喀、布鲁克巴、哲孟雄、宗木等处部落，皆系接壤，向来外番人等，或来藏布施，或讲论事务，达赖喇嘛发给书信，原无禁例，但相沿日久，毫无稽察，甚至卫藏地方紧要事务，亦并不关白驻藏大臣，辄私行往来通信，彼此关说，弊窦丛生。将来遇有廓尔喀禀请之事，均由驻藏大臣主持，与达赖喇嘛、班禅额尔德尼前呈进土物等事，亦令驻藏大臣代为酌定回谕，方可发给。平日如有关系地方事件，及通问布施，均报明驻藏大臣，听候办理。至布鲁克巴素信红教，每年遣人来藏，至达赖喇嘛等呈递布施，哲孟雄宗木、洛敏达等小部落，如差人来藏布施通问，亦应立法稽查，以昭体制。嗣后各外番部落差人来藏者，均由边界营官查明人数，禀明驻藏大臣，验放进口，并令江孜、定日驻扎备弁，实力稽查。其到藏瞻礼后，所有各该部落禀达驻藏大臣，由驻藏大臣给谕具呈达赖喇嘛等禀帖，俱应呈送驻藏大臣译出查验，由驻藏大臣与达赖喇嘛将谕帖酌定给发，查点人数，再行遣回。其噶布伦虽系达赖喇嘛管事之人，不准与各部落私行通信，即各部落有寄信噶布伦者，亦令呈送驻藏大臣，与达赖喇嘛商同给谕，仍不准噶布伦等私行发给。傥有私相往来暗通信息之事，驻藏大臣即将该噶布伦革退，以示惩儆。

藏禁 002：乾隆五十八年议准

藏内各寨番众供应乌拉人夫马匹，本为急公起见，向来达赖喇嘛、班禅额尔德尼及用事亲族并大呼图克图等，往往听受富户大族恳求属托，即给予免差照票。又，噶布伦戴琫及大喇嘛所管之庄佃人户，亦多恳求牌票，或免差徭，或免税赋，未为公允，节经奉有谕旨，令粮官等务须平给价值，设法招徕，是以该处番民，踊跃从事，其从前番众藉有照票，规避不前，最属疲玩积习。嗣后严加查禁，将各处免差照票，概行缴销，务使徭役均平，不得专派穷番，致滋苦累。如实有劳绩者，令达赖喇嘛告知驻藏大臣，方准给票。至番民挑定额兵者，仍由驻藏大臣及达赖喇嘛，于挑兵时发给照票，填写住址名字，免其门户差使。如有事故革退，即将原票缴销，该兵等既可专心操演，亦可杜藉端规避之弊。

藏禁 003：乾隆五十八年又议准

嗣后凡遇蒙古王公等延请喇嘛者，令西宁办事大臣行文赴藏，再由驻藏大臣给予执照，并咨明西宁办事大臣，庶彼此各有关会，来往时日，皆可按照而稽，永杜私相往来之弊。

藏禁 004：乾隆五十八年三议准

卫藏地方，番俗相沿，遇有唐古特番民争讼，及犯人命窃盗等事，多系罚赃减免，原不能按照内地律例科罪，但仍其旧例，亦必须按其罪名之轻重，定罚赎之多少。近年以来，该管之噶布伦朗仔等，剖断不公，意为高下，遇有家道殷实之人，于议罚本例外，加至数倍，并不全数归公，侵渔肥橐，又或怀挟私嫌，竟将偶犯小过之人，捏词回明达赖喇嘛，辄行抄没家产。嗣后罚赎多寡，按照向来旧例译写一本，交驻藏大臣衙门存案，如有应议罪名，总须回明驻藏大臣，核拟办理。其查抄家产之例，除婪索赃数过多，回明驻藏大臣酌办外，其余公私罪犯，俱令凭公处治，严禁私议查抄之弊。

藏禁 005：乾隆五十八年四议准

藏内噶布伦，向由达赖喇嘛拨给房屋，原俾养赡身家，兼资办公，自应照内地衙署廉俸之例，俾现充之人居住管理，一经事故出缺，交代后任，方为允协。若噶布伦等据为己有，则更换一人，又须另拨一分，商上房屋庄田有限，势必不敷分拨，且非核实办公之道。嗣后噶布伦、戴琫等应得官房庄田，随任交代接替，毋许侵占。

藏禁 006：乾隆五十八年五议准

喇嘛等按期支领钱粮，原为随时养赡之资，既不容稍有冒混，亦毋许稍有克扣，方为慎重钱粮体恤众僧之道，若豫期支放，不但喇嘛等易滋浮冒蒙混之弊，即经手之人，亦难保无藉端舞弊之处。嗣后令按期支食，不许丝毫豫领，交济隆呼图克图随时查核。若因严禁豫领，或至短少克扣，即将支放之人，查明究治，以除积弊而归核实。

藏禁 007：道光元年奏定

哲孟雄部长来藏熬茶，八年一次，届期不来，亦听其便。如未至八年，即行斥驳。如请来卓木避暑，即随时批驳。

藏禁 008：道光四年奏定

青海地方，凡有北口各部落蒙古喇嘛，赴藏熬茶，十人以上仍留原处请票，十人以下无票出口者，由西宁何处营卡行走，即责令该营卡官弁，查验人畜包物数目，报明青海衙门，核给执照，一面移咨驻藏大臣查照，将票缴销。回时由驻藏大臣发给路票，在青海衙门查销。

藏禁 009：道光二十八年覆准

四川省西南通藏大路，及与土司草地连界等处，严定界阯，不准商民越界典当夷地，以杜争端。

喇嘛禁令【例 30 条】

喇嘛禁 001：顺治十四年题准

格隆班第等，如为人治病，必告知达喇嘛，限定日期，方许前往。若有私往违限，并擅宿人家，或藉端留妇女于寺庙者，皆依律治罪。再，游方之徒，不得擅留，违者亦治罪。

喇嘛禁 002：顺治十五年题准

喇嘛徒众，除院册有名外，不得增设。

喇嘛禁 003：顺治十七年题准

归化城喇嘛有事往额鲁特、喀尔喀地方者，均令具题请往，都统不时稽查，毋许妄为。额鲁特、喀尔喀往来人，格隆班第等亦不许擅留，违者治罪。

喇嘛禁 004：康熙元年题准

外藩蒙古八旗游牧察哈尔蒙古等，欲送家人为喇嘛徒弟，及留住外来之格隆班第，皆令开具姓名，送院注册，违者坐以隐丁之罪。

喇嘛禁 005：康熙五年题准

在京喇嘛等奉使达赖喇嘛地方，擅带彼处班第等回来者，罪之。

喇嘛禁 006：康熙十年定

唐古特喇嘛徒众，非奉旨不许私来。

喇嘛禁 007：康熙十年题准

凡喇嘛将自己家奴，及受他姓送到之人作为班第，并容留无藉之格隆班第者，将该管之达口喇嘛革退，罚牲畜三九，格隆班第等各罚三九。如内地家人，作为班第，送与喇嘛处，或隐匿在家，及容留无藉游行之格隆班第者，将都统以下，领催以上，同本人一并交部分别议处治罪。再，外番蒙古地方，除册籍有名之喇嘛外，其游牧之喇嘛班第，皆令驱逐，倘不行驱逐，或隐匿容留，及将各该属家奴私为班第者，事发，王、贝勒、贝子、公、札萨克台吉等，各罚俸一年；无俸之台吉，罚马五十匹入官，仍革职；闲散鞭一百；该管之王、贝勒、贝子、公、台吉等，各罚俸九月；都统、副都统等，各罚牲畜一九；佐领、骁骑校各罚二九；领催、什长各鞭一百。所罚牲畜，给首告人三分之一，如经属下家奴首出，即准开户，将私为班第及收留之喇嘛班第，勒令还俗，拨回本旗，给还原主。其八旗游牧察哈尔马厂人等有犯，亦照此例。

喇嘛禁 008：康熙十年又定

凡蒙古地方骁骑壮丁，不准私为乌巴什，违者，照私为格隆班第例治罪。其年老残废丁册除名之人，愿为乌巴什者听。

喇嘛禁 009：康熙十年三定

蒙古妇女，不准私为齐巴罕察（即尼僧），违者，亦照私为班第例罪之。

喇嘛禁 010：康熙四十二年谕

以民田展修庙宇，有关民生。嗣后凡修庙有碍民地者，著永行禁止。

喇嘛禁 011：雍正三年题准

洮、岷地方喇嘛，以治病禳灾为名，诓骗蒙古，即令札萨克严禁。如果治病有益，分别保留，其余一概逐回原籍。嗣后有隐藏者，发觉，将札萨克等一并议处。

喇嘛禁 012：雍正六年议准

五台山乃名山清净佛地，若埋葬尸骨，有污净土。嗣后喇嘛、僧、道、旗民、蒙古人等骨殖，禁止送往五台山埋葬。如外藩蒙古达喇嘛等，有愿将骨殖送往五台山埋葬者，该部具奏请旨。其本处喇嘛僧道尸骨，亦令其在远处埋葬。

喇嘛禁 013：乾隆四十年奉旨

向来台吉等不准私当喇嘛，但蒙古等素敬佛教，若台吉中有愿当喇嘛者，亦可不必禁止。嗣后无论内札萨克、喀尔喀、额鲁特、土尔扈特台吉内，有以愿当喇嘛报院者，即照所请，准其充当喇嘛，俟年终汇齐奏闻。

喇嘛禁 014：嘉庆二十二年定

蒙古各部落呼毕勒罕绰尔济喇嘛等，系乾隆五十八年设立金奔巴瓶以前出世，奏准有案者，准其报院代奏请安。如在设立金奔巴瓶以后出世，并无奏案者，不准请安。

喇嘛禁 015：嘉庆二十二年又定

喇嘛呈请劄付度牒者，由院给予，年终汇奏。

喇嘛禁 016：嘉庆二十二年三定

喇嘛班第等私自逃走，自行投回者，初次鞭六十，二次鞭八十，三次鞭一百，革退。拿获者，鞭一百，革退。

喇嘛禁 017：嘉庆二十二年四定

喇嘛寺院，不准开设棚厂店口。

喇嘛禁 018：道光十年奏定

西藏喇嘛世家，与番民一体当差纳赋。其实有劳绩，应免徭役者，由驻藏大臣给票准免。严禁各商上私给免票。

喇嘛禁 019：道光十一年谕

呼图克图喇嘛等，与随从阿哥之谙达太监交结，殊属不合。著理藩院转饬该呼图克图喇嘛等，嗣后傥有此等事件，一经查出，除将该谙达太监等严行加罪外，定将该呼图克图喇嘛一并治罪，决不宽贷。

喇嘛禁 020：道光十七年谕

呼图克图，嗣后除喇嘛事务仍准管理外，所有喇嘛蒙古交涉事件，止应将人证送旗转解，不准传讯取供，以符定制而杜侵越。

喇嘛禁 021：道光十九年定

内外札萨克汗、王、贝勒、贝子、公、台吉、塔布囊及闲散王、贝勒、贝子、公之子，有未及岁充当喇嘛者，将系第几子充当，随时报院。

喇嘛禁 022：道光十九年又定

喇嘛班第等，但宿于无夫之妇人家，无论是否犯奸，均剥黄鞭一百，勒令还俗。

喇嘛禁 023：道光十九年三定

盛京、锡哷图、库伦内外札萨克各旗所属喇嘛，如遇治病念经，前往他处，以及朝贡，除报明该管喇嘛外，并报明该管札萨克，方准行走。

喇嘛禁 024：道光十九年四定

喇嘛所住庙宇内，不准妇人行走，若住房内令妇人行走者，容留之大喇嘛罚二九，德木齐罚一九，格隆班第等罚五牲畜。

喇嘛禁 025：道光十九年五定

喇嘛容留犯罪盗贼者，与犯人一律科罪，至死者，减一等办理。

喇嘛禁 026：道光十九年六定

喇嘛等因事拘审，先行革退，讯明无罪，仍复其喇嘛。

喇嘛禁 027：道光十九年七定

各寺庙班第等不守清规，该师呈请驱逐，须该管达喇嘛等讯明果有实迹，方准驱逐。如有屈抑之处，概不准行。

喇嘛禁 028：道光十九年八定

各寺庙徒众更名，即时呈报，若遗漏不报，该达喇嘛等罚钱粮一月。

喇嘛禁 029：道光十九年九定

外寺升到之达喇嘛等，不准将本身徒众，带赴新任，侵占庙内额缺，违者革退。

喇嘛禁 030：道光二十五年奏定

嗣后领有度牒之喇嘛，概不准其承袭爵职。

回部禁令【例6条】

回禁 001：道光八年奏定

寄居伊犁之安集延，在十年以外者，准其编入伊犁种地回户，不准婚娶置产。

回禁 002：道光八年又奏定

南路各城流寓之未经驱逐各外夷，一体编入回户当差种地。如有犯禁者，即行驱逐，每年逐出若干，将增减户口，查核具奏一次。

回禁 003：道光八年三奏定

嗣后凡阿齐木伯克以下，至四品伯克【今裁汰】，及尽忠有功之子孙，方准蓄留发辫，其余均不准蓄留，以示限制。

回禁 004：道光九年谕

回子当阿浑者，止准念习经典，不准干预公事。其阿浑子弟，有当差及充当伯克者，亦不准再兼阿浑。

回禁 005：道光九年奏准

回疆应行查禁私矿私硝，严防私毁私铸，稽查回子出卡与外夷句结，禁止大小伯克占据水利。稽查居住卡内之安集延，每月增减人数，不准与回子联姻，严禁招引回户私入满城。饬禁牧放营马，践食回子田禾，禁止商民重利盘剥穷回。稽查内地汉回出关充当阿浑，擅娶回妇，慎选回子阿浑，严禁兵丁私入回庄游荡，及防兵汉民霸占回子园地。稽查内地汉民私赴回疆。

回禁 006：咸丰八年奏准

喀什噶尔昌巴尔山铜厂，永远封禁。

理藩院刑法名例【例50条】

藩名例 001：国初定

边内人在边外犯罪，依刑部律。边外人在边内犯罪，依蒙古律。八旗游牧蒙古牧厂人等有犯，均依蒙古律治罪。

藩名例 002：国初又定

凡罚以九论者，马二，犍牛二，乳牛二，牤牛二岁牛二，犊牛三岁牛一。以五论者，犍牛一，乳牛一，牤牛一，犊牛二。

藩名例 003：国初三定

凡罪应罚牲畜而言无有者，三九以上，择令其旗内大员设誓；一九以下，令其佐领设誓。

藩名例 004：国初四定

凡犯罪应罚称无牲畜者，令该佐领，或佐领内择一人设誓，后有隐瞒发觉者，仍将其牲畜罚取，设誓之人罚一九。

藩名例 005：国初五定

凡王、贝勒、贝子、公、额驸、协理旗务台吉，不令设誓，于其旗台吉内，择令一人设誓。

藩名例 006：国初六定

凡罪罚牲畜，少一数者鞭二十五，二数鞭五十，三数鞭七十五，四数以上罪止鞭一百。

藩名例 007：国初七定

凡罪罚牲畜，交该盟长札萨克等照数追取，赏给旗内实心效力之人，仍将赏过牲畜报部查核。

藩名例 008：国初八定

受犯人所罚牲畜者，其札萨克使人，取牤牛一。被罚牲畜人之札萨克使人，于十畜内取一，二十内取二，三十内取三，此外不准多取。

藩名例 009：国初九定

凡取罚牲畜，本主计九数取一，不足九者不取。

藩名例 010：国初十定

凡首告者，于所罚牲畜内，取一半给之。

藩名例 011：康熙二十六年定

凡食俸之蒙古王、贝勒、贝子、公、台吉官员，有犯私罪，应罚取马匹牲畜者，照常罚取。若犯公罪，律应罚马匹牲畜者，皆视所犯之罪罚其俸币，无俸者仍罚马匹牲畜。

藩名例 012：康熙二十六年又定

凡犯罪两造毋得私和，如私自议结，有职者罚三九，庶人罚一九。著该旗札萨克使人，至罪人之札萨克处会议，迟至二日不使人者，计日将札萨克罚牡牛一，每二日罚牡牛一。罪未结之前，不骑乌拉，不与供给。罪已结给罚之时，议骑罪人旗乌拉，与以供给。授罚牲畜之札萨克使人，无论几九牲畜，所取不得越三数。此外给札萨克礼马一匹，受罚牲畜之札萨克使人，无论几九。止取牡牛一。十日内不全给所罚牲畜者，罪人之旗，系王，罚马十匹；贝勒、贝子、公等，罚马七匹；台吉，罚马五匹；即于彼牧厂内拿取。如将拿取之马抢夺者，将情由声明报部，除抢夺所罚王、贝勒等马匹，及罪人应罚之马匹牲畜照数追取外，王、贝勒等皆罚俸三月。

藩名例 013：康熙二十六年三定

凡首告人罪，不令出首之人设誓，令被告设誓。

藩名例 014：康熙二十六年四定

凡出首人罪之人，及讹误之人，有应于本旗内听其情愿归投者，不准归投管旗之王、贝勒、贝子、公、协理台吉及伊等之子孙名下，于不管旗之王、贝勒、贝子、公、闲散台吉内，任其择主归投。

藩名例 015：康熙二十六年五定

凡不招承应死重罪，又无证据，概为疑狱，令设誓完结。

藩名例 016：康熙二十六年六定

凡蒙古殴人至死应拟绞者，遇赦免罪，于免罪之人追罚三九牲畜，给死者亲属。

藩名例 017：康熙二十六年七定

凡犯死罪于事未发觉之前来部首控者，免死，鞭一百，并妻子发遣邻境，给予效力之台吉等为奴，畜产给予事主。

藩名例 018：康熙二十六年八定

凡收赎蒙古死罪人犯，令给九九马准赎。赎其妻子者，听两造家主之便。如蒙古人犯死罪，事关内地民人者，其妻子向无给内地民人之例，欲赎此等罪人，视其妻及十岁以上子女数目，各取二九牲畜，妻子一并令赎，如不赎妻子，其罪人亦不准赎。

藩名例 019：康熙二十六年九定

凡收赎蒙古死罪人犯，令出九九马匹入官，再令其出三九牲畜给付尸亲。如无尸亲，将三九牲畜存公备赏。

藩名例 020：康熙二十六年十定

盗犯未至十岁者，不以盗论。

藩名例 021：康熙二十六年十一定

台吉官员等袒护贼盗，设誓后原赃发觉，称非袒护贼盗发誓不承认者，令其伯叔设誓，如不设誓，台吉罚五九，官员及十家长罚三九。

藩名例 022：康熙二十六年十二定

凡籍没盗犯之畜产，如事主系喇嘛，不准给主，按法罚取。盗旗人、民人牲畜正法之犯人妻子，亦不准给事主，皆赏给蒙古内公务效力之台吉为奴。

藩名例 023：康熙二十六年十三定

凡蒙古人犯罪，照刑部拟以笞杖者，各照数鞭责。拟以军流徒者，免其发遣，分别枷号，徒一年者，枷号二十日，每等递加五日，总徒准徒亦递加五日；流二千里者，枷号五十日，每等亦递加五日；附近充军者，枷号七十日；近边者，七十五日；边远沿海边外者，八十日；极边烟瘴者，九十日。

藩名例 024：乾隆六年定

蒙古王等犯公罪应罚马百匹或九九牲畜，贝勒、贝子、公等应罚马七十匹或七九牲畜，台吉等应罚马五十匹或五九牲畜者，皆定为罚俸一年。王等若应罚马四十匹或五九牲畜，贝勒、贝子、公等应罚马三十匹或四九牲畜，台吉等应罚马二十匹或三九牲畜者，皆定为罚俸九月。王等若应罚马三十匹或二十匹或三九牲畜，贝勒、贝子、公等应罚马二十匹或十五匹或二九牲畜，台吉等应罚马十匹或一九牲畜者，皆定为罚俸六月。王等若应罚马十匹或一九牲畜，贝勒、贝子、公等应罚马七匹或一七牲畜，台吉等应罚马五匹或一五牲畜者，皆定为罚俸三月。如系私罪，及所犯虽公而无俸者，仍依本罪罚其马匹牲畜。

藩名例 025：乾隆二十七年议准

嗣后罪罚牲畜，除本案具题者毋庸议外，其照例罚取并未题奏之案，札萨克等将一年内罚过牲畜若干，于某项公事效力人员赏给牲畜若干之处，详细造册报院，年终汇奏一次。

藩名例 026：乾隆二十九年奏准

罪罚牲畜，停止年终汇奏，仍于年终将一年内罚过数目、用去数目、所余数目，及原办案情，一并详细报院，以备查核。

藩名例 027：乾隆四十三年奏准

未得品级之台吉行窃者，将应得品级停止，给予邻近盟长严加管束。

藩名例 028：乾隆四十四年谕

嗣后台吉内有因犯他罪革退者，过三年后若知改悔，照例准给原衔。其因行窃革退台吉者，概不准其开复。如此办理，庶蒙古等人知儆惧，行窃之风渐息，于伊等实大有裨益，著为令。

藩名例 029：乾隆四十四年又谕

从前准噶尔时，各城伯克【今裁】实有向属下回子勒索者，自回部平定以来，伯克等均有俸廉赏赐，如仍蹈旧习，一经控告，审明属实，自应将该伯克治罪。若并非勒取，诬告倾陷，亦不可不防其渐。嗣后回子等控告伯克勒索等事，各该处办事大臣审明属实，即将伯克治罪。如系虚妄诬控，即将诬告之回子拟斩，在本处正法。

藩名例 030：嘉庆十四年奏准

内外札萨克等蒙古地方，凡故杀谋杀情重者，概不准收赎外，其寻常斗殴致死情轻者，仍照旧例收赎。

藩名例 031：嘉庆二十二年定

凡办理蒙古案件，如蒙古例所未备者，准照刑例办理。

藩名例 032：嘉庆二十二年又定

失察行窃之台吉官员所罚牲畜，均赏给获贼之人，若系事主拿获，所罚牲畜存公，如该管台吉官员自行拿获者免罚。

藩名例 033：嘉庆二十三年谕

嗣后蒙古地方抢劫案件，如俱系蒙古人，专用蒙古例；俱系民人，专用刑律。如蒙古人与民人伙同抢劫，核其罪名，蒙古例重于刑律者，蒙古与民人俱照蒙古例问拟，刑律重于蒙古例者，蒙古与民人俱照刑律问拟。

藩名例 034：道光十九年定

各案首从贼犯应发遣者，均照例刺字交驿站充当苦差。应鞭责者，蒙古照例鞭责，民人折责发落。

藩名例 035：道光十九年又定

行窃者，十五岁以下照刑例收赎，十六岁以上照例科罪。

藩名例 036：道光二十年定

内外札萨克应议处分，凡蒙古例所未备者，准咨取吏、兵、刑三部则例，比照引用。

藩名例 037：道光二十年又定

蒙古等在内地犯事，照依刑律定拟。民人在蒙古地方犯事，照依蒙古律定拟。

藩名例 038：道光二十年三定

蒙古王公等有犯奉旨交议处分，除蒙古例有专条，仍照定例办理外，如犯律不应为而为之事轻者，公罪罚俸三月，私罪罚俸六月。重者，公罪罚俸三年，私罪罚俸五年。如犯奉旨严加议处者，公罪革职留任，私罪革任。不兼职任者，罚世职俸六年。无俸台吉以下应罚俸者，折罚牲畜；应革职留任者，革去顶戴；应革职者革职。不兼札萨克之闲散王公世职官员等，应罚俸者，均照无俸各官一律罚九；应革职留任者，罚世职俸三年；应革职者，罚世职俸六年。倘案情较重，临时加重酌拟请旨。

藩名例 039：道光二十三年定

绥远城土默特世职兼管参佐领官，私罪降级调用者，照兵部职任兼世职罚俸例办理，无俸官员折罚牲畜。

藩名例 040：道光二十三年又定

因公处分罚俸者，均罚札萨克俸，其议罚世职俸者，随案声明"罚世职俸"字样。

藩名例 041：道光二十三年三定

缘案罚俸者，无论所罚系札萨克俸系世职俸，均止罚银两，免罚缎匹。其罪至革职折罚世职俸者，连俸缎一并议罚。

藩名例 042：道光二十三年四定

罚俸者，均由本年应领俸银内全行坐扣完结，不得分年坐扣。

藩名例 043：道光二十四年定

凡应罚牲畜，每九限三十日完交，各予五日余限，届限不交，台吉官员革去顶戴，展限勒交，展至三限，实在无力完交者，革去台吉，三年无过开复，免其追交，官员径行革职。平人短交牲畜一二数者鞭二十五，三四数者鞭五十，五六数者鞭七十五，七数至九数者鞭一百，九数以上加枷号一月，免其追交。

藩名例044：道光二十六年定

王、公、台吉无论公私罪，均将应罚马匹牲畜折罚俸外，但犯有应罚马匹牲畜给付事主之案，仍罚交给付事主。

藩名例045：道光二十六年又定

本犯恃无赃证踪迹，坚不承认者，令其设誓具保完结，不肯设誓，即照案科罪。

藩名例046：道光二十六年三定

设誓完结后，别经发觉，按本案加等治罪，其原保设誓之佐领等官，各减本犯一等。

藩名例047：道光二十七年定

事出两造私议完结，王、公、台吉等罚俸一年，不管旗王、公、台吉、官员均罚二九，平人鞭八十，仍由官审理。

藩名例048：道光二十八年定

蒙古家奴犯罪，亲老丁单，准一体留养。

藩名例049：咸丰五年议准

各旗属下人等，缘事发往邻盟，如系亲老丁单，及因病未能起解者，查照所犯非赃私及军营重情，令其收赎。

藩名例050：同治元年谕

嗣后各路定拟罪名，均著照律定拟，所有查经议罪一节，著永远停止。

理藩院刑法盗贼【例105条】

藩盗贼001：国初定

失去牲畜过三日，禀明附近札萨克缉捕，若不禀明缉捕，每牲罚羊一。冒认亡失牲畜者罚三九，错认者罚一九，因无失主隐匿者罚一九，收骑遗失牲畜者罚一五。

藩盗贼002：国初又定

遗失牲畜，行人毋得擅取，取者以盗论。为人收留失羊过一宿者，二十以下准取一羊，多则每二十取一，给予收留之人。

藩盗贼 003：国初三定

窝隐盗贼者，王罚九九，札萨克、贝勒、贝子、公、罚七九，台吉罚五九。台吉为盗者罚七九，若事发不承认者，令其伯叔设誓，无伯叔，令伯叔之子设誓。但知盗情而不首者，王罚三九，札萨克、贝勒、贝子、公、罚二九，台吉罚一九。

藩盗贼 004：国初四定

贼已发觉，王等不行拿解，致疏脱者，以窝盗论。

藩盗贼 005：国初议准

失察所属数人行窃，该管旗章京、梅楞章京，照台吉失察例议处。

藩盗贼 006：康熙四年题准

外藩蒙古各旗佐领下有为盗者，该佐领罚二九，骁骑校罚一九，领催罚一七，十家长鞭一百罚一九。佐领下有盗二次者，佐领罚二九，骁骑校罚一九，皆革职；领催鞭一百，罚一九，革役；十家长鞭一百，籍其家。一参领下有盗三次者，参领罚三九。一旗下有盗三次者，管旗王、贝勒、贝子、公等各罚五九，管旗章京、副章京各罚三九。所属人为盗者，该王、贝勒、贝子、公、台吉各罚三九。庶人家奴为盗，其主罚一九。王以下若能严察所属，将为盗人拿解者免罪，仍给所罚之半。若失于稽察，被他人拿获者，管旗章京以下所罚并给之，王等所罚入官。八旗游牧察哈尔蒙古人为盗，被获二次者，该总管罚三九，副管及佐领各罚二九，骁骑校、领催、十家长等咸照外藩例科之。牧厂人为盗，其牧长亦照佐领例治罪。

藩盗贼 007：康熙五年题准

外藩地方，有伙劫喀尔喀马匹等物者，除照例治罪，如数赔还外，共罚给一九，所余家产妻子入官。若喀尔喀人多报失物，令其设誓，照数赔给。不设誓，止赔现在之数。若喀尔喀人伙劫内地者，为首一人斩，二人以上斩一人，余人鞭一百，罚该本主一九，移文令其送至。

藩盗贼 008：康熙五年定

台吉为匪为盗者，即革去台吉为庶人，将马匹牲畜取回，给予被盗之人，将其所属人丁撤出，给予近支兄弟，该札萨克照疏忽例议处。若为匪之台吉仍不悛改，复为匪者，该札萨克即充作奴仆服役。若改过不复为匪，三年后，该札萨克将情由报院转奏，复给台吉原衔。

藩盗贼 009：康熙六年题准

捉获盗贼不报院私议完结者，以盗论，所罚牲畜给首告人，管旗王以下至十家长一并治罪。

藩盗贼 010：康熙六年定

凡蒙古偷盗他人马驼牛羊四项牲畜，一人盗者，不分主仆绞决，二人盗者一人绞决，三人盗者二人绞决。纠众伙盗者，为首二人绞决，为从者皆鞭一百，罚三九。其正法之盗犯妻子畜产，皆籍没给事主。

藩盗贼 011：康熙十六年题准

在边界禁地偷窃劫夺被获者，该管王贝勒等以下，并该本主严行治罪。若不获，将所入汛地该管王贝勒治罪，兼令赔偿窃夺之物。

藩盗贼 012：康熙十七年题准

旁人捉获盗马贼者，所籍没家产牲畜，以一分给之，一分给事主。

藩盗贼 013：康熙十七年定

王、贝勒等讳盗者，无论管旗不管旗，各罚俸一年，无俸之台吉各罚五九。

藩盗贼 014：康熙十七年又定

凡被盗牲畜，务将数目毛齿及失事月日报明札萨克存案，日后有一不符及并未报明存案者，皆不准行。

藩盗贼 015：康熙十七年三定

凡被盗牲畜本主认出，有言他人所给者，即令其人对质，其人不承认，即令原人设誓，如设誓，不治罪，但将所认牲畜还本主。

藩盗贼 016：康熙十七年四定

被盗马匹，在围场军前认识，其人别有所得情由者，别给以马，将所认之马取回。

藩盗贼 017：康熙十七年五定

偷盗牲畜，被旁人邀获者，一牲给价，二牲以上十牲以下者给一牲，多则每十给一。事主称非被盗而不给者，令佐领骁骑校设誓，设誓者不取价，否则取价。若并未邀获贼物，诈取发觉者，其诈取之人以盗论。

藩盗贼 018：康熙十七年五定

偷宰牲畜遗去旁人收取其肉者，即令赔补原赃，踪迹在界内，令管旗章京设誓，如不设誓者，治以罪。

藩盗贼 019：康熙十七年六定

凡失去马匹，访有踪迹而无见证者，不令设誓。行人若于旷野失去，并无见证，跟踪追寻，于经过村庄访取见证。

藩盗贼 020：康熙十七年七定

凡失去牲畜，于旧游牧处访有踪迹，虽经他往游牧，仍令设誓。

藩盗贼 021：康熙十七年八定

凡踪迹去人居处一箭之内者，令其设誓，过一箭者毋庸设誓。

藩盗贼 022：康熙十七年九定

凡搜检须同见证，不容搜者，以盗论。

藩盗贼 023：康熙十七年十定

被盗牲畜，因人潜来密告，认出原物，即将藏牲畜者以盗论。

藩盗贼 024：康熙十七年十一定

凡被盗之人，因人密告具控者，务将其人姓名指出，所告属虚，或别经寻获，罚密告之人三九牲畜，令前设誓之台吉及被诬之人平分，罚具控人三九牲畜，全给被诬者。

藩盗贼 025：康熙十七年十二定

凡偷盗金银器皿及皮张布匹并衣服食物，均按数赔补，所盗物件至二岁牛价者罚三九，至羊价者罚一九，未至牛价者罚一九，未至羊价者罚犙牛一。

藩盗贼 026：康熙十七年十三定

盗猪狗者罚牲畜五，盗鸡鹅鸭者罚犙牛一，仍追赔所盗物件。

藩盗贼 027：康熙二十二年题准

外藩蒙古人入内地为盗者，事发，令赔所盗物，仍籍其妻子畜产入官。

藩盗贼 028：康熙四十四年奉旨

前此数年口外偷马之事断绝，今又有盗者，殊属可恶，将此为从贼人，皆解进京给予大臣之家为奴。

藩盗贼 029：康熙四十四年覆准

偷马为从贼盗，仍留在外，必复为贼，应将伊等本身妻子，及正法或在逃为首贼盗之妻子，皆令解送内务府。其疏脱贼犯之骁骑校，皆著来京当苦差行走。

藩盗贼 030：雍正元年谕

偷盗一二牲饩，即将蒙古立绞，人命重大。嗣后应改为拟绞监候，暂行一年。若蒙古盗案从此渐少，则照此例行，傥比往年较多，则照原定之例拟罪。

藩盗贼 031：雍正四年奏准

八旗游牧察哈尔及各牧厂马群内，差出捕盗兵丁，若拿获盗犯，即将盗犯所骑之马，给予原拿之人。拿获三次之后，系护军，于护军校、骁骑校内列名，马甲选取护军，闲散选取马甲，牧厂马群人等亦俟有应升之缺录用。若行窃之人，系承缉兵丁之亲属，而瞻徇不拿，照隐匿盗贼例治罪。

藩盗贼 032：雍正五年奏准

凡盗四项牲畜为数无多，情节甚轻者，拟绞监候，仍籍没畜产，给付事主，其妻子暂留该旗，俟本犯减等，金解邻近盟长，给效力台吉为奴。

藩盗贼 033：雍正五年定

凡官员庶人伙众，或一二人行劫至杀人者，不分首从斩枭；伤人已得财者，不分首从斩决；妻子畜产皆籍没，给付事主。若止伤人未得财者，为首拟斩监候，畜产给事主，妻子暂寄该旗，俟本犯减等，金发邻近盟长，给效力台吉为奴。为从盗犯，籍没畜产给付事主外，并妻子金发邻近盟长，给效力台吉为奴。

藩盗贼 034：雍正五年又定

一人行劫未至杀伤人者，将本犯妻子畜产，一并解送邻近盟长，给效力台吉为奴。如二三人以上，将起意一人拟绞监候，籍没畜产，给付事主，妻子暂寄该旗，俟本犯减等，金发邻近盟长，给效力台吉为奴。为从盗犯妻子畜产，一并解送邻近盟长，给效力台吉为奴。

藩盗贼 035：雍正五年三定

凡盗贼被事主或旁人追赶，致拒捕杀人者，为首斩决，妻子畜产籍没，给付事主；从犯并妻子发遣南省，给驻防兵丁为奴，畜产给事主。伤人不致死者，为首拟斩监候，畜产给事主，妻子暂寄该旗，俟本犯减等，金发邻近盟长，给效力台吉为奴；从犯并妻子畜产，解送邻近盟长，给效力台吉为奴。

藩盗贼 036：乾隆五年议准

嗣后一二人盗牲畜者，仍照前例，若三人以上偷盗者，止将起意之一人为首，余皆以为从论。若偷盗之际分路而行，或偷盗二三处，或从前偷盗数次者，各按其情节，分别首从治罪。

藩盗贼 037：乾隆五年定

官员庶人，或一二人伙同抢夺物件，杀人伤人，或偷窃牲畜等物，被事主人等知觉追赶，以致杀人伤人者，旧例不分首从皆斩，妻子牲畜给予失主。嗣后除行强之盗案，仍不分首从外，其偷窃牲畜以致杀伤人者，将为首一人拟斩立决，从犯拟斩监候，家产牲畜，仍追给事主。

藩盗贼 038：乾隆七年定

嗣后八旗游牧察哈尔蒙古偷盗牲畜，及犯别项罪名者，皆照蒙古律例，如蒙古律例所未载，再照刑部律例办理。

藩盗贼 039：乾隆十四年奏准

蒙古地方均系游牧，并无墙垣，易于偷窃，是以定例綦严，但蒙古一切衣食等物，大半买之内地，内地人持货赴边，日积月累，迄今归化城八沟、多伦诺尔数处所集之人，已至数十余万，今蒙古偷窃内地人牲畜，皆照蒙古律拟绞，内地人偷窃蒙古牲畜，仍依内地窃盗计赃治罪，蒙古内地人相聚一处，未免情同罪异。嗣后内地人如在边外地方偷窃蒙古牲畜者，照蒙古例为首拟绞监候，为从议罚三九。

藩盗贼 040：乾隆十四年定

蒙古偷窃四项牲畜，为从之犯，发遣邻近盟长，虽属定例，但此等不肖蒙古，妻子家产仍在一处，究亦罔知畏惧，徒有益于邻近盟长。按喀尔喀行窃从犯，既改为鞭一百，罚三九牲畜，给予事主，人犯仍留本旗。嗣后各蒙古行窃为从之犯，皆照此例行，将发遣邻近盟长给台吉为奴之处停止。

藩盗贼 041：乾隆二十四年议准

蒙古偷窃四项牲畜，因而杀人伤人者，仍照旧例办理，其偷窃十牲以上，为首之犯拟绞，入于秋审情实；窃六牲至九牲为首之犯，发遣云南、贵州、广东、广西极边烟瘴；窃三牲至五牲为首之犯，发遣湖广、福建、江西、浙江、江南等省；窃一二牲为首之犯，发遣山东、河南等省；皆交各该处驿站充当苦差。其民人在蒙古地方偷窃九牲以下者，亦照此例分别治罪。为从之犯，均仍照旧例办理。如有在围场中偷窃马匹者，不论蒙古民人，五匹以上拟绞立决；三匹以上发遣云、贵、两广极边烟瘴；一二匹者发遣湖广、闽、浙、江西、江南等省；均交驿站充当苦差。为从及知情故买者，民人照正犯减一等，蒙古仍照旧例办理。

藩盗贼042：乾隆二十五年议准

蒙古行劫伤人得财者，将首从加功人等，法应立决，并偷四项牲畜等犯内秋审予勾者，俱解往原犯事地方正法，应枭示者枭首示戒。

藩盗贼043：乾隆二十六年覆准

蒙古偷窃四项牲畜不能赔偿者，著落该管台吉照数赔补。旗民偷窃四项牲畜不能赔偿者，著落该管官员照数赔补。

藩盗贼044：乾隆二十八年奏准

旧例内蒙古强盗夺劫等案内，将妻子给效力台吉者，改照偷窃四项牲畜数少之例，发遣山东、河南等省驿站充当苦差。

藩盗贼045：乾隆二十九年议准

偷窃四项牲畜为从之犯，俱就近解交地方官监禁勒追，应罚牲畜，限满不交，仍照例停罚发遣。其三次失察所属盗案之该管官员，交部分别查议，罚取牲畜，分别赏给事主及捕盗之人。

藩盗贼046：乾隆二十九年奏准

蒙古强窃劫盗等案内原发遣山东河南之犯，逃亡者，照民例初次枷号一月，改发福建、湖广等省；二次枷号两月，改发云、贵、两广极边烟瘴；至三次枷号三月，仍发回原遣。其免决减等充军由配所逃亡者，亦照民例一体加罪改遣，仍分别逃亡次数枷号刺字，并审明逃亡后有无凶横不法情事，分别定拟。

藩盗贼047：乾隆二十九年又奏准

蒙古充军发遣罪犯，家口例不一并发遣，有情愿随往者，听其自便，毋庸官为解往。其例应一并发遣之妻子，随同该犯发往各省驿站充当苦差。至原犯已经正法止发遣妻子者，酌发近南各省给驻防兵丁为奴，其一并发遣递解之处，俱照连坐罪犯家口之例办理。

藩盗贼048：乾隆四十三年奏定

台吉未授职衔以前，初次行窃者，不准授职，发往邻近盟长处，严加管束，将伊所有牲畜给予事主。傥不悛改，复行偷窃，照平人例治罪。

藩盗贼 049：乾隆四十五年奉旨

杜尔伯特乃新归顺之人，今贼犯乌尔精起意二次窃伊等马五匹，不得仍照内地蒙古例拟罪，著解至科布多即行处绞。

藩盗贼 050：乾隆四十八年奏定

台吉等收留惊逸马匹不报，照窃盗例革去台吉，六年无过，该札萨克等据实保奏，由院奏请开复。

藩盗贼 051：乾隆四十九年奏准

蒙古偷窃牲畜之案，犯在各札萨克地方者，虽遇恩赦，不准援减，其事犯在内地者准其援减。

藩盗贼 052：乾隆五十年奏定

偷窃牲畜三十匹以上者，不分首从绞监候，秋审俱入情实；为从并未同行，但于窃后分赃者，减等发遣云南、贵州、广东、广西烟瘴地方。偷窃牲畜二十四以上至三十匹者，首从俱绞监候，为首者入于情实，为从同行分赃者入于缓决；虽经同谋并未同行，但于窃后分赃者，减等发遣湖广、福建等省，均交驿站充当苦差。偷窃牲畜十四至二十四者，为首者绞监候，秋审入于情实；为从同行分赃者，发遣云南、贵州、广东、广西烟瘴地方；虽经同谋并未同行，但于窃后分赃者，发遣山东、河南地方，均交驿站充当苦差。偷窃牲畜六匹至九匹，为首者发遣云南、贵州、广东、广西烟瘴地方；为从同行分赃者，发遣湖广、福建等省，交驿站充当苦差；虽经同谋并未同行，但于窃后分赃者，鞭一百。偷窃牲畜三匹至五匹，为首者发遣湖广、福建、江西、浙江、江南；为从同行分赃者，发遣山东、河南，交驿站充当苦差；虽经同谋并未同行，但于窃后分赃者，鞭一百。偷窃牲畜一二匹，为首者发遣河南、山东，交驿站充当苦差；为从同行分赃者，鞭一百；虽经同谋并未同行，但于窃后分赃者，鞭九十。至羊只一项，与牛驼马匹价值迥异，以羊四只作牛驼马一只，计算所窃之羊，不及四只者，为首鞭一百，为从同行分赃者鞭九十，虽经同谋并未同行但于窃后分赃者鞭八十。

藩盗贼 053：乾隆五十三年覆准

蒙古行窃，应发山东、河南、湖广、福建、江西、江南等省者，所属台吉罚一九牲畜；应发云南、贵州、广东、广西等省者，所属台吉罚二九牲畜；应行正法者，所属台吉罚三九牲畜。

藩盗贼 054：乾隆五十四年议定

蒙古偷窃马匹，首犯逃匿，即将为从者拟以正犯应得之罪，严行监禁，俟正犯拿获时，再照例定拟。如正犯不获，将为从者永远监禁。

藩盗贼 055：乾隆五十四年奉旨

嗣后凡偷马贼犯，一年内行窃数次，一并计赃科罪，逾年者不并计。

藩盗贼 056：乾隆五十七年定

凡偷窃案件现获之犯，若供首犯在逃，即将现获之犯，按其所犯本罪发遣各省，将来拿获逃犯，审出该犯实系起意为首，由配所提审，治以应得本罪。

藩盗贼 057：乾隆五十八年奉旨

哈萨克偷盗伊犁察哈尔马畜，拿获后将被窃马匹入官，虽系照例办理，但伊等究系贫乏兵丁，若被窃马匹全行入官，恐失生计。嗣后此等被窃马匹，一半入官，一半给还失主。

藩盗贼 058：嘉庆元年奏定

凡聚众行劫，及同谋殴伤事主等案，如获犯讯供首犯在逃，将为从者照例定拟羁禁，俟逃犯弋获时，质讯明确，再行定拟。

藩盗贼 059：嘉庆三年议准

蒙古盗窃微物，折价值牡牛一、羊一等案，仍照旧例罚九办理。其折价值银至八两以上者，即照盗窃马驼牲畜之例，按数分别定拟。

藩盗贼 060：嘉庆四年奉旨

偷盗杜尔伯特马十二匹之乌梁海，照蒙古例新投诚乌梁海盗窃十牲之数，不论首从，俱拟绞监候，秋审时入于情实。奉旨：边内杜尔伯特、土尔扈特等，若偷盗马匹等物，皆立行正法。今乌梁海偷盗杜尔伯特马十二匹，定拟绞候，不足示儆。嗣后边内如有此等偷盗事件，即照此将为首者拟绞立决，为从者拟绞监候，入于秋审情实。

藩盗贼 061：嘉庆五年奏准

偷窃马匹牲畜，一年内数次者，毋庸并赃计算，仍照二罪并发，从其重者科断办理。

藩盗贼 062：嘉庆七年定

蒙古地方偷窃四项牲畜者，不论首从，如其祖父母、父母年老有疾者，由该札萨克等详细查核，取具甘结后，均准其存留养亲。

藩盗贼 063：嘉庆八年议准

偷窃金银皮张布匹粮米等物，如赃自十两至四十两，仍照旧例鞭责；五十两至七十两者，发山东、河南等处；八十两至一百两者，发湖广、福建、江西、浙江、江南等处；自一百两以上至一百二十两者，发云南、贵州、广东、广西等处；一百二十两以上者，绞监候。

藩盗贼 064：嘉庆九年奏准

蒙古地方喇嘛等，有犯偷窃等罪，声明亲老丁单，援请留养之例，查明该犯亲老丁单属实，平日在该旗当差，仍与老亲同居藉以养赡者，方照例留养。如居住庙宇不养老亲者，不准。

藩盗贼 065：嘉庆九年定

蒙古地方偷窃牛马驼案内，有四岁牛犊，五岁马驹，五岁驼驹者，照偷羊之例，以四匹为一匹办理，不及四匹者，照偷羊不及四只例，分别鞭责发落。

藩盗贼 066：嘉庆十年奏准

蒙古地方牧厂官兵，偷窃官牧牛马驼只，或私行售卖，或宰杀私食，或为已产者，一匹至九匹牧官革职，发往黑龙江当差，牧兵不分首从，仝妻子发往黑龙江给兵丁为奴。虽经同谋并未同行，无论窃后已未分赃，均枷号六十日，满日鞭一百。十匹以上者，无论官兵首从，一并拟绞，将首犯立决，同行为从者监候，秋审入于缓决。虽经同谋并未同行，无论窃后已未分赃，均拟发遣云南、贵州、广东、广西烟瘴地方，交驿站充当苦差。其并未同谋，仅止窃后知情分赃换赃故买代卖代存者，均枷号六十日，满日鞭一百。其蒙古民人伙同官牧人等偷窃牛马驼只者，照官役人等一律问拟。其并未同谋，仅止窃后知情分赃换赃故买代卖代存者，亦枷号六十日，满日鞭一百。其蒙古民人偷窃官牧牲畜，照此办理。其官牧羊只一项，仍按四只合一问拟。至牧厂官兵自行偷窃之案，其失察之该管札萨克罚俸二年，台吉官员罚二九牲畜。他人偷窃之案，该札萨克罚俸一年，台吉官员罚一九牲畜。

藩盗贼 067：嘉庆十五年定

蒙古地方偷窃银两什物，其价值自一两至十两，为首者鞭九十，为从同行分赃者鞭八十。虽经同谋并未同行，但于窃后分赃者，鞭七十。偷窃十两以上至四十两，为首者鞭一百，为从同行分赃者鞭九十。虽经同谋并未同行，但于窃后分赃者，鞭八十。偷窃四十两至七十两，为首者发遣山东、河南，交驿充当苦差。为从同行分赃者，鞭一百。虽经同谋并未同行，但于窃后分赃者，鞭九十。偷窃七十两以上至一百两，为首者，发遣湖广、福建、江西、浙江、江南。为从同行分赃者，发遣山东、河南，均交驿充当苦差。虽经同谋并未同行，但于窃后分赃者，鞭一百。偷窃一百两以上至一百二十两，为首者，发遣云南、贵州、广东、广西烟瘴地方。为从同行分赃者，发遣湖广、福建等省，均交驿充当苦差。虽经同谋并未同行，但于窃后分赃者，鞭一百。偷窃一百二十两以上，为首者，绞监候，秋审入于缓决。为从同行分赃者，发遣云南、贵州、广东、广西烟瘴地方。虽经同谋并未同行，但于窃后分赃者，发遣山东、河南，均交驿充当苦差。台吉等有犯以上各项罪名者，俱照偷窃四项牲畜之例办理。

藩盗贼 068：嘉庆十五年又定

首犯拟死罪案内，如有虽经同谋，并未同行分赃，及并未同谋、并未同行，仅止窃后分赃者，台吉等罚三九牲畜，平人鞭一百。首犯拟遣案内，如有虽经同谋，并未同行分赃，及并未同谋、并未同行，仅止窃后分赃者，台吉等罚二九牲畜，平人鞭八十。首犯拟鞭责案内，如有虽经同谋，并未同行分赃，及并未同谋、并未同行，仅止窃后分赃者，台吉等罚一九牲畜，平人鞭六十。

藩盗贼 069：嘉庆十五年三定

凡有知情窝赃买赃代卖换赃，无论首犯定拟何罪，台吉等罚七牲畜，平人鞭五十，不知情者不坐。

藩盗贼 070：嘉庆十五年四定

偷窃各案知情隐匿不报者，台吉等罚五牲畜，平人鞭四十，不知情者不坐。

藩盗贼 071：嘉庆十六年奏定

官员平人伙众强劫什物，除杀人伤人从而加功者，仍照旧例办理外，其仅止随从入伙，并未加功杀人伤人者，比照刑例未伤人伙盗情有可原免死，发遣云南、贵州、广东、广西烟瘴地方，充当苦差。

藩盗贼 072：嘉庆二十二年定

台吉亲属相盗者，期亲罚五牲畜，大功罚一九，小功罚二九，缌麻罚三九，无服之本宗罚四九，俱仍追赃给主。

藩盗贼 073：嘉庆二十二年又定

哈萨克私入卡伦偷窃牲畜贼犯就获，将赃马一半给事主，一半存公。于存公马匹内，以一半给获贼之人。

藩盗贼 074：嘉庆二十二年三定

台吉行劫罪至斩立决者，该札萨克罚俸二年；罪至斩绞监候，及发遣伊犁、乌鲁木齐者，该札萨克罚俸一年；罪至革去台吉职衔发邻盟者，该札萨克罚俸九月；罪至革去台吉职衔不准开复者，该札萨克罚俸六月。

藩盗贼 075：嘉庆二十二年四定

偷窃牲畜人犯，例发山东、河南、湖广、福建、江南、江西、浙江者，该管台吉罚一九；应发云、贵、两广者，罚二九；应正法者，罚三九。

藩盗贼 076：嘉庆二十四年议准

大青山外界连之蒙古札萨克，一体安设卡伦巡缉，缉捕不力蒙古员弁，分别三限惩处，俟数年后一无劫案，再停止此例。

藩盗贼 077：嘉庆二十四年定

被劫案件，经同知详报将军，派员带同事主，赴就近札萨克处守候缉贼。其札萨克属下人拿送者，奖赏，窝留者，治罪。

藩盗贼 078：嘉庆二十四年又定

沙毕诺尔窝藏抢劫黑徒，应交锡勒图呼图克图严拿。傥有窝留及不查缉者，该管十家长发遣，札萨克喇嘛斥革。

藩盗贼 079：道光十九年定

哈萨克私入卡伦窃案，得财者首犯正法，从犯发极边烟瘴。劫案得财者，不分首从，即行正法。

藩盗贼 080：道光十九年又定

台吉强劫罪至斩决者，虽亲老丁单，不准留养。若罪至斩绞监候，及发往邻盟者，准其留养一次，再犯不准留养。

藩盗贼 081：道光十九年三定

强劫未伤人之案，在恩诏以前，内有窃劫牲畜未及十匹者，免其强劫之罪，仍照偷窃牲畜分别发遣鞭责。十匹以上者，不准援减。

藩盗贼 082：道光十九年四定

台吉强劫问拟斩绞缓决各犯，将来减等时，发往邻盟严加管束。

藩盗贼 083：道光二十年定

凡偷窃牲畜，遣配逾二十年，或未及年限，犯年已逾七十，及因病成废者，如遇恩诏，准令释回。其在配行窃，及脱逃被获调发者，俱不准查办。

藩盗贼 084：道光二十年又定

台吉亲属相盗，罪犯罚九。无力完交者，革去台吉，六年无罪，开复。

藩盗贼 085：道光二十年三定

捕盗兵丁拿获盗犯，即将盗犯所骑马给原拿之人。

藩盗贼 086：道光二十年四定

王公等有为盗贼窝主者，罚俸三年，无俸台吉，罚六九牲畜。

藩盗贼 087：道光二十二年定

新疆土尔扈特、杜尔伯特、额鲁特、和硕特、辉特、乌梁海等处蒙古偷窃马牛驼只，照各札萨克一律办理。其羊只一项，仍以四羊作一牲畜合计科罪。

藩盗贼 088：道光二十二年又定

官员平人偷窃牲畜拒捕杀死事主，为首者拟斩立决。为从者并妻子，金发云、贵、两广烟瘴地方。首从均籍没产畜，给付被死者之家。

藩盗贼 089：道光二十二年三定

偷窃牲畜拒捕伤人未死，为首者拟绞监候，籍没产畜，付被伤之人；为从者并妻子，发河南、山东，交驿当差。

藩盗贼 090：道光二十三年定

承缉盗贼之官员兵役，将已获盗贼之牲畜财物侵蚀入己者，罚五牲畜，追赃给付事主。系贼犯财物，给付贼犯。

藩盗贼 091：道光二十三年又定

蒙古偷窃俄罗斯马匹，照例赔罚，仍照蒙古例拟罪。

藩盗贼 092：道光二十四年定

青海及各蒙古抢夺未经伤人得财，数在三人以下者，首犯发云、贵、两广，从犯发湖广、福建、江西、浙江、江南。如四人以上至九人，不分首从，俱发云、贵、两广极边烟瘴地方，交驿充当苦差。但有伤人及捆缚事主者，绞监候，杀人者斩立决，为从绞监候。抢夺牲畜在十四以上，财物在一百二十两以上者，为首斩监候。纠伙至十人以上者，无论伤人与否，为首斩立决，为从绞监候。所有各犯产畜，均籍没给付事主。

藩盗贼093：道光二十四年又定

台吉强劫杀人，为首及为从动手者皆斩，为从同行并未动手，但于劫后分赃者，斩监候。造意不行，无论分赃未分赃，革去台吉，枷号三月鞭一百，发往伊犁。同谋未同行分赃，及已行未分赃者，均革去台吉，枷号两月。同谋未同行亦未分赃者，革去台吉，枷号一月，均鞭一百，发往邻盟严加管束。

藩盗贼094：道光二十四年三定

台吉强劫伤人未死得财者，首犯斩监候，为从动手者，革去台吉，枷号两月鞭一百，发往乌鲁木齐。同行未动手但分赃者，革去台吉，枷号一月。造意不行，无论分赃未分赃，革去台吉，枷号两月。同谋未同行分赃，及已行未分赃者，革去台吉，均鞭一百，发往邻盟。同谋未同行又未分赃者，革去台吉，鞭一百，永不准开复。

藩盗贼095：道光二十四年四定

台吉强劫伤人未死未得财者，首犯绞监候，为从动手及造意未行者，革去台吉，枷号一月。同行未动手者，革去台吉，均鞭一百，发往邻盟。同谋未同行者，革去台吉，鞭一百，永不准开复。

藩盗贼096：道光二十四年五定

台吉强劫未伤人得财者，不分首从革去台吉，发往邻盟。同谋未同行亦未分赃，暨未同谋又未同行仅于劫后分赃者，俱革去台吉，鞭一百。未得财造意之犯，革去台吉，鞭一百。同谋无论已未同行，革去台吉，均永不准开复。

藩盗贼097：道光二十四年六定

台吉强劫之案，除罪应斩绞，并发往邻盟各犯，其产畜家奴毋庸查议外，如罪止革去台吉不准开复者，产畜家奴，俱照台吉行窃例办理。

藩盗贼098：道光二十五年定

强盗案内，为从妇女情有可原者，发往邻盟，给效力台吉为奴。

藩盗贼099：道光二十五年又定

蒙古各居亲属相盗者，期亲减凡人五等，大功减四等，小功减三等，缌麻减二等，无服之亲减一等。

藩盗贼 100：道光二十五年三定

蒙古地方遇有窃案，该管十家长，罚马一；十家长自首，免罚；三年无窃，赏马一。该盟长年终汇册报院。

藩盗贼 101：道光二十五年四定

台吉、塔布囊平人名下未入册档之庄头，及家奴行窃，该管台吉、塔布囊家长分别罚九。其已入档册之披甲人等行窃，该管佐领分别罚九。

藩盗贼 102：道光二十六年奏准

再犯偷窃牲畜一二匹，为首者加枷号二十日；为从同行分赃者，加枷号十五日；同谋未同行，但分赃者，加枷号十日。三犯，为首者，加枷号四十日；为从同行分赃者，加枷号三十日；同谋未同行但分赃者，加枷号二十日。

藩盗贼 103：同治二年谕

蒙古各札萨克旗与内地州县有闲，如遇抢劫盗匪，一体照依内地章程，准其格杀毋论，并拿获者立即讯明正法，恐办理未能详慎，或致妄杀无辜。嗣后蒙古缉捕盗贼，及拿获抢劫重案者，均遵照旧章办理。

藩盗贼 104：同治五年议准

嗣后贼盗聚众在三人以上，执持兵器，倚强肆掠，以及伙同拒捕，持械杀伤官兵者，不分首从皆斩。

藩盗贼 105：同治五年又议准

蒙古官兵获盗三次，如有升阶，即行升用；如无升阶，官员赏一九牲畜，兵赏五牲畜。

理藩院刑法捕逃 【例35条】

藩捕逃 001：国初定

外藩逃人被获者，罚逃人之主一半，给拿获之人，逃人鞭一百，窝隐逃人者，罚牲畜一九给逃人之主，窝主之什长，罚牲畜一九给逃人之什长。

藩捕逃 002：国初又定

外藩蒙古全旗逃者，不拘邻近与否，即刻往追，以军法从事。若王等不追者，罚马百匹，札萨克贝勒、贝子、公七十四，台吉五十匹。

藩捕逃 003：国初三定

王、贝勒等遇有他处逃来之人，于二日内将为首逃来者解院，若过二日，王罚马十匹，兼札萨克、贝勒、贝子七匹，贝勒、贝子五匹。

藩捕逃 004：国初四定

带弓矢逃者，二十人以下，止令本旗追捕，二十人以上，并令邻旗札萨克、王、贝勒等，量逃人多寡，备马匹行粮，穷其所往。若不紧追，王罚马二十匹，贝勒、贝子公十五匹，台吉十匹。中道而返者，为首罚牲畜一九，余各罚牲畜五。匿逃不速题报者，王罚马十匹，贝勒、贝子、公七匹，台吉五匹。

藩捕逃 005：国初五定

见逃故纵者，王等罚十户，札萨克、贝勒、贝子、公罚七户，台吉罚五户，庶人罚牲畜三九。

藩捕逃 006：国初六定

卡伦官兵疏纵逃犯及追赶不力者，佐领罚三九，骁骑校罚二九，皆革职，领催革役，鞭一百，罚牲畜五，马甲鞭一百。

藩捕逃 007：国初七定

凡捕逃人与逃人斗死者，逃人如有奴仆，偿还一人，并罚给牲畜三九。

藩捕逃 008：国初八定

蒙古买人出边者，永行禁止。

藩捕逃 009：顺治五年题准

蒙古王、贝勒等所属人有私来内地者，一概发还。

藩捕逃 010：顺治五年议准

食俸之札萨克、王、贝勒、贝子、公等，失察窝留逃人者，罚俸一年。

藩捕逃 011：顺治五年又题准

蒙古地方，有流离散失游食糊口，卖身年久之疏远族人恳求归宗者，均不准行。倘于住久之旗逃赴别旗，即著逐回。别旗不即逐回者，照窝逃论，逃人亦鞭一百，仍发回原住之旗。

藩捕逃 012：康熙五年题准

他处逃来之人至各卡伦者，卡伦人即送至所投王、贝勒处。

藩捕逃 013：康熙五年又题准

与逃人斗死者，逃人如无奴仆，向逃人原主札萨克、王、贝勒等取三九赏给。

藩捕逃 014：康熙十三年题准

出卡伦逃往外国之人，如追时不曾抗拒者，被获之日，将为首一人斩，余绞。若持兵抗拒，皆斩。逃往外国被执送院，曾拒捕伤人者斩；未伤人者鞭一百，交还原主；逃而未伤人自还者，免罪，交原主。

藩捕逃 015：康熙十六年题准

追杀率先逃走之人，即以其人家产牲畜给之，不更给赏。如逃人无畜产可给者，卡伦佐领，赏给蟒缎缘领缎袍一件，缎三匹，布二十匹；骁骑校，赏给糚缎缘领缎袍一件，缎二匹，布十五匹；骁骑校，给缎一匹，布十匹。

藩捕逃 016：康熙十六年定

他处逃来之人，不于二日内解院者，王、贝勒、贝子、公、台吉等皆罚俸三月，无俸者仍照例罚马。

藩捕逃 017：康熙二十六年覆准

蒙古四十九旗及索伦达呼尔等，将内地民人及满洲家下逃人窝留，以为奴仆子孙妻妾者甚多，嗣后蒙古等雇内地民人耕种之处，永行禁止。凡边外生事流民，及旗下家奴逃人，交与各该管札萨克各旗佐领，不时严加缉捕送院，照例从重治罪。窝留内地逃民之窝主，系官，革职，鞭一百，罚牲畜三九，闲散，鞭一百，亦罚三九，将所罚牲畜给拿获之人。若该札萨克所管人等，不加严察，经院察出，或被旁人出首，将窝隐正犯照例治罪。出首之人，奴仆开为另户，闲散人从窝主罚出牲畜三九给予。失察之该札萨克，及协理旗务台吉等，皆罚牲畜九九；管旗章京、副章京、参领等罚五九；佐领、骁骑校，皆革职罚三九，皆入官；领催、什长等各鞭一百。

藩捕逃 018：康熙三十一年奏准

蒙古犯罪，发遣山东、河南者复行逃脱，初次，枷号一月，调发福建、湖广等省；二次，枷号两月，调发云南、贵州、广东、广西最远极边烟瘴等处；至三次，枷号三月，仍发回原调发处。原发福建、湖广者，按照脱逃次数，止调发最远极边烟瘴处所。蒙古等免死减等充军自配所脱逃，拿获时审未为匪者，亦一体加等调发。仍分别脱逃次数，初次，枷号两月；二次，枷号三月，刺字。再人犯已经正法，其妻子应流者，酌发南省驻防处所给兵丁为奴。

藩捕逃 019：康熙三十二年覆准

凡无票私自出口之民，被获杖一百，其妻及未分居之子，安插山海关外辽阳等处。

藩捕逃 020：康熙三十八年奏准

官兵等自军营带来之额鲁特回子内，另有关涉重情者，仍令声明缘由具奏，恭候钦定，遵照办理。如非关紧要并无别情之逃犯，无论拿获及自行投回，系初次，枷号一月鞭一百，交原主严加管束；二次，发福州、广州，给予旗下官兵为奴。其在京居住之额鲁特回子王公等，自原籍带来之额鲁特回子家奴，如有逃走者，仍照八旗逃奴例，计其逃走次数年月，分别办理。

藩捕逃 021：康熙四十九年奏准

嗣后凡发遣为奴之犯，逃至蒙古地方，如有知情容留藏匿者杖一百，徒三年，官员革职，照例治罪。其不知情冒昧容留者，杖八十。已未管旗之王、贝勒、贝子、公、台吉、塔布囊等，如有知情容留发遣为奴人犯者，罚俸一年，无俸者罚二九牲畜。其不知情冒昧容留者，已未管旗之王、贝勒、贝子、公，罚俸六月，副台吉、塔布囊，各罚一九牲畜。其失察之该盟长，罚俸三月。

藩捕逃 022：康熙五十一年覆准

喀尔喀因前噶尔丹之战，失散人口，若于会集处未经收回之人，离居已久，均在各旗分编佐领载入丁册，难以给还，嗣后有恳请归族等事，概不准行。如从久住地方逃往别处者，追回照逃人例治罪，有不追回隐匿者，照隐匿逃人律治罪。晓谕各旗内外众札萨克八旗游牧察哈尔各旗下，永著为例。

藩捕逃 023：康熙五十一年又覆准

鄂尔多斯七旗内，有卖去壮丁及马甲人口逃散糊口甚多，委官查明弃卖逃亡是实，该管王、贝勒、贝子等罚俸三年，协理台吉等罚三九，管旗章京、副章京，罚二九。其前未协理旗务，至补授后不查明呈报之台吉等罚一九。本旗未卖人丁听属下逃散不能收养者，贝勒罚俸一年半，协理台吉等罚二九，管旗章京、副章京，罚一九。其擅卖人丁之台吉，罚二九。

台吉已故者，其妻罚一九。擅卖人丁之骁骑校，鞭一百。骁骑校已故，其妻罚牲畜五。若买主有籍贯姓名者，行文该管札萨克及地方官，追还人丁，交该旗收领，不给原价。无籍贯姓名者，行文内札萨克众喀尔喀，及沿边神木等处，概行严查，限一年送还。如一年内不能查交，或被告发，将该管札萨克官员等治罪，其查出送还者，该旗收领，行文报院。嗣后各旗养育人丁，不时严查，若再有卖去壮丁，及逃散人口者，将该札萨克经管之人，皆从重治罪。

藩捕逃 024：嘉庆二十二年定

归化城土默特地方命盗案内逃犯，派员承缉，初次勒限六月，逾限不获，展限一年；二次逾限不获，再限一年；三次逾限不获，罚五牲畜。

藩捕逃 025：嘉庆二十二年又定

归化城土默特逃犯不知旗分佐领者，另行派员承缉。如知其实系土默特人犯，即责成该佐领照承缉之例，勒限缉捕。如系别旗之人，一面派员缉捕，仍行令该札萨克严拿。如人犯在该旗地方藏匿，不行缚送，经归化城官员访获，或他人首出者，罚该札萨克一九牲畜。

藩捕逃 026：道光十九年定

口外游民、满洲家奴，逃至蒙古地方，各札萨克立即缉拿，解交地方官照例治罪。如有知情容隐不报，经他人出首拿获者，台吉官员革职，平人鞭一百，俱罚三九。不知情者，免其革职鞭责，仍照罚牲畜，失察之札萨克罚俸一年；管旗章京、参领等各罚二九；佐领、骁骑校，俱革职罚二九；领催、十家长等，鞭一百。

藩捕逃 027：道光十九年又定

凡发遣为奴人犯，逃至蒙古地方，如有容隐者，台吉官员革职，鞭一百，平人鞭一百，枷号一月，俱罚三九。不知情者免其鞭责枷号，仍革职照罚牲畜，失察之札萨克罚俸二年；管旗章京、参领等俱革职罚二九；佐领、骁骑校，俱革职，鞭一百，罚二九牲畜；领催、十家长等鞭一百，加枷号一月。

藩捕逃 028：道光十九年三定

札萨克旗下蒙古及家奴无故逃走，由该管札萨克派员查拿到案，鞭一百。他人拿获，赏给一牲畜。隐匿者，均罚一九牲畜。

藩捕逃 029：道光二十年定

王、公、台吉等，知人逃往外国给马遣往者，革退封爵职衔，撤其属下之人，官员绞，抄没家产；平人斩，仍抄没家产。

藩捕逃 030：道光二十年又定

台吉逃走，失察之札萨克，罚俸六月。缉获后讯明无别项情弊者，交札萨克严行管束。

藩捕逃 031：道光二十年三定

阖旗逃走，若札萨克、王、贝勒、贝子、公、台吉等不追者，各罚俸一年。

藩捕逃 032：道光二十年四定

系撒袋人逃走，王、公、台吉等不追者，各罚俸六月。并不即将逃亡缘由报院者，各罚俸三月。

藩捕逃 033：道光二十三年定

故纵贼人不擒，令其脱逃者，照窝盗例治罪。贼已发觉，不即查拿以致脱逃者，照窝盗例，减一等治罪。

藩捕逃 034：道光二十四年定

缉捕命盗逃犯，初次勒限三月，限内缉获，官员赏一九牲畜，兵丁赏五牲畜；限满无获，官员罚三牲畜，兵丁鞭六十。二次勒限六月，限内缉获，官员赏六牲畜，兵丁赏四牲畜；限满无获，官员罚四牲畜，兵丁鞭八十。三次勒限九月，限内缉获，官员赏四牲畜，兵丁赏三牲畜；限满无获，官员罚五牲畜，兵丁鞭一百。四次勒限一年，限内缉获，官员赏三牲畜，兵丁赏二牲畜；限满无获，官员革职，鞭六十，兵丁枷号一月。四次限内人犯就获，该札萨克加一级；无获，罚俸一年。

藩捕逃 035：道光二十五年奏准

缉捕谋杀人命重犯，四参限满未获者，将该札萨克照罚俸一年例上，加等再罚俸半年。如系两案重犯至二名者，加等再罚俸一年，再予限半年。限满仍未拿获，将承缉官照二参限例，折罚牲畜，该札萨克再行罚俸一年。

理藩院刑法疏脱罪囚【例 4 条】

藩脱囚 001：康熙二年题准

死罪犯人逃脱者，收管官，罚三九；骁骑校，革职罚二九；领催，鞭一百；兵丁，鞭八十。若非死罪犯人脱逃者，收管官，罚二九；骁骑校，罚一九；领催，鞭八十；兵丁，鞭五十。如被旁人拿获，即以所罚牲畜给之，所拿获人给札萨克、王、贝勒等。

藩脱囚 002：康熙十三年定

劫夺死罪犯人者，不分首从皆斩。劫夺非死罪人犯者，为首人罚三九，余各罚一九。

藩脱囚 003：道光十七年定

解审死罪人犯中途脱逃，金差不慎之札萨克罚俸一年，非死罪人犯罚俸六月。如有贿纵情弊，加一等科断。

藩脱囚 004：道光十七年又定

抢夺拟定罪名人犯，照刑律劫囚例治罪。

理藩院刑法发冢【例 3 条】

藩发冢 001：康熙十三年题准

发掘王、贝勒、贝子、公等墓者，为首一人拟斩监候，妻子家产籍没，余各鞭一百罚三九。发掘台吉墓者，为首一人拟绞监候，余各鞭一百罚二九。发掘官员墓者，为首一人鞭一百罚三九，余各鞭一百罚一九。发掘庶人墓者，为首一人鞭一百罚一九，余各鞭八十罚一九。所籍没家产及牲畜，皆给予墓主。

藩发冢 002：康熙十三年定

平人发掘王、贝勒、贝子、公、札萨克、台吉及福晋夫人等坟冢，已行未见棺者，为首拟绞监候，为从发山东、河南，交驿充当苦差；见棺者，为首绞立决，为从绞监候；开棺见尸者，为首斩立决，为从绞立决；毁弃撒撒死尸者，不分首从，皆斩立决。

藩发冢 003：康熙十三年又定

平人发掘平人坟冢未见棺者，为首鞭一百罚三九牲畜，为从鞭九十罚二九牲畜；见棺者，为首发山东、河南，交驿充当苦差，为从鞭一百罚三九牲畜；开棺见尸者，为首发极边烟瘴，为从发山东、河南，均交驿充当苦差；毁弃撒撒死尸者，为首绞监候，为从发极边烟瘴，交驿充当苦差。若盗未殡未埋尸棺，及发年久穿陷之冢未开棺椁者，为首鞭一百罚三九牲畜，为从鞭九十罚二九牲畜。开棺见尸一次者，为首发山东、河南，交驿充当苦差，为从鞭一百罚三九牲畜；二次者，发江南、浙江、江西、湖广、福建等省，为从发山东、河南；三次者，为首发云南、贵州、广东、广西等省，为从发江南、浙江、江西、湖广、福建等省，均交驿充当苦差；三次以上者，为首绞监候，入于缓决，为从发云南、贵州、广东、广西等省，交驿充当苦差。

理藩院刑法违禁采捕【例15条】

藩采捕001：康熙十七年题准

外藩蒙古王、公主、郡主等所属人，私向禁地盗采人参者，为首拟斩监候，妻子家产牲畜并所获皆入官，为从鞭一百，家产牲畜并所获入官，妻子免其籍没。王、公主、郡主以下，台吉以上，遣属下人往者，各罚九九。管旗章京以下，骁骑校以上，遣家奴往者，皆革职。领催、十家长另户遣家奴往者，鞭一百，革去领催、十家长，各罚一九。所遣家奴，本身妻子家产牲畜并所获皆入官。遣另户人往者，管旗王以下，十家长以上，皆照遣家奴例治罪。另户人及家奴偷采人参，其该管与家主不知情者，皆鞭一百罚三九。旁人首发者，交户部照入官之参折半价给赏。私买私卖者，系蒙古，鞭一百罚一九。

藩采捕002：康熙十七年定

私入禁地采参捕貂被获，其主明知故遣者，不分王、贝勒、贝子、公、台吉，皆罚俸九月。无俸之台吉，及官员庶人，皆罚三九。所获参貂入官，车及牲畜，均赏给旗下效力之人。

藩采捕003：康熙十七年又定

王、公主、郡主等所属旗人，及家人捕牲人，有私赴禁地采参捕貂被获者，财主及为首之人皆拟绞监候，家产牲畜籍没。为从者另户鞭一百罚三九，家奴枷两月鞭一百，罚伊主三九，现获参貂尽行入官。

藩采捕004：康熙十七年三定

凡偷采参貂私行买卖被旁人拿获者，将参貂交纳户部，买者卖者各鞭一百罚一九，赏给拿获出首之人。

藩采捕 005：康熙十七年四定

王以下、庶人以上，有往黑龙江瓜尔察索伦买貂，明知违禁，遣人邀取贩卖者，王、贝勒、贝子、公、台吉，罚俸一年；无俸之台吉，罚五九；官员、庶人，罚三九。携商私往，为首者拟绞监候，为从者罚三九，所携价本入官。

藩采捕 006：乾隆四年议准

拿获围场内偷捕牲畜之犯，若系蒙古，交八沟理事同知，初犯、再犯皆鞭一百，三犯罚一九，毋庸送部。

藩采捕 007：乾隆六年奏准

偷捕围场内牲畜者，初犯枷一月，再犯枷两月，三犯枷三月，令在围场附近地方示众，满日皆鞭一百，系蒙古交札萨克严行约束。

藩采捕 008：乾隆十年奉旨

此汇奏在围场内私行采捕之案，皆民人及察哈尔蒙古，并无札萨克蒙古，可见附近围场之札萨克等，平素留心公事，能将所属人等严加约束，殊属可嘉，著传谕奖励，俾益加勉力。再察哈尔总管及同知等，平素疏忽不严行管束所属，并交部察议。

藩采捕 009：乾隆十三年奉旨

从前拿获偷入围场射猎樵采之人，由该总管送部治罪，后因设立地方官，将此等人犯停止送部，即交地方官办理，但禁约围场，究与地方官无涉，嗣后如有斗殴词讼等事，照常令地方官办理完结外。倘围场内有偷入射猎樵采等事，该总管拿获时，仍照旧例送部治罪，即交该地方官转行解部，岁终该总管将拿获数目报部汇查。

藩采捕 010：乾隆二十七年议奏

围场禁地，向例拿获贼犯，分别初犯再犯三犯递加枷号，殊不足以示惩，嗣后有犯，除偷采蔬果及割草者，仍照定例办理外，其盗砍木植偷打牲畜之犯，审系初次二次，发往乌鲁木齐等处种地，犯至三次，即发乌鲁木齐等处给种地兵丁为奴。地方同知通判等官，照约束不严例，降一级调用，道员，照失于查察例，罚俸一年，该总管照兼辖官例，降一级留任，该札萨克照疏忽例，加一等罚札萨克俸一年，协理台吉罚俸九月，无俸者罚牲畜七。现获偷木民犯十一名，打鹿民犯四名，及应议各官，即照此例办理。奉旨：旗民私入围场盗伐木植，偷打牲畜，及防范不严之该地方蒙古札萨克等，自应照现定之例惩治，但此次拿获贼犯及应议各员，尚在未定新例之前，俱著从宽照旧办理，嗣后有犯，即照新例定拟，传谕蒙古札萨克等知之。

藩采捕011：嘉庆十五年奏准

察哈尔及各札萨克旗下蒙古，有□省者，该管官罚二九牲畜，札萨克罚一九牲畜。犯应发云南等省者，该管官罚三九牲畜，札萨克罚二九牲畜。其札萨克应罚二九牲畜者，折罚札萨克俸一年，应罚一九牲畜者，折罚札萨克俸六月，应罚一七牲畜者，折罚札萨克俸五月，应罚一五牲畜者，折罚札萨克俸三月，无俸者实罚牲畜，存公备赏。

藩采捕012：嘉庆二十三年谕

嗣后拿获私入围场人犯，除照例分别拟罪外，不论首从已得赃者，皆面刺"盗围场"字。未得赃者，皆面刺"私入围场"字。

藩采捕013：道光七年议准

嗣后私入木兰等处围场，及南苑偷窃菜蔬柴草野鸡等项者，初犯枷号一月，再犯枷号两月，三犯枷号三月，满日各杖一百。若盗砍木植偷打牲畜者，初犯杖一百徒三年，再犯三犯，及虽系初犯而偷窃木植至五百斤以上，牲畜至十只以上，或身为财主、雇请多人者，改发极边足四千里充军。为从及偷窃未得者，各照为首及已得减一等，贩卖者又减一等。旗人销除旗档，照民人一体办理。兵丁俱先插箭游示，加一等治罪。受贿故纵者与犯同罪，失察者杖一百，再犯折责革伍。该管员弁失于觉察者，交部议处。察哈尔及札萨克旗蒙古，私入围场盗砍木植偷打牲畜，亦照此例办理。蒙古人犯应拟徒罪者，照例折枷。应充军者，发遣湖广、福建、江西、浙江、江南，交驿充当苦差。以上盗围场人犯，均面刺"盗围场"字样，偷窃未得之犯，均面刺"私入围场"字样。

藩采捕014：道光十九年定

私往禁地偷捕偷挖貂鼠人参，除人犯照例治罪外，其失察之王、公、台吉、塔布囊，均罚俸一年，不管旗者罚二九牲畜。

藩采捕015：道光十九年又定

黑龙江瓜尔察索伦貂皮违禁购买者，王、公、台吉、塔布囊均罚俸一年，不管旗者罚二九，平人鞭一百，仍将价物追出入官，其遣往购买之人鞭八十。

理藩院刑法人命【例 24 条】

藩人命 001：国初定

外藩蒙古斗殴，伤人目、折人手足，致成残疾者，罚牲畜三九，平复者罚一九。伤孕妇致堕胎，及殴损人齿牙者，各罚一九。断人发辫及帽缨，或以鞭杆殴人者，各罚牲畜五。互殴有伤相等者无罪。

藩人命 002：国初又定

凡未管旗王、贝勒、贝子、公、札萨克、台吉、塔布囊等，将别旗之人故杀、仇杀、谋杀者，罚六九牲畜，给被杀者之妻子，罚三九牲畜，给被杀者之主人，仍罚俸一年。闲散台吉、塔布囊等罚三九牲畜，给被杀者之妻子，罚二九牲畜，给被杀者之主人，仍革去台吉、塔布囊职衔。平人照刑例办理。至擅动金刃之物伤人，若未致重伤者，各罚俸六月，无俸台吉、塔布囊等，罚一九牲畜，平人罚五牲畜。

藩人命 003：顺治十五年题准

斗殴伤重，五十日内死者，将殴人之犯拟绞监候。

藩人命 004：顺治十五年又题准

无故杀妻者，拟绞监候。

藩人命 005：康熙五年题准

射砍家奴割截耳鼻者，王罚五九，贝勒、贝子、公罚四九，台吉罚三九，职官罚二九，庶人罚一九，赏给被伤家奴。致死者以故杀论。

藩人命 006：康熙五年定

王等以刃刺杀所属人及家奴，并故杀、仇杀、醉杀者，罚马四十匹，贝勒、贝子、公罚马三十匹，台吉罚牲畜三九，死者亲属一并开出，赏给所罚，于旗内听所欲往投主。若无仇隙误伤致死者，报明情由。不报者，王等各罚俸九月，无俸之台吉等，仍罚三九入官，死者亲属不准开出。管旗章京、副章京，杀死家奴者罚三九，参领、佐领、骁骑校，罚二九，庶人罚一九，皆给死者亲属，听所欲往投主。误伤致死者，于札萨克处报明情由，不报者仍按数罚牲。

藩人命 007：康熙六年题准

奴仆杀家主者凌迟。

藩人命 008：康熙十三年题准

因戏误伤人致死，有人见证者罚三九，无见证可疑者，令其设誓，设誓者罚三九，不设誓者拟绞监候。

藩人命 009：康熙十三年又题准

官民人等与妻斗殴误伤致死者，罚三九给妻家。妻有罪不报明而擅杀死者，罚三九入官。

藩人命 010：康熙十三年三题准

故杀他旗之人及谋杀、仇杀者，除偿人外，王罚马百匹，贝勒、贝子、公七十匹，台吉五十匹，给死者亲属。庶人为首拟斩，为从拟绞，各监候，皆籍没家产牲畜，给死者亲属。为从不加功者，本身并妻子家产牲畜，皆解送邻近盟长，给效力台吉为奴。

藩人命 011：康熙十三年四题准

为首迎杀投到之逃人者，官拟绞，庶人拟斩，各监候。为从者，罚三九。

藩人命 012：乾隆三十七年奏准

蒙古伤人致死，拟绞缓决遇赦减等者，仍照向例罚三九牲畜给予尸亲。其无力交纳者，照偷窃四项牲畜为从应罚牲畜不能交纳例，发遣山东、河南等省驿站充当苦差。

藩人命 013：乾隆四十三年谕

嗣后回子等有寻常命案，应照回子例绑于巴咱尔立行打死，即行办理，于年终汇奏，毋庸专折请旨。

藩人命 014：乾隆四十五年议定

科布多地方命案，毋庸解送刑部，即由该参赞大臣审明定案后，将该犯解往乌里雅苏台将军处，由该将军覆核，入于秋审汇奏。

藩人命 015：乾隆五十七年奉旨

嗣后驻扎新疆大臣办理一切事务，均应相机酌办，不可拘泥内地律例。即如回民内若有侄杀胞伯叔、弟杀胞兄、侄孙杀胞伯叔祖之案，自应照内地律例定拟。其远宗命案，仍应照回民之例办理，不必拘泥内地服制律例。

藩人命 016：道光十九年定

凡管旗之汗、王、贝勒、贝子、公、台吉、塔布囊，故将人鞭殴致死者，系家奴，罚俸一年；系闲散属下人，罚俸二年；系旗下官员披甲，罚俸三年。致死闲散王、公、台吉名下者罪同，仍各罚三九牲畜，给付死者之家，其妻子弟兄一并遣赴别旗听其自便。其闲散王、公、台吉有犯，各视其致死之人，照管旗之王、公、台吉罚俸年分，分别折罚牲畜存公，仍各罚二九牲畜，给付死者之家，其妻子兄弟止令出户，听其择主自投，毋庸遣往别旗。如致死者系札萨克名下，及同旗王、公、台吉名下人，各视本例加一等科罪。其管旗章京、副章京、参佐领、骁骑校有犯，各视其致死之人，照闲散王、公、台吉例办理。如致死者系札萨克名下，及同旗王、公、台吉名下人，均照刑例以凡论。如实系由误致死，各减半科罪，死者之妻子兄弟，均毋庸令其出旗出户。

藩人命 017：道光十九年又定

王公等故将人鞭殴成伤者，系家奴罚俸半年，系闲散属下人罚俸一年，系旗下官员披甲罚俸二年。致伤闲散王、公、台吉名下者罪同，仍各罚一九牲畜，给付伤者之家，其妻子兄弟均令出户。其闲散王、公、台吉有犯，各照管旗之王、公、台吉罚俸年分，分别折罚牲畜存公，仍各罚五牲畜，给付伤者之家，其妻子兄弟均令出户。如致伤者系札萨克名下，及同旗王、公、台吉名下人，各视本例加一等科罪。其管旗章京、副章京、参佐领、骁骑校有犯，各视其致伤之人，照闲散王、公、台吉例办理。如致伤者系札萨克名下，及同旗王、公、台吉名下人，均照刑例以凡论。如实系由误致伤，各减半科罪，伤者之妻子兄弟，均毋庸令其出户。

藩人命 018：道光二十三年定

王公等擅用金刃伤人者，罚俸二年，无俸台吉、塔布囊，罚四九牲畜。因而致残废者，罚俸三年，无俸台吉、塔布囊，罚六九，仍各罚一九，给予残废者之家。其因而致死，并擅用金刃杀人者，闲散台吉、塔布囊，照刑例定拟，汗、王、贝勒、贝子、公、札萨克，均查照刑例声明请旨。其以手足他物伤人，及因而致残废者，各减一等科罪。其以手足他物伤人，因而致死，并以手足他物杀人者，各照擅用金刃例，分别科断。

藩人命 019：道光二十三年又定

蒙古官员平人擅用金刃伤人者，官员革职，罚二九牲畜，平人鞭一百。因而致残废者，官员革职罚四九，平人加枷号一月，仍各罚一九，给残废者之家。其因而致死，并擅用金刃杀人，及以手足他物伤人，因而致死，并以手足他物杀人者，照刑例科断。

藩人命 020：道光二十三年三定

假捏人命冒认尸亲移尸讹诈者，照刑例问拟，徒罪发山东、河南，军流发湖广、福建等省，均交驿充当苦差，不准折枷。

藩人命 021：道光二十五年定

过失杀妻者，官员革职，枷号六十日鞭一百，平人鞭一百枷号六十日。各罚二九牲畜，给妻之母家。汗、王、贝勒、贝子、公、札萨克有犯，仍查照刑例声明请旨。

藩人命 022：道光二十五年又定

蒙古戏杀过失杀伤人，俱照刑例定拟。

藩人命 023：道光二十七年定

凡以手足他物伤人案内，系妇人因而堕胎者，汗王、贝勒、贝子、公罚俸二年，无俸台吉、塔布囊罚四九牲畜，官员革职，罚四九牲畜，平人鞭一百加枷号一月。仍各罚一九，给堕胎者之家。其因而致死，并讯有谋故等情者，均照刑例办理。

藩人命 024：道光二十七年又定

斗殴□□咎落帽缨者，罚三牲畜。

理藩院刑法失火【例5条】

藩失火 001：国初定

因熏野兽窟穴致失火者，罚一九给见证人。延烧致毙人者，罚三九给死者之家。其余失火者，罚牲畜五给见证人。延烧致毙人者，罚一九给死者之家。延烧致毙牲畜者，照数赔偿。

藩失火 002：康熙十三年题准

挟仇放火致毙人者，官拟绞，平人拟斩，各监候，除妻子外，皆籍没畜产给予事主。致伤牲畜者，官革职，庶人鞭一百，除妻子外，畜产皆给予事主。

藩失火 003：乾隆十八年覆准

嗣后内地民人出口贸易，不戒于火，致延烧牧厂者，皆照蒙古熏野兽窟穴失火例，罚取牲畜，无牲者，比照牲畜折价罚银。

藩失火 004：乾隆五十八年奏定

凡蒙古打牲失火延烧民人货物者，查明所烧货物若干，如数追出赔给民人。若民人失火延烧者，亦照此例办理。

藩失火 005：道光十九年定

各旗因不戒于火，致延烧档案军器等物者，未能先事豫防之札萨克罚俸一年，协理台吉折罚二九牲畜，其监守之协理台吉罚四九，台吉罚三九，蒙古官员革职，兵丁鞭一百革退。但讯有旷班致失守护情形，协理台吉革任，台吉革去台吉，官员革职鞭一百，兵丁革退鞭一百，加枷号一月。

理藩院刑法犯奸【例 5 条】

藩犯奸 001：国初原定

王等奸人妻者罚九九，贝勒、贝子、公等罚七九，台吉、官员、庶人等罚五九，皆给予本夫。以他人之妻为妾者，罚三九。与主母私通者，奸夫凌迟，奸妇斩决，将奸夫妻子没为家奴服役。

藩犯奸 002：国初定

凡台吉等之家奴奸台吉妻妾者，照刑例家奴奸家长妻妾办理。家奴当喇嘛者，亦照此例办理。至兼辖之属下阿勒巴图等奸台吉等之妻者，奸夫、奸妇俱绞监候。奸台吉等之妾者，奸夫、奸妇俱鞭一百。兼辖之属下阿勒巴图当喇嘛者，亦照此例办理。

藩犯奸 003：国初又定

平人和奸者，奸夫枷号一月鞭一百，奸妇枷号一月鞭一百。奸拐妇人者，奸夫枷号两月，发遣山东、河南、交驿当差，奸妇鞭一百枷号两月。奸妇鞭决枷赎交本夫领回，听其去留。

藩犯奸 004：道光十九年定

王、贝勒、贝子、公、台吉、塔布囊奸平人妻者，罚俸三年，仍罚三九牲畜，给奸妇之夫。无俸台吉、塔布囊，折罚六九牲畜存公，仍罚一九牲畜给奸妇之夫。

藩犯奸 005：道光十九年又定

平人与福晋通奸，奸夫凌迟处死，福晋斩决，奸夫妻子发邻盟为奴。

理藩院刑法略卖【例6条】

藩略卖001：康熙二十二年定

凡蒙古人将内地男妇子女诱骗贩卖或为妻妾奴婢者，不论良贱已未卖成，如被诱之人不知情，将为首诱人者拟绞监候，为从者鞭一百，罚牲畜三九，被诱之人不坐。若被诱之人知情，为首鞭一百，罚牲畜三九，为从及被诱之人，各鞭一百。

藩略卖002：康熙二十二年又定

蒙古人诱骗良人为妻妾子孙奴仆，贩卖与人者，不论已卖未卖，皆鞭一百罚三九，被诱之人知情鞭一百。

藩略卖003：乾隆三十七年议准

已入档之蒙古属下人，不准擅行售卖与内地旗人，即未入档之庄头，亦止准本旗互相买卖，不准卖与别旗及内地之人。违者将承买售卖之人，罚三九牲畜存公，失察之札萨克盟长，罚俸三月，协理台吉，罚一九牲畜。所卖之人不给原价，撤出交本旗充当差使。

藩略卖004：乾隆四十七年议准

凡回子等买外藩之人，若无诱买强骗等情，按原买价罚十分之三，赏给拿获之人，所买之人，留与买主。若有诱买强骗等情，罚原买价十分之一，赏给拿获之人，所买之人，撤出赏有功之伯克【今裁】等，将该回子量其情节轻重，或枷号，或惩责示儆。

藩略卖005：道光十九年定

蒙古私卖私买壮丁、附丁在十名以内者，罚五九牲畜，追还人丁，交本旗收领，不给原价。其失察之该管札萨克，罚俸半年，协理台吉罚一九，管旗章京罚二九，佐领罚三九。骁骑校责革。十名以上者，以次递增。查出不送还本旗，加一等治罪。

藩略卖006：道光十九年又定

蒙古虽无私卖私买人口情形，但任听属下人丁逃散不能收养，经别旗查出在十名以内者，其失察之札萨克等，照私卖减半科罪。

理藩院刑法杂犯【例 31 条】

藩杂犯 001：国初定

帽纬长出帽檐，及戴卧兔帽，剪开沿毡帽，胁间系偏练垂，皆系违禁。被人见者，王、贝勒等罚马一匹，庶人罚□□参牛一。

藩杂犯 002：国初又定

庶人在王前明出恶言者罚三九，犯札萨克、贝勒、贝子、公等罚二九，犯台吉等罚一九。虽非面言而审实者亦坐，诟骂管旗章京者罚一九，犯副章京罚七，犯参领罚五，犯佐领罚三。

藩杂犯 003：国初三定

札萨克所遣人，贝勒等擅责，罚三九，庶人擅责，罚一九。

藩杂犯 004：国初四定

凡挟仇首罪而取牲畜者，王罚三九，贝勒、贝子、公罚二九，台吉罚一九。仇取牲畜给还原主，随所愿处发往。

藩杂犯 005：国初五定

外藩蒙古以他日为岁朝者，王罚一九，札萨克、贝勒、贝子、公罚七，台吉罚五，庶人罚马一，皆给予出首之人。

藩杂犯 006：国初六定

射砍他人牲畜致死者，除抵偿外，罚一九，致死马者加赔抵偿，未致死者罚□□参牛一。

藩杂犯 007：国初七定

蒙古人等有欲修筑坟墓者，准其修筑，若伊等欲从蒙古例葬埋，各听其便。人死毋许杀马，毋插嘛呢杆子，渡口山岭，毋许挂幡哈达。如违，被人首告者，罚五牲畜，给首告之人。

藩杂犯 008：国初八定

奉差之人，由某旗经过，其旗下卡伦章京等，宜妥为照料护送。倘不照料护送以致被窃，将卡伦章京等罚三九牲畜，披甲人等鞭一百。

藩杂犯 009：康熙十三年题准

庶人在不管札萨克事之贝勒、贝子、公、台吉前明出恶言者，亦照札萨克例，罚取牲畜。

藩杂犯 010：康熙十七年题准

外藩各旗，庶人冒称台吉进贡者鞭一百，骁骑校冒称佐领进贡者革职，仍各罚牲三九。同来台吉知情冒赏者，革去台吉，罚牲五九。

藩杂犯 011：康熙二十八年定

王、贝勒、贝子、公、台吉等出边口，除票内开载军器外，带出金刃者各罚俸六月，无俸之台吉等罚一九，庶人有犯罚一五。

藩杂犯 012：康熙二十八年又定

不令行人歇宿致冻死者罚一九，未致死者罚□□市牛一。令其歇宿而被盗者，所失财物牲畜，概令房主赔偿。

藩杂犯 013：康熙二十八年三定

将行人所乘牲口，以为伊所遗失而误取者，罚牲畜五，给被取之人。

藩杂犯 014：康熙二十八年四定

出痘病人歇宿人家，或设法禳病，因而传染致死人者，罚三九，虽痊可罚一九，如未传染罚马一匹。

藩杂犯 015：康熙二十八年五定

凡有疯疾之人，令其祖父、伯叔、兄弟、子侄亲属看守。如无亲属，令邻舍里长看守。如失于看守致伤人者，鞭八十。

藩杂犯 016：康熙二十八年六定

凡行凶之人，不可留于本旗者，并妻子解送邻近盟长，给效力之台吉为奴。

藩杂犯 017：嘉庆二年奏定

伊犁等处，如有哈萨克迷路擅入卡伦拒捕者，照窃马例，拟以绞决。

藩杂犯 018：道光十六年议准

蒙古金银矿砂处所民人偷挖，该蒙古无包庇情形，承缉官罚一九牲畜，札萨克罚俸三月。如蒙古本身偷挖，承缉官革职，札萨克罚俸六月。如蒙古招留民人得钱包庇伙挖，承缉官革职鞭一百，札萨克罚俸一年。傥承缉官有知情故纵等弊，加枷号一月，札萨克罚俸二年。

藩杂犯 019：道光十九年定

汗、王、贝勒、贝子、公等之封号，应全行称写，如有任意举出数字者，管旗之王、公等罚俸半年，未管旗者折罚一九牲畜。

藩杂犯 020：道光十九年又定

官员失查商民偷渡出口者，降一级，无级可降，折罚二九牲畜。

藩杂犯 021：道光二十三年定

科布多住班乌里雅苏台牧放牲畜之喀尔喀四部落公、札萨克，每空班一次，罚俸三年。若至三次者，罚世职俸三年。

藩杂犯 022：道光二十三年又定

青海年例祭海，该处王、公等陪祀，无故不到者，罚俸二年。

藩杂犯 023：道光二十四年定

科布多屯田，收获不及五分者，该管官员罚一九，兵丁责惩。

藩杂犯 024：道光二十四年又定

赁唱戏文者，管旗王、公罚俸二年，不管旗王、公、台吉等，罚四九牲畜，失察之盟长札萨克，罚俸半年。在家教幼丁演戏者，管旗王、公，视本例加等治罪，不管旗王、公，罚世职俸一年，台吉、塔布囊，革职，三年无过开复。蒙古官员径行革职，平人鞭一百，失察之盟长札萨克，罚俸一年。

藩杂犯 025：道光二十七年定

内外札萨克，遇有该处将军都统大臣差官到境，滥送财物者，管旗王、公、台吉，均降三级调用，官员无级可降，折罚札萨克俸，不管旗及无俸者，折罚牲畜。

藩杂犯 026：道光二十七年又定

先后贺年者，王、公、台吉官员，均罚一九，平人鞭八十。

藩杂犯 027：道光二十八年定

盗挖金银矿砂者，除首从各犯，仍照刑例定拟外，将得钱招留之地主，均于本罪上加一等科断，罪止极边烟瘴充军。

藩杂犯 028：道光二十八年又定

服饰丧葬违禁，王、公、台吉、塔布囊，均罚俸三月；不管旗王、公、台吉官员，均罚五牲畜；平人鞭五十。

藩杂犯 029：道光二十八年三定

平人诽谤王、公、台吉、塔布囊等者，罚三九。诽谤管旗章京、副章京等者，罚一九。

藩杂犯 030：道光二十八年四定

私行雕造描摹假印者，照内地例办理。

藩杂犯 031：道光二十九年定

王、公等奉旨派出寺庙拈香差使，临期不到，罚俸六月，无俸人员，折罚牲畜。

理藩院刑法审断【例49条】

藩审断 001：国初定

凡王等审理已决之事复行控告，覆审无冤抑者，罚妄告人一九。札萨克、贝勒、贝子、公等所审者，罚告人牲畜五。官员所审者，罚告人马一匹。

藩审断 002：国初又定

凡词讼令本人控告，若旁人代控，及罪已审结，本人不告旁人代诉者，皆罚马一匹，给原审人。

藩审断 003：顺治八年题准

外藩蒙古人有讼，赴各管旗王、贝勒等处伸告，若审理不结，令协同会审旗分之王、贝勒等公同审讯。仍不结，王等遣送赴院。如未在王、贝勒处伸告，越次赴院者，一概发回。

藩审断 004：康熙元年题准

蒙古拟定死罪犯人，由札萨克审明报院，由院会三法司定拟具奏。其应监候秋后处决者，照刑部秋审例，会满洲九卿议奏。

藩审断 005：康熙九年题准

凡已结事件称有冤枉者，仍赴本院告理。又称冤枉，许赴通政使司鼓厅告理。

藩审断 006：康熙十三年题准

不兼札萨克之贝勒、贝子、公、台吉等有犯，照札萨克贝勒等一例议处。

藩审断 007：康熙三十三年覆准

山海关外科尔沁、土默特等旗，凡偷盗争夺之事，旧例皆由盛京刑部行文到院会审，往返定议，方得完结。嗣后遴选应升蒙古旗员一人，笔帖式二人，令往盛京居住，除人命大案确审取供咨部具题外，一应细事，即会盛京刑部审结。其有与口外札萨克会审，与该将军会审之事，并令一并审结，毋得迟延。

藩审断 008：雍正二年议准

蒙古人告状必列姓名，方与准理。若诬告者，原告及见证皆罚三九。

藩审断 009：雍正二年定

蒙古王等以下，庶人以上，因争户口致讼，雍正元年以后者审理，雍正元年以前者不准审理。

藩审断 010：雍正二年又定

凡提拿大盗致脱逃者，王、贝勒、贝子、公、台吉等，皆罚俸一年。无俸之台吉等，罚牲畜五九。

藩审断 011：雍正二年三定

凡捕获盗贼，送该札萨克处收禁。若在盛京，及归化城等处拿获者，即在犯事处收禁，该札萨克率领会审之台吉审讯。

藩审断 012：乾隆六年议准

凡应拟斩绞监候之蒙古等，系科尔沁、札赉特、杜尔伯特、郭尔罗斯十旗，喀喇沁三旗，土默特两旗，札鲁特两旗敖汉旗、奈曼旗，喀尔喀左翼旗者，送八沟理事同知监禁。巴林两旗，阿巴哈纳尔两旗，翁牛特两旗，乌珠穆沁两旗，阿巴噶两旗，苏尼特两旗，浩齐特两旗，阿鲁科尔沁贝勒旗，克什克腾札萨克台吉旗，及喀尔喀土谢图汗部落十九旗，车臣汗部落二十一旗，额鲁特旗者，送多伦诺尔理事同知监禁。鄂尔多斯七旗，归化城土默特两旗，乌喇特三旗，喀尔喀右翼旗，茂明安札萨克台吉旗，四子部落旗，喀尔喀三音诺彦部落二十一旗，札萨克图汗部落十五旗者，送归化城理事同知监禁。

藩审断 013：乾隆六年又议准

凡在多伦诺尔地方蒙古民人互讼事件，令该同知会该旗审拟完结。凡八旗游牧察哈尔命盗重案，呈报刑部会院完结。其喀尔喀札萨克各旗蒙古命盗重案，呈院完结。至商民事件，仍由口北道转报该督完结。

藩审断 014：乾隆七年议准

八旗游牧察哈尔命盗案件，如凶犯、盗犯、尸亲、失主，皆系蒙古，并无内地民人者，令该总管等会同该同知、通判审明定拟，鞭责轻罪，照例发保，徒流以上罪犯，即交该同知、通判等收禁，一面报部，一面将鞭责之犯先行发落，俟院会刑部等衙门奏准之后，将应决之人犯，即于犯事处正法，军流以下人犯，照例折枷完结，其定拟斩绞监候之犯，并令严行监禁，秋审时该总管造具年貌清册报部。若蒙古内地人交涉命盗案件，该总管委官会该同知、通判审明定拟，应保出者准其保出，应监禁者交该同知、通判等收禁。系直隶民人，该同知等即呈报口北道、直隶按察使、总督，该督覆核具题。系山西民人，即呈报归绥道、山西按察使、巡抚，该抚覆核具题。仍各咨该总管存案，若所定之罪与该总管意见不同，亦著申文报部，俟刑部会本院详加改正，定拟覆奏，立决人犯，于犯事处正法，军流以下，照例完结，监候人犯，仍令该同知、通判、监禁，秋审时由该督抚详查具奏。

藩审断 015：乾隆十一年议准

八旗游牧察哈尔蒙古，应入直省秋审之犯，令该同知等于每年四月初旬，查明各犯年貌旗分佐领及犯罪原由，出具切实看语，申送该督抚核题，免其提审，以省拖累。再，口外蒙古人犯，分定旗分，解送多伦诺尔同知等处监禁者，原指各旗自行审理案犯而言，至沿边理事同知、通判，均有办理蒙古内地民人之责，所有承审人犯，自应本处监禁，不得藉词解送。

藩审断 016：乾隆十二年议准

八旗游牧察哈尔蒙古民人交涉事件，仍会同同知、通判审理。如案犯专系蒙古，与内地人无涉者，令各总管自行审理。

藩审断 017：乾隆十二年又议准

八旗游牧察哈尔蒙古，偷盗牲畜拟绞减等之犯，正身蒙古照旗人例折枷，家奴仍照旧例发邻近盟长，给效力台吉为奴。

藩审断 018：乾隆十五年议准

八旗游牧察哈尔左翼四旗蒙古，与民人交涉之案，在镶黄旗地方犯事，附近张家口者，即归张家口同知收禁。在正白旗地方犯事，附近独石口者，即归独石口同知收禁。在镶白、正蓝二旗地方犯事，附近多伦诺尔者，仍归多伦诺尔同知收禁。

藩审断 019：乾隆二十五年覆准

归化城同知、通判，承办蒙古命盗等案，及蒙古民人交涉命盗事件，由该厅等呈报绥远城将军。就近会同土默特参领等官办理。蒙古事件，由将军咨院具奏完结。蒙古与民人交涉事件，由巡抚咨院具奏完结。其由札萨克派员会审之处，永行停止。

藩审断 020：乾隆二十五年又覆准

张家口、独石口、多伦诺尔等三处同知，与察哈尔交涉案件，仍照例会同察哈尔游牧处部院章京审办外，八沟、塔子沟二厅与各部落札萨克交涉案件，会同乌兰哈达三座塔部院章京审办。多伦诺尔同知与喀尔喀交涉案件，会同察哈尔游牧处理事部院章京审办。其由札萨克会审之处，均行停止。

藩审断 021：乾隆二十五年三覆准

山西省丰镇厅所属，与察哈尔正黄旗、正红旗接界，宁远厅所属，与察哈尔镶红旗、镶蓝旗接界，此四旗又与苏尼特、四子部落旗接界，所有四旗地方蒙古民人交涉命盗案件，并二厅所辖境内蒙古民人交涉命盗案件，不论察哈尔旗下蒙古，及苏尼特等旗蒙古，俱令该厅员等会同察哈尔四旗官员审办。其行取札萨克旗下官员会审之例，均停止。至察哈尔各旗蒙古，往归化城各同知通判所属地方，与土默特蒙古，并民人交涉命盗案件，亦毋庸由察哈尔旗分，行取会审官员，即令归化城厅员，会同土默特官员审办。

藩审断 022：乾隆二十六年覆准

伯都讷地方，办理蒙古命盗案件，毋庸专派司官，由院于笔帖式内，遴选办事好，通蒙古语者一员引见，以委署主事遣往，三年一次更换。三年内办事果好，准吉林将军保题坐补主事。傥有劣迹，即参奏治罪，派出之员，令其驰驿来往，遇有大事，会同该将军审理，日支廪给银，照库伦等处减半，定为七钱五分，于该处地丁银内支销。

藩审断 023：乾隆二十九年覆准

蒙古民人交涉命案，一经报官，该地方官即往相验，取供通详，其蒙古官员会验之例停止。

藩审断 024：乾隆二十九年奏准

陕西、甘肃两省交涉蒙古案件，在延榆绥道所属境内者，会同神木部员办理，在宁夏道所属境内者，会同宁夏部员办理，在山西保德州、河曲县等处，仍由神木部员、会同雁平道办理。其鄂尔多斯蒙古民人案件，仍照例会同两处部员办理。

藩审断 025：乾隆三十一年议准

归化城土默特两旗命盗重案，如正犯系蒙古，由归化城参领会同同知审明拟罪，该参领呈报归化城副都统，该同知亦即申报归绥道，覆审相符后，呈明将军咨院办理。其审供案情，仍由该道详报按察使司，转由巡抚存案，以备查核。

藩审断 026：乾隆三十三年奏准

各处台站地方命盗重案，如系蒙古民人交涉案件，仍交该地方官办理。若止系蒙古，照察哈尔旗办理之例。审明后，报察哈尔都统覆核咨院完结。

藩审断 027：乾隆三十五年奉旨

嗣后归化城土默特命盗重案，著绥远城将军亲往归化城覆审后，再行定拟。

藩审断 028：乾隆三十七年议准

归化城土默特命盗各案，有关取各札萨克旗分之犯，及行查事件，并特拿要犯应各定限期，喀尔喀等处定限六月，内札萨克等处定限四月。无故逾限者，将该札萨克等照例察议。

藩审断 029：乾隆三十九年奏准

蒙古等词讼，不先在札萨克盟长处具控，竟赴院越诉者，无论事之虚实，系台吉官员罚三九，系属下家奴鞭一百。寻常案件，仍交该札萨克盟长办理。其命盗重案，由院详讯。应派大臣办理之处，具奏请旨。如已在札萨克盟长处呈控，或不为秉公办理，复赴院呈控者，由院按事之轻重，或派员办理，或奏遣大臣办理。如札萨克等办理不公，将该盟长札萨克等照例议处。倘所告系虚诬，原告之人反坐。

藩审断 030：乾隆四十年奏准

蒙古与民人有关人命事件，仍照向例办理。若止系蒙古有关人命，应行相验事件，各处驻扎部员，会同该处附近地方官，带领仵作详细检验。仍会同该札萨克办理后报院，照例会同刑部覆核定拟。

藩审断 031：乾隆四十一年议准

鄂尔多斯、阿拉善两旗蒙古民人交涉命案，就近地方官，会同蒙古官员相验后，仍与宁夏、神木、安边三处同知就较近者，会同蒙古官员审明定拟，咨报该处部员，及该处道员覆审完结。

藩审断 032：乾隆四十二年奉旨

嗣后库伦办事部员，即令驻扎库伦大臣兼管所有蒙古民人交涉案件，俱著呈报该大臣办理。

藩审断 033：乾隆四十四年奏准

库伦等处贸易民人，有不守本分滋生事端者，解至赛尔乌苏部员处，转解交张家口都统递回原籍，严加管束。

藩审断 034：乾隆四十五年奏准

库伦等处商民，在库伦地方有人命案件，仍交库伦部员办理。其库伦、恰克图两处商民出张家口在察哈尔、苏尼特等处地方，有人命案件，即交察哈尔部员办理，由张家口都统定拟具奏。若在喀尔喀所属地方，有人命案件，亦就近交库伦部员办理，俱由驻扎库伦大臣定拟具奏。其往恰克图之商民，或在恰克图界内，或在边外，有人命案件，交恰克图部员办理，一面报院，一面申报驻扎库伦大臣，将罪犯一并解送库伦定拟具奏。

藩审断 035：乾隆四十六年议准

札萨克图汗、三音诺彦部落蒙古与商民交涉案件，由该盟长于乌里雅苏台将军驻扎科布多、库伦两处大臣内，就近具报办理。其应报院者，仍行报院。【嘉庆十六年议定，内札萨克乌兰察布、伊克昭二盟各旗遣犯，俱就近在山西归化城同知衙门监禁，接准院文起解，仍将起解日期，申详该抚报院。其锡林郭勒盟各旗遣犯，就近在直隶多伦诺尔同知衙门监禁，接准院文起解，亦将起解日期申详该督报院。】

藩审断 036：乾隆四十六年议定

土谢图汗、车臣汗二部落蒙古民人交涉人命盗案，由库伦办事大臣办理。蒙古与蒙古盗案，由盟长办理。其蒙古与蒙古寻常人命案件，该盟长审明拟罪报明库伦办事大臣详审无异，转为报院。傥案情不确，录供拟罪与例不符者，该大臣饬驳另审。如紧要命案，该盟长实不能审办者，该大臣亲提案内人犯审拟，应报院者报院，应奏者具奏。其札萨克图汗、三音诺彦二部落案件，由定边左副将军，照库伦办事大臣一体办理。

藩审断 037：嘉庆二十年谕

理藩院管理蒙古事务，向无与该王贝勒等议析私产之例，嗣后蒙古王公等有以析产私事涉讼者，概令驳回，毋庸准理。

藩审断 038：嘉庆二十二年定

青海蒙古抢劫之案，如有被伤人命，必须报明西宁办事大臣，验系被伤，方为查缉。傥呈报抢劫并无踪迹，被伤人命毫无证据，除驳斥不行准理外，仍将捏报之札萨克，严行参处。

藩审断 039：道光十年奏定

热河绥远城各旗，奉旨关提人命抢劫重案人犯，逾限一月，章京等革职，三年无过，方准开复，札萨克罚俸六月，台吉罚五牲畜，盟长罚俸三月。逾限三月以上，章京等革职，札萨克罚俸九月，台吉罚一九牲畜，盟长罚俸六月。如现有其人，该盟长札萨克延不起解，从重治罪。寻常命盗案件，以次递减，其解犯程限定日行六十里。凡系奉旨关提之犯，无论何案，但逾限期，各照本例，加一等拟议。

藩审断 040：道光十九年定

承审反叛人犯，未经审出实情者革职，凌迟人犯，罚俸三年，斩绞人犯，罚俸二年，军流人犯，罚俸一年，徒杖人犯罚俸半年，无俸台吉等折罚牲畜。

藩审断 041：道光十九年又定

应审事件不即收审者，罚俸一年，因致酿成人命，罚俸三年。

藩审断 042：道光十九年三定

蒙古越诉，台吉官员加罚一九牲畜，属下家奴加枷号两月。

藩审断 043：道光十九年四定

各札萨克应拟徒罪以上人犯，一面报院，一面即解赴应禁地方官暂令监禁。

藩审断 044：道光十九年五定

科尔沁十旗应行寄监人犯，归昌图厅寄监。札鲁特二旗，归赤峰县寄监。鄂尔多斯七旗，及乌喇特东西中三旗，附近靖边、定边、榆林、怀远、神木、萨拉齐、清水河、托克托城、河曲、偏关等处，各归就近之州县寄监。土默特四子部落达尔汉贝勒、茂明安车臣汗等旗，归归化城同知寄监。

藩审断 045：道光十九年六定

盛京、吉林、黑龙江及直隶等省，关提哲哩木、锡林郭勒、乌兰察布三盟人犯，如遇命盗重案，该将军大臣专差径赴该旗守提，该旗加差解送。其寻常案件，于行提文内，照例定限期解送。

藩审断 046：道光十九年七定

各盟长札萨克等办理案件，除去往返行查日期，于奉到该管劄文，及接准所属呈报之日起，限二十日办结报院。违限一月以上罚俸三月，半年以上罚俸六月，一年以上罚俸一年，无俸官员照例罚九。如遇特旨交查，及院查钦案事件，违限者各加一等拟议。

藩审断 047：道光十九年八定

发遣人犯内遣发之省分，其路途由京经过者，解部发遣其路途迂远者，毋庸解部，由院议奏后，由彼就近照部定配所递解发遣。

藩审断 048：道光二十五年议准

札萨克被人控告抑勒赃私重情，不候交审之将军大臣讯办完结，任意藉词咨行公文于该将军大臣者，罚俸五年。

藩审断 049：咸丰七年议准

汗、王、台吉等奉本盟长，及该管上司委办要案，有托故推诿规避情形罚俸二年，无俸之员，罚四九牲畜。

后　记

　　本书的前期研究是以柏桦主持的国家社科基金特别委托项目"清王朝涉藏民刑案件研究"（XZ1104）为基础，后期研究则以冯志伟主持的中国法学会部级项目"清王朝涉藏刑事案件处理问题研究"［CLS（2013）C89］而展开。经过五年努力，本书终于得以面世。

　　从汉语词意上看，"涉藏"应当有涉及藏族、藏族聚居区的含义。由此出发，可以展开很多与藏族、藏区相关的课题研究。本课题选择的是清王朝涉藏刑事案件研究，主要"审视发生在清王朝，藏民与汉民、藏民与蒙民、藏民与满民、藏民与其他民族之间"的刑事案件。

　　选题应该是在原有基础上的推陈出新。在藏族聚居区内部，不仅有习惯法，而且还有习惯法使用过程中形成的纠纷解决程序，而在广大的内地，国家的统一立法也是必须要遵守的法律形式。由于历史的原因，藏区相对封闭，在"因俗而治"的治理政策下，更使得内地立法在藏区没有更多适用的空间。但是，随着民族之间的交往不断加深，内地或其他边疆地区的民族，诸如满、汉、蒙、回、撒拉、苗、彝等族，与藏族、藏区往来和联系的紧密，随之出现了很多藏族与其他民族之间的法律问题。

　　这些问题的解决，不可能单纯依据某一个民族的习惯法，又很难说完全不考虑民族习惯法的效力。在进行司法裁判的法律适用时，如何取舍便成为一个重要的难题。

　　中国自古以来就是一个多民族的国家，因此研究应当站在维护国家统一、促进民族和谐的立场上，即便是研究单个民族，也应该关注各民族间所存在的法律问题，进而提出恰当的策略和建议。由于涉藏法律案件涉及不同民族，彼此之间的发展历史、风俗习惯、宗教信仰也不尽相同，再加上历史上一直实行"因俗而治"的政策，也导致政治管理、法律制度等方面存在差异，因此分析研究比较复杂。

　　涉藏法律问题的研究，应该既要关注政治问题，也要关注法律问题，还要关注社会经济发展问题。在政治、政策方面，必须在关注"民族区域自治"原则的基础上，分析涉藏法律问题的"自治"范畴及权限，也要关注国家的具体态度，还要尽量还原"当时"而展望未来。在法律方面，无论是程序法还是实体法，均有基本原则的规定，在分析涉藏刑事案件时，既要关注基本原则，也要结合藏区的特定情况，才能进行具体分析。在社会经济发展方面，既要看到各民族自身的发展，也要关注其在民族交往过程中的相互影响，更不能忽略整个世界的发展形势。我国是统一的多民族国家，各少数民族均为同胞兄弟姐妹。在对待民族问题上，不应当戴有色眼镜，搞文化上、地域上、风俗习惯上的歧视。在解决涉藏法律问题时也当如此，于是便引出了一视同"仁"和一视同"人"的问题。

　　这个问题在清王朝处理涉藏刑事案件过程中体现得较为明显。以满洲贵族为主体的清王朝，虽然一直宣称是满汉一体，无华夷之别，但在政策实际执行上，始终存在着优待满族、蒙古族、藏族，歧视汉族及其他少数民族的问题。应该承认，清王朝对待不同民族的态度是随着政治形势的发展不断发生变化的。清入关之初，因与蒙古族结为同盟，王朝遂以礼相待，将整个青藏高原授权其管理。雍正时期，因罗卜藏丹津叛乱，清王朝转而对蒙古开始反感，扶植藏族，对抗蒙古。对藏回之间法律案件的处理，也有类似的脉络。值得关注的是，清王朝施行民族隔离政策，禁止内地汉人任意进出藏区，否则将其视为"汉奸"，予以严厉惩处。对待其他民族的官员，统治者也并不信任，始终存在提防的心理，并认为难堪大用，因此虽然宣称一视同仁，却不能一视同人。孔子曾说："仁者爱人"，而且是"己所不欲，勿施于人"。清王朝对待其他民族应该是一种居高临下的爱，而爱本身即具有极大的主观性。有爱而强加对方，也就谈不上爱，因此当其他民族的行为举止不符合统治者自身民族的要求时，所谓的"仁"也就不复存在了。

　　对待民族问题，更准确的态度应当是一视同"人"，即无论哪个民族，哪个地域，哪种生产方式，哪种风俗习惯，都要从"人"的角度出发，在满足生存权的同时，关注发展权。只有这样，才能站在中华民族大团结的视角，更好地实现民族团结，各民族共同繁荣，实现中华民族伟大复兴。

从基本政策的角度看，清王朝在处理涉藏法律问题时，坚持了两大原则，即"因俗而治"和"恩威并济"。在整个清王朝的存续期间，两大政策是一以贯之的，但其投放却并非等量齐观，其中最核心的影响因素当属王朝的政治经济实力，这造成了在处理涉藏法律问题的强度上的不同，进而形成很多历史遗留问题，不但影响藏族与其他民族之间的关系，而且经常出现边疆危机。

课题研究除了文献分析之外，必须对文献所涉及的地区与民族进行考察。在研究期间，课题组成员考察的足迹留在了青海黄南藏族自治州、甘肃甘南藏族自治州、四川阿坝藏族自治州、四川甘孜藏族自治州州府及其所辖各县。在走访各地图书馆、档案馆、文化馆、博物馆的同时，开展了相对广泛的田野调查。比如说，在考察四川的马尔康县、金川县、小金县、汶川县等县市时，参观了卓克基土司官寨、羌寨博物馆等文化遗迹，并走访了村镇中的藏民，获得了很多关于"大小金川之战"的资料和信息。这种调研考察，为本书的写作提供了种种资料、思路及灵感。

回顾调研的历程，似可轻松置之。当时，却是非常辛苦与痛苦，乃至困苦。辛苦是体力上的付出，算不上什么；痛苦是精神上的折磨，虽然很难受，但还能承受；困苦则是困难重重，会阻碍研究的进行。比如说，据我们掌握的资料，在甘、青、川、滇四省的档案馆中，保存着大量清代有关民刑事案件的档案资料，而当课题组到达其地，前往查看时，却经常被以保护古籍、正在电子化等理由而拒之门外，此时的辛苦、痛苦、困苦一并而来，几乎绝望。这不能说不是课题研究中所存留的遗憾。当然，随着古籍整理力度的加强及信息化管理的推进，这些档案迟早会公布于众，会给研究者提供便利。

本书在写作过程中，得到了岳纯之教授、余梓东教授、侯欣一教授、于语和教授、马勇研究员、赵令志教授、刘小萌研究员、高寿仙教授、邸永君研究员等多位学界同仁的帮助和指正，在此表示感谢。在修改和编辑过程中，社会科学文献出版社人文分社的编辑，不辞辛苦，字斟句酌，使本书的行文和内容更加丰富和完善，在此亦一并感谢。

"涉藏"问题是综合性的课题，必须进行全面深入的研究，也绝非本书能够概括的。本书的出版，只是研究的一个起步，虽然涉及学界研究

"涉藏"政治法律问题，也提出一些新的见解，但是课题涉及的问题很多，许多案例因为种种原因，并没有纳入研究范围。这毕竟是我们初步的研究成果，一定存在不少疏漏与错误，因此衷心恳请得到各位师长及学界同仁的批评指正。

柏桦　冯志伟

2015 年 7 月 1 日写于南开大学兴南小区

图书在版编目（CIP）数据

清王朝涉藏刑事案件处理问题研究/冯志伟，柏桦著.
—北京：社会科学文献出版社，2016.5
西藏历史与现状综合研究项目
ISBN 978 - 7 - 5097 - 7961 - 3

Ⅰ.①清…　Ⅱ.①冯…　②柏…　Ⅲ.①刑事犯罪 - 案件 -
处理 - 研究 - 中国 - 清代　②西藏问题 - 研究 - 中国 - 清代
Ⅳ.①D924.02　②D677.5

中国版本图书馆 CIP 数据核字（2015）第 194517 号

·西藏历史与现状综合研究项目·

清王朝涉藏刑事案件处理问题研究

著　　者／冯志伟　柏　桦

出 版 人／谢寿光
项目统筹／宋月华　周志静
责任编辑／周志静

出　　版／社会科学文献出版社·人文分社（010）59367215
　　　　　　地址：北京市北三环中路甲29号院华龙大厦　邮编：100029
　　　　　　网址：www.ssap.com.cn
发　　行／市场营销中心（010）59367081　59367018
印　　装／三河市尚艺印装有限公司

规　　格／开　本：787mm×1092mm　1/16
　　　　　　印　张：23.75　字　数：386千字
版　　次／2016年5月第1版　2016年5月第1次印刷
书　　号／ISBN 978 - 7 - 5097 - 7961 - 3
定　　价／138.00元